장애학의 오늘을 말하다

차별에 맞서 장애 담론이 걸어온 길

Disability Studies Today

Edited by Colin Barnes, Michael Oliver and Len Barton

Copyright © this collection Polity Press 2002
Korean translation copyright © Greenbee Publishing Co. 2017
All rights reserved.
This Korean edition is published by arrangement with Polity Press Ltd., Cambridge, through
Shinwon Agency Co., Seoul.

그린비 장애학 컬렉션 05
장애학의 오늘을 말하다 —차별에 맞서 장애 담론이 걸어온 길

초판1쇄 펴냄 2017년 2월 28일
초판2쇄 펴냄 2023년 10월 18일

지은이 콜린 반스, 마이클 올리버, 렌 바턴
옮긴이 김도현
펴낸이 유재건
펴낸곳 (주)그린비출판사
주소 서울시 마포구 와우산로 180, 4층
대표전화 02-702-2717 | **팩스** 02-703-0272
홈페이지 www.greenbee.co.kr
원고투고 및 문의 editor@greenbee.co.kr

편집 이진희, 구세주, 송예진, 김아영 | **디자인** 이은솔
마케팅 육소연 | **물류유통** 유재영, 류경희 | **경영관리** 유수진

이 책의 한국어판 저작권은 신원 에이전시를 통한 Polity Press Ltd.와의 독점계약으로 (주)그린비출판사에 있습니다.
저작권법에 의하여 한국 내에서 보호를 받는 저작물이므로 무단전재와 무단복제를 금합니다.
책값은 뒤표지에 있습니다. 잘못 만들어진 책은 구입처에서 바꿔 드립니다.
ISBN 978-87-7682-251-2 93330

독자의 학문사변행學問思辨行을 돕는 든든한 가이드 _(주)그린비출판사

장애학의 오늘을 말하다

차별에 맞서 장애 담론이 걸어온 길

콜린 반스·마이클 올리버·렌 바턴 엮음 | 김도현 옮김

그린비 장애학 컬렉션·05

ŏB
그린비

차례

지은이 소개 (글 수록순)

콜린 반스(Colin Barnes) 영국 리즈대학교(University of Leeds) 사회학·사회정책학과 및 장애학센터 장애학 담당 교수

마이클 올리버(Michael Oliver) 영국 그리니치대학교(University of Greenwich) 사회과학스쿨 장애학 담당 교수

렌 바턴(Len Barton) 영국 런던대학교(University of London) 교육연구소 통합교육담당 교수

게리 알브레히트(Gary L. Albrecht) 미국 일리노이대학교 시카고 캠퍼스(University of Illinois at Chicago) 공중보건·장애·인간개발학과 교수

캐럴 토머스(Carol Thomas) 영국 랭커스터대학교(University of Lancaster) 응용사회과학과 응용사회과학 담당 선임강사

빌 휴스(Bill Hughes) 스코틀랜드 글래스고(Glasgow) 소재의 글래스고캘리도니언대학교(Glasgow Caledonian University)의 사회학·사회정책학부장

아이샤 버넌(Ayesha Vernon) 영국 뉴캐슬(Newcastle) 소재의 노섬브리아대학교(University of Northumbria) 보건·사회사업·교육스쿨 장애학 담당 선임강사 및 선임연구원

존 스웨인(John Swain) 영국 뉴캐슬 소재의 노섬브리아대학교 보건·사회사업·교육스쿨 장애와 통합 담당 교수

앤 보세이(Anne Borsay)　영국 케레디전 카운티(Ceredigion) 램피터(Lampeter) 소재의 웨일스대학교(University of Wales) 역사학과 강사

폴 애벌리(Paul Abberley)　영국 사우스데번칼리지(South Devon College)에서 근무하면서, 밀턴케인스(Milton Keynes) 소재의 오픈 유니버시티(Open University) 지도교수 겸 상담가로 활동

필 리(Phil Lee)　영국 옴스커크(Ormskirk) 소재의 에지힐칼리지(Edge Hill College, 랭커스터대학교 부설) 사회과학연구센터장

할런 한(Harlan Hahn)　1964년에 정치학 박사학위를, 1983년에 재활학 석사학위를 취득했으며, 미국에서 100편 이상의 기고문을 저널에 발표했고 7권의 책을 냈다.

크리스 홀든(Chris Holden)　영국 브루넬대학교(Brunel University) 사회정책 담당 강사이며, 복지국가의 정치경제학과 지구화의 문제를 주 연구 분야로 하고 있다.

피터 베리스퍼드(Peter Beresford)　영국 브루넬대학교 시민참여센터 이사 및 사회정책 교수

마샤 리우(Marcia H. Rioux)　캐나다 토론토 소재의 요크대학교(York University) 보건정책및관리스쿨 교수 겸 학장

제프 머서(Geof Mercer)　영국 리즈대학교 사회학·사회정책학과 선임강사

| 일러두기 |

1 이 책은 Colin Barnes, Michael Oliver, Len Barton eds., *Disability Studies Today*, Cambridge: Polity Press, 2002를 우리말로 옮긴 것이다.

2 이 책의 모든 주석은 각주로 되어 있으며, 옮긴이 주의 경우 주석의 뒤에 '— 옮긴이'라고 표시해 주었다. 본문과 각주의 대괄호([ ]) 안에 삽입된 내용은 독자들의 이해를 돕기 위하여 옮긴이가 첨삭한 것이고, 인용문의 대괄호 안에 삽입된 내용은 지은이가 첨삭한 것이다.

3 국제규약, 단체명, 기구명은 맨 처음 나오는 곳에만 정식 명칭과 원어 병기를 적어 주고, 그다음부터는 영문명의 이니셜로 구성된 약어로 표기했다. 본문에 쓰인 약어들은 이 책의 460쪽에 따로 모아 두었다.

4 법령·선언·논문 등은 낫표(「 」)로, 단행본·정기간행물 등은 겹낫표(『 』)로 묶어 주었다.

5 외국 인명, 지명 등은 2002년에 국립국어원에서 펴낸 외래어표기법을 참조하여 표기하였다. 관례적으로 굳어진 명칭의 경우, 예외적으로 관례를 따랐다. (예: 소울 등)

장애학의 오늘을 말하다

1장 / 서론

콜린 반스·마이클 올리버·렌 바턴

최근 몇 년 동안 전 세계 대학의 사회과학자들 사이에서 장애 영역 전반에 대한 관심이 전례 없이 급증해 왔다. 이제 미국과 캐나다,[1] 영국,[2] 호주와 뉴질랜드[3]에는 '장애학' 과정과 장애학 전문 저널이 존재한다. 또한 북유럽 국가들[4]과 유럽 전역에 걸쳐[5] 장애를 연구하는 학자들의 네트워크가 형성되어 있다. 이에 따라 다양한 관점에서 장애를 다루는 문헌이 점점 더 광범위하게 등장하게 되었다. 최근의 예들은 문화연구,[6] 개

---

1 Gary L. Albrecht, Katherine D. Seelman and Michael Bury eds., *Handbook of Disability Studies*, London: Sage, 2001.

2 Len Barton and Michael Oliver eds., *Disability Studies: Past, Present and Future*, Leeds: Disability Press, 1997[렌 바턴·마이클 올리버 엮음, 『장애학: 과거·현재·미래』, 윤삼호 옮김, 대구DPI, 2006].

3 Martin Sullivan and Robyn Munford, "The Articulation of Theory and Practice: Critique and Resistance in Aotearoa New Zealand", *Disability and Society* 13(2), 1998, pp.183~189.

4 Magnus Tideman ed., *Handikapp: Synsätt Principer Perspectiv*, Stockholm: Johanson & Skyttmo Förlag, 1999.

5 Wim van Oorschot and Bjørn Hvinden eds., *Disability Policies in European Countries*, Hague: Kluwer Law International, 2001.

6 David T. Mitchell and Sharon L. Snyder, *Narrative Prosthesis: Disability and the Dependencies of Discourse*, Ann Arbor: University of Michigan Press, 2001.

발학development studies,[7] 지리학,[8] 역사학,[9] 철학,[10] 사회 정책,[11] 사회심리학,[12] 사회학[13]의 관점에서 장애를 다루는 문헌을 포함한다. 이러한 높아진 관심과 더불어 어쩌면 얼마간 불가피하게, 이 새롭고도 점점 더 중요해지는 연구 분야에 관심을 지닌 모든 이들에게 여러 중요한 질문을 제기하는, 중요한 도전 및 논쟁이 많이 등장해 왔다.

이 책은 이러한 관심사와 논쟁을 소개하고 개관하는 것을 목적으로 한다. 장애학 분야는 사실상 점점 더 학제적으로 되어 가고 있지만, 그 핵심은 주로 사회학적인 것이라고 할 수 있다. 그리고 사회학 이론과 통찰이 의식적으로든 그렇지 않든 장애학의 발전에 결정적인 역할을 해 왔고, 또 계속해서 할 수 있다는 것이 우리의 견해이기도 하다. 이 책의 초점은 일차적으로 이론적 혁신과 진전에 있지만, 여기서 제기된 주장들은 장애인과 비장애인 모두에 대해 중요한 정치적·정책적 함의를 지닌다.

소수민족학ethnic studies, 여성학, 게이·레즈비언학gay and lesbian studies과 마찬가지로 장애학은 실천과 분리된 어떤 것이 아니며, 바로

---

7 Emma Stone ed., *Disability and Development: Learning from Action and Research on Disability in the Majority*, Leeds: Disability Press, 1999. [개발학은 주로 개발도상국과 관련된 이슈를 다루는 학제적 연구의 한 분야를 말한다.—옮긴이]

8 Brendan Gleeson, *Geographies of Disability*, London: Routledge, 1999.

9 Paul K. Longmore and Lauri Umansky eds., *The New Disability History: American Perspectives*, New York: New York University Press, 2001.

10 Susan Wendell, *The Rejected Body: Feminist Philosophical Reflections on Disability*, London: Routledge, 1996[수전 웬델, 『거부당한 몸』, 강진영·김은정·황지성 옮김, 그린비, 2013].

11 Robert E. Drake and Robert F. Drake, *Understanding Disability Policy*, London: Macmillan, 1999.

12 Deborah Marks, *Disability: Controversial Debates and Psychosocial Perspectives*, London: Routledge, 1999.

13 Colin Barnes, Geof Mercer and Tom Shakespeare, *Exploring Disability: A Sociological Introduction*, Cambridge: Polity, 1999.

그러한 현실 참여 및 행동주의의 입장으로부터 발전해 왔다. 따라서 이 책의 편집자들로서 우리는 그러한 입장에서 글을 쓸 수 있는 기고자들을 찾고자 노력했다. 이는 그것이 기고된 글의 질을 떨어뜨리는 것이 아니라 오히려 더 높이고, 이렇게 쓰인 장들 내에서의 상호 논의가 앞으로의 장애학 발전에 한층 더 자극을 줄 수 있을 것이라는 우리의 확고한 신념 때문이다.

배경

대학에서 장애에 대한 관심이 커진 것은 그다지 놀라운 일이 아니다. 장애라는 것이 개인적이고 구조적인 수준 모두에서 다수의 이론적·경험적 질문을 제기하고 있으며, 더구나 기존의 확립된 지식을 참조해서는 그러한 질문에 쉽게 답할 수 없다는 인식이 현재 증대되어 있음을 고려한다면 말이다. 장애는 사회 전체에 대해 광범위한 경제적·문화적·정치적 함의를 갖는, 흔한 개인적 경험이면서 지구적 현상이기도 하다. 공인된 손상을 지닌 사람들은 시초부터, 그리고 모든 사회에 존재해 왔다.

최근에 추정된 바로는, 영국에 약 820만 명, 유럽연합European Union, EU에 5000만 명, 전 세계적으로 5억 명의 장애인이 존재한다. 더욱이 이러한 수치는 일부 부유한 '선진'국이나 세계의 다수를 차지하는 더 가난한 '개발도상'국 모두에서 향후 몇십 년간 극적으로 증가할 것이다.[14] 부국이나 빈국이나 마찬가지로, 장애인은 빈민 중에서도 가장 가

---

14 IDF, *World Disability Report*, Geneva: International Disability Forum, 1998. [실제로 전 세계 장애인구는 급격히 증가했다. 세계보건기구(World Health Organization)와 세계은행(World Bank)이 2011년 6월에 발표한 『세계 장애 보고서』(*World Report on Disability*)는 2010년을 기준으로 세계

난한 집단에 속해 있으며,[15] 이러한 상황은 모든 나라의 정치가들과 정책 입안자들에게 총체적인 수준에서 다수의 이슈를 제기한다.

1960년대에 이러한 문제가 장애 운동가disability activist[16]들과 장애단체들에 의해 전 세계에 걸쳐 정치화된 이래로, 장애는 국내적이고 국제적인 수준 모두에서 정치가들과 정책 입안자들에게 있어 점점 더 중요한 이슈가 되고 있다. 이제는 많은 국가의 정부가 장애인의 평등한 권리를 보장하기 위하여 일정한 형태의 차별금지 법률이나 정책을 시행하고 있다. 초기의 예로는 영국의 1970년 「만성질환자 및 장애인 법」Chronically Sick and Disabled Person's Act이나 미국의 1973년 「재활법」Rehabilitation Act이 있다. 비록 상대적으로 효과가 적기는 했지만, 이 두 법률은 장애인을 위하여 환경적 접근권을 개선하고 좀더 종합적인 서비스의 발전을 촉진했다. 미국의 1973년 「재활법」에는 연방이 기금을 제공하는 프로그램에서 장애인에 대한 차별을 금지하는 역사적인 제504조가 포함되어 있다.

1981년 '국제 장애인의 해'International Year of Disabled People에 국제연합United Nations, UN은 장애인에게 평등한 권리를 보장해야 할 정

인구의 15%인 약 10억 명의 장애인이 존재하는 것으로 추산하고 있다. 1970년대 이후 통상 10% 정도로 이야기되었던 장애인 출현률이 크게 높아진 것은 기본적으로 평균수명의 연장에 따른 노령 인구의 증대, 당뇨병·심장혈관질환·암·정신질환 등 장애의 유발 요인이 되는 다양한 만성질환의 유병률 증가, 장애 범주의 확대 등에서 기인한다고 할 수 있다.─옮긴이]

15 Peter Coleridge, *Disability, Liberation and Development*, Oxford: Oxfam, 1993; Stone ed., *Disability and Development*; WHO, *Rethinking Care from the Perspective of Disabled People: Conference Report and Recommendation*, Geneva: World Health Organization' Disability and Rehabilitation Team, 2001.

16 여기서 '장애 운동가'는 이후 본문에서 나올 '장애인 활동가'(disabled activist)라는 표현과는 구분된다. 장애 운동가는 장애인일 수도 비장애인일 수도 있지만, 장애인 활동가는 장애 운동 영역에서 활동하는 ── 물론 다른 사회 운동 영역에서 활동할 수도 있겠지만 이 책에서는 장애 운동 영역으로 한정해도 무방할 듯하다 ── 장애인 당사자를 가리킨다. ── 옮긴이

부의 책임을 국제적인 수준에서 공식적으로 인정했다. 그다음 해에 UN 총회는 합의를 통해, 장애의 예방과 장애인의 완전한 잠재력 실현을 위한 지구적 전략의 개요를 담은 「장애인에 관한 세계 행동계획」World Programme of Action Concerning Disabled Persons을 채택했다. 그다음 해부터 10년의 기간이 [즉 1983년부터 1992년까지가] 'UN 장애인 10년' The UN Decade of Disabled Persons으로 지정되었다. 1990년부터 1993년 사이에 UN 회원국들은 국제 장애인단체들과의 긴밀한 협력 속에서 「장애인의 기회 균등화에 관한 표준 규칙」The Standard Rules on the Equalization of Opportunities for Persons with Disabilities을 발전시켰다. 여기에는 의료 서비스 및 시설, 지역사회 기반 서비스 및 시설에 관한 내용을 포함하는 22개의 표준 규칙이 담겨 있다. 1993년에 UN은 그 규칙을 공식적으로 채택하였다.[17]

장애학의 등장

1980년대 이전에는 한두 가지 주목할 만한 예외를 제외한다면, 장애에 대한 학문적 관심은 거의 전적으로 전통적인 형태의, 개인주의적인 의료적 설명에 한정되어 있었다. 그리고 의학을 넘어선 학문적 개입이 이루어지는 경우에도, 장애를 이러한 인식틀 내에서 무비판적으로 재생산하는 경향을 보였다. 전형적인 표본은 미국의 유력한 기능주의 사회학자 탤컷 파슨스Talcott Parsons의 저작에서 발견되는데, 그의 작업은 사회적 통합 및 통제 기제로서의 의학에 집중되어 있다.[18] 그 이래로 다

---

17 WHO, *Rethinking Care from the Perspective of Disabled People*.

양한 '질환적' 관점이 특히 미국 사회학 내에서 지배력을 행사해 왔다. 처음에는 사회적 지위로서의 병sickness, 그리고 '병자 역할'sick role과 연계된 권리 및 책임에 대한 파슨스의 해석이 전 세계 사회학계 내에서 상당한 영향력을 발휘하였다. 이어서 이러한 작업은 다양한 상호작용론적·해석론적 관점에 의해 보완되었다.

파슨스에게 병이란 그 기간이 길든 짧든 간에 표준으로부터의 일탈이다. 그에 따라 장애에 대한 사회적 대응의 사회학적 분석은 주로, 속성화屬性化된ascribed 사회적 일탈에 대한 관리 및 반응에 관심을 갖는 사회학자들의 전유물이 되었다. 하나의 주목할 만한 예는 '정상'과 낙인Stigma이라 이름 붙여진 '비정상' 간의 상호작용에 대한 어빙 고프먼Erving Goffman의 설명이다.[19] 고프먼의 설명 이후 10년 동안은 '정신질환'mental illness의 사회적 구성에 특별한 관심이 기울여졌다. 이러한 예로는 토머스 셰프Thomas J. Scheff[20]나 데이비드 로젠한David L. Rosenhan[21]의 작업이 있다. 거의 비슷한 시기에 정신분석학자인 토머스 사스Thomas S. Szasz는 바로 그러한 정신질환의 존재, 하나의 정당한 의료 분야로서 정신의학이 지닌 타당성, 그리고 정신병원에 의한 재활 가능성을 부정했다.[22] 사스에게 '정신질환'이라는 단어는 삶에서 발생할

18 Talcott Parsons, *The Social System*, New York: Free Press, 1951.
19 Erving Goffman, *Stigma: Notes on the Management of a Spoiled Identity*, Englewood Cliffs, NJ: Prentie-Hall, 1968[어빙 고프먼, 『스티그마: 장애의 세계와 사회적응』, 윤선길·정기현 옮김, 한신대학교 출판부, 2009].
20 Thomas J. Scheff, *Being Mentally Ill: A Sociological Theory*, London: Weidenfeld & Nicolson, 1966.
21 David L. Rosenhan, "On Being Sane in Insane Places", eds. Simon Dinitz, Russell Rowe Dynes and Alfred Carpenter Clarke, *Deviance: Studies in Definition, Management and Treatment*, New York: Oxford University Press, 1975, pp. 279~281.

수 있는 다수의 문제에 대한 대체어에 불과했다. 프랑스 철학자 미셸 푸코의 저술들[23]은 정신질환과 속성화된 사회적 일탈의 여타 형태들이, 점차 더 지배적이게 된 도덕주의적 사회질서에 의한 사회적 구성물에 지나지 않는다는 생각을 한층 더 뒷받침했다. 우리가 이 책에 기고된 몇몇 글에서 보는 것처럼, 푸코의 작업은 1990년대에 장애학을 포함한 다양한 영역에서 탈근대적 사고의 발전에 두드러진 영향을 미쳤다.

그렇지만 사회학 내에서 '장애' 영역 전반에 대한 관심은 1960년대 말과 1970년대에 증가했는데, 미국의 경우에는 로버트 스콧Robert Scott의 『맹인의 형성』,[24] 게리 알브레히트Gary L. Albrecht의 편저작인 『신체적 장애와 재활의 사회학』[25]의 출간과 함께, 영국의 경우에는 밀드레드 블랙스터Mildred Blaxter의 『장애의 의미』,[26] 피터 타운센드Peter Townsend의 『영국에서의 빈곤』[27] 등의 출간과 함께 증가했다. 그러나 이러한 연구들 각각이 전통적인 '장애' 정체성에서 기인한 다양한 경제적·사회적 결과에 관심을 기울이도록 했지만, 어떤 것도 그러한 정체성

22 Thomas S. Szasz, *The Myth of Mental Illness: Foundations of a Theory of Personal Conduct*, New York: Dell, 1961.

23 Michel Foucault, *The Birth of the Clinic: An Archeology of Medical Perception*, New York: Vantage Books, 1975[미셸 푸코, 『임상의학의 탄생: 의학적 시선의 고고학』, 홍성민 옮김, 이매진, 1996]; Michel Foucault, *Discipline and Punish: The Birth the Prison*, trans. Alan Sheridan, Harmondsworth: Penguin, 1979[미셸 푸코, 『감시와 처벌: 감옥의 역사』, 오생근 옮김, 나남출판, 2003].

24 Robert Scott, *The Making of Blind Men*, London: Sage, 1969. [이 저서의 요지는 맹(blindness)이라고 하는 장애가 하나의 학습된 사회적 역할이라는 것이다. 즉 맹인에게서 특징적으로 나타난다고 간주되는 유순함·의존적임·우울함·무력함과 같은 다양한 태도 및 행동양식은 그들이 지닌 손상 그 자체에 고유한 것이 아니라 사회화의 과정을 통해 습득된다는 것이다.— 옮긴이]

25 Gary L. Albrecht ed., *The Sociology of Physical Disability and Rehabilitation*, Pittsburgh: University of Pittsburgh, 1976.

26 Mildred Blaxter, *The Meaning of Disability*, London: Heinemann, 1976.

27 Peter Townsend, *Poverty in the United Kingdom*, Harmondsworth: Penguin, 1979.

의 이데올로기적 기반에 대하여 진지하게 문제 제기를 시도하지는 않았다. '개별적', '의료적' 또는 '개인적 비극' 장애모델로 다양하게 불려 왔던 것의 실체에 대해서 말이다. 요컨대 이러한 저작들은 장애의 생산에서 경제적·사회적·문화적 요인이 지닌 중요성을 인식하기는 했지만, 장애인들이 직면해 있는 광범위한 경제적·사회적 박탈의 원인은 여전히 해당 개인과 그들의 손상 내에 있다고 보았던 것이다. 정신질환이라는 개념에 적용되었던 이론적 통찰은 여타의 손상들, 특히 '신체적 장애'를 다룰 정도로까지는 결코 확장되지 못했다.

전통적 견해들에 대한 도전은 대학 내에서가 아니라 장애인 당사자들로부터 이루어졌다. 공인된 손상을 지닌 사람들 사이에서의 정치적 행동주의political activism는 그 기원이 19세기로까지 거슬러 올라갈 수 있겠지만,[28] 두드러지게는 1960년대와 1970년대에 점차 확장되었다. [68혁명으로 대표될 수 있는] 그 시기의 정치적·사회적 격변에 고무되어, 점점 더 많은 수의 장애인이 그들이 직면해 있던 거주시설 내 감금, 빈곤, 차별에 저항하기 위해 집단적으로 조직화하기 시작했다. 이러한 양상은 미국, 캐나다, 유럽 전역의 다양한 나라들에 걸쳐 나타났다. 주목할 만한 초기의 예로는 영국의 장애인소득보장그룹Disablement Income Group, DIG이나 분리에저항하는신체장애인연합Union of the Physically Impaired Against Segregation, UPIAS의 설립뿐만 아니라, 미국의 자립생활 운동Independent Living Movement, 스웨덴의 자기권리옹호 운동Self-Advocacy Movement 등을 들 수 있다.[29]

---

28 Jane Campbell and Michael Oliver, *Disability Politics: Understanding Our Past, Changing Our Future*, London: Routledge, 1996; Longmore and Umansky eds., *The New Disability History*.
29 Campbell and Oliver, *Disability Politics*.

그러나 영국에서의 경험이 특별히 중요한 것은, 그것이 지금은 일 반적으로 '사회적 장애모델'social model of disability이라고 언급되는, 이 론과 실천에 대한 급진적이고 논쟁적인 새로운 접근법을 생산해 냈기 때문이다. 이러한 접근법의 생산에서, UPIAS나 장애인해방네트워크 Liberation Network of People with Disabilities와 같은, 장애인에 의해 통제 되고 운영되는 풀뿌리 단체의 활동은 특히 중요하다. 이들 및 이와 유사 한 형태의 단체들은 장애인 활동가disabled activist들로 하여금 장애에 대한 총체적 관념을 탐구하고 재형성할 수 있도록 하는 비옥한 토양을 제공했다. 이러한 '유기적 지식인들'organic intellectuals[30]은 매우 인상적 인 저작물들을 생산해 냈으며, 그 영향력은 지금에 와서야 온전하게 평 가되고 있다. 그 핵심적인 텍스트들로는 장애인들의 내러티브를 다룬 폴 헌트Paul Hunt의 편저작인 『낙인: 장애의 경험』,[31] UPIAS의 『장애의 기본 원리들』,[32] 빅터 핀켈스타인Victor Finkelstein의 『태도와 장애인』,[33] 앨런 서덜랜드Alan T. Sutherland의 『그래, 우리는 장애인이다』,[34] 마이클 올리버의Michael Oliver의 『장애인에 대한 사회사업』[35]과 『장애화에 대한 정치』[36]를 들 수 있다.

30 Antonio Gramsci, *Selections from the Prison Notebooks*, London: New Left Books, 1971[안 토니오 그람시, 『그람시의 옥중수고1: 정치편』,『그람시의 옥중수고2: 철학·문학·역사편』, 이상훈 옮김, 거름, 1999].
31 Paul Hunt ed., *Stigma: The Experience of Disability*, London: Geoffrey Chapman, 1966.
32 UPIAS, *Fundamental Principles of Disability*, London: Union of Physically Impaired Against Segregation, 1976.
33 Victor Finkelstein, *Attitudes and Disabled People: Issues for Discussion*, New York: World Rehabilitation Fund, 1980.
34 Alan T. Sutherland, *Disabled We Stand*, London: Souvenir Press, 1981.
35 Michael Oliver, *Social Work with Disabled People*, London: Macmillan, 1983.
36 Michael Oliver, *The Politics of Disablement*, Basingstoke: Macmillan, 1990.

이러한 문헌들은 명시적으로 혹은 함축적으로 장애에 대한 개인적 경험과 사회학적 통찰 양자 모두에 근거해서, 장애에 관한 전통적인 사고와 관행에 대해 직접적으로 문제를 제기한다. 예를 들어, 1950년대와 1960대에 '신체적 장애인'을 위한 거주홈residential (care) home[37]의 거주인이었던 폴 헌트는 비록 사회학자는 아니지만 "자신의 부족한 교육을 보충하기 위해 많은 것을 읽고", "특히 장애화disablement[38]의 사회적이고 심리적인 측면에 관심을 가졌다".[39] 더욱이 핀켈스타인의 초기 저작은 칼 맑스Karl Marx와 프리드리히 엥겔스Friedrich Engels의 저술들에 크게 영향을 받았다.[40] 앞서 언급된 것처럼, 전통적인 접근법들은 장애인이 직면해 있는 다양한 권리 박탈의 주요 원인으로서, 실제적인 것이든 가정된 것이든 거의 전적으로 개인의 기능 제약에 중점을 두어 왔다. 이와 대조적으로, 장애의 사회적 해석은 공인된 손상이나 손상으로 인식되는 것을 지니고 있는 사람들의 필요에 부응하는 데 사회가 실패함으로써, 직접적인 손상과는 무관하게 그들이 장애화된다고 주장한다.

이러한 접근법은 장애인의 삶에 있어 손상의 의미를 부정하지 않지만, 그보다는 그러한 손상 위에 구축되어 있는 다양한 경제적·정치적·

---

37 영국의 케어홈(care home)은 한국의 거주시설에 해당하는 개념이다. 그리고 이러한 케어홈은 거주홈(residential care home)과 요양홈(nursing care home)이라는 형태로 나뉜다. 후자가 전자보다 더 높은 강도의 케어와 지원이 제공되는데, 간단히 말해 요양홈에는 상주 간호 서비스가 포함된다. 이외에도 특별한 케어가 필요한 사람들을 위한 시설을 갖춘 특별케어홈(extra care home)이 존재한다. 또한 보호자의 단기 부재 시 서비스가 필요한 사람들을 위한 일시케어(respite care)가 존재하는데, 이는 일시케어 전문시설에서 제공하기도 하지만 정원이 채워지지 않은 거주홈이나 요양홈에서 제공하기도 한다. ─옮긴이
38 '장애화'는 어떤 손상을 지닌 사람이 특정한 사회적 조건과 맥락에 의해, 즉 물리적·사회적 장벽 및 차별과 억압에 의해 무언가 할 수 없는 상태로 만들어지는 과정을 포착하는 개념이다. ─옮긴이
39 Hunt ed., *Stigma*, p.144.
40 Lewis Samuel Feuer ed., *Basic Writings on Politics and Philosophy: Karl Mark and Friedrich Engels*, Glasgow: Collins, 1969를 보라.

사회적 장벽에 집중한다. 요컨대 '장애'는 개인적 결함의 산물이 아니라, 사회적으로 생성되는 것이다. 따라서 장애의 변화하는 특성들에 대한 설명도 사회의 구성과 구조들 내에서 찾는다. 사회적 모델은 [손상을 지닌 개인이 아니라] 사회가 문제적인 것임을 확인하며, 해결책을 만들어 내기 위하여 근본적인 정치적·문화적 변화를 목표로 삼는다.

장애학과 대학

사회적 장애모델의 등장이 1980년대와 1990년대에 영국 전역에 걸쳐 장애인들을 동원할 수 있는 '담대한 발상'big idea[41]을 제공했지만, 이러한 발상은 영국 대학의 사회학과들 내에서 더디게 받아들여졌다. 이는 사회학적 전통이 사회계급·젠더·인종과 연계된 사회적 불평등 및 분할에 초점을 두고 있음을 생각한다면 특히 이해하기 어려운 일이다. 장애에 대한 연구는 일반적으로 상호작용론적·현상학적 관점이 지배적인 의료사회학과 보건·질병사회학 과정 내에서 이루어져 왔다. 이러한 연구들은 특정한 급성 및 만성질환의 발병이 갖는 영향과 의미를 상세히 기록했다. 그리고 여기에는 대부분 실용적인 보건의료 서비스에 대한 관심에 의해 추동되는, 사회의학적 연구의 비이론적인 전통이 수반되어 있다. 그와 같은 연구의 결과는 만성질환의 정도와 본질, 일상생활에서 만성질환이 갖는 중대성, 사회적 관계들과 자아감 및 정체성에 미치

---

41 Frances Hasler, "Developments in the Disabled Peoples's Movement", eds. John Swain, Victor Finkelstein, Sally French and Michael Oliver, *Disabling Barriers-Enabling Environments*, London: Sage, 1993, pp.278~284. ['big idea'는 속어로 '터무니없는 생각'이라는 의미를 지니고 있다. 해슬러는 사회적 장애모델에 대한 주류사회의 비난적 표현을 반어법적으로 끌어다 사용한 것이다.—옮긴이]

는 만성질환의 영향을 열거하는 광범위한 문헌들이다.[42]

그러다 보니 사회적 장애모델의 사고가 지닌 사회학적 통찰에도 불구하고, 영국 최초의 장애학 과정은 사회학과 내에서 발전되지 않았으며 심지어 전통적인 대학의 환경 내에서 발전되지도 못했다. 그것은 1975년에 오픈 유니버시티Open University, OU의 학제적 팀에 의해 처음 구상되고 만들어졌다. 이 장애학 과정의 발전에 핵심적 역할을 한 인물은 남아프리카공화국 출신의 장애인 임상심리학자인 빅터 핀켈스타인이었다. 그는 또한 아파르트헤이트 철폐 운동가이자 장애 운동가였으며, UPIAS의 창립 멤버이기도 했다. 오픈 유니버시티는 대학 교육에 대한 급진적이고 새로운 접근법의 출현을 알리면서, 이러한 새로운 학문 과정에 대해 적절한 환경을 제공했다. 그 대학은 1971년에 문을 열었는데, 18세 이상, 영국 거주자, 영어를 할 줄 아는 것을 제외하고는 어떠한 형식적인 입학 자격도 없었다. 다양한 멀티미디어 교수 전략과 원격 학습 기법을 개척하면서, 오픈 유니버시티는 장애인을 포함하여 영국 교육 제도에 의해 불이익을 받아 왔던 모든 사람들에게 전례 없는 기회를 제공했다.

그 장애학 과정은 개설 첫해에 1,200명 이상의 학생을 불러 모았다. 여기에는 전국에서 온 관련 전문가, 자원활동가, 장애인이 포함되어 있었다. '지역사회에서의 장애인'The Handicapped Person in the Community이라 이름 붙여진 그 과정의 공식적인 목표는, "장애인이 **최대한의 자율성을 성취하도록** 지원하기 위한 전문적이고 사회적인 기술들"을 학생

---

42 Gareth Williams, "The Sociology of Disability: Towards a Materialist Phenomenology", ed. Tom Shakespeare, *The Disability Reader: Social Science Perspectives*, London: Continuum, 1998, pp. 234~244.

들이 향상시킬 수 있도록 돕는 것이었다.[43] 하지만 시작 단계에서부터 '사회학적 편향'에 대한 비판을 받기도 했다.[44] 그 과정은 1994년에 폐지 되기 전까지 두 차례 갱신되었으며, 그때마다 더더욱 많은 장애인이 교 육 과정의 자료를 생산하는 데 참여했다. 그 프로그램의 마지막 버전은 보다 확장된 내용을 반영하여 '장애를 만들어 내는 사회'The Disabling Society로 개칭되었다. 그 기간 동안 오픈 유니버시티의 학제적 팀은 풍 부한 자료를 생산해 냈고, 이는 영국 전역 주류 대학들의 학부 및 대학 원 수준에서 일련의 장애학 과정과 전문가 양성 계획이 발전할 수 있는 기반을 제공했다. 주목할 만한 예로는 앤 브리힌Anne Brechin, 페니 리 디어드Penny Liddiard의 편저작인 『사회세계에서의 장애』[45]와 존 스웨인 John Swain, 빅터 핀켈스타인, 샐리 프렌치Sally French, 마이클 올리버의 편저작인 『장애를 만들어 내는 장벽과 무장애 환경』[46]이 있다.

이와는 다소 대조적인 과정을 거쳐, 1970년대에 미국과 캐나다에 서도 장애가 주류 학계의 의제 내에 편입되었다. 그리고 이러한 과정에 서 장애 행동주의와 대학 간의 연결은 얼마간 실용적인 것이었다. 장애 이슈들에 관여하는 장애권disability rights 옹호가들과 학자들은 수많은 회의에 함께하면서, 그들이 유사한 관심사를 공유하고 있다는 것을 깨 달았다. 그들 중 몇몇은 '다양한 공민권civil rights 운동 참여자들과 마찬 가지로' 장애권 옹호가이면서 동시에 학자였다. 이러한 두 집단을 연결

---

43 Victor Finkelstein, "Emancipating Disability Studies", ed. Tom Shakespeare, *The Disability Reader: Social Science Perspectives*, London: Continuum, 1998, p. 41(강조는 인용자).

44 Finkelstein, "Emancipating Disability Studies", p. 46.

45 Anne Brechin, Penny Liddiard and John Swain eds., *Handicap in a Social World*, Sevenoaks: Hodder and Stoughton with the Open University, 1981.

46 John Swain, Victor Finkelstein, Sally French and Michael Oliver eds., *Disabling Barriers, Enabling Environments*, London: Sage, 1993.

시킨 주요 촉매제는 1977년의 '장애인에 관한 백악관 컨퍼런스'White House Conference on Handicapped Individuals였는데, 이 컨퍼런스는 3,000명 이상의 학계 및 장애계 대표자들을 불러 모았다. 같은 해에 최초의 장애학 과정이 개설되었다. 그것은 의료사회학 분야 내에서였으며, "많은 사람들이 인정하기를 회피하는 중대한 삶의 경험, 즉 장애"를 지닌 생활의 경험에 초점을 맞추었다.[47] 주 강사main tutor는 장애인이었다. 1981년에 장애인 사회학자이자 미국사회학회American Sociology Association 의료사회학분과 의장인 어빙 졸라Irving K. Zola에 의해 『계간 장애학』Disability Studies Quarterly이 창간되었고 미국에 기반을 둔 장애학회Society for Disability Studies, SDS도 창설되었다.[48] 같은 해에 12개의 장애학 과정이 미국의 교육 기관들에서 운영되었다. 1986년이 되자 그 숫자는 23개로까지 늘어났다.[49]

영국의 경우와 마찬가지로, 이러한 초기의 활동은 수는 적지만 중요한 저작물들을 생산해 냈다. 그 예로는 프랭크 보Frank Bowe의 『장애를 만들어 내는 미국』[50]이나 졸라의 『누락된 조각들: 장애를 지닌 삶의 연대기』[51]가 있다. 이러한 저작들과 그 밖의 연구들은 미국 사회뿐만 아

---

47 David Pfeiffer and Karen Yoshida, "Teaching Disability Studies in Canada and the USA", *Disability and Society* 10(4), 1995, p.476.

48 장애학회가 실제로 구성된 것은 정확히는 1982년이며, 창설 당시에는 미국사회학회 의료사회학 분과 내의 '만성질환·손상·장애연구분과'(Section for the Study of Chronic Illness, Impairment and Disability, SSCIID)로 출범하였다. 현재와 같은 '장애학회'(Society for Disability Studies)라는 명칭은 1986년부터 사용되었고, 이때부터 독자적인 학회로서의 위상을 갖게 되었다고 할 수 있다.——옮긴이

49 Pfeiffer and Yoshida, "Teaching Disability Studies in Canada and the USA", pp.475~500.

50 Frank Bowe, *Handicapping America: Barriers to Disabled People*, New York: Harper & Row, 1978.

51 Irving K. Zola, *Missing Pieces: A Chronicle of Living with a Disability*, Philadelphia: Temple University Press, 1982.

니라 미국의 재활 프로그램들이 지닌 장애를 만들어 내는 경향에 주의를 기울이도록 했다. 그렇지만 이러한 문헌들은 대체로 미국 학계의 주류적 접근법을 따랐으며, 영국의 사회적 모델 접근법을 특징짓는 손상과 장애 간의 구별이 지닌 중요성을 인식하는 데 실패했다. 미국 실용주의pragmatism의 전통과 일치되게, 장애인의 공민권에 대한 논의들은 주류적 일상생활로부터의 장애인 배제와 장애에 대한 종합적인 이론적 설명을 제공하기보다는 소수자 집단 접근법과 연결되었다. 더욱이 장애에 대한 사회정치적 해석들이 지금까지는 미국 사회학 내에서 상대적으로 거의 영향력을 지니지 못해 왔다는 점도 최근 지적된 바 있다.[52]

그렇지만 지난 수년 동안 이와 상반되는 보다 급진적인 관점들이 등장했다. 이러한 관점은 북미와 호주 대학들에서 활동하는, 비록 수는 적지만 두드러진 목소리를 내고 주로 장애인들로 구성된 학자 그룹에 의해 옹호되고 있으며, 그 다수는 인문학과 문화연구 분야에 기반을 두고 있다. 이는 사회적 모델 접근법과 연계된 사회정치적 입장과 좀더 일치하는, 보다 비판적이고 학제적인 연구 분야의 발전에 대한 요구가 증가하는 것으로 이어졌다.[53] 이러한 선도적 흐름은 장애학 분야의 학자들과 연구자들 간에 점점 더 공통된 지반을 제공하고 있으며, 영국 저술가

---

52 Beth Omansky Gordon and Karen E. Rosenblum, "Bringing Disability into the Sociological Frame: A Comparison of Disability with Race, Sex and Sexual Orientation Statuses", *Disability and Society* 16(1), 2001, pp.5~19.

53 Marcia H. Rioux and Michael Bach eds., *Disability is not Measles: New Research Paradigms in Disability*, Ontario: York University, Roeher Institute, 1994; Lennard J. Davis, *Enforcing Normalcy: Disability, Deafness and the Body*, London: Verso, 1995; Helen Meekosha and Leanne Dowse, "Enabling Citizenship: Gender, Disability and Citizenship in Australia", *Feminist Review* no. 57, Autumn 1997, pp.45~72; Simi Linton, *Claiming Disability: Knowledge and Identity*, New York: New York University Press, 1998; Albrecht, Seelman and Bury eds., *Handbook of Disability Studies*.

들이 개척한 사회정치적 접근법에 대한 관심이 커져 가고 있음을 보여 준다. 이러한 상황들 모두는 사회적 장애모델, 그리고 장애 운동가들과 학자들 간의 관계가 향후 발전하기 위한 최적의 방식에 관하여 활발한 논쟁을 고무해 왔다. 이 저작집의 출간도 바로 이러한 논쟁에서 출발되었다고 할 수 있다.

장애학이란 무엇이며, 이 책에 어떻게 반영되고 있는가?

이 저작집은 여러 측면에서 장애학의 변화하는 본질을 정리해 보여 주고 있다. 그 변화하는 본질이란, 개별적인 것에서 벗어나 장애인의 삶을 형성해 내는 구조적이고 문화적인 힘들로 강조점을 전환해야 한다는 장애인들의 비교적 직접적인 요구로부터, 점점 더 복잡한 지식 체계로의 이행을 말한다. 오픈 유니버시티 장애학 과정의 창시자들에게 있어 장애학이란 "장애인들의 생활양식과 열망에 대한 연구"와 관련된다.[54] 그 결과, 오픈 유니버시티 장애학 과정의 내용과 이로부터 1980년대에 영국에서 발전된 많지 않은 장애학 과정의 내용들은 주로 사회 정책적인 관심, 그리고 거의 전적으로 비장애인의 삶에 맞추어 설계된 세계에서 장애인의 생활양식이 받아들여질 수 있는 가능성과 관련되어 있었다. 장애 이슈만을 다루는 최초의 국제적 저널 『장애, 핸디캡, 사회』*Disability, Handicap and Society*가 1986년에 창간된 것—이 저널의 공동 편집자인 렌 바턴과 마이클 올리버에 의해 1993년에 『장애와 사회』*Disability and Society*로 개칭됨—은 진정으로 종합적인 '장애 이론'

---

54 Finkelstein, "Emancipating Disability Studies", p.37.

disability theory이 한층 더 발전할 수 있는 적절한 토론의 장을 제공했다.

이러한 종합적인 장애 이론은 1990년에 올리버가 저술한『장애화에 대한 정치』의 출간과 더불어 출현하였다. 이 책은 개인적 경험, 핀켈스타인이나 헌트와 같은 장애인들의 저술, 특히 맑스, 오귀스트 콩트Auguste Comte,[55] 안토니오 그람시Antonio Gramsci[56]의 사회학적 통찰을 포함한 영향력 있는 여러 자원들에 근거하여, 장애에 대한 현대사회의 대응이 기반을 두고 있는 물질적·이데올로기적 토대에 관하여 이론적 설명을 제공한다. 통상 사회적 장애모델이라고 하면 떠올리게 되는 이 책은, 전 세계의 대학들에서뿐만 아니라 대중적으로도 상당한 영향을 미쳤다.

『장애화에 대한 정치』는 장애학의 의제들에 절실히 요구되는 이론적 차원의 설명을 제공해 주었다. 그뿐만 아니라, 특히 비장애인 학자의 역할, 그리고 손상의 경험에 대한 이전의 연구들과 관련하여 활동가들과 학자들 사이에서 모두 상당한 논쟁을 촉발시켰다. 손상의 경험, 몸, 젠더·민족성·섹슈얼리티·사회계급과 관련된 차이의 문제들을 사회적 모델이 경시하는 듯 보인다는 우려 또한 표명되었다. 마찬가지로 중요한 것은 사회적 모델에 입각한 저술들과 통상적으로 연계되어 있는 유물론적 역사 해석이 지나치게 단순하다는 논쟁이다. 이러한 단순성이 장애인에 대한 억압에서 문화적 요인이 지닌 중요성을 약화시키고, 평등을 향한 투쟁에 있어 유급노동과 장애인 당사자의 운동을 과도하게 강조한다고 이야기되어 왔다. 보다 최근에는 사회적 모델의 영미적 편

---

55 Gertrud Lenzer ed., *August Comte and Positivism: The Essential Writings*, New York: Harper Torchbooks, 1975.

56 Gramsci, *Selections from the Prison Notebooks*.

향에 관한 문제들, 즉 [주변부, 반+주변부와 같은] 대다수 세계의 상황 내에서 정책과 정치 양쪽 모두에 있어 사회적 모델의 잠재적 적용 불가능성에 관한 문제들이 제기되고 있다. 이 모든 것들이 사회학적 연구를 수행하는 유의미한 이론적 기반으로서 사회적 모델이 지닌 활용 가치와 관련하여 한층 더 진전된 이슈들을 제기한다. 이 책에서 각 장의 근저에 놓여 있는 것은 바로 이러한 이슈와 관심사들이다.

2장에서 게리 알브레히트는 장애학의 발전이 해당 사회의 맥락 속에서 검토되고 이해되어야만 한다고 주장한다. 그는 미국의 실용주의와 사회학이 미국에서 장애학의 발전에 어떻게 영향을 미쳤고, 장애학과 관련된 다수의 중요한 문제들에 어떻게 직간접적으로 개입하고 있는지를 논한다. 이러한 논의는 장애학에 참여하고 있는 사람들이 어떤 공통의 담론을 공유하는가, 이 분야의 리더들과 대변자들이 모든 장애인을 대표하는가, 오직 장애인만이 실질적으로 장애를 이해하고 장애학의 발전에 기여할 수 있는가에 대한 논쟁을 포함한다. 그 밖에도 장애학이 국경과 시간의 흐름을 관통하는 공통의 역사와 지적 전통을 공유하고 있는 것인지, 장애학의 관점이 보건 및 복지 정책을 위한 합의된 의제를 생산할 수 있는 것인지의 문제가 다루어진다.

이에 대한 답변에서, 알브레히트는 실용주의가 미국적 사고, 사회정책, 세계관에 심대한 영향을 미쳤다고 주장한다. 그러한 실용주의는 초기 미국 사회학의 발전——주요하게는 설문조사와 시카고 학파의 상호작용론을 포함한다——과 결합되면서, 장애 이슈들을 다루는 광범위한 인식틀과 방법론을 제공했다. 그는 또한 미국적 맥락 내에서 자립생활 운동이 어떻게 정치적 압력을 발휘했으며 장애학을 하나의 학문 분야로 형성해 냈는지를 보여 주고 있다. 그는 미국의 장애학이 역사적 무감각과 당황스러울 정도의 편협성에 의해 특징지어져 왔다고 지적하는 것으로 결론을 맺는다. 그는 학자, 정책 입안자, 활동가 간에 상호존중적인 대화가 이루어진다면 이러한 문제들을 다룰 수 있을 것이라고 주장한다.

유사한 주제가 캐럴 토머스Carol Thomas가 쓴 3장에서도 등장한다. 그녀는 주로 영국 저술가들이 수행한 장애의 재개념화에 초점을 맞추고 있다. 토머스는 장애학이 하나의 학문 분야로 등장하는 과정을 검토하면서, 사회적 모델을 둘러싼 다양한 발전을 집중적으로 다룬다. 그녀는 사회적 모델의 초기 단계에 그러한 모델의 뼈대에 덧붙여진 살은 유물론적 색조를 띠었다고 말한다. 여기서는 손상을 지닌 사람들이 경험하는, 사회적으로 야기된 활동 제한의 근원을 자본주의적 상품생산 체제의 사회적 관계 내에서 찾았다. 즉 현재의 배제들은 사회적으로 생성된 '사회적 장벽들'의 작용 내에 자리매김되었다. 보다 최근에는 장애학이 그 영향력을 확대하는 것과 더불어, 사회적 구성주의social constructionism 사상에 많은 영향을 받은 여타의 이론적 관점들이 장애학 내에서 그 존재감을 형성하고 있다고 그녀는 말한다.

사회적 모델 그 자체는 일정한 비판을 받아 왔고 또 적극적으로 옹호되어 왔다. 뒤이은 장애에 관한 논쟁은 장애의 생성에 있어 문화가 지닌 중요성에 대해, 그리고 손상 그 자체의 문제에 대해 회피하지 말고 맞설 것을 요구했다. 다른 형태의 억압들——젠더·인종·성적지향, 그리고 정도는 덜하지만 사회계급·연령 등——과 장애의 교차라는 문제가 장애를 지닌 여성주의자들과 좀더 탈근대주의적인 신념을 지닌 이들에 의해 의제로 자리매김되어 왔다. 이러한 흐름은 장애인에 속하는 다양한 범주의 사람들(남성, 여성, 이성애자, 동성애자, 그리고 '학습적 장애'인 이나[57] '정신보건' 제도 이용자 및 생존자와[58] 같이 특정 손상에 따라 범주화된 집단들)의 체험이 보다 잘 이해되어야 한다고, 그리고 이러한 범주들이 본질주의적이고 담론적으로 구성된 것이기 때문에 그 범주들 자체가 해체되어야 한다고 요구했다.

그녀는 장애학 내에서의 논쟁, 그리고 장애학 저술가들과 다른 학문 분야 저술가들——특히 의료사회학자들——사이에서의 논쟁이 한층 더 정교한 유물론적 장애사회학을 형성해 내는 원동력이라고 말한다. 토머스에게 있어, 이렇게 정교화된 유물론적 장애사회학은 장애의 심리정서적 차원에 대한 한층 더 진전된 인식과 이론화를 반드시 포함하는 것이어야만 한다. 즉 손상을 지닌 사람들의 심리적·정서적 안녕을 훼손하는 장애차별주의적인 관행——장애인 활동가들이 '내재화된 억압'이라고 언급해 왔던 것[59]——에 대해서 말이다.

---

57 '학습적 장애'(learning difficulties)는 영국에서 주로 사용되는 용어로 '학습장애'(learning disabilities or learning disorder)와는 달리 매우 포괄적인 개념이다. '학습장애'가 뚜렷한 지적·정서적·신체적 결함이나 환경의 문제가 없는데도 불구하고 언어의 이해 및 사용, 수리 개념 등의 기초적인 학습에 상당한 어려움을 보이는 경우를 지칭하는 반면, '학습적 장애'란 신체적 장애와 대비되는 정신적 장애 중 우리가 흔히 정신질환이라고 부르는 정신장애(mental disorder)를 제외한 모든 장애를 포함한다. 즉, 한국으로 보자면 법적 장애 범주인 지적장애(intellectual disability)와 자폐성 장애에 더하여, 주로 특수교육에서 많이 이야기되는 학습장애와 주의력결핍과잉행동장애(ADHD) 등을 모두 아우르는 개념인 것이다.——옮긴이

58 '정신보건 제도 이용자 및 생존자'(mental health system users and survivors)는 '정신질환자' 혹은 '정신장애인'이라는 용어에 대한 대안적 표현이라고 할 수 있다. 여기서 '정신보건 제도 생존자'란 정신보건 제도에 의해 피해를 입은 사람을 말한다. 영어권에서는 성폭력 피해자에 대해서도 '생존자'(survivor)라는 용어가 사용된다. 한국의 경우에는 한국성폭력상담소가 2003년 '제1회 성폭력 생존자 말하기 대회'를 개최한 이후 '성폭력 피해자' 대신 '성폭력 생존자'라는 용어가 자주 사용되고 있는데, 이는 피해자적 수동성이라는 고정된 이미지를 걷어 내고 능동적인 문제에의 대면과 주체적인 삶의 영위를 강조하기 위한 것이라 할 수 있다.——옮긴이

59 Richard Rieser, "Internalised Oppression: How it Seems to Me", eds. Richard Rieser and Micheline Mason, *Disability Equality in the Classroom: A Human Rights Issue*, London: Inner London Education Authority, 1990, pp.29~32.

빌 휴스Bill Hughes는 4장에서 손상이라는 문제를 다룬다. 그는 몸의 사회학이 장애학을 주류 사회학 내로 합류시킬 수 있는 기회를 제공한다고 주장하지만, 지금까지는 그렇게 하는 데 실패해 왔다고 말한다. 그는 주류 사회학에 있어 문제점은 장애차별주의의 혐의를 용인한 것이라고 주장하는데, 주류 사회학이 [몸과 연동된 손상의 문제만을 다루고] 장애의 문제를 경시해 왔기 때문이다. 역으로 장애학에 있어 문제점은 의미 있는 손상의 사회학을 발전시킬 가능성으로부터 스스로를 거의 완전히 차단해 왔다는 것이다. 휴스는 몸의 연구에 대한 정통 '의료' 사회학의 접근법이 발전해 온 경로를 추적해 보았을 때, 꼬리표 이론labelling theory이나 『낙인』stigma과 같은 고프먼의 연구[60]가 부분적인 진전을 가져왔음에도 불구하고, 사회학은 장애가 하나의 병이라는 의사들의 관점을 강화시켜 왔다고 주장한다. 사회학을 장애에 대해 성찰할 수 있는 진정으로 가치 있는 준거틀로 만들어 낸 것은 장애학에 의해 제시된, 육체적 본질로서의 장애 개념에 대한 반명제였고, 이는 사회적 장애모델로부터 등장했다. 그렇지만 사회적 모델은 손상에 대한 연구를 장애학의 주변부로 밀어내 버렸고, 장애학과 몸의 사회학이 결합되어 손상의 사회학을 설계하고자 노력한 것은 겨우 최근에 와서라고 할 수 있다.

아이샤 버넌Ayesha Vernon과 존 스웨인John Swain은 5장에서 소수 민족 공동체 안의 장애여성이 직면해 있는 다중적 억압을 검토한 연구에 근거하여, 우리에게 다음의 진실을 상기시키고 있다. 장애인들은 학술 담론이나 연구 담론에 대한 기여에 따라서가 아니라, 궁극적으로 사

---

60 Goffman, *Stigma*.

회의 변화를 만들어 내는 것에서 어떤 역할을 하는가에 따라 장애 이론을 판단하게 될 것이라는 사실 말이다. 버넌과 스웨인이 사회적 분할에 대한 고려가 장애 이론의 발전에 스며들어야 할 필요가 있다고 주장하는 것은 바로 이러한 관점에서이다. 이는 다시 여성주의 및 탈근대적 통찰과 관련된다. 특히 여성들이 경제적·사회적 구조 내에 존재하는 여성과 남성 간 권력관계의 불균형에 의해 결속되어 있는 것과 동시에, 다중적인 사회적 분할에 의해 나뉘어 있다는 모순에 대한 인식 말이다. 그들은 장애인이 경험하는 억압의 이해라는 문제에 있어서도 이와 유사한 모순이 존재한다고 말한다. 그들은 공통성과 다양성 간의 모순을 어떻게 다룰 것인가라는 도전 과제들이 장애 이론의 향후 발전에 결정적일 것이라고 주장한다. 유의미한 통합 사회의 발전을 이론화하고 촉진하기 위해서는 장애·민족성·섹슈얼리티·연령·젠더 간의 관계가 비판적으로 검토되어야만 한다는 것이다.

이어지는 6장에서 앤 보세이Ann Borsay는 장애학에서 역사란 그림 맞추기 퍼즐의 누락된 조각과 같다는 사실을 우리에게 환기시킨다. 그녀는 장애학이 사회 이론과 사회 정책 분야에서 기원하여 정치·문화·레저·대중매체 분야까지 포괄하는 것으로 확장된 반면, 장애인의 경험 전반에 걸쳐 역사적 관점은 사실상 존재하지 않는다고 주장한다. 그녀의 말을 따르자면, 이것은 사회학과 역사학 간의 상반된 성격 때문이다. 이런 이유 때문에, 그녀는 유물론과 문화주의culturalism가 상호 배타적이기보다 보완적인 관계에 있는 장애의 사회사에 착수하기 위하여, 사회과학자들에 의해 발전된 역사적 모델들에 대한 평가를 활용한다. 여기서 종합적인 역사적 개관을 시도하지는 않는다. 그보다는 19세기 말과 20세기 초의 신체적 손상, 자선, 의학 간의 접점에 관심을 집중한다.

사료의 유용성을 실제로 보여 주기 위하여, 도덕적·의학적 감시 절차들과 이에 뒤따르는 저항의 전략들이 검토된다. 이 장은 장애인에 대한 현대사회의 대응과 장애인의 정체성이 형성되는 데 있어 과거가 지닌 위상을 탐색하는 것으로 결론을 맺고 있다.

7장에서 폴 애벌리Paul Abberley는 우리가 장애를 사회적 억압의 한 형태로서 설명하고자 한다면, 손상을 지닌 사람들이 장애화되지 않는 사회란 어떤 것인지에 대한 이해를 발전시켜야만 한다고 주장한다. 우리가 사회적 배제에 맞서 싸우기 위한 효과적인 정책들을 발전시키고자 한다면, 이러한 이해는 필수적이다. 이를 성취하기 위하여, 그는 고전적인 사회 이론의 두 형태──하나는 보수적이고 다른 하나는 급진적인──가 노동과 사회적 통합 간의 관계를 어떻게 다루는지 고찰한다. 그는 그러한 이론들 간에 차이가 존재하지만, 어떤 사회라 할지라도 손상을 지닌 사람들의 일부가 사회적으로 배제되는 것이 불가피함을 암시한다는 점에서는 양자가 유사하다고 주장한다. 애벌리는 노동을 완전한 사회적 통합의 규정적 특질로서 간주하지 않는 보다 통합적인 사회의 전망을 제공하기 위하여 여성주의적 접근법에 의지한다. 그리고 그러한 관점을 적용하여, 노동할 수 있는 사람들을 고려하면서도 노동할 수 없는 이들의 비非노동적인 삶을 가치화하는 이중 전략을 옹호한다. 그는 이러한 문제를 현대 유럽 사회의 경제적·사회적 격변과 연계시켜 논하고 있다.

필 리Phil Lee가 쓴 8장은 주로 영국을 중심으로──그러나 배타적이지 않은 방식으로──지난 20년 동안 장애 이슈를 둘러싼 정치 활동의 발전을 정리해서 제시한다. 그는 장애인 운동이 사회적 장애모델을 진척시키고 장애인의 공민권을 정치적 의제로 확고히 자리 잡게 했다는 점에서는 상당한 진보를 이루어 왔지만, 실질적인 정치적 성취는 상당히 제한적이었음을 보여 준다. 더욱이 사회적 모델을 실제적인 행정 절차로 전환하는 것은 여전히 문제적인 상태로 남아 있는 것처럼 보인다. 이는 주로 20세기 말의 사회 조직이 탈근대성의 도래와 더불어 변환되어 왔고, 그에 따라 영국 정치 제도의 권한이 불안정화되었기 때문이다. 리는 이것이 통합성을 향한 변화를 강화하기보다는, 사회적 분할을 증대시킬 것이라고 지적한다. 그는 계속해서 환경, 노동세계, 차별금지법 anti-discrimination legislation, ADL, 좀더 포괄적인 사회 정책의 발전 등 핵심적인 네 영역에서 낙관주의의 기반이 존재하는지에 대한 평가를 이어 간다. 이 장은 좀더 실질적인 정치적 성취의 가능성을 높이기보다는 억제할 공산이 커 보이는, 미래의 장애 정치와 장애인 운동을 둘러싼 다수의 정치적 역설이 존재하고 있다고 주장하며 결론을 맺는다.

우리는 9장에서 미국의 저술가이자 장애 운동가인 할런 한Harlan Hahn을 통해 정치학의 영역과 만나게 된다. 그의 분석은 장애인의 지위를 향상시키기 위한 기반으로서 이전에 채택되어 왔던 몇 가지 상이한 개념들을 검토하고, 향후 이러한 목표를 성취하기 위한 혁신적 사고들과 제안들을 탐색한다. 상호비교적인 데이터들을 포함하려는 노력이 이루어지고 있기는 하지만, 이러한 연구는 주로 미국 장애 법률과 프로그램에서의 변화에 대한 사례 연구에 초점을 맞춘다. 첫번째 절은 1990년 「미국장애인법」American with Disabilities Act, ADA과 같은 차별금지 법령에 대한 사법적 저항이 야기한 문제들을 포함하여, 장애 정책의 간추린 역사를 담고 있다. 그리고 새롭게 등장한 사회적 모델로부터 유래한 제안들이 장애인을 대변하는 연구와 권리옹호에 대해 갖는 강점과 약점을 평가하기 위한 시도가 이루어진다. 두번째 절에서는 얼마간 유사 공리주의적인 구성개념들과 비용—가치 분석에 기반을 둔 보건의료배당제rationing (of) healthcare,[61] 안락사, 그 밖의 의료적 중재 intervention[62]와 같은 계획들이 장애시민의 삶에 부과하는 위협을 평가 한다. 마지막 절은 권한강화empowerment[63]의 원리가 함축하고 있는 몇 가지 혁신 방안들을 검토한다. 이 절에서는 특히 정책 입안 과정에서의 영구적이고, 체계적이며, 제도적인 변화를 통해 장애시민의 힘을 상승 시킬 수 있는 가능성이 강조되고 있다.

크리스 홀든Chris Holden과 피터 베리스퍼드Peter Beresford가 쓴 10 장은 지구화된 정치경제에 의해 제기되는 이슈들, 그리고 세계시장에 서의 변화가 복지국가에 미치는 영향에 대한 사회 정책 분야 내에서의 논쟁을 다룬다. 그들은 새롭게 등장하고 있는 지구화와 탈산업자본주의 에 대한 담론을 장애인 운동 및 장애 이론가들의 담론과 연관시키려는 시도가 거의 없어 왔다는 문제를 제기한다. 그들은 지구화가 장애인의 삶에 강력한 영향을 미치고 있음을, 장애·장애인·장애인단체들에 대한 다양한 지구화된 대응과 관련시켜 주장한다. 그들은 이러한 상황이 다

---

61 보건의료배당제란 한 사람이 이용할 수 있는 보건의료 자원에 일정한 제약을 부과하면서, 국가적 시각에서 보기에 불필요한 의료 비용을 줄이고 효율성을 높이려는 일련의 정책을 포괄적으로 가리 킨다. 메디케어나 메디케이드에 투여되는 지출을 줄이기 위해 미국 연방정부 및 주정부가 취했던 개혁 조치들이 전형적인 사례 중 하나라고 할 수 있다(9장의 각주 56을 참조하라). —옮긴이

62 'intervention'은 사용되는 분야나 맥락에 따라 '중재'와 '개입'이라는 두 가지 번역어가 어느 정도 관행적으로 굳어져 있다고 할 수 있다. 이를 존중하여 본 역서에서도 '의료적', '교육적', '법적' 등 의 수식어 뒤에서는 '중재'로, '국가적', '정치적', '사회적', '경제적' 등의 수식어 뒤에서나 그러한 맥락에서는 '개입'으로 옮겼음을 밝혀둔다. —옮긴이

63 'empowerment'는 흔히 '역량강화'로 번역되어 왔으며, 이러한 번역으로 인해 한국의 자립생활 운 동 진영 내에서는 마치 그것이 장애인 개인의 부족한 문제해결 능력이나 실무 능력의 강화를 의미 하는 것처럼 사용되기도 한다. 하지만 사회 운동에 있어 'empowerment'는 근본적으로 'power to the people'(민중에게 권력을)과 상통하는 것으로 집단적인 정치적 힘의 강화를 의미하며, 정치학 등의 문헌에서는 '세력화'로 번역된다. 이러한 측면을 고려하여 여기서는 (권한부여라고 번역한 7장 의 인용문을 제외하고는) '권한강화'라는 번역어를 선택하였다. —옮긴이

시, 지구화가 흔히 제시되고 이해되어 온, 협소하게 사고된 경제주의적 방식에 대해 유의미한 도전이 가능하도록 현실화할 것이라고 본다.

이 장은 지구화와 연동된 경제적 변화와 이러한 변화의 의미가 정치경제학 문헌들 내에서 어떻게 다루어지고 있는지, 그 상이한 입장들을 간략히 요약하는 것으로 시작한다. 이러한 내용은 자본주의 초기의 경제적 발전, 그리고 그것이 장애 정책에 미친 전 지구적인 영향과 나란히 제시된다. 그리고 나서 복지 정책에 미치는 지구화의 영향을 다루며, 장애인들과 복지국가에 대한 이러한 논쟁의 중요성을 고찰한다. 저자들은 지난 세기에 장애의 생성에서 산업자본주의가 수행한 역할에 대해 유의미한 정치적 분석이 이루어졌던 것처럼, 이러한 분석이 이제는 지구화와 탈산업자본주의의 영향에 대한 고려로까지 확장되어야만 한다고 주장한다. 그리고 그러한 분석은 복지에 대한 관념들이나 복지 정책의 발전뿐만 아니라, 국내적이고 국제적인 불평등 모두를 다루어야만 한다고 본다.

지구화라는 주제는 다음의 11장에서 계속 이어지는데, 여기서 마샤 리우Marcia Rioux는 국제적 맥락 내에서 장애와 인권 개념 간의 관계를 논한다. 그녀는 정부들이 자신의 자원을 할당하는 방식은 시민권citizenship, 권리라는 개념, 국가의 역할에 대한 해석을 반영한다고 주장한다. 또한 사회권의 보호는 최저생활기준의 차원에서, 그리고 사회 정의라는 현대적 개념에 있어 근본이 되는 권리부여의 차원에서 고려되어야만 한다고 말한다. 그녀는 사회적 지구화와 경제적 지구화 간에 중요한 구별을 둔다. 그리고 사회적 지구화가 사실 어떤 새로운 것은 아니지만, 경제적 지구화라는 상황 속에서는 갱신된 개념적 유효성과 명확함을 가지고 다루어질 필요가 있다는 사실을 우리에게 환기시킨다. 그녀는 장애인이 사회권의 주류 내에 결코 포함된 적이 없다고 주장한다. 전통적으로 장애인 관련 이슈들은 사회개발·자선·시혜의 문제로, 또는 무엇이 그들에게 최선의 이익이 되는지를 결정하는 문제로 치부되어 왔다. 그러나 경제적 자유화 및 지구화는 어떤 사람들이 배제되는 정도를 더 두드러지게 만들었다. 자유의 부정과 사회 참여의 제한을 통해서 말이다. 민주주의 내에서 정부가 자신의 시민들에게 약속했던 그러한 기본적 자유들은 장애시민들에 대해서도 또한 보장되어야만 한다.

12장에서 제프 머서Geof Mercer는 사회적 장애모델의 등장 이후 이루어진 장애 관련 연구의 재구성을 고찰한다. 그는 20세기 말에 장애인 및 장애인단체들이 기성의 장애 연구 방식에 대해 점증적으로 제기해 온 비판을 폭넓게 개관한다. 그 출발점은 개인의 기능 제약이 일상의 사회활동으로부터 장애인을 배제시킨다고 보는 것이 아니라, 환경적이고 문화적인 장벽들이 손상을 지닌 사람들을 실질적으로 장애화하는 방식에 장애 연구의 초점을 맞추는 것이다. 그는 사회적 모델의 등장이 유사한 맥락의 해방적 지향을 갖는 새로운 연구 패러다임의 성장을 어떻게 고무했는지 보여 주고 있다. 그리고 이러한 연구 패러다임의 발전과 관련된 핵심적 이슈들이 특히 영국 문헌들을 참조하여 검토되고 있다.

머서의 그러한 논의는 사회 연구의 경합하는 패러다임 내에 위치해 있다. 비판이론가들의 작업에 근거하여, 그는 장애 이슈의 연구에 대한 이 새로운 접근법의 해방적 주장들을 탐색한다. 해방적 장애 연구가 '불가능한 꿈'에 지나지 않는 것으로 입증될지도 모른다는 최근의 지나치게 비관적인 제언과 대조적으로,[64] 그는 장애 연구자들이 이론과 실천 양자의 진전에 참여하고 있다고 주장한다. 그는 이러한 추동력을 유지하기 위해서는, 장애 연구자들이 기성의 방법론적 고려들과 관심사들에 훨씬 더 비판적 주의를 기울여야만 한다고 제안하며 결론을 맺는다.

　편저자들이 쓴 마지막 13장은 대학 내에 장애학에 대한 관심이 증가하는 상황에서 학자들이 장애인 및 장애인단체들과 강력한 연계를 지속하는 것이 필수적으로 요구된다는 주장으로 시작한다. 우리는 이러한 상호작용이 현재 어떻게 발전되고 있는지를 검토한다. 또한 장애의 과정과 경험에 대해, 그리고 주류적 일상생활로부터 장애인이 여전히 배제되는 것에 대해 보다 종합적인 이해를 발전시키고자 한다면, 한층 더 진전된 상호작용이 필수적이라고 주장한다. 마지막으로 우리는 지금까지 대학 내의 학자들과 장애인 및 장애인단체들 상호 간에 도움이 되어 왔던 공유 영역interface의 형성을 침해하는 데 영향을 줄 수 있는 경제적·정치적 힘들 중 일부를 검토한다.

---

64 Michael Oliver, "Final Accounts with the Parasite People", eds. Mairian Corker and Sally French, *Disability Discourse*, Buckingham: Open University Press, 1999, pp.191~193.

2장 / 미국의 실용주의, 사회학, 장애학의 발전

게리 알브레히트

장애는 많은 이유로 인해 점점 더 대중의 의식 내에 자리를 잡아 가고 있다. 인구가 고령화되고 질환·질병·손상과 관련된 세계의 뉴스들이 전 지구에 걸쳐 전파를 탐에 따라, 장애가 보편적인 경험으로 인식되어 가고 있는 것이다.[1] 손상의 가시성, 우리의 삶에서 겪는 장애에 대한 개인적 경험, 황폐화된 환경의 영향, 담배, 인체면역결핍바이러스/후천성면역결핍증HIV/AIDS, 각종 사고, 자신과 타인의 안녕을 위협하는 지뢰와 내전, 장애 유발 물질이 먹이 사슬의 정점에 있는 인간에게 쉽게 축적될 수 있는 것, 신생아집중치료,[2] 노령자에 대한 강화된 보건의료적 중재 모두가 장애에 대한 우리의 인식에 기여한다.[3] 이러한 이슈들이 공공연

---

1 Irving K. Zola, "Toward the Necessary Universalizing of Disability Policy", *Milbank Memorial Fund Quarterly* 67 suppl. 2, 1989, pp.401~428.

2 신생아집중치료실(Neonatal Intensive Care Unit, NICU)에서 고위험 신생아와 조산아에게 제공하는 치료를 말한다. 이로 인해 영아사망률은 낮아지지만 장애발생률은 높아질 수 있다. ─옮긴이

3 Gary L. Albrecht and Lois Verbrugge, "The Global Emergence of Disability", eds. Gary L. Albrecht, Ray Fitzpatrick and Susan C. Scrimshaw, *The Handbook of Social Studies in Health and Medicine*, Thousand Oaks, CA: Sage, 2000, pp.293~307; Catherine M. Michaud, Christopher J. L. Murray and Barry R. Bloom, "Burden of Disease-Implication for Future Research", *Journal of the American Medical Association* 285, 2001, pp.535~539.

히 다루어지고 있기 때문에, 장애는 한 사회 내의 사람들이 지니고 있는 가치관과 태도, 그리고 그들이 중요하게 여기는 것을 알아볼 수 있는 연구 사례가 된다. 실제로 한 사회는 아동·여성·노인·장애인을 어떻게 대우하고 있는가에 따라 판단될 수 있다.

장애학은 장애 문제의 보편성에 대한 인식, 사회 내에서 장애의 위상과 의미를 설명하고자 하는 학문적 관심, 그리고 권한강화, 통합, 정상성, 차이의 정치에 대한 행동주의적 표현들에 대한 응답 속에서 하나의 독자적인 분야로 발전했다. 정책 입안자들과 정치가들도 장애와 관련된 경제적·사회적 비용에 관심을 기울이고, 증가된 장애인구 및 노령인구에 대한 계획을 수립하기 위해 정부 지원이 어떻게 더 잘 조직되어야 하는가를 주제로 공적인 토론을 진행하면서 장애학 분야의 성장에 기여했다.[4] 이렇듯 장애학은 학계, 개인적 경험, 정치적 행동주의, 공공 정책의 경계들을 가로질러 새롭게 등장한 분야이다.

이 분야에서의 논의를 형성해 내는 6개의 논쟁적 명제가 있다.

1 장애에 관심을 가지고 있는 사람들은 공통의 담론계를 공유한다.
2 장애학 분야의 리더들과 대변자들은 모든 장애인을 대표한다.
3 오직 장애인만이 실질적으로 장애를 이해하거나 장애학 분야에 기여할 수 있다.
4 장애학은 발상지가 있는 이미 확립된 분야이다.

---

4 Jiri Chard, Richard Lilford and Derek Gardiner, "Looking beyond the Next Patient: Sociology and Modern Health Care", *The Lancet* 353, 1999, pp.486~498; Robert J. Blendon and John M. Benson, "Americans' View on Health Policy: A Fifty-year Historical Perspective", *Health Affairs* 20, 2001, pp.33~46.

5 장애학은 국경과 시간의 흐름을 관통하는 공통의 역사와 지적 전통을 공유한다.

6 장애학 분야의 사람들은 장애인에 대한 보건 및 복지 정책에 대해, 그리고 '정당한 편의', '권한강화', '삶의 질'을 구성하는 요소에 대해 일반적으로 의견이 일치한다.

이러한 명제들은 장애의 경험·의미·맥락·결과를 둘러싸고 장애학 문헌 및 대중적인 지면 내에서 열띤 논쟁을 야기한다.[5] 이 명제들은 또한 장애학 내에서 일종의 단층선들을 표상하는데, 이러한 선을 따라 어떤 입장을 옹호하거나 이견을 잠재우기 위해 정치적으로 올바른 가치들이 무엇인지 경합하게 된다. 이러한 이유로 인해, 어떤 입장을 지지해주는 증거를 수집하고 고려하는 것만큼이나, 장애 담론 참여자들의 가치관, 행위자들의 정치적 견해와 이데올로기, 담론이 발생한 사회의 사고방식·가치기준·구조·문화에 대해 연구하는 것이 중요하다. 비록 장애 담론 참여자들 사이에 상당한 의견 차이가 존재하기는 하지만, 그들의 논쟁에서 나타나는 열정은 장애학 분야의 생명력과 해당 이슈들의 중요성을 증명해 준다.[6]

국경과 다양한 관점을 가로질러 다루어져 온 보편적인 문제들이 존

5 Linton, *Claiming Disability*; Colin Barnes, "Disability Studies: New or Not so New Direction?", *Disability and Society* 14, 1999, pp.577~580; Linda Greenhouse, "Justice Accept Two Cases to Clarity Protection for Disabled", *New York Times*, 17 April, 2001, p.A13.

6 Corker and French eds., *Disability Discourse*; Barbara Altman and Sharon N. Barnartt eds., *Exploring the Scope of Social Sicence Research in Disability*, Stamford, CT: JAI Press, 2000; Gary L. Albrecht, Katherine D. Seelman and Michael Bury, "The Formation of Disability Studies", eds. Gary L. Albrecht, Katherine D. Seelman and Michael Bury, *Handbook of Disability Studies*, Thousand Oaks, CA: Sage, 2001, pp.1~8.

재하기는 하지만, 한 학문 분야의 성숙은 역사적 맥락, 경험, 지적 전통, 문화, 정치경제 체제에 의존한다. 그러므로 장애학의 발전 역시 맥락적으로 검토되고 이해되어야만 한다. 나는 실용주의와 미국의 사회학이 미국 장애학의 발전에 어떤 영향을 미쳤고, 위에 제시된 여섯 가지 논쟁적 문제들을 어떻게 직간접적으로 다루었는지 논의함으로써 이러한 맥락적 검토를 수행할 것이다. 첫째, 나는 실용주의가 미국적인 사고와 사회 정책, 그리고 세계관을 어떻게 형성해 냈는지를 고찰할 것이다. 둘째, 실용주의가 설문조사 연구survey research, 사회지역학social area studies, 시카고학파의 상호작용론을 포함하는 미국 사회학의 초기 발전과 결합되어, 어떻게 장애 이슈를 다루는 인식틀과 방법을 제공했는지를 보여줄 것이다. 셋째, 장애 운동이 미국적 맥락 내에서 어떻게 조직화하고 정치적 영향력을 발휘하였으며, 하나의 학문 분야로서 장애학을 형성해 냈는지를 분석할 것이다. 넷째, 미국의 장애학이 개인지상주의, 자본주의, 민주주의라는 미국적 가치들을 구현하는 정치경제 체제에 의해 어떻게 영향을 받았는지를 고찰할 것이다. 그리고 마지막으로 미국 장애학의 향후 방향에 대해 성찰해 보고자 한다.

미국의 실용주의

실용주의는 미국의 사회과학에, 그에 따라 장애학에도 마찬가지로 전반적인 영향력을 미쳐 온 다양성을 지닌 철학이다. 실용주의는 찰스 샌더스 퍼스와 윌리엄 제임스에 의해 창시되었으며, 20세기 전반의 존 듀이,[7]

---

7 John Dewey, *The Collected Works of John Dewey* vol.37, Carbondale: Southern Illinois

퍼디낸드 실러,[8] 조지 허버트 미드[9]의 작업, 그리고 윌프리드 셀러스,[10] 윌러드 콰인,[11] 힐러리 퍼트넘,[12] 리처드 로티,[13] 수전 하크,[14] 코넬 웨스트[15] 등 보다 최근의 현대철학 작업에 깊은 영향을 미친 철학 사조이다. 이러한 작업에 깃든 교의들이 많은 과학철학적 문제와 사회 정책적 문제를 제기하면서, 실용주의는 미국의 사회과학과 문화연구 내의 사고에 깊은 영향을 미쳤다.

　　그렇지만 실용주의에는 다양한 형태가 있고 재창안된 내용도 있기 때문에 하나의 개념적 테두리 아래서 모든 실용주의자들의 작업을 특징짓는 것은 어려운 일이다. 수전 하크는 이러한 작업들의 공통 요소를 탐색하는 연구에서, 실용주의가 "어떤 개념의 의미는 그 개념의 적용에 따른 경험적 또는 실제적 결과들에 의해 결정된다고 보는, 실용주의의 격률 속에 표현된 방법에 의하여 가장 잘 특징지어진다"고 결론을 내린다.[16]

University Press, 1968~1992.

8 Ferdinand C. S. Schiller, *Studies in Humanism*, London and New York: Macmillan, 1907.

9 George Herbert Mead, *Selected Writing: George Herbert Mead*, ed. Andrew J. Reck, New York: Bobbs-Merrill, 1964(1934).

10 Wilfrid Sellars, "Givenness and Explanatory Coherence", *Journal of Philosophy* 61, 1973, pp.123~129.

11 Wilard van orman Quine, *Ontological Relativity and Other Essays*, New York: Columbia University, 1969.

12 Hilary Putnam, *Meaning and the Moral Science*, London: Routledge and Kegan Paul, 1978.

13 Richard Rorty, *Philosophy and the Mirror of Nature*, Princeton, NJ: Princeton University Press, 1979; Richard Rorty, *Objectivity, Relativism and Truth*, Cambridge: Cambridge University Press, 1991.

14 Susan Haack, *Evidence and Inquiry: Towards Reconstruction in Epistemology*, Oxford: Blackwell, 1993.

15 Cornel West, *The Cornel West Reader*, New York: Basic Civitas Books, 1999.

16 Susan Haack, "Pragmatism", eds. Nicholas Bunnin and E. P.Tsui-James, The Blackwell Companion to Philosophy, Oxford: Blackwell, 1996, p.643.

초기의 실용주의자들은 산업혁명과 자연과학 지식의 급속한 발전이라는 맥락 내에서 작업을 수행했다. 그들은 확실성이라는 개념, 그리고 실제적 적용성을 갖는 과학적 법칙의 정식화에 이끌렸다. 예를 들어 퍼스는 탐구자가 "경험이 자신의 신념과 배치되는 순간, 그러한 신념 전체를 버릴" 준비가 되어 있는 과학적 방법을 옹호하면서, 형이상학자들에 의해 전통적으로 선호되어 온 선험적 방법에 반대했다.[17] 그의 관점에 따르면, 과학적 연구자는 신념이나 자신이 맞닥뜨리는 증거들을 평가하는 데 있어 '반성적 오류가능주의자'contrite fallibilist이다. 그러한 반성적 오류가능주의의 목적은 학자들이 객관적인 방식으로 진리를 추구하고, 다양하고 엄격한 검증에 견딜 수 있는 이론과 연구물을 생산하도록 고무하는 것이다. 과학적 방법에 대한 이러한 접근방식은 칼 포퍼Karl Popper의 반증의 원리principle of falsification와 양립하는데, 반증의 원리에서 이론은 "우리가 설계할 수 있는 가장 엄격한 검증에" 맡겨진다.[18] 이러한 형태의 과학적 방법이 갖는 흡입력은 그것이 객관적 지식, 실재론, 보편성을 강조한다는 데 있다. 진리는 검증된 이론과 '사실들' 속에 있는 것이다.

윌리엄 제임스의 강조점은 퍼스와는 차이가 있었다. 제임스는 특정한 개념이나 사회 정책에 대한 믿음의 실제적 결과, 즉 **프락시스**[19]를 강

---

17 Charles Sanders Peirce, *Collected Papers of Charles Sanders Peirce*, eds. Charles Hartshorne, Paul Weiss and Arthur W. Burks, Cambridge, MA: Harvard University Press, 1931~58, pp.i, 14, 55.

18 Karl Popper, *Objective Knowledge: An Evolutionary Approach*, Oxford: Clarendon Press, 1972, p.16[칼 포퍼, 『객관적 지식: 진화론적 접근』, 이한구·정연교·이창환 옮김, 철학과현실사, 2013].

19 영어의 'practice'에 해당하는 그리스어 'praxis'는 '실천'으로 번역될 수 있지만, 단순한 행위나 활동이 아니라 이론 및 성찰에 기반을 둔 의식적·능동적·주체적 실천을 뜻한다. 이로 인해 통상 원어 그대로 음역하는 경우가 많으며 여기서도 이러한 관례를 따랐다. ──옮긴이

조했다. 예를 들어, 형이상학적이고 도덕적인 문제들의 복잡성을 논하면서, 그는 다음과 같이 말한다. "그러한 경우들에 있어, 실용주의적 방법이란 각각의 관념을 그 각각의 실제적인 결과들을 추적하는 것을 통해 해석하고자 노력하는 것이다."[20] 제임스는 또한 모든 논쟁에 다 이를 해결할 수 있는 과학적 증거가 있는 것은 아니라는 사실을 인식했다. 이에 따라, 그는 원칙적으로 입증될 수 없거나 오류가 증명될 수 없는 '종교적 신념들'은 대개 결단되는 것이라 가정했는데, 왜냐하면 그러한 신념들이 신봉자의 삶과 합치하고 실제적인 결과를 낳기 때문이다. 그는 또한 진리가 사회적으로 구성되며 시간이 지남에 따라 변할 수 있다는 관념을 지지했다. 그가 '종교적 신념들'과 진리의 사회적 구성에 대해 강조한 것은 지식의 주관성과 상대적 측면을 인정한 것이라 할 수 있다. 제임스의 실용주의는 이후 경험의 주관적 의미에 대한 탐구가 이루어질 수 있는 길을 열어 놓았다.

듀이와 실러는 실용주의를 좀더 행동주의적인 방향으로 이동시켰다. 듀이는 퍼스의 관심을 사로잡았던 '확실성의 추구'에는 관여하지 않았다. 대신 그는 앎이란 직접적으로 실천과 관련된다는 것을 인식했다.[21] 그는 개혁주의자였다. 좋은 이론이란 실천에 근거해야 하며, 또한 좋은 이론은 어떤 방안의 성패를 입증하는 실제 프로그램에 대한 경험에 따라 수정되어야 한다는 것을 옹호했다는 점에서 말이다. 실러는 듀이보다 더 혁명적이었다. 그는 진리란 상대적이며 "우리 자신에 의해 가치화된" 수단이라고 주장함으로써, 실재reality의 사회적 구성을 인정했다.

---

20 William James, *Pragmatism*, Cambridge, MA: Harvard University Press, 1907, p. 28.
21 Dewey, *The Collected Works of John Dewey* vol. 37.

어떤 명제가 "우리의 목적들을 진척시키고" 있다면, 그 명제는 참인 것이다.[22] 실러는 사회적 행동주의의 견지에서, 가치와 주관적 경험이 우리가 참이라고 또는 옳다고 생각하는 것에 어떻게 영향을 미치는가를 지적했다.

로티, 콰인, 퍼트넘, 하크를 포함하는 신新실용주의자 그룹은 초기 실용주의자들에 의해 옹호되었던 '객관적 확실성'이 과학 또는 인식론의 영역에서 실현 가능한 목표가 아니라는 것을 인식하고 있다. 그러나 그들은 교조주의와 회의주의 사이에서 중도中道의 발견을 추구하면서, 진리의 문제에 예민하게 관심을 기울인다.[23] 이러한 작업은 현대 문화 연구에서 논쟁되고 있는 많은 이슈들에 철학적 기반을 제공했으며, 그러한 이슈에는 다음과 같은 것들이 포함된다. 무엇이 증거가 될 수 있는가? 텍스트는 어떻게 읽혀야 하는가? 누가 다른 사람의 경험에 관해 말하거나 그러한 경험을 이해할 수 있는가? 인권이란 무엇인가? 주어진 상황 속에서 무엇이 정당한 것인가?

실용주의, 미국 사회학, 장애학의 합류

실용주의는 미국에서 사회학의 발전에 영향을 미쳤으며, 그에 따라 장애학의 발전에도 마찬가지로 영향을 미쳐 왔다. 이는 실용주의가 사회과학자들이 직면해 있던 중대한 이슈들에 관해 사고할 수 있는 개념틀을 제공했고, 주장을 구성하기 위해 사용되어야만 하는 데이터 및 분석

---

22 Schiller, *Studies in Humanism*, p. 8.
23 Haack, "Pragmatism", p. 656.

의 전형을 제시했기 때문이다. 사회과학자들은 신뢰할 수 있고 유용한, 사회적 행동들을 다루는 이론 및 방법과 일단의 지식을 발전시키는 데 관심을 가져 왔다. 오랜 기간에 걸쳐, 실용주의는 사회학 분야에서 이러한 필수적인 요소를 세 가지 중요한 방식으로 추구했다.

첫째, 초기의 실용주의는 사회학이 하나의 과학이 되고자 한다면, 인식론적으로 반증의 원리를 받아들여 자연과학의 '과학적 방법'을 따라야만 한다고 강조했다. 포퍼에 의해 정교화되고 확산된 반증의 원리는, 과학자들이 처음에 미확증된 추측으로서 어떤 이론을 제출하고 나면 그 이론이 예측하는 바를 객관적 관찰을 통해 검증해야 한다고, 즉 해당 이론이 검증에 견딜 수 있는지를 확인해야 한다고 제안한다.[24] 주의 깊게 설계된 검증에서 가설을 부정하는 결과가 나온다면, 그 이론은 실험상 반증되는 것이고, 연구자는 그 이론을 수정하거나 새로운 이론을 만들어 낼 것이다. 반면에 만일 검증과 데이터가 해당 이론을 지지한다면, 과학자들은 그것을 한층 더 검증하고 확대 해석하기 위해서 검증을 통과한 가설에 기반하여 그 이론을 계속해서 활용할 것이다. 퍼스에 따르면, 이러한 접근법의 확장은 '법칙들'의 발전으로 이어지고 무엇이 진리인지를 알려 준다. 요컨대 실용주의는 사회학자들 사이에서 초기의 관심을 관찰·설문조사·인구총조사 등의 방법을 통해 '객관적' 데이터──사회현상을 기술하고, 이론의 발전을 돕고, 주장을 검증하는 증거로서 기여할 수 있는──를 모으는 데 집중시켰다.

둘째, 실용주의자들, 특히 윌리엄 제임스는 실제 현실과 사회 정책들에 대한 분석 작업이 자리를 잡도록 촉진했다. 제임스는 실용주의자

24 Popper, *Objective Knowledge.*

가 "추상과 부적합성으로부터, 말뿐인 해결책으로부터, 그릇된 선험적 근거로부터, 고정된 원리와 폐쇄된 체계, 형식뿐인 완전함과 기원으로부터 단절해야 한다. 그는 구체와 적합성을 향해, 사실들을 향해, 행동을 향해, 권력을 향해 방향을 돌려야 한다"고 진술했다.[25] 그러한 주장들을 통해 제임스는 근거 이론grounded theory,[26] 사회 문제들의 연구, '실제' 세계에서의 행동 관찰과 데이터 수집, 사회 정책들의 정식화와 행동에 대한 그 효과의 검증, 사회 내에서 권력의 분배 및 행사의 조사에 대한 기초를 놓았다. 제임스에게 있어 실용주의는 이론과 정책이 실제로 효과가 있는지를 확인하는 것과 관련된다. 이런 점에서 제임스는 실용주의자들과 사회학자들 사이에서 사회행위 이론social action theory을 촉진시켰다.

셋째, 실용주의의 사고는 퍼스가 옹호했던 엄격한 '객관주의'와 과학적 방법의 적용으로부터 점차 탈피해서, 주관적 경험의 중요성에 대한 인식, 행동에 대한 상대주의적이고 문화적으로 다양한 개념들, 정보의 수집 및 해석에 있어서의 패러다임 전환, 담론 공동체들과의 경쟁을 향해 나아갔다. 로티는 이러한 입장을 나타내는 한 예라고 할 수 있다.[27] 그는 우리가 증거의 기준으로, 그리고 과학적인 사회 정책의 실천으로 여기고 있는 것들이 문화적 관습이라고 주장하면서, 객관성에 대한 요구를 하나의 희망사항일 뿐이라고 일축한다. 로티는 이슈들에 관

---

25 James, *Pragmatism*, 1907, p.31.

26 근거 이론은 1960년대 후반 사회학자 바니 글래서(Barney Glasser)와 안젤름 스트로스(Anselm Strauss)에 의해 제창된 하나의 질적 연구 방법으로, 상징적 상호작용론에 철학적 근거를 두고 있다. 기성의 이론으로부터 논리적으로 연역되는 것이 아닌, 면담·관찰·기록물 등 현실 세계에서의 경험적 자료를 바탕으로 하여 실제 현상을 설득력 있게 설명해 낼 수 있는 중범위 이론(middle-range theory)을 발견하고 구성해 내는 것을 목적으로 한다.──옮긴이

27 Rorty, *Philosophy and the Mirror of Nature*; Rorty, *Objectivity, Relativism and Truth*.

한 담화에 참여하고 개방된 담론 내에서 텍스트를 분석하는 것의 중요성을 강조하고, 참여자들의 주관적 차이와 문화적 기반에 대해 고려할 것을 강조하는데, 이러한 점에 있어서는 장애학을 포함한 문화연구에 강력한 영향력을 미쳐 왔다. 사회과학과 인문학 내에서 이러한 관점은 상황과 텍스트에 대한 독해, 그리고 관찰자/독자와 관찰대상/텍스트 양자 모두에 대한 분석을 강조한다. 로티의 실증주의는 또한 문화적·역사적 맥락을 강조한다. 이러한 접근법은 다음과 같은 중요한 문제를 제기한다. 누가 말하고 해석할 권리를 갖는가? 무엇이 하나의 담론 공동체나 학자 집단을 구성하는가? 무엇이 그러한 담론 공동체나 학자 집단에 포함될 수 있는 기준인가? 하나의 주장은 어떻게 구성되며, 타인에게 그 진실성과 유용성을 확신시키는 증거는 어떻게 제시되는가? 문화적 맥락과 역사는 하나의 상황이 규정되는 데, 그리고 '사실들'이 해석되는 데 어떻게 영향을 미치는가? 증거·이론·주장은 타인들의 행동을 변화시키고 지위의 위계와 제도의 구조를 재편성하는 힘을 갖는 사회 정책으로 어떻게 전환되는가? 이와 같이 광범위한 실용주의의 입장과 그 쓰임새를 검토할 때, 단순한 차이가 아니라 근본적으로 상반되는 실용주의의 형태들이 존재한다는 것에 주목할 필요가 있다. 그럼에도 불구하고, 실용주의의 다양한 형태들은 우리가 지식을 어떻게 획득하고 사용하는가와 관련하여 다수의 동일한 근본 문제를 다루며, 지식은 그 유용성과 실제적 문제들에 대한 적용의 결과라는 견지에서 평가되어야만 한다는 중요한 원리를 공유한다.

실용주의의 이러한 세 가지 테마는 미국에서 사회학의 발전과 이후 장애학의 발전에 강력한 영향을 미쳤다. 이러한 테마들은 사회 연구에 있어 방법론적이고 실질적이면서 이론적인 다섯 가지 접근법, 즉 양적 연구, 질적 연구, 역사적/맥락적 연구, 사회행위/사회 정책 연구, 통합적 연구와 개념적·역사적으로 연계되어 있다. 사회 연구에 대한 이와 같은 방법론적 접근법들 사이에는 상당 정도의 혼합이 존재하기는 하지만, 그 각각은 특정한 과학철학, 지적 맥락, 연구 결과의 계획된 활용과 긴밀히 결합된 그 자신만의 지지층을 갖는다.

　　사회과학에서 양적 연구는 과학자로서의 지위를 획득하고자 하는 사회학자들의 욕망으로부터 쉽게 발생하며, 엄밀함이 중시되는 규율을 갖는다. 초기 실용주의자들이 지녔던 규칙과 자연과학자들의 방법론에 따르자면, 이론은 연구에 대한 지침을 제공해야 하고, 연구되는 현상은 정밀하게 측정되어야 하며, 사건과 단위는 셀 수 있어야 하고, 가설은 연역적인 방식으로 검증되어야만 한다. 1790년부터 시작된 미국인구총조사는 그러한 양적 데이터의 초기 원천 중 하나였다. 특히 지난 100년 동안, 미국공중보건국United States Public Health Service과 의학자들은 인구의 특징을 확인하고, 보건 문제들을 규정하고, 적절한 중재 방안을 제시하고, 궁극적으로는 그러한 중재의 결과를 평가하기 위하여 역학적疫學的 데이터를 발전시키는 데 관심을 가져 왔다. 양적 사회역학은 1930년대 시카고대학교 사회학과의 사회생태학적 관점으로부터 강한 영향을 받았는데, 정신장애와 같은 사회 문제들과 사회 여건 간의 관계를 탐구하는 데 있어 개척자적인 역할을 했다.[28] '과학적 방법'에 따라 이러한 양적 연구에 집중하는 것은 미국 사회학에서 오늘날까지도 지속되고 있다. 『미국 사회학 평론』American Sociological Review이나 『보건 및 사

---

28 Robert E. Lee Faris and Henry Warren Dunham, *Mental Disorders in Urban Areas*, Chicago: University of Chicago Press, 1939.

회적 행동 저널』*Journal of Health and Social Behavior*과 같은 잡지는 '빈곤'·'인종'·'젠더'·'교육'·'스트레스'·'자원에 대한 접근'·'고용'과, '차별'·'소득 불평등'·'기회에 대한 접근'·'보건'·'복지'·'모든 시민에 대한 공평한 판결'과 같은 결과변수outcome variable 간의 관계를 검토하기 위해 양적 방법을 활용한 글로 채워져 있다. 세이지Sage Inc.와 같은 사회과학 출판사들은 연구자들이 어떻게 더 잘 데이터를 측정하고 분석할 수 있는가, 가설을 검증할 수 있는가, 한층 더 정교한 개인적·집단적·조직적 행동모델을 구축할 수 있는가를 안내하는 방법론 입문서 시리즈를 발간했다. 이러한 방대한 양의 문헌은 퍼스에 의해 제안되고 자연과학에서의 연구에 의해 정당화된 '과학적 방법'의 정신을 따르고 있다. 동시에 이러한 문헌의 대부분은 사회 문제들 및 정의正義의 이슈들에 관심을 두고 있는데, 이는 실용주의자들에게서 유지되고 있는 또 다른 테마를 보여 준다. 즉 변화를 가져오고자 하는 욕망, 그리고 그러한 변화와 실제적 유용성을 통해 연구의 가치를 판정하고자 하는 욕망 말이다.

이러한 테마들은 또한 장애계 내의 재활 및 장애 연구들에게로까지 이전되었다. 미국에서 재활 연구는 으레 정신적 외상이나 손상의 진단 후 개인의 **의료적** 재활, 또는 그러한 개인이 일자리를 얻거나 직장으로 복귀할 수 있도록 해주는 물리치료 및 작업치료와 교육을 통한 **사회적** 재활을 다루는 것을 의미했다. 의료적 재활 연구는 제2차 세계대전의 종료 이후, 특히 1960년대에 출현하여 지금까지 이어지고 있다. 이러한 작업은 거의 대부분 의사들에 의해 지도되었으며, 기능적 상태를 개선하고 개인들이 지역사회에서 자립적으로 살아갈 수 있도록 해주는 지식의 획득을 목표로 했다. 사회적 재활 연구는 대개 경제학자들이나 직업재활 및 특수교육 분야의 연구자들에 의해 수행되었으며, 때로는 의사들과 공동으로 작업이 이루어졌다. 장애인의 직장 복귀를 도울 수 있는 프로그램을 발전시키기 위해서 말이다. 이는 전통적으로 재향군인청Veterans Administration, 그리고 사회보장청Social Security Administration 장애 담당 부서들이 주된 관심을 보여 온 분야이다. 의료적 재활 연구자들은 장애인이 기능적으로 좀더 자립 가능하도록 조력하는 프로그램의 실행에 도움이 되는 패턴과 결과들을 증명하기 위하여, 양적 설문조사법, 표적 표본추출 전략, 이중맹검 임상실험,[29] 평가 연구를 채택했다. 대개 사회학자들과 경제학자들을 포함하는 사회적 재활 연구자들 또한, 어떠한 변수들과 중재가 직장으로의 복귀를 예정케 할 수 있는지 밝혀내기 위하여 양적 방법과 통계적 모델을 사용했다.

미국에서 다수의 장애학자들은 사회학자들에 의해 양성되거나 심대한 영향을 받았고, 그리하여 사회학자들은 사회적 관심사들과 연구 패러다임을 사회학으로부터 장애학으로 이전시켰다. 장애학에서의 양적 연구는 이러한 영향력을 실증한다. 예를 들어, 글렌 후지우라Glenn T. Fujiura와 바이얼릿 르코스키-크미타 Violet Rutkowski-Kmitta는 장애의 수를 산정하는 것이 장애인, 정부, 정책 입안자, 사회과학자에게 있어 중요한 일이라고 지적한다.[30] 장애를 어떻게 정의할 것인가, 누가 무엇을 측정받아야 하는가에 대한 뜨거운 논쟁에도 불구하고, 아무튼 정부가 건강보험과 의료 서비스 및 사회 서비스를 제공하고 환경을 좀더 장애

---

29 실험을 수행할 때 나타날 수 있는 의식적·무의식적인 선입견 또는 편향의 작용을 막기 위하여, 실험이 끝날 때까지 실험자와 피험자 양쪽 모두에게 특정한 정보를 공개하지 않는 임상실험을 말한다.─옮긴이

30 Glenn T. Fujiura and Violet Rutkowski-Kmitta, "Counting Disability", eds. Gary L. Albrecht, Katherine D. Seelman and Michael Bury, *Handbook of Disability Studies*, Thousand Oaks, CA: Sage, 2001, pp.69~96.

친화적인 것으로 만들고자 한다면, 장애를 확인하고 산정해야만 한다고 본다. 꼬리표를 다는 것, 장애인의 경험을 고려하지 못하는 것, 환경의 접근성에 충분한 주의를 기울이지 못하는 것에 대한 깊은 우려가 존재하기는 하지만, 정부가 누가 장애인이고 그들의 필요가 무엇인지 확인할 수 없다면 서비스를 제공할 수 없고 환경에 대한 개선을 고려조차할 수 없게 된다는 것이다. 후지우라와 루트코브스키-크미타는 "비록주목할 만한 예외들이 있기는 하지만, 조직화된 정치국가political state는 국민의 복리를 증진하기 위해 존재한다. 데이터는 이러한 복리 증진의 과정과 국가 정책의 입안 및 편성에 필요한 정보를 제공한다. 이러한이유로 인구의 보건 상태에 대한 감독은 오래된 관행일 뿐만 아니라, 국민국가들 사이에서도 거의 보편적인 것이라 할 수 있다"고 말한다.[31] 더욱이 그들은 "'사회 개혁가들, 시민단체들, 박애주의자들'이 제기한 광범위하고 세밀한 정보에 대한 요구가 19세기에 이루어진 대다수 통계학적 작업의 기반이었다"는 앤서니 오버셜Anthony Oberschall의 주장[32]에 동의한다.[33] 그들에게 있어 장애 통계가 추구하는 이러한 목적은 오늘날에도 여전히 적절성을 갖는다. 과거와 비교했을 때 차이는 현재의방법론적·통계학적 기법이 연구자들로 하여금 사회적·문화적·환경적영향을 보다 정확하고 통합적인 방식으로 다룰 수 있게 해준다는 것이다.[34] 이러한 통계 작업은 장애, 장애가 초래하는 결과, 보건의료적 중재및 사회적 개입, 물리적·사회적 환경, 상이한 사회 정책의 결과를 이해

31 Fujiura and Rutkowski-Kmitta, "Counting Disability", p.70.
32 Anthony Oberschall, "The Sociological Study of the History of Social Research", ed. Anthony Oberschall, *The Establishment of Empirical Sociology: Studies in Continuity, Discontinuity and Institutionalization*, New York: Harper & Row, 1972, pp.2~14.
33 Fujiura and Rutkowski-Kmitta, "Counting Disability", p.70.

하기 위하여 사용하는 이론과 모델을 개선하도록 사회과학자들과 장애학자들을 고무했다.

장애를 측정하고 장애인의 수를 산정하는 목적이 상당히 명확하다고는 하지만, 이러한 활동은 난점과 논쟁으로 가득 차 있다. 이는 장애가 "복잡하고 다차원적인 개념"이며,[35] 장애 측정의 궁극적 목적이 다양하고, 그러한 형태의 식별이 장애인에게 있어 꼬리표 붙이기나 차별과 같은 부정적인 결과를 낳을 수 있기 때문이다. 이러한 이슈들에 대한 논쟁은 장애 분류를 위해 WHO가 발전시켜 사용하고 있는 국제손상·장애·핸디캡분류International Classification of Impairments, Disabilities and Handicaps, ICIDH 도식, 세계은행과 WHO의 공동 후원에 의해 이루어진 지구적 질병부담 프로젝트Global Burden of Disease Project와 관련하여 지속되고 있는 논란에서 생생하게 관찰할 수 있다.[36] 이데올로기적 입장이나 어떤 특정한 과학적 방법에 대한 선호와는 무관하게, 장애에 대한 이러한 양적 연구는 장애학에 대한 미국 사회학의 영향력을, 그리고 실용주의의 몇몇 핵심적 원리의 영향력을 반영한다.

실용주의자들과 신실용주의자들은 양쪽 다 현대 사회학과 장애학에 그 영향력을 발휘하고 있다. 오늘날 질적 연구자들과 문화연구자들은 실재의 사회적 구성, 행동과 텍스트의 해석에 있어 개인적 경험·문

---

34 Scott C. Brown, "Methodological Paradigms that Shape Disability Research", eds. Gary L. Albrecht, Katherine D. Seelman and Michael Bury, *Handbook of Disability Studies*, Thousand Oaks, CA: Sage, 2001, pp.145~170.

35 Barbara M. Altman, "Disability Definitions, Models, Classification Schemes and Applications", eds. Gary L. Albrecht, Katherine D. Seelman and Michael Bury, *Handbook of Disability Studies*, Thousand Oaks, CA: Sage, 2001, p.97.

36 Altman, "Disability Definitions, Models, Classification Schemes and Applications", pp.97~122; Fujiura and Rutkowski-Kmitta, "Counting Disability", pp.69~96.

화·맥락이 갖는 중요성, 연구 대상이 되는 사람들의 '목소리'에 대한 경청, 학자와 연구 대상이 되는 사람들 간의 '담화'를 특별히 강조한다. 실용주의와 질적·사회역사적인 연구가 사회학 전 영역 및 장애학에 토대를 제공했던 기관으로는, 여러 대학들 중에서도 특히 하버드대학교와 시카고대학교 두 곳을 들 수 있다. 개별 학자들, 학문 분야들, 학과들 사이에 애초부터 어떤 직접적인 인과관계적 연계가 존재했던 것은 아니다. 그렇지만 실용주의 및 이와 양립될 수 있는 사회학의 '학파들'이 하버드대학교와 시카고대학교 두 곳 모두에서 오랫동안 번성했다. 윌리엄 제임스는 세기의 전환점에 하버드대학교에 재직했는데, 그곳에서 그는 수많은 사회학자들에게 중대한 영향을 미쳤다. 제임스와 함께 연구했고 스스로를 '실재론적 실용주의자'realist pragmatist라 불렀던, 비범한 아프리카계 미국인 학자인 윌리엄 두보이스William Edward Burghardt DuBois[37]도 그의 영향을 받은 사회학자들 중 한 명이다.[38] 현재는 신실용주의자인 코넬 웨스트와 힐러리 퍼트넘이 하버드대학교에 재직하고 있으며, 이들은 현대 사회학자들과 문화연구자들에게 일정한 영향력을 행사하고 있다. 미국사회학회 의장을 지낸 윌리엄 윌슨William Wilson이나 테다 스카치폴Theda Skocpol도 이들의 영향을 받았다. 도심지 빈민가 흑인들에게 노동이 갖는 의미, 빈곤층 소수자들에 대한 사회 정책, 사회 정의를 다루는 윌슨의 연구는 웨스트와 퍼트넘의 영향력을 보여주는 대표적 사례이다. 스카치폴은 역사적이고 문화적인 맥락 속에서 복지국가를 이해하는 데 기여했다. 흥미롭게도 윌슨과 스카치폴 둘 다

---

37 William E. B. DuBois, *The Souls of Black Folk*, Greenwich, CT: Fawcett, 1961.
38 James A. Kloppenberg, "Pragmatism", eds. Richard Wightman Fox and James T. Kloppenberg, *A Companion to American Thought*, Oxford: Blackwell, 1998, p.539.

실용주의의 영향을 받은 또 하나의 지적 중심지인 시카고대학교에서 하버드대학교로 옮겨 왔다.

중요한 초기 실용주의자인 존 듀이와 조지 허버트 미드는 그들의 가장 중요한 작업 중 일부를 시카고대학교에서 수행했는데, 그곳에서는 실용주의자들과 사회학자 그룹들 사이에 공통의 관심사가 존재했던 것 같다.[39] 그러나 앤드루 애벗Andrew Abbott이 지적했던 것처럼, 하나의 단일한 시카고 '학파'가 있었다기보다는 사회생태학·사회심리학·인구학·사회조직론의 측면에서 사회학에 중요한 기여를 했던 여러 중심 테마들과 다양한 학자 그룹이 존재했다고 해야 할 것이다.[40]

막스 베버Max Weber[41]와 게오르크 지멜Georg Simmel[42]의 작업 속에 제시되어 있는 사회학의 상호작용론적 관점은 사회세계 내의 행위자인 개인들의 관점에서 그러한 사회세계를 이해하는 것의 중요성을 강조한다. 이러한 접근법은 듀이의 영향을 받았으며, 시카고대학교의 조지 허버트 미드[43]와 허버트 블루머Herbert Blumer[44]는 이를 현재 상징적 상호작용론symbolic interactionism이라 알려진 것으로 정교화했다. 블루머는 나중에 버클리의 캘리포니아대학교 사회학과로 자리를 옮겼는데, 그곳

39 Samuel W. Bloom, "The Institutionalization of Medical Sociology in the United States, 1920~1980", eds. Chloe E. Bird, Peter Conrad and Allen M. Fremont, *Handbook of Medical Sociology* 5th edn., Upper Saddle River, NJ: Prentice-Hall, 2000, pp. 11~32.

40 Andrew Abbott, *Department & Discipline: Chicago Sociology at One Hundred*, Chicago: University of Chicago Press, 1999.

41 Max Weber, *From Max Weber: Essays in Sociology*, trans. and ed. Hans Heinrich Gerth and Charles Wright Mills, New York: Oxford University Press, 1946.

42 Georg Simmel, *Conflict and the Web of Group Affiliations*, New York: Free Press, 1955.

43 Mead, *Selected Writing: George Herbert Mead*.

44 Herbert Blumer, *Symbolic Interactionism: Perspective and Method*, Englewood Cliffs, NJ: Prentice-Hall, 1969.

에서 그는 이런 연구의 전통 내에서 많은 후학을 양성했다. 하워드 베커 Howard S. Becker,[45] 어빙 고프먼,[46] 안젤름 스트로스Anselm L. Strauss[47]와 같은 미드와 블루머의 시카고대학교 제자들은, 의료사회학이나 질적 연구 방법 분야 내에서 개척자적인 저술들을 생산하기 위한 하나의 인식틀로서 상징적 상호작용론을 활용했다.

상징적 상호작용론은 상징·기호·제스처·공유된 규칙·문자 및 음성 언어의 측면에서 사람들 간의 상호작용을 고찰하는 사회심리학의 한 형태이다. 상징적 상호작용론은 본래 개인 및 집단의 분석에만 적용되었으며, 단지 최근에 와서야 조직과 보다 포괄적인 사회구조의 분석에 활용되고 있다. 이러한 관점의 요지는 사람들이 세계에 직접적으로 반응하는 것이 아니라, 오히려 세계에 사회적 의미들을 부여하고, 세계를 조직하며, 이러한 의미들의 기반 위에서 세계에 반응한다는 것이다. 따라서 우리는 물리적 세계 내에서뿐만이 아니라 상징적 세계 내에서 살아가는 것이다. 그러한 세계에서의 사회생활이란, 우리 자신과 타인의 행위들에 의미를 부여하고 이러한 틀 내에서 행위들을 해석하는 끊임없는 과정을 수반한다. 타인들도 우리와 우리의 행동을 이해하기 위해 비슷한 기법을 사용한다. 상징적 상호작용론은 사회적 실재에 대한 해석과 주관적 경험을 강조할 뿐만 아니라, 타인의 행동을 더 잘 이해하

45 Howard S. Becker, Blanche Geer, Everett C. Hughes and Anselm L. Strauss, *Boys in White: Student Culture in Medical School*, Chicago: University of Chicago Press, 1961.
46 Erving Goffman, *The Presentation of the Self in Everyday Life*, New York: Doubleday, 1959; Erving Goffman, *Asylums: Essays on the Social Situation of Mental Patients and Other Inmates*, Chicago: Aldine, 1961.
47 Anselm L. Strauss and B. Glaser, *Chronic Illness and the Quality of Life*, St Louis, MO: Mosby, 1975; Anselm L. Strauss and Juliet M. Corbin, *Basics of Qualitative Method*, Newbury Park, CA: Sage, 1990; Anselm L. Strauss, *Continual Permutations of Action*, New York: Aldine De Gruyter, 1993.

기 위해 개인들이 타자를 상징으로 대체한다는 사실을 인정한다.

장애학자들은 다음과 같은 근본적인 문제들을 질문하기 위하여 상 징적 상호작용론의 관점을 사용해 왔다. 하나의 손상impairment은 어떻 게 장애disability가 되는가? 서로 다른 문화들 내에서 다양한 손상을 지 닌 채 살아가는 사람들에게 장애란 무엇을 의미하는가? 장애의 주관적 경험이란 어떤 것인가? 타인들은 장애인을 어떻게 지각하고, 규정하고, 반응하는가? 장애는 개인 내에 있는 것인가, 환경 내에 있는 것인가, 아 니면 둘 간의 상호작용 내에 있는 것인가?[48] 의료 전문가들과 서비스 제 공자들은 장애인을 대할 때 어떤 식으로 행동하는가? 그리고 왜 그렇게 행동하는가? 상징적 상호작용론의 관점으로부터 이러한 질문들을 다 룸으로써, 장애학자들은 장애인이라는 것이 무엇을 의미하는가에 대한 우리의 이론적·경험적 이해를 심화시켰다.

사회적 상호작용론social interactionism은 사회문제·행동·제도들 이 어떻게 사회적으로 구성되는가를 분석할 수 있는 체계를 잘 갖추고 있다. 이언 로버트슨Ian Robertson이 적절히 언급한 것처럼 "우리는 시 간과 장소, 원인과 결과, 우리가 살아가는 사회에 대한 어떤 의미를 미 리 가지고 태어나는 것이 아니다. 우리는 이러한 것들을 사회적 상호작 용을 통해 배우며, 우리가 배우는 것은 우리가 살아가는 사회와 그 안 에서 우리의 특정한 위치에 달려 있다".[49] 피터 버거Peter Berger와 토마 스 루크만Thomas Luckmann에 따르면, 실재는 외재화externalization, 객 관화objectification, 내재화internalization라는 세 가지 과정을 통해 사회

48 Rob Imrie, "Disabling Environments and the Geography of Access: Policies and Practices", *Disability and Society* 15, 2000, pp.5~14.
49 Ian Robertson, *Sociology*, New York: Worth Publishers Inc, 1977, p.135.

적으로 구성된다.[50] 외재화는 사람들이 사회적 상호작용을 통하여 문화적 산물을 생산할 때 발생한다. 장애계에서 이러한 예로는 농인들 사이에서의 독순讀脣과 수화, 휠체어 사용의 가시성과 여기에 덧붙여진 의미들로 인한 척수장애인들 사이의 집단 결속력 같은 것이 있다. 객관화는 이렇게 외재화된 산물이 그 자신의 의미를 획득할 때 발생한다. 예를 들어, 휠체어 마크는 장애인이 접근 가능하고 이용할 수 있도록 만들어진 주차 공간이나 화장실을 표시하기 위하여 세계적으로 사용된다. 내재화는 사람들이 실재와 관련하여 '객관적' 사실로서 알려진 것을 사회화과정을 통해 타인들로부터 배우고, 그것을 자기 자신의 주관적인 '내면적' 의식의 한 부분으로 만들 때 일어난다. 그리하여 같은 문화 내에서 사회화된 개인들은 실재에 대해 동일한 인식을 공유하게 된다. 이러한 신념들이 어디로부터, 또는 왜 발생하게 되었는지에 대해서는 거의 질문하지 않은 채 말이다. 정신질환을 지닌 사람들에 대한 낙인화와 이들에 대한 태도는 그러한 내재화 과정의 한 예이다.

이러한 지적 전통 내에서, 어빙 졸라는 의료사회학자이자 가시화된 장애인으로서 장애학의 발전에 상당한 기여를 했다. 그는 하버드대학교에서 의료사회학을 공부했지만, 그의 작업에는 시카고대학교 사회학자들의 사회적 상호작용론과 민족지학적 연구의 색채가 강하게 가미되어 있다. 졸라의 박사 논문은 보스턴 시의 서로 다른 세 문화 집단── 즉 아일랜드계 미국인, 이탈리아인, 그리고 유대인 집단──사이에서, 고통에 대한 인식의 차이와 의료적 도움을 구할 때의 행동에서 나타나는

---

50 Peter Berger and Thomas Luckmann, *The Social Construction of Reality*, Garden City, NY: Doubleday, 1966.

차이를 탐구하였다.[51] 그의 이후 작업은 장애에 대한 주관적 경험, 체현된 주체embodied subject, 장애의 보편성을 강조하고 있다.[52] 그는 미국사회학회 의료사회학분과의 의장이었으며, 『계간 장애학』의 설립자이다. 이 잡지는 논문, 에세이, 서평과 영화 평론, 장애학계에 대한 흥미로운 뉴스를 싣는다. 졸라는 또한 그 당시 장애 운동—1990년 「미국장애인법」의 제정, 그 법률에 규정된 환경 내에서의 편의제공 실현, 하나의 학문 분야로서 장애학의 등장을 책임졌던—의 핵심 멤버였으며, 장애학회SDS 설립의 주동인물 중 한 명이었다. 그는 상징적 상호작용론의 틀내에 있었던 학자였으며, 학술연구와 행동주의의 결합을 통해 실용주의의 비판적 요소를 자신의 연구 내로 통합시켰다. 그는 한편으로는 기금 제공을 필요로 하는 중대한 연구 이슈를 가려내기 위하여 조직된 전미과학학술원National Academy of Sciences 위원회의 멤버이면서, 다른 한편으로는 접근권과 관련한 법원 청사 계단의 시위 현장에서 볼 수 있는 활동가이기도 했다.

사회 운동과 정치

우리가 졸라의 경우에서 본 것처럼, 실용주의와 사회학은 장애 운동의 형성에 중요한 영향력을 미쳤다. 장애인들은 사회세계에 대한 공통의

---

51 Irving K. Zola, "Culture and Symptoms: An Analysis of Patients Presenting Complaints", *American Sociological Review* 31, 1966, pp. 615~630.
52 Zola, "Toward the Necessary Universalizing of Disability Policy"; Irving K. Zola, "Bringing Our Bodies and Ourselves Back in: Reflections on the Past, Present and Future of Medical Sociology", *Journal of Health and Social Behavior* 32, 1991, pp. 1~16; Irving K. Zola, "Disability Statistics: What We Count and What it Tells Us", *Journal of Disability Policy Studies* 4, 1993, pp. 9~39.

경험과 유사한 관점을 지니고 있기 때문에, 사회 정책과 대중의 태도에서 변화를 일으키기 위해 장애 운동을 조직하는 일은 자연스럽고 용이한 과정일 것이라는 신화가 존재한다. 이러한 신화는 현실을 반영하지 못한다. 미국에서 장애단체들은 처음부터 손상의 유형, 연령, 고용 상태, 군대 경험을 중심으로 형성되었다. 예를 들면, 시각장애, 농聾, 소아마비, 척수장애, 정신질환이라는 유형을 중심으로 결성된 강력한 단체들이 존재한다. 이러한 단체들 중 일부는 마치오브다임스March of Dimes[53]처럼 어린아이들에게 집중했던 반면, 다른 단체들은 직업재활청Vocational Rehabilitation Administration과 마찬가지로 기술과 경험을 지닌 장애성인을 일터로 복귀시키는 데 초점을 맞췄다. 또한 재향군인청은 병역을 마친 재향군인들의 의료보호와 재활을 돕는 데 전념하는 온전한 정부 기관이다. 이러한 단체들은 의료적 치료, 재활, 사회 서비스, 자립생활, 환경의 개선을 위해 사용할 수 있는 부족한 자원 때문에 종종 그들 자신들끼리 싸웠다. 막후에서는 협력보다 경쟁이 일상화된 규칙이었다. 이러한 이유 때문에 이러한 단체들이 1990년 「미국장애인법」을 지지하며 하나로 뭉친 것이 그렇게 큰 뉴스가 되었던 것이다.

할런 한이 이 책의 뒷부분에서 1개의 장을 할애하여 장애 정치와 장애 운동을 다루고 있고, 거기서 미국 장애 운동의 발전을 이해하기 위하여 소수자 집단 모델minority-group model을 사용하고 있기 때문에, 나는 실용주의와 미국 사회학이 장애학의 형성과 장애 운동의 구체화를 어떻게 조력했는가에 대해서만 초점을 맞출 것이다. 사회적 상호작용

---

53 미국 국립소아마비재단에 의해 만들어진 비영리단체로 소아마비 구제 모금 운동을 진행해 왔으며, 현재는 건강한 아기 출산 운동을 전개하고 있다. ─옮긴이

론의 관점에서 보자면, 사람들이 드러내 보이는 자아는 그들이 수행하고 있는 역할에 달려 있다. 모든 장애인이 자신의 규정된 역할로서 장애를 받아들이는 것은 아니다. 예를 들면 파트리크 데블리허르Patrick J. Devlieger와 게리 알브레히트는 정체성·역할·장애문화에 대한 한 연구에서, 시카고 서부 외곽의 빈민가에 거주하고 있는 장애를 지닌 아프리카계 미국인들이 확고한 장애 정체성을 갖고 있지 않으며 장애문화를 주장하지도 않음을 발견했다.[54] 대신 그들의 지배적인 지위와 정체성은 아프리카계 미국인, 빈민, 생존자, 갱단 멤버에 좀더 가까웠다. 이것이 바로 미국 장애 운동의 압도적인 다수가 백인이면서, 일정한 권리를 누리고, 교육을 받은, 가시적 장애를 지닌 성인들로 구성되어 있는 이유들 중 하나이다. 이러한 사람들이 모든 장애인을 대변할 때, 많은 사람들은 그들이 도대체 누구를 대표하고 있는 것일까라는 의구심을 갖게 된다. 장애 운동의 지도자들은 공공연하게 단결과 통합을 설파하지만, 가난한 장애인, 유색인종 장애인, 비가시적인 장애인, 지적장애인들은 어디에 있는가? 권력은 대표와 관련된다. 운동이 단지 일부의 사람들만을 대표한다면, 나머지 사람들은 목소리를 갖지 못한 채 남게 된다.[55]

상징적 상호작용론자들은 또한 사회생활이 공유된 목표와 규칙을 통해 예측될 수 있다는 점에 주목했다. 위에서 지적한 것처럼, 대개 특정 장애와 이슈를 중심으로 조직되어 있는 장애 운동의 구성원들은 다른 장애단체들과 경쟁 관계에 있었고, 그들과 같은 장애나 관점을 공유

54 Patrick J. Devlieger and Gary L. Albrecht, "Your Experience in Not My Experience: The Concept and Experience of Disability on Chicago's near West Side", *Journal of Disability Policy Studies* 11, 2000, pp. 51~60.
55 James I. Charlton, *Nothing About Us Without Us: Disability, Oppression and Empowerment*, Berkeley: University of California Press, 1998.

하고 있지 않은 이들을 배제했다. 그 결과 그들의 영향력은 제한적이었으며, 장애인의 대다수를 포괄하지 못했다. 어빙 고프먼은 잠재적으로 단절을 야기할 수 있는 상호작용의 방향을 전환하기 위해 사람들이 채택하는 조율된 행위를 연구하였는데, 이러한 연구에 연극적 은유의 방법을 활용했다.[56] 고프먼과 그 밖의 상징적 상호작용론자들은 공통의 정체성과 대의명분을 발견하는 것, 외부적 힘에 대항하여 조직화하는 것, 동일한 이해관계를 갖는 사람들을 포괄하는 것, 조직의 기호·상징·문화를 발전시키는 것, 연합전선을 형성하는 것, 정치적 민감성을 갖는 것이 집단을 통합시키기 위해 취해질 수 있는 구체적인 행위들이라고 말한다. 이러한 것들은 또한 대중의 태도, 법률, 접근 가능한 환경, 자립생활과 같은 영역들에서 사회 변화를 만들어 낼 가능성이 가장 높은 전략이기도 하다. 다양한 장애단체들이 협력적으로 힘을 모으고 일련의 공통된 전략을 배경으로 조직화함으로써 더 많은 것을 성취해야 한다는 것을 인식했기에, 장애단체들은 자신들의 에너지를 결집시키고, 공유된 계획을 구상하고, 정치적 행동을 취하고, 여론을 변화시키고, 성공적으로 「미국장애인법」을 뒷받침할 수 있었다. 사회적 상호작용론의 지침을 따라, 장애 운동의 지도자들은 여론을 활성화하고, 「미국장애인법」을 통과시키기 위해 내부적 경쟁을 제어하고, 공민권 모델을 중심으로 개발된 성공적 전략을 실행한다는 공유된 목표와 규칙을 채택했다. 장애 운동에서의 이러한 집단적 결속은 공유된 기호·상징·장애문화의 발전에 의해 강화되었다. 장애 운동 내부의 사람들은 그들의 주체적 경험에 의지하여 장애라는 것이 하나의 보편적 경험임을 입증할 수 있었으며,

---

56 Goffman, *The Presentation of the Self in Everyday Life*.

그 결과 장애를 관심과 자원이 투여될 만한 가치가 있는 사회 문제로 구성해 낼 수 있었다.[57] 이러한 모든 전략이 결합되어 역동적인 장애 운동을 만들어 내고 강화했다.

미국적 가치들과 장애의 정치경제학

미국에서 장애 연구의 다수는 개인이나 가족 또는 집단을 분석의 단위로 활용해 왔다. 상징적 상호작용론은 이러한 유형의 분석에 잘 적합화된 하나의 사회심리학으로서 시작되었다. 그렇지만 장애를 사회적이고 구조적인 관점에서 고찰해야 할 필요성 또한 존재한다. 그리고 장애의 사회적 정의, 장애에 대한 제도적 대응 방식, 장애 시장을 이해하기 위하여, 사회적 구성주의와 정치경제학적 관점들을 활용하는 사회적·구조적 수준에서의 분석이 존재해 왔다.[58]

베스 고든Beth Omansky Gordon과 캐런 로젠블럼Karen E. Rosenblum은 사회학자들이 장애에 대한 사회적 구성주의의 모델을 개척하는 데 실패했으며, 계속해서 "'전통적'이고 '개별적'인 계열을 따라, 즉 기능적 제약·의료화·진단·개별적 적응에 초점을 맞추는 것을 통해 장애에 대한 인식틀을 설정하고" 있음을 주장한다.[59] 그들의 견해는 소시알러지컬

---

57 Zola, "Toward the Necessary Universalizing of Disability Policy".
58 Gary L. Albrecht, *The Disability Business: Rehabilitation in America*, Newbury Park, CA: Sage, 1992; Gary L. Albrecht and Michael Bury, "The Political Economy of the Disability Marketplace", eds. Gary L. Albrecht, Katherine D. Seelman and Michael Bury, *Handbook of Disability Studies*, Thousand Oaks, CA: Sage, 2001, pp.585~608.
59 Gordon and Rosenblum, "Bringing Disability into the Sociological Frame: A Comparison of Disability with Race, Sex and Sexual Orientation Statuses", p.16.

앱스트랙트Sociological Abstracts[60]에서 검색된 510개의 관련 논문들에 대한 검토에 기반을 두고 있다. 그들은 "아주 낮은 비율"만이, 즉 검토된 전체 논문들 중 17%만이 장애의 사회적 구성을 다루고 있음을 확인했다.[61] 그렇지만 첫째, 이 연구는 단지 소시알러지컬 앱스트랙트만을 데이터의 출처로 사용했다. 둘째, 510개의 논문들 중 17%(87개)는 하찮은 숫자가 아니다. 셋째, 이러한 검토 작업은 중요한 저서들을 다수 빠뜨리고 있다. 고든과 로젠블럼의 포괄적인 비판은 일정 정도 정당성을 갖지만, 자신들의 주장을 과장되게 말하고 장애학 분야의 중요한 저작이 지닌 영향력을 간과함으로써 그 실효성을 잃고 있다. 예를 들어 1990년 초에 발간된 핵심적인 두 권의 저서는 직접적으로 장애의 사회적 구성을 다룬다. 올리버가 『장애화에 대한 정치』에서 주장하고 있는 중심적 내용은 장애의 사회적이고 문화적인 생산이다.[62] 알브레히트의 저서 『장애 산업: 미국에서의 재활』은 사회 문제로서 장애의 사회적 구성과 제도화된 대응으로서 재활 산업의 발전을 분석하는 데 집중한다.[63] 비록 장애 연구에서 지배적인 테마는 아니지만, 장애의 사회적 구성, 장애의 정치경제학, 장애 시장의 분석을 다룬 작업들은 우리가 사회적이고 구조적인 수준에서 장애를 이해하는 데 중요한 기여를 하고 있다.

장애의 사회적 구성과 여러 제도들의 정치경제적 형태들은 연구가 이루어지는 특정 사회의 가치·이해관계·맥락에 따라 달라진다. 그러

---

60 사회·문화·역사·정치학·정책·경제·여성학·종교·법 등 사회과학분야 논문들에 대한 초록을 제공하는 대표적인 사회과학 분야의 데이터베이스이자 검색 시스템이다. ―옮긴이

61 Gordon and Rosenblum, "Bringing Disability into the Sociological Frame: A Comparison of Disability with Race, Sex and Sexual Orientation Statuses", p. 15.

62 Oliver, *The Politics of Disablement*.

63 Albrecht, *The Disability Business: Rehabilitation in America*.

므로 미국에서의 장애에 대해 이해하고자 한다면 미국적 가치와 이데올로기들이 고려되어야만 한다. 그러한 가치와 이데올로기들이 장애가 사회적으로 구성되는 방식, 그리고 일정한 사회 문제에 대해 제도적·정치경제적 대응이 조직되는 방식에 영향을 미치기 때문이다. 미국에서는 개인지상주의, 자본주의, 민주주의라는 문화적 핵심 가치들이 수세기 동안 뚜렷하게 일관성을 유지해 왔다.[64] 이와 대조적으로, 유럽의 국가들 또한 민주적 가치들을 신봉하기는 하지만, 일반적으로 지원이 필요한 사람들에 대해 보다 우호적이고, 좀더 종합적이고 완비된 보건복지 제도를 가지고 있으며, 실업자·빈민·여성·아동·장애인과 같이 지원이 필요한 사람들이 활용할 수 있는 서비스나 소득분배에 있어 덜 극단적인 격차를 나타낸다.[65]

그리하여 미국에서는 개인지상주의, 자본주의, 미국식 민주주의에 대한 강조가 장애를 규정하는 방식과 전반적인 제도적 대응에 영향을 미치고 있다. 장애는 일반적으로 장애인 개인이 감당해야만 할 개별적 문제로 묘사된다. 장애인을 위한 정부 프로그램이 상당수 존재하지만,

---

64 Paul DiMaggio, John Evans and Bethany Bryson, "Have Americans' Social Attitudes become More Polarized?", *American Journal of Sociology* 102, 1996, pp.690~755.

65 Achille Ardigó, "Public Attitudes and Change in Health Care Systems: A Confrontation and a Puzzle", eds. Ole Borre and Elinor Scarbrough, *The Scope of Government*, Oxford: Oxford University Press, 1995, pp.388~406; Geoffrey Evans, "Why is America Different? Explaining Cross-national Variation in Support for Welfare Distribution", *Working paper Series* 36, *Centre for Research into Elections and Social Trends*, Oxford: Nuffield College, 1995, pp.1~28; John Z. Ayanian, Joel S. Weissman, Eric C. Schneider, Jack A. Ginsburg and Alan M. Zaslavsky, "Unmet Health Needs of Uninsured Adults in the United States", *Journal of the American Medical Association* 284, 2000, pp.2061~2069; Mark D. Hayward, Eileen M. Crimmins, Toni P. Miles and Yu Yang, "The Significance of Socioeconomic Status in Explaining the Racial Gap in Chronic Health Conditions", *American Sociological Review* 65, 2000, pp.910~930.

그 프로그램들은 군인, 운수 노동자, 정부 고용인과 같이 정치적·경제적으로 가치 있는 직업에 종사하는 장애인에 대한 보호를 강조하며, 대개 직장으로의 복귀를 목표로 한다.[66] 공공 부문이든 민간 부문이든 재활 관련 재화와 서비스는 사고팔릴 수 있는 상품으로 존재한다. 장애는 자본주의적 시장 내에서 다양한 이해관계자들이 참여하는 수십억 달러 규모를 갖는 사업의 초점이 되고 있는데, 그러한 시장에서는 장애인을 조력한다는 것과 더불어 돈을 버는 것이 중요한 목표다. 이해관계자 집단에는 보건의료 전문가, 병원, 치료사업체, 재가돌봄 기관, 돌봄지원주택assisted care living facility,[67] 제약·의료기구·의료기술 산업, 보험회사, 장애에 특화된 건축사·법률사무소·은행·회계사무소, 정부와 로비단체, 정치가, 그리고 마지막으로 소비자가 이러한 이해관계자 집단에 포함된다.[68] 이러한 환경 내에서 소비자/장애인은 가장 미약한 힘을 가진 이해관계자다.

미국에 대한 이러한 정치경제학적 분석은 중요성을 갖는다. 왜냐하면 매니지드 케어managed care,[69] 전문화된 의료의 전달 체계, 장애를 정의하는 절차, 사회 정책 등의 미국적 모델이 다국적 회사와 정부 정책을 통해 전 세계에 걸쳐 수출되고 있기 때문이다. 어떤 사람의 사회적 위치와 인지된 가치perceived value에 따라 달라지는 장애의 정의와 장애에

---

66 Nancy R. Mudrick, "Employment Discrimination Laws for Disability: Utilization and Outcomes", *Annals of the Academy of Political and Social Science* 549, 1997, pp. 53~70; Edward H. Yelin, "The Employment of People with and without Disabilities in an Age of Insecurity", *Annals of the Academy of Political and Social Science* 549, 1997, pp. 117~128.

67 화장실과 주방을 갖춘 원룸 형태의 공동주택으로, 독립된 생활을 보장하며, 식사, 세탁, 제한된 의료 서비스가 제공되는 주거시설을 말한다. 재가돌봄 서비스와 요양원의 중간 형태에 해당한다고 할 수 있다.──옮긴이

68 Albrecht and Bury, "The Political Economy of the Disability Marketplace".

대한 대응에 미국식 자본주의와 민주주의가 영향을 미침에 따라, 이러한 힘들은 보건과 같은 국제적 영역에서도 작동하고 있으며 복지 서비스와 장애는 지구적인 사업거리가 되었다. 이러한 분석들은 가치, 정치경제, 물리적·사회적 환경이 한 사회가 장애인을 대하는 방식에 어떻게 영향을 미치는지, 그리고 이러한 상황에 어떻게 가장 적절히 개입할 수 있는지를 이해하는 데 도움을 준다.

미국 예외주의와 장애학의 미래

우리가 살펴보았던 것처럼, 미국의 장애학은 실용주의에 의해 형성되어 왔다. 양적 연구, 상징적 상호작용론, 정치경제학적 분석을 포함하는 사회학의 전통, 그리고 미국 내에서 장애학 분야가 성장해 온 특정한 맥락도 장애학의 형성에 영향을 미쳤다. 동시에 미국의 장애학은 역사적 민감성의 전반적 결여와 다소 당황스러운 편협성에 의해 특징지어져 왔다. 장애학의 역사학적 기반을 구축하는 데 꼭 필요한 저술들이 드디어 나타나고는 있지만,[70] 미국뿐 아니라 다른 나라들에서도 이 같은 연

---

69 잘 알려져 있다시피 미국은 민간 의료보험을 골격으로 한 의료 서비스 체계를 유지해 왔다. 다수의 의료 서비스 공급자들과 협약 관계를 맺고 있는 미국식 민간보험사인 MCO(Managed Care Organization)를 통해 이루어지는 의료 서비스를 매니지드 케어(Managed Care)라고 부르는데, 매니지드 케어의 가장 큰 특징은 의료 비용 절감과 서비스의 질 향상이라는 명목으로 의료 서비스 제공 과정에 MCO가 개입하여 의료 이용의 적절성을 관리한다는 점이다. MCO에는 포괄적인 의료 서비스가 이용 가능한 대신 협약 관계에 있는 의료 서비스 공급자 내에서 이용자가 선택을 하도록 제한을 두는 HMO(Health Maintenance Organization)와 의료 서비스 공급자의 선택에 제한을 두지는 않지만 협약 관계에 있지 않은 공급자를 이용할 경우 진료비 부담이 높아지는 PPO(Preferred Provider Organization) 등이 있다. ──옮긴이

70 Henri-Jacques Stiker, *A History of Disability*, trans. William Sayers, Ann Arbor, MI: University of Michigan Press, 1999; David L. Braddock and Susan L. Parish, "An Institutional History of disability", eds. Gary L. Albrecht, Katherine D. Seelman and

구가 보다 많이 이루어져야 할 필요가 있다.

영국적 관점에서 논평해 보자면, 콜린 반스Colin Barnes는 시미 린턴Simi Linton의 최근 저서인 『장애를 당당히 주장하기: 지식과 정체성』 *Claiming Disability: Knowledge and Identity*에 대해 논하면서, 장애학의 발전을 교란하는 경향들에 대해 적절히 언급하고 있다.[71] 반스는 린턴의 예에서 나타나는 것처럼, 장애학자들이 종종 "쓸데없이 시간만 낭비한다"고 주장한다. 그리고 이는 그들이 자신의 학문 영역 내에서 깊이 있는 역사적 준거점을 갖지 못하고, 다른 사람들의 저작을 주의 깊게 읽지 않기 때문이라고 말한다. "북미에서 나온 최근의 저술들을 보면, '장애 연구자들'의 새로운 수확들 중 일부는 대서양의 다른 한쪽 편인 영국이나 여타의 나라에서 이루어진 발전에 대해 무지하거나, 또는 의도적으로 간과하고 있음이 명백하다."[72] 이러한 견해는 충분히 참작되어야 하는데, 왜냐하면 분과 학문에 기반을 둔 학자들이 새롭고 학제적인 분야에서 작업을 할 때 근시안적인 시야를 갖기가 쉽기 때문이다. 장애학이 하나의 학문 분야로서 성숙되고 활동가들 사이에서 신뢰를 받고자 한다면, 장애의 역사에 대한 탐구, 개방적인 관점, 여러 학문 분야 및 그 경계들을 가로지르는 연구가 반드시 필요하다.[73]

결론적으로, 담론계의 공유, 장애의 정의와 표상에 대한 논의, 다양한 지적 입장들이 지닌 가치의 올바른 인식, 타자의 경험에 대한 공감,

---

Michael Bury, *Handbook of Disability Studies*, Thousand Oaks, CA: Sage, 2001, pp.11~68; Longmore and Umansky eds., *The New Disability History*; Doris Z. Fleischer and Freida Zames, *The Disability Rights Movement: From Charity to Confrontation*, Philadelphia: Temple University Press, 2001.

71 Barnes, "Disability Studies: New or not so New Direction?".

72 ibid., p.577.

하나의 학문 분야로서 장애학의 전망 모색, 실천과 연계될 수 있는 이론과 연구를 가능케 하는 것은 타인에 대한 개방성과 존중이다.[74] 장애학은 그 자신의 진화를 둘러싼 지적 전통들과 문화적 환경의 산물이다. 학자, 정책 입안자, 활동가가 서로의 목소리에 귀를 기울일 때, 그리고 단층선들, 이슈들, 이론들, 장애학 분야의 현실 세계 적용에 관한 상호존중적인 토론에 참여할 때, 장애학은 성숙해질 수 있을 것이다. 이제 상호 간의 대화를 시작해 보자.

73 Barnes, Mercer and Shakespeare, *Exploring Disability*; Gleeson, *Geographies of Disability*; A. Llewellyn and K. Hogan "The Use and Abuse of Models of Disability", *Disability and Society* 15, 2000, pp. 157~165; Simon j. Williams, "Sociological Imperialism and the Profession of Medicine Revisited: Where are We Now?", *Sociology of Health & Illness* 23, 2001, pp. 135~158.

74 Gareth H. Williams, "Theorizing Disability", eds. Gary L. Albrecht, Katherine D. Seelman and Michael Bury, *Handbook of Disability Studies*, Thousand Oaks, CA: Sage, 2001, pp. 123~144.

3장 / 장애 이론
핵심 개념, 이슈, 사상가

캐럴 토머스

들어가며

'장애'는 흔하게 사용되는 용어이다. 여러 가지 의미가 있을 수 있지만, 한 가지는 너무나 명백하다. 그건 바로, 무언가 할 수 없음이다. 일상적 용어법에서는 손상을 지닌 사람들을 무력화된 존재로서 언급할 때, 즉 '비정상적인' 신체적·지적 '결손' 또는 '무능력'으로 인하여 그들이 '정상적인' 활동에 참여할 수 없는 사람들의 집단에 속해 있음을 나타낼 때 사용된다. 영국의 장애학 활동가들과 저술가들은 이러한 장애의 일상적 의미를 전복했다. 많은 학문 분야에서 채택되고 있는, 그러한 의미에 기초한 파생어들과 함께 말이다. 위의 일상적 의미와 대조적으로, 장애학의 제안자들은 사회활동을 수행하는 데 있어 손상을 지닌 사람들의 무능력은 다수자인 비장애인에 의해 구축된 장벽의 결과라고 역설한다. 이러한 사회적 장벽들——물리적이고 태도적인 것 양자 모두——은 손상을 지닌 사람들의 활동을 제약하고 그들의 삶을 구속한다. 요컨대 이러한 장벽들은 사회적으로 속성화된 손상을 지닌 사람들을 배제하며 억압을 발생시킨다. '장애'라는 용어는 이제 사회적 억압의 한 유형을 지칭하며, 장애차별주의disablism는 성차별주의, 인종주의, 여타의 차별적 관행들과 더불어 하나의 어휘가 되었다.

그렇지만 장애 의미의 혁신에 대해 이와 같이 간략히 설명하는 것은 그러한 혁신의 성취와 관련된 정치적·개념적 투쟁들에 대해서는 아무런 단서를 주지 못한다. 또한 장애인의 사회적 지위 향상 및 이와 관련된 장애인의 사회적 위상에 대한 이론화 내에서 향후 도래할 투쟁들에 대해서도 아무런 단서를 주지 못한다. 사실 장애에 대한 이러한 새로운 이해에 영향을 미친 핵심 개념·이슈·사상가는 전적으로 대학 내에만 속해 있는 것이 아니며, 앞으로도 그렇지 않을 것이다. 과거와 현재의 핵심 개념·이슈·사상가를 다루고 있는 이 장은, 장애에 관한 새로운 지식의 획득이 다양한 수준에서의 힘들 사이의 투쟁뿐만 아니라, 그러한 힘들의 역동적인 상호작용과 관련된다는 것을 인식하고 있다. 개인적인 힘과 집단적인 힘, 보다 폭넓은 정치적인 힘과 좀더 세밀한 학문적인 힘들 말이다.

이 장의 첫번째 절에서는 사회적 장애모델의 개요를 설명한다. 다른 것과 구별되는 사회적 장애모델의 개념들과 정치적 근원에 대해서 말이다. 그다음 장애인 운동과 장애학에 의해 비판을 받아 왔던, 장애에 관한 보다 전통적인 개념들 ——생의학, 재활학 및 재활 서비스, 의료사회학에 발견되는 관점들——에 대한 검토가 이어진다. 여기에는 큰 영향력을 지니고 있는 '국제손상·장애·핸디캡분류'ICIDH와 그것이 새롭게 구체화된 '국제손상·장애·핸디캡분류-2'ICIDH-2에 대한 논의가 포함된다. 그다음 절에서는 장애의 경제적 근원에 대한 유물론적 관점, 그리고 장애의 문화적 생산과 손상의 유의미성에 대한 여성주의적 견해,

탈근대주의적 견해, 후기구조주의적 견해를 차례로 개관하면서, 장애학 내에서의 장애에 대한 개념들을 검토한다. 결론에서는 이 장의 주제를 요약하고, 장애학 사상가들 앞에 놓여 있는 이슈를 고찰한다.

사회적 장애모델

장애가 오로지 의료적이거나 복지적인 문제로만 취급되는 것에 반대하면서, 이를 사회적 억압의 한 형태로 재공식화하는 작업은 1970년대에 영국에서 시작되었다. 장애인과 장애단체들은 여러 문제들 가운데에서도 특히 거주시설로의 수용, 노동시장과 생활임금을 벌 수 있는 기회로부터의 배제, 강요된 빈곤에 저항하기 위하여 자기조직화self-organization를 시작했다. 영국에서 이러한 장애인 운동의 초기 활동과 주요 의제에 대한 역사는 현재 잘 기록되고[1] 보관되어 있다.[2] 이러한 정치적 투쟁은 다시 장애에 대한 급진적이고 새로운 개념을 낳았다. 이러한 운동의 시초를 이룬 단체들 중 하나인 UPIAS는 장애의 개념을 사회적인 것의 영역으로 전환시키는 데 있어 핵심적 역할을 한 중요한 진술을 남겼다.

> [장애는 ……] 손상을 지닌 사람들에 대해 거의 또는 아무런 고려도 하지 않고, 그리하여 그들을 사회활동의 주류로부터 배제시키는 당대의 사회 조직에 의해 야기된 불이익이나 활동의 제한[이다].[3]

1 Michael Oliver, *Understanding Disability*, London: Macmillan, 1996; Campbell and Oliver, Disability Politics; Barton and Oliver eds., *Disability Studies: Past, Present and Future*.
2 http://www.leeds.ac.uk/disability-studies/archiveuk/index.html

이러한 장애의 사회정치적인 재정의는 활동가이자 학자인 마이클 올리버가 '사회적 장애모델'에 대해 말할 수 있도록 이끌었다. 손상을 지닌 사람들이 경험하는 활동의 제한과 무수히 많은 불리함이 사회의 책임으로 돌려지고, 손상 그 자체에 의해 야기된 것이라기보다는 손상을 지닌 사람들과 그렇지 않은 사람들 간의 사회적 관계의 결과로 간주될 수 있는 가능성이 열렸다. 대중적, 의료적, 복지주의적, 여타 문화적 담론들 내에서의 장애에 대한 개념——활동의 제한과 사회적 불리함은 손상으로 인한 피할 수 없는 비극적 결과다——에 대해 도전하고 반박할 수 있게 되었던 것이다. 사실 이러한 전통적 개념은 손상을 지닌 사람들의 삶을 결정짓는 억압적 장치의 핵심적 일부로 이해될 수 있었다.[4]

장애가 사회적 장벽의 구축을 통해 손상을 지닌 사람들의 활동을 제한하게 만드는 사회적 제도들의 결과라는 사회적 모델론의 개념은 영국에서 장애학의 중심 사상이 되었다. 사회적 장애모델은 장애인 운동에 공감하는 장애단체들을 불러 모으는 호각號角이었다. 장애인들이 사회적 모델을 접했을 때, 그 효과는 대개 계시적이고 해방적이었으며, 장애인들로 하여금 그들이 겪는 어려움의 대부분이 사회적으로 초래된 것임을 처음으로 인식할 수 있게 해주었다. 주거, 교육, 고용, 교통, 문화·여가 활동, 보건·복지 서비스, 시민적·정치적 권리 등, 사회생활의 모든 영역에서 장애를 만들어 내는 장벽들이 시야에 들어왔다.

3 UPIAS, *Fundamental Principles of Disability*, pp. 3~4(Oliver, *Understanding Disability*, p. 22에서 재인용).

4 Finkelstein, *Attitudes and Disabled People*; Oliver, *The Politics of Disablement*; Colin Barnes, *Disabled People in Britain and Discrimination: A Case for Anti-Discrimination Legislation*, London: Hurst & Co., 1991; Jenny Morris, *Pride Against Prejudice: Transforming Attitudes to Disability*, London: Women's Press, 1991; Barton and Oliver eds., *Disability Studies: Past, Present and Future*.

그렇다면 대학 내에서, 그리고 장애라는 것을 그들이 지닌 전문 지식의 영역으로 바라보아 왔던 의료 전문가 및 재활 전문가들 사이에서, 사회적 모델론자들이 맞서 싸우고자 시도해 왔던 핵심적인 대립 개념들은 무엇인가?

비판받아 온 장애에 대한 개념들

생의학과 재활

생의학은 사회적으로 공인된 표준들부터 어떤 개인이 육체적·정신적으로 일탈된 것에 초점을 맞춘다. 비록 만성이나 퇴행성 질병들이 여전히 난제로 남아 있기는 하지만, 손상 그 자체——손상의 발견·방지·제거·치료·분류——가 중심적 관심사인 것이다. 현재 생의학은 빠르게 진화하는 유전학에 많은 희망과 기대를 걸고 있다. 그 종사자들에게 유전학은 질병이 근절된 멋진 신세계, 정상적인 기능 회복을 위한 근본적으로 새로운 치료법을 제공해 줄 것이라 인식되고 있다. 이러한 '의료적 모델'의 관점에서, 장애는 계속해서 손상 그 자체와 동일한 것으로 다루어진다. '장애'는 곧 손상인 것이다. 사회적 장애모델의 출현은 서구 과학적 의료의 중심부에서는 장애의 구성에 대해 거의 또는 아무런 영향을 미치지 못해 왔다.

재활학과 재활 서비스의 영역 내에서, 장애에 대한 생의학적 관점은 종사자의 양성과 실제 현장에서 계속하여 중대한 존재감을 지녀 왔다. 비록 그 초점이 의학 자체와는 다소 상이한 일련의 이슈들——가급적 '정상에 가까운' 삶을 향해 장애를 지닌 개인이 변화하고 적응하는 것——에 맞추어져 있기는 하지만 말이다. 영국에서 사회복지사와 같은 직업으로 새롭게 입문하는 사람들이 그 양성 과정 내에서 사회적 모델론자들의 생각을 소개받을 가능성이 높다고는 하지만, 사회적 돌봄이나 복지 서비스의 영역 내에서도 상황은 마찬가지이다.[5] 손상과 연계된 사회적 불리함이 분명히 인정되고, 몇몇 치료사는 이러한 불리함 중 많은 것을 보다 넓은 사회적 환경 내의 구조화된 차별과 불평등의 탓으로 돌릴 수 있을지도 모른다. 그럼에도 불구하고 이러한 재활적 세계관의 핵심에는, 손상이 불가피하게 사회적 어려움과 배제로 이어지며, 그러한 어려움과 배제의 대부분은 인과적으로 손상에 귀착될 수 있다는 생각이 강력히 고수되고 있다. 이러한 개념의 결합 ── 손상이 활동에서의 제약을 초래하지만, 보다 넓은 사회적 환경에 내재된 제한들도 그러할수 있다 ── 은 ICIDH를 지향하는 재활 서비스들 내에서 많은 지지를 받았다. 따라서 ICIDH 내에 구현되어 있는 이러한 영향력 있고 권위를 지닌 개념들은 얼마간의 주의를 요한다.

ICIDH

ICIDH는 1970년대에 필립 우드Philip Wood, 엘리자베스 브래들리 Elizabeth Bradley, 마이클 베리Michael Bury가 WHO의 요청을 받아 개발하였다. ICIDH가 1980년에 발표되었을 때,[6] 그것은 장애에 대한 생의학적 관점으로부터 탈피하기 위한 하나의 중요한 시도를 나타냈다. 베리는 이를 다음과 같이 표현하고 있다.

5 Michael Oliver and Bob Sapey, *Social Work With Disabled People* 2nd edn., Basingstoke: Macmillan, 1999.
6 WHO, *International Classification of Impairments, Disabilities and Handicaps*, Geneva: World Health Organization, 1980.

우리 세 명에게 있어 최근의 시간은 매우 흥분되는 날들이었다. 우리가 본 것처럼, 그 기구[WHO]는 건강과 질병에 대한 협소한 의료적 모델 — 주로 신체 체계 및 병인病因과 관련된 모델 — 로부터 탈피하여, 건강과 연관된 여러 현상들의 영향을 인정하는 방향으로 나아갔다. 우리는 특히 사회적 불리함에 대한 보다 명확한 인정 — 분류에 있어 핸디캡에 초점을 맞추는 것 — 을 옹호하고자 했다. 우리의 목표는 그러한 불이익을 전면에 부각시키는 것이었다.[7]

ICIDH에서 핸디캡은 "손상 또는 장애로부터 연유하며 (연령, 성 및 사회적이고 문화적인 요인들에 따라 달라지는) 정상적인 역할 수행을 제약하거나 가로막는, 어떤 개인에 대한 불이익"으로 정의되었다.[8] 이 도식에서 장애의 정의는 '능력의 부재'라는, 장애라는 용어가 지닌 축어적이고 일반적인 의미를 그대로 반영한다. 장애는 "손상으로부터 연유하며, 인간으로서 정상이라고 간주되는 방식으로 또는 그러한 범위 내에서 어떠한 활동을 수행할 수 있는 능력의 제한이나 결여"다.[9] 따라서 장애(제한된 활동)는 손상과 동일시되지는 않지만, 대부분 손상에 의해 야기되는 것으로 여겨진다.

베리는 ICIDH 도식이 장애인이 경험하는 사회적 불리함(핸디캡)을 시야에 들어오도록 해준다고 주장한다. 즉 어떤 활동의 제한이 사회적 요인들에 의해 야기되거나 영향을 받는 것으로 간주될 수 있는 가능성의 여지가 존재한다는 것이다.[10] 이러한 개념은 1980년대와 1990년

---

7 Michael Bury, "A Comment on the ICIDH-2", *Disability and Society* 15(7), 2000, p.1073.
8 WHO, *International Classification of Impairments, Disabilities and Handicaps*, p.29.
9 ibid., p.28.

대에, 장애에 대한 사회 정책과 사회학적 연구의 중요한 접점으로 활용되었다.[11] 이렇게 사회적 영향들과 결정요인들을 고려하는 쪽으로 방향을 옮겼다고는 하지만, 대부분의 사회적 모델론자들은 ICIDH에 반대했다. ICIDH가 (손상이 장애를 결정한다는) 손상과 장애 간의 의료 모델론적 인과관계를 계속해서 유지하고 있으며,[12] '핸디캡'이라는 용어가(손에-든-모자cap-in-hand라는 함의를 지니는 것으로 인해 '구걸'을 연상시켜 모욕감을 줄 뿐만 아니라) 장애를 사회 제도 및 사회적 관행들 내에서의 문제로 재설정하는 일조차 수행하지 못한다는 이유로 말이다.

WHO의 ICIDH는 최근 ICIDH-2라는 형태로 개정되었다.[13] 활동에 대한 제약에 초점을 맞추면서 '장애'disability라는 용어는 '장애화'disablement로 교체되었고, '핸디캡'은 '참여'라는 용어가 대신하게 되었다. 심리학적·생리학적·해부학적 구조나 기능의 상실 또는 비정상성으로 정의되는 손상은 이전과 같이 유지되었다. 용어법상에서의 이러한 변화들은 사회적 모델론의 개념을 향한 사고의 전환을 나타내는 것인

---

10 Michael Bury, *Health and Illness in a Changing Society*, London: Routledge, 1997; Bury, "A comment on the ICIDH-2", pp. 1073~1077.

11 Bury, *Health and Illness in a Changing Society*; Bury, "A Comment on the ICIDH-2"에서 이루어지고 있는 논평을 보라.

12 Oliver, *Understanding Disability*.

13 David Pfeiffer, "The ICIDH and the Need for its Revision", *Disability and Society* 13(4), 1998, pp. 503~523; David Pfeiffer, "The Devils are in the Details: The ICIDH-2 and the Disability Movement", *Disability and Society* 15(7), 2000, pp. 1079~1082; Jerome E. Bickenbach, Somnath Chatterji, E. M. Badley and T. B. Üstün, "Models of Disablement, Universalism, and the International of Impairments, Disabilities and Handicaps", *Social Science and Medicine* 48, 1999, pp. 1173~1187; Bury, "A Comment on the ICIDH-2". [1997년에 처음 발표된 ICIDH-2는 공식적인 분류 기준이라기보다는, WHO가 ICIDH의 개정 작업을 진행하면서 현장에서 적용해 보고 문제점을 파악하기 위해 만든 일종의 시험판이라고 할 수 있다. ICIDH-2는 2001년에 최종 버전이 마련되었으며, 세계보건기구총회(World Health Assembly)는 이를 국제적으로 통용될 수 있도록 공식 승인했다. 이것이 바로 현재의 국제기능·장애·건강분류(International Classification of Functioning, Disability and Health, ICF)이다.─옮긴이]

가? ICIDH-2의 저자들은 분명히 영국 장애인단체들과 국제적 장애인 단체들의 목소리를 인정하고 있었고, '장애화'를 부각시키고자 했다. 그렇지만 그러한 장애 도식에 대해 전문가적 이해관계를 지닌 다수의 목소리 또한 참작되고 있었다. 그 최종적인 결과란, 원래의 ICIDH와는 그 용어법과 세부 사항에서 차이가 나지만, '손상-장애-핸디캡'의 세 단계 구조에 있어서는 다를 바 없는 도식의 완성이라 할 수 있다. 비록 1단계에서 3단계로 나아가는 데 있어 구래의 인과관계가 눈에 띄게 두드러지지는 않는다고 하더라도 말이다.

> ICIDH-2는 장애화에 대한 의료적 접근법과 사회적 접근법의 종합, 즉 현재 '생물심리사회적'biopsychosocial 모델이라는 용어로 불리는 것을 구현하고 있다. 장애화의 각 차원은 개인의 고유한 특성과 그 개인을 둘러싼 사회적·물리적 환경 사이의 상호작용으로서 개념화된다.[14]

ICIDH-2가 장애인들에게 제공해 줄 수 있는 무언가를 지니고 있는 것인지에 대해 장애학 내에서 의견 차이가 존재한다.[15] ICIDH에 대한 현재의 현장 검증 결과가 어떠할지는 모두에게 흥미로운 일이 될 것이다.

의료사회학

ICIDH는 영국에서 의료사회학자들이 선호하는 장애의 정의에 대한 접

---

14 Bickenbach, Chatterji, Badley and Üstün, "Models of Disablement, Universalism, and the International of Impairments, Disabilities and Handicaps", p.1183.

근법이다. ICIDH의 설계자 중 한 명으로서, 의료사회학자 마이클 베리는 '만성질환 및 장애의 사회학'으로 알려진 분야에서 ICIDH의 활용을 옹호했다.[16] 베리는 비록 사회적 모델론자들의 개념에 거의 가치를 부여하지는 않지만, 그러한 개념을 공개적으로 비판해 온 몇 안 되는 사회학자들 중 한 명이었다.[17] 그가 보기에 사회적 장애모델의 핵심적인 문제는 '과잉사회화된' 특성에 있었는데, 이는 올리버가 손상과 장애 간의 어떠한 인과관계도 부정하는 것에서 확인할 수 있다.[18] 그러나 베리에게 있어 발작·관절염·다발성경화증multiple sclerosis[19]과 같은 만성질환은 명백히 제한된 활동을 야기한다. 사회적 모델의 옹호자들은

> 나에게는 대부분 혼란스럽고 불분명한, 장애화에 대한 '급진적' 대안처럼 보이는 것을 만들어 냈다. 맑스주의자에 이어, 구성주의자, 철저한 개인주의자들[20]이 차례로 이러한 급진적 대안을 마련하는 작업에 참여했다. 나는 '사회적 모델'이 대다수 장애인이 직면해 있는 실질적 이슈들과 진정으로 맞서 싸웠다고 믿지 않는다. 사회적 모델이 구사하는 미사여구와 일부 사람들에 대한 의심할 바 없는 흡입력에도 불구하고, 그

---

15 Pfeiffer, "The Devils are in the Details: the ICIDH-2 and the Disability Movement"; Rachel Hurst, "To Revise or Not to Revise?", *Disability and Society* 17(7), 2000, pp.1083~1087.

16 Bury, *Health and Illness in a Changing Society*.

17 이에 대해서는 또한 Colin Barnes and Geof Mercer eds., *Exploring the Divide: Illness and Disability*, Leeds: Disability Press, 1996에서의 논쟁을 보라.

18 Bury, "A comment on the ICIDH-2", p.1074.

19 뇌와 척수의 전역에 걸쳐 신경세포의 축삭(axon)을 둘러싸고 있는 절연물질이 반복적·산발적으로 파괴되는 병이다. 눈의 이상, 지각장애, 언어장애, 운동 실조, 운동 마비, 배설 곤란, 현기증 따위의 증상이 나타나는데 정확한 원인은 밝혀지지 않고 있다. ─옮긴이

20 여기서 철저한 개인주의자들이란, 탈근대주의의 입장에 서 있는 이론가들을 지칭하는 것으로 보인다. ─옮긴이

것은 장애인이나 연구자 집단의 현실적인 실제 필요에 부응할 수 있는 설득력 있는 접근법을 생산해 내지 않았다.[21]

나는 베리의 입장과 올리버의 입장이 지닌 차이를 다른 곳에서 상세히 논한 바 있다.[22] 사회적 모델론자의 입장에서 말하자면, 나는 과잉사회화에 대한 베리의 주장에 담겨 있는 논리를 사회적 모델이 다소간 조악한 형태로 제시되는 경우들에서 발견할 수 있었다. 나의 주장은 다음과 같이 간략하게 요약될 수 있다. 만일 손상을 지닌 사람들에 의해 경험되는 **모든** 활동의 제한이 사회적 장벽에 의해 야기된다는 것이 사회적 모델의 입장이라면(그리고 이것이 때때로 사회적 모델이 드러나는 방식이라면), 이는 진정 과잉사회화된 입장일 것이다. 그러나 이는 위에서 인용된 UPIAS에 의한 장애의 재정식화가 주장하고 있는 것이 아니다. UPIAS의 진술은 당대의 사회구조와 관행의 여러 양상이 손상을 지닌 사람들의 활동을 제약하는 것을 통해서 그들을 불리하게 만들고 배제할 때, 장애가 발생하게 됨을 역설하고 있다. ICIDH와 달리 장애는 제한된 활동 **그 자체**와 동일시되지 않는다. 손상이 활동을 제약할 수 있는 가능성이 부인되지 않지만, 그러한 제한들은 **장애**가 아니다. 나는 이러한 종류의 활동에 대한 제약을 구별하기 위하여 '손상 효과'impairment effects라는 용어를 사용해 왔다.[23] 여기서 요점은 의료사회학자들, 사회정책 저술가들, 여타의 사회과학자들이 사회적으로 야기된 제한·불리

21 Bury, "A Comment on the ICIDH-2", p.1075.
22 Carol Thomas, *Female Forms: Experiencing and Understanding Disability*, Buckingham: Open University Press, 1999.
23 ibid.

함·배제 ──즉 장애 ── 를 극도로 과소평가하거나 대개 무시한다는 것이다. 손상 효과는 손상을 지니고 살아가는 대다수의 사람들을 진정으로 곤란하게 만드는 것──장애──이 무엇인지 외면하는 것을 대가로 관심의 초점이 되었다. 활동의 제한이 실제로 장애차별주의의 결과일 때에도(혹은 그 두 가지, 즉 손상 효과와 장애차별주의의 결합일 때에도) 흔히 활동의 제한은 오직 손상 효과의 탓으로만 돌려진다. 이러한 장애차별주의를 ICIDH의 용어법을 활용해서 다루기에는, 핸디캡의 사회학은 심히 저발전 상태에 있다. '핸디캡'에 대한 사회학적 연구의 본체는 전혀 구체화되지 않았다.[24]

만성질환 및 장애의 사회학 내에는, 만성질환과 여타의 손상들을 지닌 생활의 경험을 현상학의 관점에서 다룬 영향력 있는 문헌들이 존재한다.[25] 해석주의의 전통 속에서, 이러한 문헌들의 관심은 '환자들'이 만성질환의 진단이나 중대한 손상에 뒤이은 그들의 변화된 정체성과 목적 의식에 어떻게 의미를 부여하는가, 그리고 이에 어떻게 대처하는가에 집중되어 왔다. 이 분야에서의 핵심 개념은 전기적 단절 biographical disruption, 질환 내러티브, 대처, 질환 관리, 협상된 질서

---

24 그러한 연구가 어떤 것에 기초해 구축되어 올 수 있었는가에 대한 초기의 예로는 Blaxter, *The Meaning of Disability*를 보라.

25 Robert Anderson and Michael Bury eds. *Living With Chronic Illness: The Experience of Patients and Their Families*, London: Unwin Hyman, 1988; Peter Conrad, "Qualitative Research on Chronic Illness: A Commentary on Method and Conceptual Development", *Social Science and Medicine* 30(11), 1990, pp.1257~1263; Michael Bury, "The Sociology of Chronic Illness: A Review of Research and Prospects", *Sociology of Health and Illness* 13(4), 1991, pp.167~182; Bury, *Health and Illness in a Changing Society*; Alan Radley ed. *Worlds of Illness: Biographical and Cultureal Perspectives on Health and Disease*, London: Routledge, 1993; Alan Radley ed. *Making Sense of Illness: The Social Psychology of Health and Disease*, London: Sage, 1994; Michael P. Kelly and David Field, "Medical Sociology, Chronic Illness and the Body", *Sociology of Health and Illness* 18(2), 1996, pp.241~257.

negotiated orders 등이다. 이러한 연구들은 이전에는 오로지 생의학의 렌즈를 통해서만 관찰되어 왔던, 경험의 영역에서 상당한 중요성을 갖는 실존적·존재론적 차원 중 일부를 조명한다는 장점을 지닌다. 그러나 손상의 물질적 차원이나 보다 넓은 사회적 차원들을 해명하는 데에는 거의 아무런 도움도 되지 않는다. 개러스 윌리엄스Gareth Williams는 의료사회학과 장애학 진영 모두에서 저술 활동을 해왔는데, 그는 이를 다음과 같이 잘 지적하고 있다.

> 많은 사회학자들의 연구는 만성질환이나 장애화의 경험을 사회적·경제적 환경의 맥락 내에서 바라보는 것으로부터 출발한다. 그러나 점점 더 정체성과 자아에 대한 유아론唯我論적 탐색이라는 길로 탈선해 가고 있다.[26]

나의 견해로는(장애학 내에서 많은 이들에 의해 공유된 견해는 아니지만) 의료사회학 내의 이러한 문헌들이 흥미 있고 가치가 있는 것이기는 하지만, 그것은 장애의 사회학이 아니다. 그것은 많은 장애인들에게 긴급한 이슈──자립생활, 빈곤, 고용, 교육, 의사소통, 교통, 접근 가능한 건축 환경, 공민권 등의 이슈──를 다루는 일에 착수하지 않는다. 사회적 장애모델을 과잉사회화된 것이라고 일축해 버림으로써, 베리와 그 밖의 의료사회학자들은 장애가 사회적 억압의 한 형태라는 것, 즉 젠더·인종·섹슈얼리티·계급 등과 연관된 일련의 사회적 관계들 내에서

---

26 Gareth Williams, "Representing Disability: Some Questions of Phenomenology and Politics", eds. Colin Barnes and Geof Mercer, *Exploring the Divide: Illness and Disability*, Leeds: Disability Press, 1996, pp.194~212.

기꺼이 함께 사고되어야 할 어떤 것이라는 견해와 논쟁해야 할 불가피성을 실제로는 회피하고 있다.

사회학 내에서 장애에 관해 이야기할 중요한 무언가가 있는 듯 보이는 또 다른 의미 있는 문헌은 '몸의 사회학'이다. 몸의 사회학은 1980년대와 그 이후까지도 점점 더 많은 관심을 받고 있으며, 탈근대주의적·후기구조주의적 개념이 지닌 상당한 영향력을 대학 내의 광범위한 학문 분야에 전파하고 있다. 다음 절에서 우리가 보게 되는 바와 같이, 장애학 내의 몇몇 저술가 또한 이러한 이론적 관점에 의지하고 있다. 그러나 몸의 사회학에 대한 광범위한 문헌들이 존재한다 하더라도, 그들 중 극히 일부만이 손상 또는 장애에 관해 언급을 해왔다고 할 수 있다.

몸의 사회학

몸의 사회학 내에 손상되고 장애를 지닌 몸이 '누락'되어 있는 것은, 부분적으로는 몸의 사회학 담론 내에 어떤 형태의 '실재적인'——물질적이고 유기체적인——몸도 부재했다는 사실의 반영이라 할 수 있다. 몸과 관련된 많은 이론화 작업들에서 확인되는 사회적 구성주의의 특성은, 관심의 초점이 다름 아닌 몸의(즉 '정상적인' 몸의) 문화적 표상과 담론적 위치 설정discursive positioning이었음을 확인시켜 준다. '고정된' 물질적인 몸은 생물학과 의학을 포함하는 (비록 강력하기는 하지만) 본질주의적인 문화 담론에 의해 생산된 하나의 강박관념으로 간주되어 왔다.[27] 그러나 이러한 구성주의적인 몸의 사회학은 최근 비판의 대상이 되고 있으며, 실재적인 물질적 몸이 복권되어야 한다는 요구가 상당히 존재

---

27 Bryan S. Turner, *Regulating Bodies: Essays in Medical Sociology*, London: Routledge, 1992.

한다. 특히 주목되는 것 중 하나는 사이먼 윌리엄스Simon J. Williams와 질리언 벤델로Gillian A. Bendelow가 그들의 저서 『살아 있는 몸』에서 수행한 작업이다.[28] 이 저자들은 구성주의적 관점이 제공한 가치 있는 통찰이라고 여겨지는 것들은 받아들여 유지하지만, 몸이라는 것을 일련의 표상으로 환원하는 사회적 구성주의의 프로젝트인 '유동하는 모래더미'shifting sands로서의 몸은 거부한다. 이들은 사회학자들이 그 자신들 또한 체현된 주체임을 망각해서는 안 되며, (몸이 대상화되는) 몸'에 대한' 이론화로부터 체현된 사회학으로 이동해 가야 한다고 주장한다.

> (주로 탈체현된disembodied 남성적 방식 속에서 이루어지는) 몸에 **관한** 이론화가 아니라, 이론화의 대상과 더불어 그러한 이론을 만드는 사람 자신의 몸을 포함하는, **살아 있는** 실체인 **몸으로부터의** 이론화여야 한다. 사회 제도와 담론적 실천은 시공간에 걸쳐 존재하는 체현된 인간의 실제 체험 및 행위와 분리하여 이해될 수 없다. 사회 이론은 따라서 그러한 체현된 인간의 문제들에 근거해야만 한다.[29]

그와 같은 이동이 몸의 사회학으로 하여금 손상과 장애를 진지하게 다루도록 할지는 불확실하지만, 아마도 그러기는 쉽지 않을 것 같다. 윌리엄스와 벤델로가 '실재적인', '살아 있는' 몸으로 복귀해야 할 필요성에 대해 길게 주장을 하면서도, 그러한 주장 내에서 장애 —— 제한된 활동이라는 전통적인 의료사회학적 의미에서도, 사회적 억압이라는 사회

---

28 Simon J. Williams and Gillian A. Bendelow, *The Lived Body: Sociological Themes, Embodied Issues*, London: Routledge, 1998.
29 Williams and Bendelow, *The Lived Body*, p. 209.

적 모델론의 의미에서도——를 거의 언급하지 않는다는 것은 의미심장하다.[30] 요컨대 몸의 사회학 분야에서의 개념들이 아직은 장애라는 주제에 대해 중요한 어떤 것을 제공하고 있지는 않은 듯 보인다.

장애학 내의 논쟁들

장애가 사회적으로 야기되며 사회적인 억압의 한 형태라고 주장할 때, 사회적 장애모델은 일련의 새로운 사회학적 질문, 특히 다음과 같은 질문을 촉발하게 된다. 이러한 사회 현상은 어떻게 이론화될 수 있는가? 그것의 사회사는 어떤 내용을 지니는가? 1980년대에 새롭게 등장한 영국의 장애학 내에서, 지도적 사상가들 중 몇몇은 맑스주의적 또는 유물론적 패러다임에서 이러한 질문에 대한 해답을 구했다.[31] 그러나 장애학에 대한 관심이 늘어나는 것과 더불어, 이러한 유력한 개념들은 다른 이론적 체계, 특히 여성주의(들)·탈근대주의·후기구조주의를 채택하고 있는, 점증하는 다수의 장애학 저술가들로부터 도전을 받아 왔다.[32] 현재 장애학 내에서는 장애와 손상 양자의 본질에 관한 활발한 논쟁이 전개되고 있으며, 그 핵심적 이슈들 중 일부가 아래에서 검토될 것이다.

장애에 대한 유물론적 관점

마이클 올리버는 빅터 핀켈스타인의 초기 통찰에 기반을 두고[33] 장애와

---

30 ibid.
31 Finkelstein, *Attitudes and Disabled People*; Oliver, *The Politics of Disablement*; Barnes, *Disabled People in Britain and Discrimination*.
32 Mark Priestley, "Constructions and Creations: Idealism, Materialism and Disability Theory", *Disability and Society* 13(1), 1998, pp.75~95; Thomas, *Female Forms*.

자본주의적 생산관계 간의 관련성을 검토했다.[34] 그 중심 이슈는 다음과 같다. 장애가 당대의 사회적 구조와 관행에 의해서 손상을 지닌 사람들에게 부과된 활동의 제한이라면, 이는 어떻게 발생했는가? 올리버가 보기에 그 답은 산업자본주의의 등장에 놓여 있다. 간략히 요약하자면, 영국에서 18세기 말부터 임노동 관계가 점점 더 대규모 산업과 밀접하게 연결되면서, 손상을 지닌 사람들은 경제 활동의 직접적인 참여로부터 체계적으로 배제되기 시작했다. 공장 환경에서의 장시간 노동은 표준화된 숙련도·속도·강도를 요구했다. 손상을 지닌 사람들의 다수는 그러한 상황 아래서 자신의 노동력을 팔 수 없었다. 그들은 사회적으로 점점 더 의존적인 존재로서 자리매김되었으며, 일반화된 상품생산 경제에서 배제되었다. 19세기 동안, 대규모 산업은 점점 더 소규모 매뉴팩처와 소상품생산을 잠식했고, 손상을 지닌 사람들의 의존성은 공고화되었으며, 그러한 '사회 문제'에 대한 정책적 해법은 시설 수용과 의료화에서 구해졌다.[35] 20세기에 장애인들이 경험했던 배제와 의존성——시설의 환경이든 지역사회의 환경이든, 고용·교육·복지 서비스·주거·교통·문화·여가 영역에서의 장벽들——은, 손상을 지닌 사람들이 '비생산적인' 존재와 의존적인 존재라는 범주로 자본주의의 초기에 경제적으로 강등되었던 사실에서 그 기원을 찾을 수 있다. 올리버는 자신의 입장을 다음과 같이 요약한다.

---

33 Finkelstein, *Attitudes and Disabled People*.
34 Oliver, *The Politics of Disablement*.
35 이러한 논의에 대한 좀더 자세한 설명은 Oliver, *The Politics of Disablement*; Thomas, *Female Forms*를 보라.

따라서 경제는 노동시장의 작용과 노동의 사회적 조직화 양자를 통하여, 장애 범주의 생산과 장애인에 대한 사회적 대응을 결정하는 데 핵심적인 역할을 한다. 더욱이 장애인들이 직면해 있는 억압은 그 자체로 인종주의·성차별주의·동성애 혐오·연령주의·장애차별주의를 생산해 내는 자본주의의 경제적·사회적 구조 내에 뿌리박고 있다.[36]

호주를 중심으로 활동하고 있는 지리학자인 브렌던 글리슨Brendan Gleeson은 장애가 봉건적인 사회적 생산관계로부터 자본주의적인 사회적 생산관계로의 전환에 그 기원을 두고 있다는 주장에 대한 증거를 정리해 내면서, 장애의 역사적 출현에 대한 유물론적 관점을 상당히 발전시켰다.[37] 이러한 종류의 분석들은 장애가 초역사적이고 어디에나 존재하는 사회 현상이 아니며, 특정한 역사적 시점의 사회적 관계들과 밀접히 관련되어 있음을 단호하게 주장한다. 그리고 이는 우리로 하여금 장애란 언제나 어떤 유형의 '제한된 활동'을 발생시킨다는, 장애에 관한 단순화된 개념을 넘어설 수 있도록 해준다. 즉 장애는 공간적으로, 시간적으로, 경제적으로 다르게 자리매김된다.
　　내가 보기에, 장애를 사회적 관계의 의미 내에서 바라보는(즉 사회 구조적 환경 내에 존재하는 집단들 간의 사회적 관계의 현상으로 보는), 장애의 경제적 근원에 대한 유물론적 관점은 매우 흥미롭고 가치 있는 것이다. 그렇지만 장애학 내에서 유물론적 입장을 취하는 저술가들은 자

---

36 Michael Oliver, "A Sociology of Disability or a Disablist Sociology?", ed. Len Barton, *Disability and Society: Emerging Issues and Insights*, London: Longman, 1996, p.33.
37 Brendan Gleeson, "Disability Studies: A Historical Materialist View", *Disability and Society* 12(2), 1997, pp.179~202; Gleeson, *Geographies of Disability*.

본주의 경제 체제 내에서 일어나고 있는 현대의 변화된 양상들을 이론적으로 다룰 수 있도록 그들의 분석을 갱신시켜 낼 수 있어야 한다. 제기되는 과제는 지구적 자본주의 또는 초자본주의hypercapitalism——다국적·초국적 기업들, 초영토적 통화 및 금융 체제, 급성장하고 있는 정보 및 통신 산업들을 수반한——로 특징지어지는 현재의 경제 제도들[38]이 손상을 지닌 사람들의 사회적 위상을 변화(아마도 변혁)시켜 내고 있는 것인지 아닌지를 검토하는 것이다. 좋은 방향이든 나쁜 방향이든 말이다. 손상을 지닌 사람들은 이제 '신기술'이 그들의 참여를 더 이상 자동적으로 배제하지는 않도록 만들어 주기 때문에, 임노동 경제와 전적으로 다른 관계를 맺게 되었는가? 아마도 그것은 손상의 유형에 따라 다를 것이다. 어떤 새로운 분할, 배제, 의존성이 발생하고 있는가? 장애학 내에서 그러한 문제들에 대한 분석이 시작되고는 있지만,[39] 많은 부분은 검토되어야 할 내용으로 남아 있다.

그렇다면 사회적 모델론의 기본 명제——장애란 손상을 지닌 사람들이 경험하는 사회적으로 야기된 활동의 제한이다——에 대한 유물론적 또는 맑스주의적 표현은 영국의 장애학 내에서 어떤 도전을 받아 왔는가?

'차이'의 전면화와 문화

영국에서 장애학은 장애의 경제적 근원에 대한 유물론적인 우선순위의 부여, 그리고 폭넓은 사회 환경 내에서 구조적 장벽이 동시대적으로 작용한다는 가정에 이의를 제기해 왔던 여러 관점들 및 이슈들의 증대로

---

38 Jan Aart Scholte, *Globalization: A Critical Introduction*, Basingstoke: Palgrave, 2000.

인해 풍부해져 왔다. 장애인들 사이에서의 차이의 문제, 특히 젠더·인종·섹슈얼리티·손상의 유형과 연관된 문제들을 다루는 데 있어 이러한 유물론적·구조적 의제의 적절성과 관련하여 질문이 제기되었다.[40] 농을 예로 들자면, 그러한 특정 형태의 손상을 지닌 사람들이 경험하고 있는 언어·의사소통·문화 체제에 관한 장애차별주의의 형태가, 과연 사회적 모델론 사상 내에서 전통적으로 확인되어 왔던 장애를 만들어 내는 장벽들과 같은 것일까?[41] 또한 세상에는 한 가지 이상의 억압 체계가 작동하고 있고, 장애여성에게는 전통적인 사회적 모델론의 사고 내에서 다루어지지 않은 우선적인 문제가 존재하기 때문에, 장애여성은 어쩌면 장애남성과 상이한 종류의 사회적 위치를 점하고 있는 것은 아닐까?[42] 그러한 질문과의 대면을 통해 등장한 저술들은 여성주의, 탈근대주의,

39 Alan Roulstone, *Enabling Technology: Disabled People, Work and New Technology*, Buckingham: Open University Press, 1998; Bob Sapey, "Disablement in the Informational Age", *Disability and Society* 15(4), 2000, pp.619~636; Peter Beresford and Chris Holden, "We have Choices: Globalisation and Welfare User Movements", *Disability and Society* 15(7), 2000, pp.973~989.

40 이에 대한 예로는 Jenny Corbett, "A Proud Label: Exploring the Relationship between Disability Politics and Gay Pride", *Disability and Society* 9(3), 1994, pp.343~357; Jan Walmsley, "Including People with Learning Difficulties: Theory and Practice", eds. Len Barton and Michael Oliver, *Disability Studies: Past, Present and Future*, Leeds: Disability Press, 1997, pp.62~77; Jenny Morris ed., *Encounters with Strangers: Feminist and Disability*, London: Women's Press, 1996; Liz Crow, "Including All of Our Lives: Renewing the Social Model of Disability", eds. Colin Barnes and Geof Mercer, *Exploring the Divide: Illness and Disability*, Leeds: Disability Press, 1996, pp.55~73; Yvon Appleby, "Out in the Margins", *Disability and Society* 9(1), 1994, pp.19~32; Ayesha Vernon, "A Stranger in Many Camps: The Experience of Disabled Black and Ethnic Minority Women", ed. Jenny Morris, *Encounters with Strangers: Feminist and Disability*, London: Women's Press, 1996, pp.48~68; Mairian Corker, *Deaf and Disabled, or Deafness Disabled?*, Buckingham: Open University Press, 1998를 보라.

41 Corker, *Deaf and Disabled, or Deafness Disabled?*.

42 Morris, *Pride Against Prejudice*; Jenny Morris, "Gender and Disability", eds. John Swain, Victor Finkelstein, Sally French and Michael Oliver, *Disabling Barriers: Enabling Environments*, London: Sage, 1993, pp.85~92; Morris ed., *Encounters with Strangers*.

후기구조주의, 그 밖의 사회적 구성주의의 이론적 개념에 의지하고 있다. 장애학 내에서 여성주의자들의 작업은 특히 주목되지만, 이것을 어떤 단일한 개념들의 체계라고 오해해서는 안 된다. 광범위한 여성주의의 사고는 다수의 여성주의들로 분할되어 있으며, 그 각각은 여타의 이론적 전통들, 즉 일부는 유물론과 또 다른 일부는 사회적 구성주의와 연결되어 있다.[43]

사회적 장애모델은 이제 그 자신이 비판의 일차적 대상이 되었다. 그렇다면 사회적 장애모델은 지나치게 극단적이고 배타적이고 부적절하며, 개조 혹은 변환되거나 다른 모델로 대체되어야 할 필요가 있는 것인가? 이와 관련한 왕성한 논쟁이 진행 중에 있다. 여기서는 견해들을 나누는 데 있어 중요한 두 가지 이슈가 논의될 것이다. 하나는 문화와 장애에 관한 것이고, 다른 하나는 손상을 이론화해야 할 필요성에 관한 것이다.

문화와 장애

톰 셰익스피어Tom Shakespeare[44]나 메어리언 코커Mairian Corker[45]와 같은 저술가들은 대다수 사회적 모델론자들의 사고가 장애와 장애차별주

43 Thomas, *Female Forms*; Carol Thomas, "Feminism and Disability: The Theoretical and Political Significance of the Personal and the Experiential", ed. Len Barton, *Disability, Politics and the Struggle for Change*, London: David Fulton, 2001, pp.45~58; Carol Thomas, "The 'Disabled' Body", eds. Mary Evans and Ellie Lee, *Real Bodies: A Sociological Introduction*, Basingstoke: Macmillan, 2002.

44 Tom Shakespeare, "Cultural Representation of Disabled People: Dustbins of Disavowal?", eds. Len Barton and Michael Oliver, *Disability Studies: Past, Present and Future*, Leeds: Disability Press, 1997, pp.217~236.

45 Corker, *Deaf and Disabled, or Deafness Disabled?*; Corker and French eds., *Disability Discourse*.

의의 발생에서 문화적 과정 및 담론의 중요성을 너무나 경시한다고 주
장해 왔다.

> 결정론적 관점[유물론]은 문화와 의미의 영역에 해석의 여지나 자율성
> 을 그다지 부여하지 않는다.[46]

> 사회적 모델이 견지하는 유물론에서는 인간의 행위주체성agency이 누
> 락되어 있기 때문에, 그리고 담론은 사회구조의 부수적 효과로 간주되
> 기 때문에, 행위주체성도 담론도 사회 변화를 위한 초점이 될 수 없다.[47]

이러한 저술가들의 생각에, 유물론은 문화를 별다른 중요성을 갖지
않거나 경제에 대해 부차적인 것으로, 혹은 경제에 의해 결정되는 것으
로──이데올로기적인 상부구조의 일부분으로──잘못 이해하고 있다.
이와 대조적으로, 그들의 저작에서는 손상을 지닌 사람들에 관한 (언제
나 부정적인) 문화적 개념들이 장애를 구성하는 역할을 수행하고 있다
는 것에 상당한 강조점이 주어진다. 이러한 문화적 개념들은 문화적으
로 속성화된 신체적·행동적 차이('혐오스러운 것')를 지닌 사람들을 무
력하고 의존적인 상태에 위치시키며, 그들의 자존감과 정체성을 심각
하게 훼손한다. 손상에 대한 강력한 의료적·복지주의적 담론의 영향력
하에서 신체에 대한 자기규율self-disciplining을 행하게 된다는 푸코주의
자들의 생각은, 장애인이 경험하는 예속을 이해할 수 있는 방법을 제공

---

46 Shakespeare, "Cultural Representation of Disabled People: Dustbins of Disavowal?", p.224.
47 Corker, *Deaf and Disabled, or Deafness Disabled?*, p.39.

하는 것으로 여겨진다.[48]

　사회세계의 문화적 구성에 대한 탈근대주의적·후기구조주의적인 관점은 합리주의적·근대주의적인 개념으로 간주되는 것에 대한 거부를 수반한다. 장애의 근원을 자본주의의 사회적 생산관계 내에 위치시키는 유물론자들의 견해는 그릇된 근대주의적 사고로서 기각된다. 근대주의의 특질인 이원론적 사고 내에서 육체는 정신과, 생물학적인 것은 사회적인 것과, 문화적인 것은 경제적인 것과 분리되는데, 탈근대주의적·후기구조주의적 관점은 이러한 이원론적 사고를 넘어서야 할 필요가 있다고 강조한다. 오히려 장애와 손상을 포함한 모든 사회 현상은 문화적 개념과 담론적 실천을 통하여, 그리고 그러한 개념과 실천으로부터 구성되는 것으로 이해된다. 즉 그 자신과 관련된 개념으로부터 독립된 '실재'란 존재하지 않는다는 것이다.

　반대로 유물론적인 성향을 갖는 저술가들은, 비록 장애차별주의의 형성에 영향을 미치는 문화적이고 이데올로기적인 힘들에 보다 많은 주의가 요구된다는 것을 인정하기는 하지만, 문화적인 것에 최우선적인 중요성을 부여하는 이들의 입장을 비판한다.[49] 예를 들어 반스는 사회 현상에 대한 설명을, 그의 표현대로 하자면 '사고의 과정'으로 환원하는 것에 반대한다.[50] 장애학 내의 몇몇 이론가들은 유물론의 주장과 사회적 구성주의의 주장 양자의 강점에 통합적으로 근거할 수 있는 가

48 Janet Price and Margrit Shildrick, "Uncertain Thoughts on the Dis/abled body", eds. Janet Price and Margrit Shildrick, *Vital Signs: Feminist Reconfigurations of the Biological Body*, Edinburgh: Edinburgh University Press, 1998, pp. 224~249.

49 Colin Barnes, "Theories of Disability and the Origins of the Oppression of Disabled People in Western Society", ed. Len Barton, *Disability and Society: Emerging Issues and Insights*, London: Longman, 1996, pp. 43~61; Oliver, *Understanding Disability*.

50 ibid., p. 49.

능성에 주목하기도 한다. 즉 "[이러한 형태의 억압은] 문화적 가치들과 (정치경제, 가부장제, 제국주의와 같은) 권력의 물질적 관계들 양자의 산물로서 간주될 필요가 있다"는 것이다.[51] 우리는 이러한 이슈들에 대한 논쟁이 보다 정교화되는 과정을 관심 있게 지켜보아야 할 것이다.

손상

장애학 내에서 유물론, 사회적 구성주의, 여성주의의 관점이 서로 충돌하는 하나의 이슈는 손상의 본질 및 장애와의 관련성이라고 할 수 있다.[52] 올리버[53]나 반스[54]와 같은 사회적 모델론자들은 손상을 지닌 삶에 대한 개인적 경험은 장애학의 관심사가 아니며, 지적이고 정치적인 에너지는 **장애**의 보다 넓은 사회적 원인들을 이해하고 다루는 데 집중되어야 한다고 주장한다. 그들은 손상에 초점을 맞출 경우, 사회적 모델이 장애로부터 손상을 개념적으로 단절함으로써 이룩한 성취가 위협받을 수 있다고 여긴다. 그것은 의료적 장애모델medical model of disability, 의료사회학, 여타 학문 영역들이 취하고 있는 '손상이 장애를 야기한다'는 입장에 힘을 실어 줄 수 있다는 것이다.

　손상에 주의를 기울여야 할 필요가 있다는 주장은 다양한 기반 위에서 이루어지고 있다. 첫째, 제니 모리스Jenny Morris[55]나 리즈 크로Liz Crow[56]와 같은 여성주의 저술가들은 사회적 모델이 손상을 '사적이고

51 Priestley, "Constructions and Creations: Idealism, Materialism and Disability Theory", p.87.
52 Thomas, *Female Forms*; Thomas, "Feminism and Disability: The Theoretical and Political Significance if the Personal and the Experiential"; Thomas, "The 'Disabled' Body".
53 Oliver, *Understanding Disability*.
54 Colin Barnes, "Review of The Rejected Body by Susan Wendell", *Disability and Society* 13(1), 1998, pp.145~146.
55 Morris ed., *Encounters with Strangers*.

개인적인 것'의 영역으로 격하한 것은, '공적인 것'으로부터 '개인적인 것', 사회적인 것으로부터 사적인 것의 가부장적 분할이 장애학 내에 반영된 것이라고 주장한다.[57] 제니 모리스는 이러한 상황을 문제적인 것으로 간주한다.

> 몇몇 장애여성들 사이에서는 우리의 경험이 정치화되어 왔던 방식이, 우리의 몸에 대한 우리 자신의 경험이 인정될 수 있는 별다른 여지를 제공하지 않는다는 우려가 존재했다. 거의 대부분 손상의 경험에 관해 이야기할 수 있는 여지는 없었으며, 우리들 중 다수는 단지 사회적 장벽에만 초점을 맞추어야 한다는 압박감을 느껴야 했다.[58]

손상의 경험이 장애 정치와 장애학 내에서 인정되고, 논의되고, 공유되어야 한다는 항변이 제기되었다. 그리고 이는 장애학 내에서 '개인적인 것이 정치적인 것'이라는 여성주의의 슬로건을 소생시켰다. 손상을 '사적인 것'의 견지에서 구성하는 것은, 반反전체론적[59]이며 용인될수 없는 것으로 여겨졌다. 더 나아가 손상은 몇 가지 중요한 측면에서 활동을 진정 제한한다고 말해졌는데,[60] 이는 장애를 '제한된 활동'의 차원에서 보는 사회적 모델론자들이 특히 문제적인 것으로 여긴 입장이라 할 수 있다.[61] 분명히 이러한 점에서는, 질환과 장애의 인과관계와 관

---

56 Crow, "Including all of Our Lives: Renewing the Social Model of Disability".
57 Thomas, "Feminism and Disability: The Theoretical and Political Significance if the Personal and the Experiential".
58 Morris ed., *Encounters with Strangers*, p. 13.
59 전체론(holism)은 어떤 현상의 전체성을 강조하고, 전체가 단순히 부분의 총합으로 설명될 수 없다는 철학적 입장을 말한다. ──옮긴이

련해 앞서 논의되었던 마이클 베리의 의료사회학적인 주장과 여성주의의 주장 간에 얼마간의 공통분모가 존재한다.

이러한 계열의 주장에 있어 두번째 형태는 (사회적인 것으로서의) 장애와 (생물학적인 것으로서의 몸의) 손상 간의 구별이 근대주의적·'본질주의적'·이원론적 사고의 산물이라는, 사회적 구성주의에 기반을 둔 여성주의자들의 주장이다.[62] 이러한 관점에서는 손상과 장애 **양자 모두**가 담론적으로 구성된 사회적 범주다. 즉 손상은 그 근저에 놓여 있다고 여겨지는 생물학적인 실재와 아무런 관련성을 갖지 않는, 그 자체로 또 하나의 구성개념인 것이다. 탈근대주의적 여성주의 저술가인 재닛 프라이스Janet Price와 마그리트 실드리크Margrit Shildrick는 이러한 입장을 다음과 같이 표현한다.

의미가 각인되어 있는, 본질적이고 생물학적으로 미리 주어진 신체는 없으며, 담론에 선행하는 무매개적인 몸에 대한 접근은 존재하지 않는다는 탈근대주의의 주장은 여전히 논쟁적인 채로 남아 있다. 이러한 주장은 몸의 물질성이 의심되어야 한다는 것이 아니라, 물질성이 푸코가 권력/지식이라고 불렀던 것의 담론적 실행을 통해 협상되는 하나의 과

---

60 Morris ed., *Encounters with Strangers*; Crow, "Including all of Our Lives: Renewing the Social Model of Disability"; Sally French, "Disability, Impairment or Something in Between?", eds. John Swain, Victor Finkelstein, Sally French and Michael Oliver, *Disabling Barriers: Enabling Environments*, London: Sage, 1993, pp. 17~24; Wendell, *The Rejected Body*.

61 Thomas, *Female Forms*에서의 논의를 보라.

62 Margrit Shildrick and Janet Price, "Breaking the Boundaries of the Broken Body", *Body and Society* 2(4), 1996, pp. 93~113; Price and Shildrick, "Uncertain Thoughts on the Dis/abled Body"; Corker, *Deaf and Disabled, or Deafness Disabled?*; Corker and French eds., *Disability Discourse*.

정이라는 것이다.[63] 경험에 근거한 객관성에 대해 환상을 지니고 있는 생의학 전문가나, 손상이 장애로부터 분리될 수 있다는 관념의 구성에 노력을 기울여 왔던 [장애인 운동] 양자 모두에게 있어, 그러한 주장은 절대 용인할 수 없는 것이다. 양쪽 다 보건의료적 관행들이 규범적이며 표준화되어 가고 있다는 견해에 동의하기는 하겠지만, 그러한 관행들 자체가 또한 몸을 구성해 내고 있다는 인식은 거의 존재하지 않는다. 주디스 버틀러Judith Butler가 말했듯이 …… "한층 더 순수한 몸의 형성과 동시에 연동되어 있지 않은, 그러한 순수한 몸에 대한 지시指示란 존재하지 않는다".[64] 그 말이 의미하는 바는 물질적인 몸의 손상과 사회적으로 구성된 장애 양쪽 다 마찬가지로, 모든 몸들을 생산하고 통제하는 규제적 관행들에 의해 유지되는 구성개념이라는 것이다.[65]

따라서 프라이스와 실드리크에게 있어서는, 의료나 여타 규제적 영역들에서의 강력한 담론이 어떤 사람들은 '손상을 지닌' 또는 '장애를 지닌' 것으로, 또 어떤 사람들은 '정상적인' 것으로 표상하고, 구성하고, 자리매김하도록 작용한다. 이러한 관점에서는, '실재적인' 신체적 차이라는 개념이 유지될 수 있는 그 어떤 타고난 또는 '전前사회적인' 것도 개인들의 신체적인 상태 내에 존재하지 않는다. '손상을 지닌' 그리고 '장애를 지닌' 사람들은 전적으로 담론에 의해 구성된다.

유사한 맥락 내에 있는 세번째 주장은 장애학 저술가인 빌 휴스Bill

---

63 Michel Foucault, *Power/knowledge: selected interviews and other writings, 1972~1977*, ed. Colin Gordon, Brighton: Harvester Press, 1980.
64 Judith Butler, *Bodies that Matter: On the Discursive Limits of 'Sex'*, London: Routledge, 1993[주디스 버틀러, 『의미를 체현하는 육체』, 김윤상 옮김, 인간사랑, 2003], p. 10.
65 Price and Shildrick, "Uncertain Thoughts on the Dis/abled body", p. 234.

Hughes와 케빈 패터슨Kevin Paterson의 저작 내에서 발견된다.[66]

몸에 관해서는 생의학과 사회적 장애모델 간에 강력한 수렴 지점이 존재한다. 양쪽 다 몸을 전사회적이고 자체적 동력이 없으며 물질적인 대상으로, 그리고 자아와 불연속적이고 분리되어 있으며 자아로부터 미루어 파악할 수 있는 것으로 다룬다. 사회적 모델에 있어 이제는 의미론적인 관례가 된 손상과 장애 간의 정의상의 분리는 인간 구성의 전통적이고, 데카르트주의적이며, 서구적인 메타서사를 따르고 있다.[67]

따라서 사회적 모델이 손상을 생물학적인 것의 영역으로 명백히 격하시키고 있는 것은 결코 옹호될 수 없는 이원론적 사고의 예로 간주된다. 손상이 **사회적으로** 사고되어야만 할 때에도 그것은 자연의 영역에 할당된다. 그렇지만 탈근대주의 사상가들과 달리, 휴스와 패터슨은 손상의 '실재성'과 몸의 물질성을 부인하려 하지 않는다. 그들이 추구하는 해결책은 손상에 대한 체험의 중요성을 강조하는 (앞으로 발전될) 손상의 사회학, 특히 현상학적 관점에 기반을 둔 몸의 사회학에 놓여 있다.

손상이 진지하게 다루어져야 한다는 초기 여성주의자들의 요구와 그러한 요구가 장애학 내에서 하나의 중요한 관심사가 되어 가는 것에 응답하여, 마이클 올리버는 손상의 사회학이 당연히 하나의 연구 분야

---

66 Bill Hughes and Kevin Paterson, "The Social Model of Disability and the Disappearing Body: Towards a Sociology of Impairment", *Disability and Society* 12(3), 1997, pp.325~340; Bill Hughes, "Medicine and the Aesthetic Invalidation of Disabled People", *Disability and Society* 15(4), 2000, pp.555~568.
67 Hughes and Paterson, "The Social Model of Disability and the Disappearing Body: Towards a Sociology of Impairment", p.329.

를 형성할 수 있다는 것을 인정했지만, 손상은 장애학이 관여할 문제는 아니라는 입장을 고수했다.[68] 유물론적인 지향을 갖는 모든 장애학 저술가들이 이러한 입장에 동의하는 것은 아니다. 예를 들어 폴 애벌리는 사회적 모델론이 손상을 생물학적인 것의 영역으로 격하시켜 그것을 당연시하는 것에(그것을 생의학자들의 손에, 문제 제기되지 않은 채로 남겨두는 것에) 오랫동안 반대해 왔다.[69] 그러나 사회적 구성주의에 입각한 사상가들과 달리, 애벌리는 손상의 '실재적인' 사회적 생산──자본주의나 여타 사회들에서의 손상의 물질적인 생성──에 관심을 기울였다. 손상은 사회적 생산이나 그 밖의 수많은 과정들을 통해 생산된다. 작업장에서의 사고와 상해, 교통사고, 의료사고, 약물치료와 외과술의 진전(손상을 지닌 많은 사람들의 평균수명 연장), 전쟁, 거리와 가정에서의 폭력 등을 통해서 말이다. 따라서 손상은 그것이 생물학적인 것만큼이나 또한 사회적인 것이다. 이것은 장애학이 장애와 손상 양자 모두에 대한 연구를 포함해야만 함을 제시하는 중요한 논거라 할 수 있다.

손상의 본질 및 장애와의 관련성에 대한 논쟁은 계속 진행 중에 있다. 그리고 한 가지만은 확실하다. 손상은 장애학의 논쟁 내에서 사라지지 않을 것이다. 그것은 한층 더 이론적이고 정치적인 관심이 요구되는 이슈이다. 이는 특히 유전학과 관련 기술들이 급부상하고 있는 상황 속에서 긴급한 문제가 되고 있는데, 그러한 과학기술의 진전이 장애인에게 심대한 영향을 미치기 때문이다.

---

68 Oliver, *Understanding Disability*.
69 Paul Abberley, "The Concept of Oppression and the Development of a Social Theory of Disability", *Disability, Handicap and Society* 2, 1987, pp.5~20; Paul Abberley, "Work, Utopia and Impairment", ed. Len Barton, *Disability and Society: Emerging Issues and Insights*, London: Longman, 1996, pp.61~79.

나가며

이 장에서는 장애에 관해 서로 경합하는 일련의 개념들을 검토하였다. 장애에 관한 '전통적인' 사고방식들——생의학, 재활학 및 재활 서비스, 의료사회학 내에서의——에 대한 개요가 이에 대한 도전——일상의 예속과 억압에 맞선 장애인들의 정치적인 투쟁을 통하여 형성된——과 더불어 서술되었다.

영국에서 하나의 학문 분야로서 장애학의 등장은 사회적 장애모델이라는 개념적 성과물을 보게 되었다. 그 초기 단계에서, 이러한 모델의 뼈대에 덧붙여진 살은 유물론적 색조를 띠었다. 그리고 손상을 지닌 사람들이 경험하는, 사회적으로 야기된 활동 제한의 근원을 자본주의적 상품생산 체제의 사회적 관계 내에서 찾았다. 즉 현재의 배제들은 사회구조적인 '사회적 장벽들'의 작용 내에 자리매김되었다. 보다 최근에는 장애학이 그 영향력을 확대하는 것과 더불어, 사회적 구성주의 사상에 많은 영향을 받은 여타의 이론적 관점들이 장애학 내에서 그 존재감을 확고히 형성했다. 이번에는 사회적 모델 그 자체가 일정한 비판을 받아 왔고, 또 적극적으로 옹호되어 왔다. 뒤이은 장애에 관한 논쟁은 장애의 생성에 있어 문화의 중요성에 대해, 그리고 손상 그 자체의 문제에 대해 회피하지 말고 맞설 것을 요구했다. 다른 형태의 억압들——젠더·인종·성적지향 (그리고 정도는 덜하지만 계급·연령) 등——과 장애의 교차라는 문제가 여성주의자들과 여타의 이론가들에 의해 이론적 의제로 자리매김되어 왔다. 장애인들 사이에서의 '차이'를 인식하고 개념적으로 다루어야 할 필요성 또한 장애학 내에서 점점 더 중요한 주제가 되고 있다. 이러한 흐름은 장애인에 속하는 다양한 범주의 사람들(학습적 장애 그리고/또는 신체적 손상 그리고/또는 정신'질환'을 지닌 남성, 여성, 이성애자, 동성애자 등)이 지닌 체험에서의 차이가 보다 잘 이해되어야 할 것, 그리고 탈근대주의적인 의미에서는 이러한 범주들이 본질주의적이고 담론적으로 발생된 것이기 때문에 그러한 범주들 자체가 해체되어야 할 것 양자 모두를 요구했다.

장애학 내에서의 논쟁, 그리고 장애학 저술가들과 다른 학문적 전통 내에 있는 저술가들——특히 의료사회학자들——사이에서의 논쟁은 한층 더 정교한 장애의 사회학을 형성해 내는 원동력이다. 내가 보기에는 장애에 대한 유물론적 이론화의 심화가 필요하지만, 그러한 심화는 문화·차이·손상의 문제들을 포괄해 내는 형태로 이루어져야 한다.[70] 나는 또한 내가 장애의 심리정서적 차원——손상을 지닌 사람들의 심리적·정서적 안녕을 훼손해 왔던 장애차별주의적인 관행——이라고 불렀던 것, 사회적 모델론 사상 내에서는 대부분 장애차별주의의 한 형태로서 인정되지 않았던 것을 승인하고 이론화할 것을 주장해 왔다.[71] 다른 저술가들은 장애학에 대해 상이한 우선순위를 설정할 수도 있을 것이다. 그렇지만 우리의 의제가 무엇이든 간에, 상당한 양의 연구와 이론화의 과제가 우리 앞에 놓여 있다. 사상은 한층 더 많은 현실의 장애 이슈들에 적용되어야만 한다. 특히 지구화의 영향, 개발도상 사회들에서의 장애, 정보통신 기술과 의사소통 체계, 유전학과 의료적 관행, 자립생활, 복지 제도의 변화, 완전한 공민권의 획득, 대중매체에서의 재현 등, 그 목록은 계속 이어질 수 있다.

---

70 Thomas, *Female Forms*; Thomas, "Feminism and Disability: The Theoretical and Political Significance if the Personal and the Experiential"; Thomas, "The 'Disabled' Body".
71 Thomas, *Female Forms*.

장애학은 앞으로 유망한 발전의 가능성을 지니고 있는 신생의 학문 영역이다. 그렇지만 장애학의 급진적 날카로움과 지역사회의 장애인들에 대한 유의미성은, 현재 진행 중인 장애인들의 정치적 투쟁에 대해 밀접한 동맹과 개입을 유지할 수 있는 능력에 달려 있다는 점이 망각되어서는 안 될 것이다.

4장 / 장애와 몸

빌 휴스

들어가며

장애와 몸 사이의 관계——한번 정해지고 나서는 논란의 여지가 없었
던——는 1960년대 이래로 다시 매우 논쟁적인 영역이 되었다. 근대성
과 의료화 사이의 오랜 역사적 공모 관계는 장애라는 지배적 개념을 만
들어 냈으며, 그러한 장애란 곧 생물물리학적biophysical 또는 정신적 손
상의 결과였다. 다시 말해서, 장애인은 망가진 몸이나 결함이 있는 정
신의 소유자였던 것이다. 파손된 것——제자리를 벗어난 것matter out of
place[1]으로서의——은 제거되든지 폐기처분되는 것이 그 운명이다. 특히

---

1 이 표현은 메리 더글러스(Mary Douglas)의 저서 『순수와 위험』(Purity and Danger: An Analysis of
Concepts of Pollution and Taboo, 1966)에 나오는 "더럽다는 것은 제자리를 벗어난 것이다"(Dirt is
matter out of place)라는 문장, 그리고 "제자리를 벗어난 것이란 분류에 들어맞지 않는 것을 말한다"
(matter out of place refers to the things that do not fit into the classification)라는 문장과 관련된다.
고대 유대인들은 갈라진 발굽을 지닌 반추동물을 가축의 전형으로 여겼는데, 그녀는 돼지가 갈라진
발굽을 가졌으면서도 되새김질을 하지 않는다는 이례성을 띤 존재였기 때문에 유대인이 돼지고기를
금기시하게 되었다고 설명한다. 그리고 "신발 그 자체는 더럽지 않다. 그러나 신발을 식탁 위에 놓는
것은 더럽다. 음식 그 자체는 더럽지 않다. 그러나 옷에 튄 음식은 더럽다"고 말한다. 더글러스에 의
하면 청결이 미덕인 까닭은 더러움이 건강을 위협하기 때문이 아니라, 어떤 문화가 갖고 있는 질서의

근대적 사고방식 속에서, '망가진' 또는 '결함이 있는' 것으로 [그래서 이례적으로] 보이는 것은 질서의식과 어긋날 수밖에 없었으며, 명확성과 균형감에 의해 지배되는 상황 내에서 무질서의 징후를 표상했다. 알랭 투렌Alain Touraine이 말했던 것처럼, "합리주의적 근대성의 승리는 이성의 승리를 거스르는 것처럼 보였던 모든 것을 거부 또는 망각하거나, 그렇지 않으면 억압적인 시설 속에 감금시켜 버렸다".[2] 투렌이 지적한 바대로 근대의 역사가 망각·배제·감금의 역사라면, 이러한 역사의 가장 전형적이고 두드러진 예가 바로 장애인의 근대적 경험이라 할 수 있다.

장애가 육체적 문제로 정의되면서, 장애인은 대개 근대 시기 내내 (생)의학의 관할권·통제·감시 아래 놓이게 되었다. 장애를 의학이라는 규율적 영역 내에 위치시키는 이러한 과정은 장애에 관한 지식의 상태에 심대한 영향을 미쳤다. 장애는 병으로, 장애인은 폐질자廢疾者, invalid[3]로 이해되었던 것이다. 따라서 장애의 의료화 또는 육체화corporealization란 장애인의 삶이 무능력과 감금의 견지에서 이해되었음을 시사한다. 근대사회에서 사회 정책은 이러한 담론과 함께 발전했다. 그 결과 장애인들은 실제로 감금되고, 사회적으로 배제되고, 그들의 사회적 책임을 박탈당했으며, 의존의 전형이 되어 버렸다. 장애인에게 '폐질자'라는 꼬리표를 적용한 것은, 장애인의 [사회구성원 자격의] '무효화'invalidation에——즉 그들을 이방인으로 만드는 데——기여했다.[4] 이

관념을 위협하기 때문이다. 그리고 사람들이 범주의 경계 구분을 엄격히 하면 할수록 그 경계 지점에 놓인 것, 제자리를 벗어난 것, 분류에 들어맞지 않는 것을 더욱더 의식하게 된다. ──옮긴이

2 Alain Touraine, *Critique of Modernity*, Oxford: Blackwell, 1995, p.201.

3 '폐질'은 '고질'(痼疾)과 마찬가지로 더 이상 치료될 수 없는 병을 뜻하며, 1970년대까지는 우리나라의 법률에서도 장애를 지칭하기 위해 이 용어가 사용되었다. '폐질자'의 영어 표현인 'invalid'가 형용사로서 '무효한'이라는 의미를 지닌 것에서도 드러나듯이, 폐질자란 결국 무능력하고 쓸모없는 존재라는 함의를 갖는다고 할 수 있다. ──옮긴이

러한 논의는 장애인에 관한 의료적 지식의 생산이 그 자체로 장애를 만들어 왔음을 시사한다.

그러나 의료적 장애모델에 대한 유물론적 비판은 1960년대 이래로 빠르게 발전해 왔다. 장애인 운동의 지적 영역에서의 표현으로서 '사회적 장애모델'[5]이 발전했던 것이다. 그것은 장애를 육체적 결손으로서가 아니라, 사회구조가 장애인을 배제하고 억압하는 방식이라는 견지에서 이해해야 한다는 주장을 구체화한다. 신체적 또는 정신적 손상을 차별·배제·억압의 사회적 과정으로부터 분리함으로써, 사회적 장애모델은 장애가 개인적 곤란personal trouble이라기보다는 공적 이슈public issue 임을 제기할 수 있었다.[6] 그러나 그렇게 하는 과정에서 사회적 장애모델은 손상과 장애 간의 분석적 구별을 확립했다. 아이러니하게도 사회학이——(새로운) '몸의 사회학'을 통해——몸과 사회의 이원성을 해체하기 위해 노력하고 있던 바로 그때,[7] 장애학은 손상을 전前사회적 영역에 할당함으로써 새로운 이원론을 구축하고 있었던 것이다. 1990년대 초의 장애학과 몸의 사회학은 밤중에 서로 지나쳐 버린 선박들처럼 보였다. 몸의 사회학에 있어 문제점은 자신의 취지에 반하여 이루어진 장애 차별주의라는 혐의를 용인했다는 것이다.[8] 장애학에 있어 문제점은 손상의 사회학을 발전시킬 가능성으로부터 스스로를 차단시켰다는 데 있

---

4 Bill Hughes, "The Constitution of Impairment: Modernity and Aesthetic of Oppression", *Disability and Society* 14(2), 1999, pp. 155~172; Hughes, "Medicine and the Aesthetic Invalidation of Disabled People".

5 Oliver, *The Politics of Disablement*; Finkelstein, *Attitudes and Disabled People*.

6 Barnes, Mercer and Shakespeare, *Exploring Disability*.

7 Williams and Bendelow, *The Lived Body*.

8 Hughes and Paterson, "The Social Model of Disability and the Disappearing Body: Towards a Sociology of Impairment".

다.[9] 나는 몸의 사회학이 자신의 문제점을 진척시켜 해결해야 한다고 말하기보다는 장애학이 그 과업을 수행해야 한다고 말하는 것이 아마도 온당치 않을까 생각한다.

이 장은 '명제', '반反명제', '합명제'라는 제목이 붙은 3개의 절로 나뉘어 있다. 이는 어떤 특정한 철학적 유산[즉 변증법]을 따라야 한다고 주장하려는 것이 결코 아니다. 그것은 단지 근대사회에서 몸과 장애 사이의 관계를 보여 주기 위해 필자가 사용해 왔던 자기발견적 장치일 뿐이다. 몸과 장애 사이의 관계 내에서 사회학의 현재 모습을 살펴보는 것은 비교적 간단한 일이 될 터인데, 이는 사회학에서 몸이란 최근까지도 '부재하는 현존'absent presence이었다고 주장하는 '정통' 몸의 사회학의 설명[10]을 내가 수용하고 있기 때문이다. 의학은 근대사회의 대부분 기간 동안 장애에 대한 해석을 지배해 왔다. 그 결과 장애는 신체적·정신적 손상의 결과라는 육체적 견지에서 이해되어 왔고, 장애의 해석과 관련하여 사회학은——다음 절에서 설명되는 것처럼——대개 그 '현존'이 감지되기 어려운 '부재하는 현존'이었다. 제2차 세계대전 이후의 시기가 되어서야, 의료사회학이 장애에 대한 설명을 제공하기 시작했다. 그러나 꼬리표 이론labeling theory과 낙인에 대한 고프먼의 설명이 제공한 부분적인 진전에도 불구하고,[11] 하나의 지식 체계로서 의료사회학은 장애가 병이라는 의사들의 관점을 확고히 하는 데 공헌했다.[12] 사회학을 장애에 대해 성찰할 수 있는 진정으로 가치 있는 준거틀로 만든 것은 육

9 ibid.
10 Chris Shilling, *The Body and Social Theory*, London: Sage, 1993[크리스 쉴링, 『몸의 사회학』, 임인숙 옮김, 나남출판, 1999]; Williams and Bendelow, *The Lived Body*.
11 Goffman, *Stigma*.
12 Barnes and Mercer eds., *Exploring the Divide*.

체적 본질로서의 장애 개념에 대한 반反명제였으며, 이는 '사회적 장애 모델'로부터 출현한 장애학에 의해 제시되었다. 그렇지만 사회적 모델은 손상에 대한 연구를 장애학의 주변부로 밀어내 버렸고, 장애학과 몸의 사회학을 결합하여 '손상의 사회학'을 설계하고자 노력한 것은 겨우 최근의 일이라고 할 수 있다.

명제

장애의 존재론적인 본질은 신체적 또는 정신적 손상, 즉 장애인이 할 수 있는 것을 제약하는 생물학적인 '결손' 내지 '결함'이다.

근대에 장애를 이해하는 지배적인 인식틀은 의료적 모델이었다.[13] 19세기 초반 이래로 생의학은 생물물리학적 '비정상성'과 '부적응'이 사회적 '비정상성'과 '부적응'으로 이어진다는, 또는 전자가 후자의 원인이라는 관점을 정당화했다. 다시 말해서, '결함이 있는' 몸으로 규정된다는 것은 동시에 충분한 사회 참여를 할 수 없는 것으로 규정된다는 것을 의미했다. 장애의 육체화란 실제적인 측면에서 보자면 장애라는 꼬리표가 붙여진 사람들의 격리를 의미했다. 의료적 모델의 논리는 진단에서부터 사회적 대응으로까지 이어진다. 인과적 측면에서 보자면, 이러한 일련의 과정에는 세 가지 연계 요소가 존재하는 것 같다. 손상은 장애로 이어지고, 장애는 다시 감금 또는 '시설 수용'으로 이어지는 것이다. '결함이 있는' 몸에 대한 사회적 대응은——특히 19세기에——인체측정

---

13 Oliver, *The Politics of Disablement*.

학적인anthropometric 것이었다.[14] 이러한 인체측정학의 개념은 이질적인 사람에 대한 배제 또는 추방과 관련된다. 오늘날 '차이'라 불릴 수 있을 만한 것을 이유로 사람들을 사회 참여로부터 배제했던 영국 빅토리아 시대(1837~1901)의 경향은 푸코의 '대감금'이라는 개념으로 요약된다.[15] 감금과 연계된 격리는 유치형留置刑——대개는 종신의——과 동일한 것이었을 뿐만 아니라 또한 '사회적 죽음'의 선고였다. 그것은 그 자체로 인권의 부정에 대한, 그리고 억압적인 보호의 관행을 적용하는 것에 대한 일종의 암묵적 합법화였다.[16] 장애인이 내던져진 이러한 배제의 시설 공간은 종국에는 의학의 관할권 아래 '문명화'되었다. 장애인들을 그들이 지닌 손상으로 환원하는 것을 통해 대상화시켰던 바로 그 권력은 현재 장애인의 필요를 규정할 수 있는 기회를 독점하고 있으며, 많은 경우에 있어 마치 부모 대신인 것처럼in loco parentis 처신한다.[17]

그렇지만 손상이 사회 문제로 변환된 과정은 단지 의료적 중재의 이야기만으로 구성되어 있는 것은 아니다. 정치경제가 중요한 주역이었다.[18] 초기의 급속한 경제적 전환을 통해 19세기 중반에 이르러 완전한 형태로 등장한 자본주의 체제는, 임금 노예가 되는 것을——민중의

---

14 같은 시기 서구에서는 통계학 역시 발전하며 인체측정학과 결합되었다. '통계학'(statistics)이라는 용어는 1749년 처음 사용되기 시작했으며, 19세기 중엽 벨기에의 천문학자 케틀레에 의해 하나의 근대 과학으로 확립되었다. 『인구론』으로 유명한 맬서스(Thomas R. Malthus)나 현대 계산기의 아버지로 불리는 배비지(Charles Babbage)도 모두 영국 왕립통계학회의 창설자였다.——옮긴이

15 Michel Foucault, *Madness and Civilisation*, London: Tavistock, 1969[미셸 푸코, 『광기의 역사』, 이규현 옮김, 나남출판, 2003].

16 Colin Barnes, *Cabbage Syndrome: The Social Construction of Dependency*, London: Palmer Press, 1990.

17 이는 이 장의 각주 26에서 설명되고 있는 것처럼, 의학이 하나의 퍼터널리즘(부권주의)적 권력으로 기능하고 있음을 의미한다.

18 Finkelstein, *Attitudes and Disabled People*; Oliver, *The Politics of Disablement*.

대다수에게 있어——생존을 위한 유일한 선택지로 만들어 버렸다. 장애인에게는 이러한 선택지조차 없었다. 장애인은 노동력이 '손상'되어 있다는 이유로 산업 생산으로부터 배제되었다. 그 무엇보다도 기계 장치와 생산 라인의 속도에 맞출 수 있는 육체적 반복 기능을 중시했던 노동시장은 '불구자들'cripples에게는 닫혀 있었던 것이다. "기계화된 생산은 유사한 과업을 수행할 수 있는 균일화된 노동력을 요구했으며, 노동은 사람들 사이의 지적·육체적 차이를 배려하는 방식으로 조직되지 않았다."[19] 게다가 자본주의 생산양식이 부과하는——현대의 군사적 완곡어법을 사용하자면——'부수적 피해'collateral damage[20]를 사람들이 입게 됨에 따라, 장애인 집단은 계속해서 새롭게 채워졌다. 노동력이 누군가의 지위를 결정하는 사회에서 장애인들은 노동예비군에 가담하는 데 '적합하다고' 간주되지 않았기 때문에, 그들은 실질적으로 하나의 폐기물이 되어 버렸다. 기껏해야 장애인들은 빈곤과 기아로부터 그들을 구해 줄 수 있는 지역사회의 선의나 초창기 '치료 국가'therapeutic state[21]의 후한 부조라도 얻을 수 있는 것을 감사히 여기는 편이 나을 불우한 계층으로 규정되었다.

의료적 장애모델은 언제라도 반동적이 될 수 있는 '생물학적 특징은 운명이다'biology is destiny라는 테마와 강력하게 연계되어 왔고 현재에도 연계되어 있으며, 선천적 기질이 삶의 기회를 결정한다는 관점이 '당연시됨'으로써 대중문화 내에도 깊숙이 묻어 들어가 있다. 양육[즉

---

19 Marks, *Disability: Controversial Debates and Psycho-social Perspective*, p. 80.

20 '부수적 피해'는 군사적 행동으로 인한 민간인의 인적·물적 피해를 지칭하는 용어인데, 여기서는 주로 산업재해를 가리킨다고 할 수 있다.——옮긴이

21 John O'Neill, "The Disciplinary Society: From Weber to Foucault", *British Journal of Sociology* 37(1), 1986, pp. 42~62.

환경]은 인과적으로 무력화된다. 사회세계에서 가장 영향력이 큰 변수는 바로 선천적 자질이라는 것이다. 장애의 의료화가 최악의 형태로 발현되었던 19세기에, 그것은 푸코가 '국가 인종주의'라고 불렀던 것,[22] 그리고 불순·불완전함·퇴보·결함으로부터 사회체social body를 정화하겠다고 약속했던 다윈주의 및 우생학의 관점과 긴밀하게 결합되었다. 20세기에 들어서도 파시즘이 지배했던 독일뿐만 아니라 제2차 세계대전 후 사회민주주의 국가로 발전한 스웨덴에서조차, 장애란 인구의 신체적·도덕적 온전함 내에서 하나의 오염 물질이며 그러한 온전함에 대한 위협을 의미한다는 관점이 국가의 후원하에 이루어진 불임수술 프로그램에서 명백히 표현되었다.[23] 미국에서도 주요한 산아 제한론자였던 마거릿 생어Margaret Sanger는 1919년에 "건강한 몸으로부터는 더 많은 아이를, 건강하지 않은 몸으로부터는 더 적은 아이를——그것이 산아 제한의 최우선적인 이슈이다"라고 선언했다.[24] 그러한 맥락 내에서, '건강함[적합함]'fitness이라는 개념은 '인간성'을 하나의 상대적인 용어——체현의 심미적 이상이라는 견지에서 규정된——로 만들어 내는 기준으로 사용되었다. 이처럼 근대는 '사회위생학'social hygiene의 우생학적 개념들로 가득 차 있다. 그러한 개념들은 장애인이 사회 안에 존재하는 것도, 재생산되는 것도 '적합하지 않다'는 관점을 기반으로 한다. 우생학적 시선은 장애를 지닌 몸이 표상하는 오염 물질에 대한 집단적 해결책을 제안하지만, 집단주의적 해명을 제시하지는 않는다. 그것은 사회생물학

22 Foucault, *Discipline and Punish*, p.54.
23 Benno Müller-Hill, "Lessons from the Dark and Distant Past", ed. Angus Clarke, *Genetic Counselling: Principles and Practices*, London: Routledge, 1994, pp.131~141.
24 Deborah Lupton, *Medicine as Culture: Illness, Disease and the Body in Western Societies*, London: Sage, 1994, p.139에서 재인용.

과 사회적 다원주의의 레퍼토리 내에 갇혀 있으며, 장애를 바로잡아야만 할 자연의 오류로 다룬다. 유전의 경직된 개념에 집착할 때, 생물학적 환원주의는——최악의 형태로 발현되는 시점에서는——집단학살genocide의 정치로 옮겨질지도 모른다.

문화라는 차원에서 보자면 손상, 즉 육체적 '비정상성'은 어디에서나 개인적 비극으로 해석되고 표상된다.[25] 그 결과 비장애인들의 시선은 동정과 두려움에 의해 구조화된다. 그리고 그러한 부정적인 정서적 반응은 구호와 격리——달리 말하자면, 자선적 퍼터널리즘paternalism[26]과 배제——의 정책적 혼합에 의해 특징지어지는 사회적 대응과 '선택적 친화성'elective affinity[27]을 갖는다. 그러한 비장애중심주의ableism적인 관행의 지배가 장애인에 대한 제도적·사회적·문화적 대응은 물론이고 정서적 대응에까지 영향을 미친다. 어떤 장애인의 참된 모습을 신체적 외양으로부터만 읽어 내는 조악한 시각적 유물론이 이 과정에서 작동한다. 그러한 판단들은 일종의 자기충족적 예언self-fulfilling prophecy[28]이라 할 수 있다. 왜냐하면 이러한 판단들은 문화적 맥락 내에서 이루어

25 Oliver, *The Politics of Disablement.*
26 'paternalism'은 주로 '온정주의'로 번역되지만, 이는 아버지와 자식의 관계에서처럼 보호자로서의 의사결정 권한이 행사된다는 함의를 표현하기에는 한계가 있으며, 이로 인해 정치학·행정학 등에서는 '간섭주의'나 '개입주의'로, 법률의 영역에서는 '후견주의'로, 의료의 영역에서는 '부권주의'로 다양하게 옮겨져 왔다. 맥락에 따라 다양한 역어를 사용하는 것이 오히려 일관성을 해칠 수 있고, 한 문장 내에서도 여러 맥락이 동시에 겹쳐 존재할 수 있으며, '퍼터널리즘'이 국립국어원 표준국어대사전에 등재된 단어라는 점 등을 고려하여 퍼터널리즘으로 옮기기로 한다.——옮긴이
27 원래는 어떤 물질이 다른 물질들보다는 어느 특정한 하나의 물질과 결합하는 경향을 지칭하기 위해 사용되던 물리학 용어인데, 막스 베버에 의해 사회학 용어로 쓰이게 되었다. 즉 '선택적 친화성'이란 어떤 사상·이념·태도가 특정 집단이나 제도, 혹은 또 다른 특정 사상·이념·태도와 코드가 맞아떨어지면 서로 쉽게 결합하고, 이를 통해 시너지 효과를 나타내게 되는 것을 가리킨다. 예컨대 프로테스탄티즘의 윤리와 자본주의 시장경제 논리의 결합, 19세기 초 노동계급 운동과 사회주의 이데올로기의 결합 역시 이러한 '선택적 친화성'이 발현된 하나의 예라고 할 수 있다.——옮긴이

지는데, 그 내에서 신체적 외양에 관한 가치들은 도덕적 질서와 분리될 수 없을 뿐만 아니라 심미적 계층화의 체계에 영향을 미치며,[29] 그러한 계층화의 맨 밑바닥이 노동에 치이고 몸이 상한 대다수 프롤레타리아들에 의해 과잉 표상되기 때문이다. 초기 자본주의가 노동하는 몸에 미친 영향은 잘 기록되어 있다. "여성들은 출산이 힘든 몸을 갖게 되었고, 아이들은 기형이 되었으며, 남성들은 쇠약해졌고, 사지가 뭉개져 갔다. 전 세대가 만신창이가 되었고, 질병과 병약함으로 고통받았다. 단지 부르주아지의 지갑을 채워 주기 위해서 말이다."[30] 그리고 [장애인들을 그들이 지닌 손상으로 환원했던] 그 권력은 증대되었으며, 부르주아지에게 자선 사업을 할 수 있는 기회를 제공한 것은 바로 이러한 '불우한 자들'이었다. 그러한 자선 사업은 걸인이나 생산의 과정에서 손상을 입은 사람들을 격리시킬 수용소 건립을 위한 자금 제공을 포함했다. 손상을 지닌 몸들은 어쩌면 경제적 가치에 대한 잉여물에 불과했는지도 모른다. 그러나 그러한 몸들은 지배계급에게 있어서 정서적 가치를 지녔으며, 그에 따라 최소한 한 가지 유용한 기능은 지닌 것으로 여겨질 수 있었다.

　20세기에 의료적 장애모델은 감금의 전략의 넘어 발전했다. 재활이 '정상화'normalizing라는 현실적 전략의 슬로건과 목표가 되었으며,

---

28 어떤 고정관념과 기대가 개인이나 집단의 행동과 대우에 영향을 미치고, 그에 따른 결과가 애초의 고정관념을 강화시키는 것을 말한다. 예를 들어 우리 사회는 '지적장애인은 자립을 할 수 없다'는 고정관념 아래 지적장애인의 자립을 위한 교육이나 관련 지원 정책의 마련을 소홀히 해왔다. 그에 따라 자립을 해서 살아가는 지적장애인을 잘 볼 수 없게 되는데, 이러한 결과는 다시 사람들 사이에서 '실제로 지적장애인은 자립을 할 수 없구나'라는 식으로 애초의 고정관념을 정당화하고 강화한다.─옮긴이

29 Anthony Synnott, *The Body Social: Symbolism, Self and Society*, London: Routledge, 1993.

30 Friedrich Engels, *The Condition of the Working Class in England in 1844*, Harmondsworth: Penguin, 1987, p.184.

그러한 전략 내에서 생의학 당국은 손상된 몸이 합리화와 교정으로부터 도움을 받을 수 있다는 관점을 취했다.[31] 재활의 목표는 망가진 몸의 '성능'이 더 악화되지 않도록 고정시키거나 개선시키는 것이었고, 그리하여 장애인들이 자신의 사회적 역할과 책임을 수행할 수 있도록, 그들을 다시 한번 사회에 '적합하게' 만드는 것이었다.

재활의 기능은 재활 참여자들에게 그들의 이전 역할을 가급적 많이 되찾도록, 혹은 새로운 능력을 발전시키도록 강제하는 것이다. 또한 손상을 지닌 사람들은 재활 전문가로부터 무엇을 해야 할지 지침을 얻게 될 것이라고, 그리고 정상성의 몇 가지 요소를 회복할 수 있는 방법을 발전시키고자 노력하면서 재활 전문가에게 완벽히 협력을 할 것이라고 기대된다.[32]

사회학이 어떤 진지한 의도를 가지고 장애에 관한 논쟁에 처음 개입했던 것은 후기파슨스주의적 기능주의의 모습으로 가장을 한 채였다. 사회학은 의학적 의제에 순응했다. 명명법[즉 꼬리표 달기]이 그 증거였다. 장애에 대한 연구는 의료사회학 내에 자리를 잡았다. 장애는 하나의 병이었으며, 개인의 신체적 또는 정신적 '무능력'에 기초한 사회적 일탈의 특정한 형태였다. '정상적인 것과 병리적인 것' 간의 의학적 구별에 대해 무비판적인 접근법을 채택하면서,[33] 의료사회학은 손상이 폐질이라는 명제를 단지 되풀이했을 뿐이며, 그렇게 함으로써 장애의 의

31 Wendy Seymour, *Remaking the Body: Rehabilitation and Change*, London: Routledge, 1998.
32 Barnes, Mercer and Shakespeare, *Exploring Disability*, pp.41~42.
33 Georges Canguilhem, *The Normal and the Pathological*, New York: Zone Books, 1991.

료화가 장애인의 사회적·문화적 무효화를 확증하는 데 활용했던 근대
주의적 의제를 강화시켰을 뿐이다.

반명제

장애는 의료적 또는 개인적 문제가 아니라, 손상을 지닌 사람들을 제한하고, 규
제하고, 차별하는 일련의 물리적·사회적 장벽이다.

근대가 장애인들에게 물려준 것은 무효화라는 유산이었다. 이러한 무
효화는 노동인구로부터 '손상된 노동력'을 배제하는 과정, 그리고 장애
란 곧 '결함이 있는' 또는 비정상적인 몸으로 간주되는 의료적 분류 체
계로부터 비롯되었다. 장애인은 조물주나 환경의 잔혹한 변덕에 의한
희생자였으며, 자신의 몸에 의해 한계지어진 인격체가 될 수밖에 없었
다. 시민권과 온전하고 능동적인 삶의 영위를 가로막는 장벽은——비극
적이고 불운하게도——신체적이고 정신적인 것이었다. 장애의 존재론
적 본질은 손상이었다. 예를 들어, 지체 손상을 지닌 사람들에 대하여
의료적 모델은 "그들이 제대로 활동할 수 없는 것은 그들 자신의 결함,
즉 의학적 치료를 필요로 하거나 혹은 치료에 실패할 경우 자선 사업의
적용을 필요로 하는 일탈된 육체의 결과이다"라고 말한다.[34]
　　이러한 관점에 대한 반명제는 1960년대 말의 '대항문화'counter-
culture 내에서 발전하기 시작했다. 관습타파적인 성찰성으로 충만했던

---

34 Rob Imrie, "Disability and Discourses of Mobility and Movement", *Environment and
　Planning* 32, 2000, p.1652.

이러한 역사적 국면에서, 당연하게 여겨졌던 수많은 사고방식이 실험대 위에 올랐다. 성적 관습, 젠더 관계, 유색인종의 공민권, 국가 권력의 범위와 작용, 세대 간의 관계는 합의의 문제에서 갈등과 분할의 원천으로 급속히 변환된 몇몇 이슈에 지나지 않는다. 이러한 상황은 다양한 배제된 집단들의 이름을 걸고 수행된 신사회운동new social movement과 시민권 및 해방을 위한 투쟁의 온상이 되었다. 그것은 정체성의 정치의 요람이었고,[35] 억압받는 약자를 위한 급진적이고 리버럴한 사회학의 투쟁 활동에 있어 영감의 원천이기도 했다. 그러한 사회학은 장애인들이 사회에 의해 낙인을 뒤집어쓴 사람들이고, 그들의 '일탈'은 사회의 부정적인 반응과 멸시적인 꼬리표에 의해 증폭되었다고 주장했다.[36] 1960년대 말의 신사회운동과 시민권 및 해방을 위한 투쟁의 공간은 또한 자립생활 운동이 등장한 역사적 현장이기도 했다.[37]

이러한 발전들이 서로 연결되어, 산업혁명 이래로 계속해서 장애를 규정해 왔던 의존·자선·의료화 담론에 도전할 수 있는 동력을 제공했다. 그렇지만 이와 같은 도전에 활력을 제공한 것은 해방 담론의 일반적 사조는 아니었다. 사실상 그러한 담론은 1970년대 말이 되면서 소비자 문화 속으로 대부분 흡수되어 버렸다. 실질적인 활력은 그 도전이 무엇보다도 장애인 자신들로부터 출발했다는 사실에서 나왔다. 1970년대에 UPIAS는 장애가 '자연적' 결함의 결과가 아니라 하나의 사회 문제라는 근거하에 장애 차별에 대한 조직화된 투쟁을 주창했다. 조직의 '선언'으

---

35 Linda J. Nicholson and Steven Seidman, *Social Postmodernism: Beyond Identity Politics*, Cambridge: Cambridge University Press, 1995.

36 이에 대한 예로는 Goffman, *Stigma*; Edwin McCarthy Lemert, Human Deviance, *Social Problems and Social Control*, Englewood Cliffs, NJ: Prentice-Hall, 1972를 보라.

37 Barnes, Mercer and Shakespeare, *Exploring Disability*.

로 작성된 『장애의 기본 원리들』이라는 표제가 붙은 문헌에서, UPIAS는 장애를 "신체적 손상을 지닌 사람들에 대해 거의 또는 아무런 고려도 하지 않고, 그리하여 그들을 사회활동의 주류로부터 배제시키는 당대의 사회 조직에 의해 야기된 불이익이나 활동의 제한"으로 재정의했다.[38]

이는 자연적 '비정상성'과 병리학을 장애의 인과론적 핵심에 두는 전통으로부터의 급진적 이탈이었다. 손상과 장애의 관계는 끊어졌다. 생물학적인 것과 사회적인 것은 서로 구별되는 영역으로 분리되었고, [손상이 생물학적인 것에 할당된 개념이라면] 장애는 사회적인 것에 할당된 개념이 되었다. 장애의 존재론적 본질은 신체적·정신적 결손에서 배제와 차별의 문제로 변환되었다. 장애인이라는 것은 곧 억압받는다는 것을 의미했다. '장애'의 함의는——특히 미국에서는——공민권에 대한 요구로 변환되었으며,[39] 영국에서는 '신사회운동'의 모든 특징을 지닌 집단적인 정치적 행위주체의 한 형태로 기술되었다.[40] 장애와 손상 사이의 구별은 '사회적 장애모델'을 근거짓는 이론적 변화였다.[41] 그것은 장애 담론을 생물학적인 성격을 갖는 전문가적·비장애중심적 준거틀과 정치적이고 사회적인 성격을 갖는 행동주의적 프락시스로 분리시켰다. 장애에 대한 연구는 '패러다임의 전환'[42]으로 묘사될 수 있을 만한 변화를 겪었다. '사회적 장애모델'은 장애를 임상병리학이라는 일반적 지식 체계로부터 도출되는 객관화된 의료적 사실로부터 권력관계의 결과로

---

38 UPIAS, *Fundamental Principles of Disability*, p. 14.

39 Diane Driedger, *The Last Civil Rights Movement: Disabled Peoples International*, London: Hurst and Co. 1989.

40 Oliver, *Understanding Disability*.

41 Oliver, *The Politics of Disablement*.

42 Thomas Samuel Kuhn, *The Structure of Scientific Revolutions*, Chicago: University of Chicago Press, 1970[토머스 새뮤얼 쿤, 『과학혁명의 구조』, 김명자 옮김, 까치글방, 2002].

변환시켰다. 장애인을 배제하는 사회적 양상 내에서 이러한 권력관계가 어떻게 표현되는지는 사회적 모델에 의해 제기된 주요 의제였다.

장애의 정의로부터 몸을 제거함으로써 장애를 사회정치적인 담론으로 다시 써 내려가는 일이 가능해졌고, 그에 따라 세계를 장애인들에게 적대적인 장소로 만드는 차별의 범위·형태·유형의 개요를 작성하는 일도 가능해졌다.[43] 또한 현대 서구사회에서 장애인의 사회적·문화적·정치적 참여를 가로막는 '장벽들'이라는 견지에서 장애인의 경험을 표현하는 것도 가능하게 되었다.[44] 장애에 대한 이러한 설명들은 장애를 (사회적) 억압의 한 형태로 간주하는 것으로 이어졌다.[45]

장애 이론의 규정적 특징은 장애인의 사회적 배제와 억압에 초점을 맞추는 것이 되어 왔다. 그 장벽들은 장애에 대한 개인주의적이고 의료화된 접근법에 기초한 정책 및 관행에 깊숙이 묻어 들어가 있다. 그러므로 그러한 장애물을 제거하려면 물질적 자원에 대한 통제력이나 서비스의 범위 및 질의 향상 이상의 것을 필요로 한다. 그것은 그러한 배제와 억압이 갖는 의미에 대한 재평가를 필요로 하며, 따라서 장애의 의료화에 대한 근본적인 재평가 역시 필요로 한다. 또한 공인된 손상을 지닌 사람들이 경험하는 다양한 형태의 박탈은 적대적인 물리적·사회적 환경——다시 말해서, 사회가 조직되는 방식——의 결과라는 사실에 대한 인정을 필요로 한다.[46]

---

43 Barnes, *Disabled People in Britain and Discrimination*.
44 Swain, Finkelstein, French and Oliver eds., *Disabling BarriersEnabling Environments*.
45 Oliver, *The Politics of Disablement*; Barnes, "Theories of Disability and the Origins of the Oppression of Disabled People in Western Society", pp.43~61.
46 Barnes, Mercer and Shakespeare, *Exploring Disability*, p.168.

사회적 장애모델, 장애 운동, 장애학은 모두 지난 20년 동안 장애가 변환을 겪어 왔다는, 그리고 장애에 대한 생의학적인 개념의 지배가 정치적인 담론과 경합을 벌여 왔다는 현실의 발현이다. 유폐로부터 풀려난 장애인들은 그들이 결함이 있는 몸의 희생자라거나, 돌봄·치료·자선을 필요로 한다는 관점을 받아들이길 거부했다. 수동성과 장애는 더 이상 동의어가 될 수 없었다. 장애 정치는 직접행동의 영역에서 낯선 존재가 아니며, '자선이 아니라 권리를'Rights not charity과 같은 정치적 슬로건들은 장애인을 바라보는 전통적인 관점에 대한 비판을 표상한다. 그러한 슬로건들은 또한 의료적 서비스 내에서의 '개선'이라는 관행적 해법과 대립되는, 문화적이고 정치적인 변화에 대한 요구를 표현하고 있다.[47]

합명제

손상은 사회적인 것이고, 장애는 체현된 것이다.

'사회적 장애모델'을 보완하기 위하여 '손상의 사회학'이 반드시 필요하다는 주장은 브라이언 터너Bryan S. Turner가 '신체사회'somatic society라 불렀던 사회[48]의 등장이라는 맥락 내에서 이해되어야만 한다. 신체사회

---

47 Kevin Paterson and Bill Hughes, "Disabled bodies", eds. Philip Hancock, Bill Hughes, Elizabeth Jagger, Kevin Paterson, Rachel Russell, Emmanuelle Tulle-Winton and Melissa Tyler, *The Body, Culture and Society: An Introduction*, Buckingham: Open University Press, 2000, pp. 29~44.
48 Bryan S. Turner, *The Body and Society* 2nd edn., London: Sage, 1996[브라이언 터너, 『몸과 사회』, 임인숙 옮김, 몸과 마음, 2002], p. 1.

란 "주요한 정치적·개인적 사안들이 몸 안에서 문제화되고, 몸을 통해서 표현되는" 사회이다. 이 용어는 오늘날의 세계에서 몸이 권력과 통제에 대한 투쟁이 벌어지는 핵심 영역으로 인식되고 있음을 시사한다. 우리가 목도해 왔던 '신체적 전환'somatic turn의 정도만큼이나 '생명 정치' bio-politics가 또한 현대 정치를 지배하게 된 것이다.

일단 사회과학자들이 자연과 문화 간의 구별을 부적절한 것으로 느끼게 되자, 전前사회적인 대상으로서의 몸이라는 개념도 유지되기가 매우 곤란해졌다. 탈데카르트주의 철학의 영향은――특히 현상학적·후기 구조주의적 형태를 띤 철학들 내에서――사회학자들이 사회생활 내에서 체현의 위상에 대해 질문하지 않을 수 없도록 했고, 합리성과 불화했던 세계가 관능성·쾌락·욕망을 찾아 나설 수 있도록 했다. 그러는 동안 몸은 사회생활과 정치생활 내에 상존하는 무엇이 되어 갔다. 구타당하는 여성, 낙태당한 태아, 고문의 희생자나 텔레비전으로 중계되는 전쟁의 희생자, 여성임에 대한 당당한 찬양, 장애, 피부색과 동성애, 이식을 위해 이송 중인 장기, 달에 발을 디딘 인간-기계human-machine, 현미경 아래에 놓인 DNA 표본, 여성이었던 남성 또는 반대로 남성이었던 여성, 다이어트·운동·성형수술에 의해 변형된 몸, 세계 최대 부국의 거리에 몸을 눕힌 홈리스, 공동묘지, 깨져 버린 또 하나의 세계기록이라는 형태로 말이다.[49]

49 Philip Hancock, Bill Hughes, Elizabeth Jagger, Kevin Paterson, Rachel Russell, Emmanuelle Tulle-Winton and Melissa Tyler eds., *The Body, Culture and Society: An Introduction*, Buckingham: Open University Press, 2000, p.17.

그러나 사회학이 신체적인 모든 것을 받아들이려 성급하게 돌진하고 있을 때, 장애학은 자신의 논의 주제에서 몸을 삭제시켜 버렸다. 사회학이 "'몸을 복권시키자'는 귀가 터질 듯한 함성"에 응답을 하고 있는 동안,[50] 장애학은 손상을 자신의 의제 맨 가장자리에 할당하고 있었다.[51] 손상을 생물학적 설명에, 장애를 사회학적 설명에 할당하는 이원론은 장애 이론보다는 장애 정치에 훨씬 더 잘 복무해 왔다. 몸의 사회학은 그 자체로 탈데카르트주의적인 의제의 시대가 도래했음을 승인하는 것이었으며,[52] 이는 성sex과 젠더 사이의 관계에 대한 여성주의적 논쟁의 전철을 따라 시간,[53] 자연과 환경,[54] 감정[55]에 관한 사회학적 논쟁의 형태를 변화시켰다. 이렇게 부상하고 있는 사회학적 의제들은 자연과 문화가 서로 충돌했던, 대부분 아직까지 탐구되지 않은 영역들을 깊이 파고들었다.

이러한 의제들은 철학적으로는 여성주의, 후기구조주의, 현상학적 사고들에 의해 추동되었다.[56] 반면 장애학은 데카르트주의적인 주체에 대한 비판보다는 역사유물론에 자신의 뿌리를 두고 있었다. 따라서 얼마간 당연하게도, 정신·몸·사회라는 대상 간에 지적으로 만족스러운 공생 관계를 구성하는 것과 연동된 인식적 비틀기보다는, 장애인들의

---

50 Williams and Bendelow, *The Lived Body*, p.9.

51 Hughes and Paterson, "The Social Model of Disability and the Disappearing Body: Towards a Sociology of Impairment".

52 Ian Burkitt, *Bodies of Though: Embodiment, Identity and Modernity*, London: Sage, 1999.

53 Barbara Adam, *Timewatch: The Social Analysis of Time*, Cambridge: Polity, 1995.

54 Gert Spaargaren, A. P.J. Mol and Frederick H. Buttel eds., *Environment and Global Modernity*, London: Sage, 2000.

55 Simon J. Williams, *Emotion and Social Theory: Corporeal Reflections on the (Ir)rational*, London: Sage, 2000.

56 Turner, *The Body and Society*; Williams and Bendelow, *The Lived Body*.

대의를 진전시키는 데 훨씬 더 많은 관심을 가지고 있었다. 게다가 육체에 대한 관심과 반동적 정치는 근대 시기 내내 많은 장애인들에게 있어 동전의 양면과 같은 것이었다. 더욱이 톰 셰익스피어가 주장했던 것처럼, "장애 운동의 업적은 우리의 몸과 사회적 처지 사이의 연결 고리를 끊고, 장애의 진정한 원인, 즉 차별이나 편견에 초점을 맞추고자 했던 것이었다".[57] 그렇지만 몸을 그것이 지닌 모든 부정적인 연관성과 더불어 망각하는 것의 이점은 데버러 마크스Deborah Marks의 주장 ——"손상을 생략해 버리는 것은 곧 장애를 다른 형태의 억압과 구별하는 것이 어려워짐을 의미한다"[58] ——과 견주어 볼 필요가 있다.

이러한 중요하고도 실제적인 곤란은 사회적 모델의 핵심에 자리 잡고 있는 이론적 문제로 거슬러 올라가 규명될 수 있다. 사회적 모델은 이원론적 전통 속에서 손상을 오로지 생물학적인 측면에서만 정의했으며, 따라서 손상의 사회적 본질을 부정했다.[59] 만일 손상이 장애와 반대되는 것이고 장애가 사회적으로 구성된 것이라면, 손상은 생물학적으로 구성된 것이어야만 했다. 그러므로 손상은 의학의 주제가 되는, 감지할 수 있고 병리적인 육체적 대상을 가리키는 것으로 다루어져야만 했다. 당연히 손상은 사회적 의미를 갖지 않으며 자아와 분리된 것일 수밖에 없었다. 그에 따라 손상은 단지 생물학적인 기능부전의 형태로서만 인식론적 유효성을 주장할 수 있었으며, 오로지 의료적 시선의 권력에 의해서만 정체성을 획득할 수 있었다. 다시 말해서, 사회적 장애모델에

57 Tom Shakespeare, "A Response to Liz Crow", *Coalition*, September 1992, p.40.
58 Marks, *Disability: Controversial Debates and Psycho-social Perspective*, 115p.
59 Hughes and Paterson, "The Social Model of Disability and the Disappearing Body: Towards a Sociology of Impairment".

의해 지지된, 손상 및 장애에 대한 데카르트주의적인 접근은 생의학에 의해 촉진되어 온 것과 구별될 수 없는 몸의 개념을 채택하도록 강제했다. 이는 기이하고 아이러니하기까지 한 친화성이라 할 수 있다. 장애학의 정치적 급진주의는 의료적 헤게모니에 손상 개념을 내어 주는 이론적 보수주의에 의해 뒷받침되었다. 그리하여 의료적 장애모델과 결부된 모든 것과 완고하게 대립되는 것으로 사고되었던 사회적 모델은, 문화에 의해 영향을 받지 않는 육체의 영역이라는, 몸에 대한 통속적 이해를 의료적 모델과 공유하게 되었다. 역사·감정·의미·행위주체성을 갖지 않는 이러한 몸은 "늘 그렇듯이, 문화적 변화와 다양성의 변동성 및 유동성에 앞서 존재하며, 변하지 않는 내적 필연성에 의해 특징지어지는, 생물학의 경험적 규칙에 종속된 고정적인 물질적 실체로 상정되었다".[60]

좀더 의미심장한 모순은, 순수하게 객관주의적이고 정치적으로 중립적인 견지에서 이루어진 손상의 이론화에도 불구하고, 장애인들이 자신들의 차별에 대한 경험과 분리될 수 없는 것으로서 손상을 논의해 왔던 전통이 장애학 내에 존재한다는 것이다.[61] 사회적 모델의 지지자로서 '내부적 비판'을 발전시킨 것은 여성주의자들이었는데,[62] 그러한 내부적 비판은 개인적인 것이 정치적인 것이고 손상의 경험이 개인적인

---

60 Thomas J. Csordas, *Embodiment and Experience: The Existential Ground of Culture and Self*, Cambridge: Cambridge University Press, 1994. p. 6.

61 Michael Oliver, G. Zarb, J. Silver, M. Moore and V. Salisbury, *Walking into Darkness: The Experience of Spinal Cord Injury*, London: Macmillan, 1998; Jenny Morris, *Able Lives: Woman's Experience of Paralysis*, London: Women's Press, 1989.

62 Morris, *Able Lives*; Morris, *Pride Against Prejudice*; Liz Crow, "Including All of Our Lives: Renewing the Social Model of Disability", ed. Jenny Morris, *Encounters with Strangers: Feminism and Disability*, London: Routledge, 1996.

것이라면, 손상의 경험도 정치적인 것일 수밖에 없음을 지적했다. 이러한 논증은 손상과 장애에 대한 이원론적 접근법이 이론적으로 문제적임을 드러냈다. 그러나 손상과 (개인적) 경험의 융합이라는 규범은 [단지 이론적 차원에 머무는 것이 아니라] 장애화에 대한 정치의 발전이라는 단계에서도 존속되었다. 그리고 부분적으로는 이러한 이유 때문에, 장애도 개인적인 것일 수 있으며, 이러한 주장 또한 정치적일 수 있다는 입장을 받아들이는 데에는 이해할 만한 거부감이 존재했다. 만일 누군가가 억압이 체현된 것이라고 주장한다면[63]—즉 일상의 과정에서 장애인이 체험하고 느끼는 것 자체라고 한다면—그는 사적인 곤란과 공적인 이슈 사이의 구분을 무너뜨려야만 한다. 그리고 사회학과 장애학 양자에 의해 수용되어 왔던 이원론의 공리公理가 지닌 분석적 유용성은 한물간 것이라는 관점을 취해야만 한다. 해체주의deconstructionism로서든 일상의 경험에 대한 현상학적 정치화로서든, 일단 탈데카르트주의적인 사고의 유산이 이론/운동의 핵심을 잠식하기 시작하면(여성학/여성주의의 경험을 생각해 보라), 근대주의의 이원론적 유산은 급속하게 수용하기 어려운 것이 되어 버리고 만다.

우리는 이러한 과정이 장애학과 관련하여 어떻게 작동했는지 살펴볼 수 있다. 사회적 이슈로서의 손상된 몸에 대한 인식은 다양한 방식으로 등장하기 시작했다. 마이클 올리버가 '사회적 손상모델'의 가능성을 받아들였을 때,[64] 비록 일정한 거리낌이 있었고 제한적이기는 했지만, 그는 손상과 장애에 대한 이원성의 해체에 정당성을 부여했다고 볼

---

63 Kevin Paterson and Bill Hughes, "Disability Studies and Phenomenology: The Carnal Politics of Everyday Life", *Disability and Society* 14(5), 1999, pp.597~610.
64 Oliver, "Defining Impairment and Disability: Issues at Stake".

수 있다. 이보다 거의 10년 전에, 장애학 내에서 영향력 있는 인물인 폴 애벌리는 장애인에게 있어 "몸은 그 형식과 내용 양자 모두에 있어 억압의 장소다"라고 주장했다.[65] 콜린 반스는 최근 손상에 대한 문화적 반응의 유물론적 해석을 발전시켰다.[66] 그는 "완전한 몸이라는 신화"를 떠받치고 있는 "물질적인 힘과 문화적인 힘 사이의 상호작용"은 "장애와 여타 형태의 사회적 억압에 대한 미래의 사회학적 설명"에 있어 하나의 출발점을 제공하게 될 것이라고 주장한다. 다시 말해서, 장애학과 사회적 장애모델에 최초의 영감을 제공했던 유물론적 전통 내에서조차, 손상에 대한 모종의 사회학적 의제를 발전시키고자 하는 관심이 증가하고 있는 것이다. 예를 들어 캐럴 토머스는 그녀가 '손상 효과'라고 불렀던 것을 강조하는, 여성주의적 유물론에 근거한 '비환원주의적인 몸의 존재론'을 발전시켰다.[67]

후기구조주의를 낳고 현상학적 접근법을 소생시킨 문화적·신체적·언어학적 '전환들' 또한 손상과 억압을 연결시켜 사고하는 데 영향을 미쳐 왔다.[68] 1997년에 미국에서 발간된 영향력 있는 '장애' 독본[69]의

65 Abberley, "The Concept of Oppression and the Development of a Social Theory of Disability", p.14.

66 Barnes, "Theories of Disability and the Origin of the Oppression of Disabled People in Western Society", p.57.

67 Thomas, *Female Forms*, 143p.

68 이에 대한 예로는 Mairian Corker, "Differences, Conflations and Foundations: The Limits to Accurate Theoretical Representation of Disabled Peoples Experiences?", *Disability and Society* 14(5), 1999, pp.627~642; Corker and French eds., *Disability Discourse*; Hughes, "The Constitution of Impairment: Modernity and Aesthetic of Oppression"; Shakespeare, "Cultural Representation of Disabled People: Dustbins of Disavowal?"; Margrit Shildrick, *Leaky Bodies and Boundaries: Feminism, Postmodernism and (Bio)Ethics*, London: Sage, 1997을 보라.

69 Lennard J. Davis ed. *The Disability Studies Reader*, New York and London: Routledge, 1997.

이론적이고 '신체적인' 내용의 깊이는, 장애학에서 이론적 절충주의[70]의 성장과 손상의 사회적 측면을 둘러싼 의제들의 발전 양자 모두를 보여 주는 하나의 중요한 증거라 할 수 있다.

장애 담론에서 몸은 상당 기간 누락되어 있었는데, 이는 톰 셰익스피어가 지적했듯이 "생물학을 거론하는 것, 고통을 인정하는 것, 우리의 손상과 대면하는 것은 장애가 결국 신체적 제약과 실제로 관련된 것이라는 증거를 압제자들이 포착할 위험을 무릅써야만 했던 일"이기 때문이다.[71] 장애학의 대변자들을 통해서 판단컨대, 장애인들은 이제 그러한 위험을 감수할 준비가 되어 있는 것처럼 보인다. 그러한 자신감은 장애인들 자신의 힘으로 손상을 자부심의 문제로 변환시켜 낸 투쟁의 결과이며, 발전된 프락시스의 결과이다. 장애인들이 자신의 몸을 심미적 우선성과 비장애중심적인 시선의 차별적 인식으로부터 해방시키기 시작하면서,[72] 그들은 손상에 대한 해석이 생의학이라는 정상화의 학문에 전적으로 맡겨져서는 안 됨을 인식하게 되었던 것이다.

실제로 손상의 사회학은 "손상된 몸은 역사를 갖고 있으며, 그것은 생물학적 실체인 것만큼이나 또한 하나의 문화적 현상임"을 밝혀내고 있다.[73] 푸코주의자들의 입장에서 보자면, 손상된 몸은 그러한 몸에 덧씌워 있는 권력과 분리될 수 없다. 하나의 담론적 구성물로서, 손상

---

70 절충주의(eclecticism)는 어떤 하나의 체계에 의거하지 않고 몇 개의 체계로부터 각각 옳다고 생각되는 요소를 추출하여 독자적인 이론을 구성하는 것을 말한다. 일상적인 용어법에서는 부정적인 뉘앙스가 강하지만, 사회 이론에서는 서로 대립된 것으로 보이던 여러 테제를 한 단계 높은 견지에서 조정·융합시키는 긍정적 의미로 사용되기도 한다. ─옮긴이

71 Shakespeare, "A Response to Liz Crow", p. 40.

72 Hughes, "The Constitution of Impairment: Modernity and Aesthetic of Oppression".

73 Paterson and Hughes, "Disability Studies and Phenomenology: The Carnal Politics of Everyday Life", p. 600.

은 문화적 복합체이다. 손상은 그것을 산출하는 강도 높은 규율적 실천 disciplinary practice의 산물인 것이다. 마그리트 실드리크는 장애생계수 당Disability Living Allowance, DLA에 대한 후기구조주의적인 비평에서, 수당에 대한 적격성을 결정하는 데 사용되어 왔던 설문지가 너무나 포괄적이며, 장애인의 신체적·사회적 생활에 대한 국가적 감시가 그 강도 면에서나 관음증의 경향에 있어서나 전무후무한 것임을 논증한다.[74] "신체적 기능의 어떠한 부분도 총체적인 가시성의 요구로부터 벗어날 수 없으며, 더욱이 일련의 불연속적인 기능들로 한층 더 상세하게 신체적 행위를 세분한 것은 체현된 인격의 물신숭배적 파편화를 증언해 준다."

실드리크의 논증이 나타내는 것처럼 손상에 대한 관리는 행정적으로 밀도 높게 이루어지기도 하지만, 또한 문화적 구성이라는 복합적 과정에 의해 매개되기도 한다. 후자의 과정에서 진실성의 판단과 도덕적 가치는 점점 더 심미적 기준에 기초하고 있다. 가치는 외모, 수행,[75] 능력에 대한 피상적인 개념으로 환원된다. 미학이 와해되어 일종의 윤리학이 되어 버리면서, 신체적 아름다움과 완전함에 대한 이상은 새천년의 시대에 그다지 새롭지 않은 유일 기준이 되어 버렸다.[76] 현대 문화에서는 신체적 차이를 찬양하는 흐름과 극단적으로 경직된 몸의 관리 및 소비자 금욕주의의 체제를 가치화하려는 흐름 사이에 투쟁이 존재하고

74 Shildrick, *Leaky Bodies and Boundaries*, p.53.

75 Rachel Russell, *Ethical bodies*, eds. Philip Hancock, Bill Hughes, Elizabeth Jagger, Kevin Paterson, Rachel Russell, Emmanuelle Tulle-Winton and Melissa Tyler, *The Body, Culture and Society: An Introduction*, Buckingham: Open University Press, 2000; Mike Featherstone, "Postmodernism and the Aestheticization of Everyday Life", eds. Scott Lash and Jonathan Friedman, *Modernity and Identity*, Oxford: Blackwell, 1992, pp.104~112.

76 Barry Glassner, *Bodies: Overcoming the Tyranny of Perfection*, Los Angeles: Lowell House, 1992.

있다. 이상적인 몸에 대한 표준의 협소화는 신체적 자본이 문화 자본의 더욱 중요한 지표가 되는 환경을 창출했다. 손상은 심미적 차별에 의해 정치화되어 왔다.

> 미모지상주의beautyism와 이에 수반된 파시즘, 아름답고 매력적인 것—그렇지만 일정한 표준에 따라 규정된— 을 우대하고, 추하고 매력적이지 못한 것을 냉대하는 편견과 차별은 사실상 우리 사회 내에 제도화되어 있으며, 불평등의 마지막 주요한 보루다. …… 미모의 추구는 …… 상당한 심리적·사회적·경제적 보상을 가져다주는 훌륭한 투자로 널리 간주되고 있으며, 이러한 이유 때문에 유럽과 북미를 비롯한 전 세계에서 미모의 추구 현상은 점점 더 현저해지고 있다.[77]

장애인들은 우리 사회가 심미적 차별에 대해 무감각해질 수 있는 가능성을 경계해야만 한다. 관리 및 향상의 체계를 통한 몸의 재구성과 재형성을 당연히 받아들여야 한다고 제시하는 현대적 사고들은 '우리가 현재 지니고 있는 몸은 자업자득이다'라는 의미를 함축한다. '신체 파시즘'이라 불릴 수 있을 만한 것이 신체에 대한 심미적 이상, 그리고 윤리적 주제의 혼란으로부터 발생하고 있다. 이러한 혼란이 변경 가능한 몸이라는 이데올로기와 만나게 된다면, 장애인들은 더욱 강화된 편견과 차별에 맞선 투쟁을 예견하고 준비해야 할 것이다.

그렇지만 차별과 손상은 다소간 덜 명백한 또 다른 방식으로 서로 마주치게 된다. 예를 들면, 손상되지 않은 육체가 스스로 '세계-내-존

---

77 Synnott, *The Body Social*, p. 100.

재'being in the world[78]에 대한 육체적 청사진이 되는 방식 속에서 말이다. 사회세계와 건축 환경은 육체적으로 구성된다. 다시 말해서, 육체적 표준에 의해 깊은 영향을 받는다.[79] 사람들이 스스로를 위해 만들어 내는 공간과 장소는 단지 몸의 산물(실존주의자들이 '기투'企投, project[80]라고 부르는 것, 그러한 기투를 가능하게 하는, 상상적인 것의 도식과 신체적·정신적 노동의 결합물)인 것만은 아니다. 그것들은 또한 마음속에 있는 특정한 종류의 몸들을 기준으로 설계된다. 예를 들자면, 호모 에렉투스[직립보행자]Homo erectus에 의해, 그리고 호모 에렉투스를 위해 만들어진 세계는 휠체어 이용자에게는 외계外界이며, 탈근대의 시각 문화는 시각이 손상된 사람을 배제한다. 현재의 육체적 질서는 심대하게 장애차별주의적일 뿐만 아니라, 장애를 특정한 억압의 형태로 구성해 내는 완고한 물질적 요인이도 하다. 장애인들은 근대의 육체적 질서가 구성되는 데 있어 전혀 또는 거의 역할을 수행하지 못했다는 바로 그 이유 때문에, 근대적 시공간이 조직화되는 방식 내에서는 자신의 존재를 온전히 인식하지 못한다. 근대에 대한 장애인의 경험이 대부분 감금과 격리의 역사였음을 상기한다면, 이것은 그다지 놀라운 일이 아니다. 감금으

---

78 실존주의 철학자로 잘 알려져 있는 마르틴 하이데거(Martin Heidegger)의 용어이다. 그는 인간 존재를 해명하면서 '현존재'(現存在, Dasein)라는 용어를 사용하는데, 이는 쉽게 풀면 '거기에'(Da) '있다'(sein)라는 말이다. 거기라는 장소가 곧 세계라고 할 수 있으며, '세계-내-존재'(In-der-Welt-sein)란 바로 세계 속에서 다른 존재자와 교섭(交涉)하며 존재하는 현존재로서의 인간이 지닌 본질적인 존재 구조와 양식을 이르는 말이다.—옮긴이

79 Paterson and Hughes, "Disability Studies and Phenomenology: The Carnal Politics of Everyday Life".

80 하이데거와 사르트르의 실존주의에서 기본이 되는 개념 중 하나로, '미래를 향해 자기를 내던지는 실존의 존재방식'을 말한다. 개념적으로 이러한 기투는 '일정한 상태 속에 이미 내던져짐'을 뜻하는 피투성(被投性, thrownness)과 대립되지만, 현실 세계에서 기투는 언제나 피투성을 수반하며, 피투성 속에서 성립된다. 하이데거는 이 피투성에 초점을 두고 논의를 전개했던 반면, 실존의 절대적 자유성을 옹호하는 입장에 서 있었던 사르트르는 기투를 강조했다고 할 수 있다.—옮긴이

로부터의 해제는 장애인의 접근권을 정치적인 문제로 만들었는데, 손상된 몸들은 손상되지 않은 사람들의 시간적·공간적·이동의 필요에 의해 지배되며 이러한 필요를 반영하는 세계에 의해 구축된 장벽들과 맞닥뜨려야 했기 때문이다.[81] 손상에 대한 현상학적 사회학은 간間주관적이면서 동시에 제도화된 관계들의 세계를 특징짓고 구조화하는 육체적 가정들——여기엔 의사소통의 체현된 표준들도 포함된다——이 장애인에게는 배제의 장場으로서 경험된다는 것을 입증하고자 한다.

차별은 손상된 몸들이 '출현하기 곤란하게'dys-appear 만드는 방식으로 일상의 세계 내에 구축되어 있다. 이는 주체로서의 손상된 몸이——일상의 사회적 만남의 과정 속에서——대상화되는 과정을, 그리하여 스스로를 어색한 현존으로서 경험하는 과정을 설명한다.[82] 다시 말해서, 몸이라고 하는 것은 '통상적으로' 대다수 상황들에서 대다수 사람들에 의해 당연시되기 때문에, 단지 주의가 기울여질 때만이 사회적 만남 속에서 인식할 수 있는 요인이 된다. 가시적인 손상을 지닌 사람들은 일상의 사회적 만남이라는 맥락 내에서 언제나 그들의 몸을 영향력 있는 현존으로서[즉 강하게 인식되는 요인으로서] 경험하게 되는데, 이는 대부분 그들의 몸이 장애를 지니지 않은 사회적 행위자들에 의해 그렇게 취급되기 때문이다. 그리하여 이러한 만남은 두 인격체 간의 만남에서 한 인격체와 하나의 대상 간의 만남으로 변환되고 만다. 따라서 출현의 곤란함이란, 그것과 결부된 내재적인 소외의 경험뿐만 아니라, 장애인

81 Paterson and Hughes, "Disability Studies and Phenomenology: The Carnal Politics of Everyday Life"; Imrie, "Disability and Discourses of Mobility and Movement".
82 Paterson and Hughes, "Disability Studies and Phenomenology: The Carnal Politics of Everyday Life".

의 비인간화와도 관련된다.

더욱이 장애 운동은 물리적·사회적 공간으로부터의 배제가 다양한 형태로 편재해 있음을,[83] 그리고 손상을 지닌 사람들의 활동과 이동이 제약되어 있음을 명확하게 입증할 수 있었다. 이는 물리적·사회적 세계가 전반적으로 비장애인의 몸에 대한 이미지와 형상 속에서 만들어졌기 때문이다.[84] 장애인의 접근권을 만족시킬 수 있도록 설계된 건물이나 공공의 공간에서조차, "미학, 프라이버시, 사교성, 편안함과 관련된 문제"에 있어서는 장애인이란 대개의 경우 심대하게 부적합한 존재일 뿐이다.[85] 장애를 지니지 않은 몸의 육체적 헤게모니는 일상생활의 구성과 그 몸들이 유쾌한 경험을 할 수 있도록 돕는 편의시설 내에 이미 의도되어 있다. 몇몇의 문들이 손상을 지닌 사람들에게 개방되자, 문의 건너편에는 다시 다중의 장벽이 존재한다는 사실이 명백해지고 있다. 그것은 파티에 초대되었다가, 도착하자마자 환영받지 못하는 존재라는 것을 깨닫는 것과 얼마간 유사하다. 장애인들이 지금까지 배제되어 왔던 근대의 공간들로 점점 더 진입할수록, 그들은 지금까지 당연시되어 왔던 '객관적' 상황을 구성하는 육체적 표준들 내에서 장애 차별이 체현되는 방식을 점점 더 인식할 수밖에 없을 것 같다. 근대 건축의 거장인 르 코르뷔지에Le Corbusier는 "모든 사람은 동일한 기관, 동일한 기능······동일한 필요를 지니고 있다"고 주장했다.[86] 그와 같은 보편성의 요구——

---

83 Rob Imrie and Marion Kumar, "Focusing on Disability and Access in the Built Environment", *Disability and Society* 13(3), 1998, pp. 357~374.

84 Imrie, "Disability and Discourses of Mobility and Movement".

85 Deborah Marks, "Secure Base? Disabling Design", eds. Linda McKie and Nick Watson, *Organizing Bodies: Policy, Institution and Work*, Basingstoke: Macmillan, 2000, p. 52.

86 Rob Imrie, *Disability and the City: International Perspective*, London: Paul Chapman Publishing, 1996, p. 81에서 재인용.

자유주의적 근대성을 전형적으로 나타내는——는 몸의 차이에도 해당되며, 당연히 장애인을 배제하게 될 건축 환경의 균일화된 미의식을 시사한다. 건축의 관행은 "손상된 몸들을 소외시키고 '움직임이 자유로운 몸'mobile body이라 불리는 것을 우선시하는 데 기여하는 정상화 담론"에 의해 특징지어져 있는 것이다.[87]

나가며

현대의 신자유주의적 국가가 장애에 대한 개인주의적 대응을 목표로 하고 있다는 것은 분명해 보인다. 그렇지만 이러한 대응이 기반하고 있는 권리의 담론이 전적으로 의료적 모델이나 장애를 '결함이 있는' 몸으로 환원하는 입장에 의존하고 있는 것은 아니다. 신자유주의적 관점은 차별금지법의 유효성을 인식하고 있으며, 그에 따라 장애에 대한 논쟁을 육체적·인지적 손상에 관한 것으로부터 기회에 관한 것으로 전환시키고 있다. 기회와 현실 사이의 간극이 매우 크다는 것을 생각하면, 장애 운동가들이 이러한 발전을 그다지 인상 깊게 받아들이지 않는 것도 당연하다. 더욱이 비록 사회적 통합이라는 '현재 유행하고 있는' 교의가 사회적 장애모델의 수사법 중 일부를 차용하고 있기는 하지만, 장애인이 경험하는 사회적 배제가 근본적인 방식으로 경감되어 왔다고 할 만한 어떠한 실제적인 증거도 존재하지 않는다. 손상의 사회학이 발전함에 따라, 한 가지 사실이 명백해지고 있다. 제약되어 있던 기회들이 장애인에게 열리면서, 손상되지 않은 육체가 공간·활동·이동성·시간성

---

87 Imrie, "Disability and Discourses of Mobility and Movement".

에 관한 표준들의 배후에서 '제헌적' 힘으로 작용하는 정도가 드러나고 있는 것이다. 이러한 모든 영역들과 관련하여 흥미로운 것은, 몸과 마찬가지로 그러한 영역들 역시 자연과 문화 사이의 전통적인 구분을 가로지르는 양가적 구역 내에 위치해 있으며, 장애 차별이 현재의 사회적 관계들 내에 묻어 들어가 있는 새로운 방식을 드러내 준다는 점이다. 그러나 만일 근대가 장애에 대한 생물학적 환원주의의 관점과 더불어 '시작'된 것이고, 장애의 의미란 정치의 차원에서 경합되어 결정될 뿐이라는 관점과 더불어 근대가 '종료'되는 것이라면, 누군가는 적당히 조절된 낙관주의에 마음이 끌릴 것이며, 진보라 불리는 낡아빠진 가치보다는 그러한 낙관주의에 의지하도록 고무될 것이다.

그렇지만 기회가 있는 곳에는 위험 또한 도사리고 있다. 바로 앞 문단에서 표현된 낙관주의는 현재의 세계 내에서 반동적이고 장애차별주의적인 담론들이 널리 확산되고 있다는 사실을 얼버무린 채 넘어간다. 그것이 통합과 해방을 향한 장애인들의 순탄치 않았던 여정을 되돌리고자 위협하고 있는데도 말이다. 아마도 이것을 신체적 완전함의 담론이라 부를 수 있을 것 같다. 서구 문화에서 그것은 오랜 역사를 지니고 있으며,[88] 이 담론의 가장 악명 높은 '승리들' 중 하나로서 우생학적 사회운동을 들 수 있는데, 그러한 담론은 최근 두 가지 중요한 발전에 의해 되살아나고 있다. 첫번째는 현대의 과학적 성과들, 특히 '신유전학'과 인간 행동에 대한 설명의 '유전화'geneticization가 급격히 성장한 것으로부터 연유한다.[89] 두번째는 대중문화, 특히 장애인들의 미적 무효화를

---

88 Sharon Dale Stone , "The Myth of Bodily Perfection", *Disability and Society* 10(4), 1995, pp.413~424; Synnott, *The Body Social*.

구성해 내는 일련의 과정으로부터 발생하고 있다.[90] 양쪽 다 일상생활의 미학화와 연계되어 있으며,[91] 이러한 일상생활의 미학화가 체현과 외모에 초점이 맞춰진 새로운 형태의 차별을 산출해 내는 방식과도 연계되어 있다. '신체사회'[92]의 잠재적 위험들 가운데 하나는 '문화자본'[93]이 점점 더 신체적 속성 그 자체의 측면에서 규정될 수 있다는 것이다. 이는 심미화된 권력관계의 체계에 수반되는 구별 짓기, 위계, 감정적 판단이 근대 시기에 장애인들이 경험해 왔던 편견·배제·억압을 심화시킬 수 있다는 것을 의미한다. 장애학과 장애 운동은 손상의 사회학을 이와 같은 현재적인 문화적 위협들의 본질과 정도를 판단하고 대항하는 도구로서 활용할 수 있고, 또 그렇게 해야만 한다고 충분히 주장될 수 있다.

이 장에서 나는 장애와 몸 사이의 관계에 대한 설명의 발전에 있어 세 가지 핵심적 '국면들'이 있음을 논증하였다. 첫번째 국면은 장애의 의료화에 대응하며, 근대성, 의학, 손상의 역사적 부딪침으로부터 등장했다. 이러한 힘들의 합류점으로부터 장애는 신체적·정신적 손상의 현존에——즉 체현된 '객관적 사실'에——기반을 둔 사회적 정체성으로 등

89 Tom Shakespeare, "Back to the Future? New Genetics and Disabled People", *Critical Social Policy* 44/45, 1995, pp. 22~35; Deborah Lynn Steinberg, *Bodies in Glass: Genetics, Eugenics and Embryo Ethics*, Manchester: Manchester University Press, 1997; Pat Spallone, "The New Biology of Violence: New Geneticism for Old", *Body and Society* 4(4), 1998, pp. 47~65.

90 Hughes, "The Constitution of Impairment: Modernity and Aesthetic of Oppression"; Hughes, "Medicine and the Aesthetic Invalidation of Disabled People".

91 Wolfgang Welsch, "Aestheticization Processes: Phenomena, Distinction and Prospects", *Theory, Culture and Society* 13(1), 1996, pp. 1~24.

92 Turner, *The Body and Society*.

93 Pierre Bourdieu, *Distinction*, London: Routledge & Kegan Paul, 1984[피에르 부르디외, 『구별짓기: 문화와 취향의 사회학』, 최종철 옮김, 새물결, 2005]. [부르디외가 이야기하는 문화자본(cultural capital)에는 기본적으로 세 가지 차원이 존재한다. 첫째는 교양·취미·감성 등과 같은 체화된 상태이고, 둘째는 문화적 상품과 같은 대상화된 상태이며, 마지막으로 세번째는 학위와 같은 사회적 제도가 승인한 상태이다.──옮긴이]

장했다. 장애는 개인의 육체적 또는 정신적 기질 내에서 확인될 수 있는 하나의 병리 상태가 되었다. 두번째 '국면'은 첫번째 국면의 반명제를 구성했다. 장애인들의 정치 운동은 장애의 개념을 해방의 변증법에 의지한 관점 속에서 재구성했다. 장애 '문제'는 육체적 상태의 문제라기보다는 사회 조직의 문제로서, 자연적인 것의 문제라기보다는 정치적인 것의 문제로서 재공식화되었다. 세번째 '국면'은 이원론적인 관점에서 사고된 세계에 대한 타당성의 침식으로부터 발생했다. 탈데카르트주의의 시대는 '몸의 정치'body politics의 시대이다. 그러한 시대에 사회는 '신체적'이고,[94] 장애는 체현된 것이며, 손상은 사회적인 것이다.

94 Turner, *The Body and Society*.

5장 / 분할과 위계의 이론화
공통성 혹은 다양성을 향하여?

아이샤 버넌·존 스웨인

들어가며

제프 페인Geoff Payne은 우리 자신을, 사회를, 그리고 사회가 왜 그처럼
작동하는지를 이해하는 데 있어 "'사회적 분할'이라는 개념이 우리가
활용할 수 있는 가장 유용하고 강력한 도구들 중 하나"임을 주장한다.[1]
확실히 사회적 분할이라는 개념은 사회 이론 내에서, 특히 권력관계에
서의 불평등 및 위계의 이해와 관련하여 오랜 역사를 지니고 있다. 사회
적 분할 내에서 어떤 범주에 속하는가에 따라 부, 특권, 물자의 생산과
소비를 포함하여, 모든 종류의 가치 있는 자원에 접근하는 데 있어 기회
가 불평등하게 부여될 수 있다. 사회 이론은 계급·인종·젠더에서의 분
할을, 그리고 보다 최근에는 섹슈얼리티·장애에서의 분할을 영국 사회
와 조직의 구조에 엮여 들어가 있는 불평등과 연관시켜 왔다. 일반적으

---

1 Geoff Payne, "An Introduction to Social Division", ed. Geoff Payne, *Social Divisions*,
Houndmills: Macmillan, 2000, p. 1.

로 말해서, 사회적 장애모델의 발전이 장애를 이러한 사회학의 무대로
진입시켰다. 피터 올콕Peter Alcock[2]이나 제프 페인[3]의 저작과 같은 일반
적 텍스트들에서 논의되는 여타의 사회적 분할과 함께 장애가 고려되
고 분석될 수 있도록 말이다. 그러한 고려와 분석은 장애인의 경험을 흑
인, 소수민족 집단, 게이와 레즈비언, 노인, 여성의 경험에 적용하고 연
계시키는 이해 방식을 취한다. 인종주의·성차별주의·동성애 혐오·장
애차별주의라는 이슈들에서 발견되는 공통성은 편견적 태도 및 차별적
언어와 같은 주제들을 통해 탐색될 수 있다.[4] 예를 들어 올콕은 장애인
이 경험하는 '차별 및 불이익'을 여타의 사회적 분할들 내에 있는 사람
들이 경험하는 차별 및 불이익과 명시적으로 비교한다.[5]

그렇지만 이는 아래의 두 인용문 간의 비교에서 분명히 나타나는
것처럼, 상당한 복잡성과 논쟁이 수반되는 영역이다. 국제장애인연맹
Disabled People's International, DPI의 레이철 허스트Rachel Hurst는 다음
과 같이 말한다.

> 당신이 다른 장애인들과 함께하게 될 때, 당신은 상황이 실제로 어떤 것
> 인지——즉 억압이 무엇인지——, 누가 당신을 억압하고 있는지, 어디로
> 부터 억압이 오는 것인지, 차별이 무엇이며 그것이 어디로부터 오는지
> 를 논의할 수 있는 시간과 기회를 갖게 됩니다.[6]

2 Peter Alcock, *Social Policy in Britain: Themes and Issues*, Houndmills: Macmillan, 1996.
3 Geoff Payne ed., *Social Divisions*, Houndmills: Macmillan, 2000.
4 Neil Thompson, *Anti-Discriminatory Practice* 2nd edn., Houndmills: Macmillan, 1997.
5 Alcock, *Social Policy in Britain*.
6 Coleridge, *Disability, Liberation and Development*, p.54.

이에 반해, 아부-하비브Abu-Habib는 장애여성, 특히 중동 지역의 장애여성에 대한 옥스팜OXFAM[7]의 활동에 관해 이야기하면서, 다음과 같이 말한다.

우리는 다른 중요한 이슈들과 사회적 관계들로부터 분리한 채 장애에만 초점을 맞춘 단순화된 분석을 의식적으로 거부할 필요가 있다는 것을 곧 알게 되었지요. 가장 중요하게는, 우리는 장애인들이 무성적 존재가 아니라는 것을 인식하게 되었습니다. 그들은 서로 다른 이해관계를, 연령, 경제적 지위, 열망을 포함하여 서로 다른 특성과, 서로 다른 삶의 경험을 지닌 남성들이고 여성들인 것입니다.[8]

첫번째 인용문이 공통성 또는 보편성을 향하고 있는 반면, 두번째는 다양성과 차이에 대해 말하고 있다. 여러 다양한 모습들 속에서, 이러한 공통성과 다양성 간의 상호작용은 '분할과 위계'의 관점에서 장애이론의 발전을 성찰하는 데 중심적인 것이라 할 수 있다.

이러한 관점으로부터 우리는 우선 다양한 집단들, 특히 일상 속에서 다중적 차별을 경험하고 있는 집단들이 직면해 있는 차별의 형태들을 성찰한다. 우리가 다루어야 할 문제가 광범위한 것이기는 하지만, 그 주된 초점은 흑인 및 소수민족 공동체의 장애여성들이 지닌 경험이다.

---

7 1942년 제2차 세계대전 중 나치 치하에서 고통받는 그리스인을 구호할 목적으로 영국의 옥스퍼드 시민들이 중심이 되어 모금 활동을 벌여 아테네 등에 생활 필수품을 전달한 것을 모체로 결성된 국제 구호단체이다. 옥스팜은 'Oxford committee for famine relief'(기근구제를 위한 옥스퍼드위원회)라는 이름을 줄인 것이며, 1995년에 각 회원국을 연계하는 국제적 NGO인 옥스팜 인터내셔널을 창설하고 전 세계에 90여 개 사무소를 운영 중이다. ─옮긴이

8 Lina Abu-Habib, *Gender and Disability: Women's Experience in the Middle East*, Oxford: OXFAM, 1997, p.11.

우리는 그러한 경험들이 그녀들 자신에 의해 어떻게 분석되어 왔는지에 대해, 그리고 사회적 분할들의 상호작용이 동시적 억압simultaneous oppression을 생성해 낸다는 주장에 대해 성찰한다. 그러고 나서 우리는 사회적 분할의 정치 내에서 하나의 핵심 개념이라 할 수 있는 정체성의 문제로 되돌아간다. 특히 우리는 사회적 분할들 간의 상호작용 속에서 파편화된 정체성이 등장할 수 있는 가능성들과는 대조적으로, 신사회운동과 관련하여 진화하고 있는 긍정적 정체성을 탐색한다. 이러한 기반 위에서 우리는 역사유물론이 견지하는 사회학적 입장을, 점증하는 탈근대성의 영향 아래 놓여 있는 다른 사회학적 입장과 대조하면서, 장애 이론 그 자체에 대한 함의들을 탐색한다. 최종적으로, 우리는 공통성에 기초하지만 다양성에 대해 이야기할 수 있는 장애 이론의 구축에 대한 앞으로의 가능성을 모색한다. 이 장은 버넌에 의해 수행된 연구[9]에 의지하고 있는데, 그 연구는 특히 흑인 및 소수민족 장애여성들의 일상적 실존을 형성하는 구성 요소적 정체성들component identities 각각의 다면적 특질을 고려하면서, 다중적 억압의 경험을 만들어 내는 근원적인 복합성에 대해 검토한 바 있다.

경험에 대한 성찰: 동시적 억압?

사회적 분할은 당연하게도 중첩되어 있다. 예를 들어, 어떤 사람의 일자리는 계급·젠더·연령·민족성·장애, 또는 좀더 정확히 말하자면 이러한

---

9 Ayesha Vernon, "Understanding 'Simultaneous Oppression': The Experience of Disabled Black Women in Education and Employment"(unpublished Ph.D., University of Leeds), 1998.

요인들의 어떤 조합과 연관되어 있다고 할 수 있다. 그 중에서도 우리는 특히 젠더·인종·장애라는 사회적 분할이 흑인 및 소수민족 장애여성들의 체험 내에서 어떻게 결합되고 서로 상호작용하는지를 탐색하고자 한다. 이러한 관점에서 보면, 젠더·계급·인종·섹슈얼리티·연령·장애는 중요하고도 다양한 방식으로 결합되어, 장애차별주의, 성차별주의 그리고/또는 인종주의에 대한 경험을 악화시키거나 변경시킨다.

흑인 및 소수민족 공동체들의 장애인이 직면해 있는 동시적 차별은 일상의 삶 속에서 다양한 방식으로 그 모습을 드러낸다. 이러한 특정 집단과 관련된 증거는, 비록 드물기는 하지만, 제도적 차별의 모든 수준에서 주요 장벽들의 존재를 지적한다. 예를 들어, 아시아계 학습적 장애인 가족들에 대한 두 가지 연구는 그러한 가구들 중 69%에 달하는 가구에는 전일제 임금노동자가 존재하지 않으며 절반이 소득 보조하에서 살아가고 있다는, 높은 수준의 빈곤에 대한 증거를 제공한다.[10] 태도라는 견지에서 보자면, "대다수 인구 사이에서 소수민족 집단에 속한 사람들의 생활양식, 사회풍습, 종교적 관행에 대한 이해의 결여가 나타난다".[11]

서비스 제공 내에서의 차별도 특별한 주목을 받았다. 한 가지 일관된 조사 결과는 근거 없는 통념들 ──예를 들면, 흑인 가족들은 "그들 자신을 스스로 돌보기를" 선호한다는 것과 같은[12]──을 통해, 서비스

---

10 ADAPT, *Asian and Disabled: A Study into the Needs of Asian People with Disabilities in the Bradford Area*, West Yorkshire: Asian Disability Advisory Project Team, *The Spastics Society and Barnardos*, 1993; S. Azmi, E. Emerson, A. Caine and C. Hatton, *Improving Services for Asian People with Learning Difficulties and their Families*, Manchester: Hester Adrian Research Centre/The Mental Health Foundation, 1996.

11 Sally French and Ayesha Vernon, "Health Care for People from Ethnic Minority Groups", ed. Sally French, *Physiotherapy: A Psychosocial Approach* 2nd edn., Oxford: Butterworth-Heinemann, 1997, p.62.

제공자들이 차별을 부인하고 합리화해 왔음을 시사한다. 장애를 지닌 흑인들은 일관되게 서비스들 내에서의 분리와 주변화의 경험에 대해 증언하고 있다. 예를 들면, 트레이시 빅놀Tracey Bignall과 자비르 버트 Jabeer Butt는 장애를 지닌 젊은 흑인들의 견해와 경험에 대한 연구에서, 그들이 장애차별주의 때문에 형성되는 분리된 환경 내에서 인종주의로 인한 격리감을 느낀다는 것을 확인했다.[13] 두 연구 참여자의 다음 인용 문에서 분명히 나타나는 것처럼 말이다.

내가 느끼기엔, 뭐 얼마 후에 괜찮아지긴 했지만, 내가 그 학교에서 유일하게 갈색 피부를 지닌 히스패닉계였다는 이유로 어떤 교사들은 나에게 어느 정도 인종차별을 했다고 생각해요. 나는 소외감을 좀 느꼈지요. 얼마 후 괜찮아지긴 했지만 말이에요. (핑키Pinky)

사람들은 어, 왜 그곳엔, 그러니까, 우리들과 나이가 비슷하면서 아시아계인 사람은 없을까, 이런 걸 느끼는 거예요. 사람들은 언제나 백인들만 보게 되고, 뭐 나 또한 그들과 원만히 지내기는 했지만……그렇지만 사람들도 때로는, 그러니까, 아시아인은 왜 안 보이고 어디에 있는지 이런 걸 생각하게 되는 거죠. (투바삼Tubassam)

12 Carol Baxter, "Confronting Colour Blindness: Developing Better Services for People with Learning Difficulties from Black and Ethnic Minority Communities", eds. Terry Philpot and Linda Ward, *Values and Visions: Changing Ideas in Services for People with Learning Difficulties*, Oxford: Butterworth-Heinemann, 1995.
13 Tracey Bignall and Jabeer Butt, *Between Ambition and Achievement: Young Black Disabled Peoples's Views and Experiences of Independence and Independent Living*, Bristol: Policy Press, 2000.

몇몇 연구로부터의 증언을 요약하면서, 자비르 버트와 커르시다 미르자Kurshida Mirza는 다음과 같이 말한다.

장애 경험에 대한 주요 설문조사들이 장애를 지닌 흑인들의 경험을 계속해서 거의 언급하지 않아 왔다는 사실이, 현행의 연구들로부터 도출되는 메시지의 올바른 인식을 가로막아서는 안 된다. 인종주의, 성차별주의, 장애차별주의는 서로 결합되어 그들을 지원할 수 있는 사회적 돌봄의 필요를 증대시킨다. 그렇지만 때로는 이와 같은 요인들 자체가 장애를 지닌 흑인들과 그 보호자들이 충분치 못한 서비스를 받는 결과로 이어지고 있다.[14]

빅놀과 버트는 장애를 지닌 젊은 흑인들의 경험과 견해에 대한 연구에서 다음과 같이 결론짓는다.

우리가 진행한 면담들은 이러한 젊은이들 중 대부분이 자립을 성취하는 데에 도움이 되는 관련 정보를 지니고 있지 않음을 드러내 주었다. 어느 누구도 직접지불제도direct payment와 같은, 자립생활을 도울 수 있는 새로운 서비스의 제공에 대해 거의 알지 못했던 것이다. 대부분의 사람들은 그들이 필요로 하는 도움이나 정보들, 예를 들면 사회에서 자리를 잡거나 대학에 진학하는 데 필요한 도움이나 정보를 어디에서 얻어야 할지 알지 못했다.[15]

---

14 Jabeer Butt and Kurshida Mirza, *Social Care and Black Communities*, London: Race Equality Unit, 1996, p.24.
15 Bignall and Butt, *Between Ambition and Achievement*, p.49.

언어는 종종 효과적인 서비스 제공에 대한 주요 장벽으로 간주되곤 한다. 따라서 적절한 언어로 된 홍보 전단과 통역 서비스의 공급이 문제를 해결할 수 있으리라 가정된다. 그렇지만 의사소통이란 언어 기술과 문해文解 이상의 것들로 구성된다. 빅놀과 버트의 연구는 영국 태생의 영어를 하는 아시아인들 사이에서조차, 어떤 서비스들이 제공되고 있는지에 대해 정보가 상당히 부족함을 제시하고 있다. 마이클 반턴 Michael Banton과 M. 허쉬M. M. Hirsch에 의해 수행된 연구는 앞선 연구의 결과들을 증명해 준다.

의사소통의 문제는 이 지역의 모든 활동들에서 확인된다. 그러한 문제는 부분적으로 언어의 차이들과 관계가 있지만, 그러나 또한 우리 사회 내의 다양한 소수민족 집단들이 겪고 있는 분리된 삶들로부터, 그리고 이에 따라 비공식적 접촉을 통해 의사소통이 이루어짐으로써 야기되는, 서비스들에 관한 정보들의 불일치로부터 발생한다.[16]

아마도 관련 연구가 제시하는 가장 일관된 권고 사항은 장애를 지닌 흑인을 포함한 장애인 클라이언트들이 서비스의 입안에 직접 관여할 필요가 있다는 점일 것이다.[17] 이는 다시 다중적 차별의 맥락 내에서 이해될 필요가 있다. 레슬리 존스Lesley Jones, 칼 앳킨Karl Atkin, 와카르 아마드Waqar I. U. Ahmad는 아시아계 농 젊은이와 그 가족들에 대한 연

---

16 Michael Banton and M. M. Hirsch, *Double Invisibility: Report on Research into the Needs of Black Disabled People in Coventry*, Coventry: Warwickshire County Council, 2000, p.32.

17 Jabeer Butt and L. Box, *Supportive Services, Effective Strangers: The Views of Black-Led Organisations and Social Care Agencies on the Future of Social Care for Black Communities*, London: Race Equality Unit, 1997.

구의 결론에서 다음과 같이 말한다.

> 정체성은 어떤 단일한 이슈에만 밀접하게 연결되어 있는 것이 아니며, 젊은이와 그 가족은 다양한 정체성에 기초한 요구들을 동시적으로 가지고 있다. 상황이 이런 만큼, 그것은 또 다른 요구를 위하여 하나의 요구를 버리거나, '민족성'보다 '농'을 더 우선시하여 선택하는 것과 같은 문제가 아니다. 오히려 농뿐만 아니라 다른 정체성들이 갖는 위상을 함께 잘 조정해 내는 문제라 할 수 있다. 이러한 긴장들을 제대로 다룰 때에만, 아시아계 농인과 그 가족의 필요에 서비스들이 적절히 부응할 수 있을 것이다.[18]

버넌은 다중적 억압의 경험에 대한 분석에서, 특정한 경험에 영향을 미쳤던 것이 성차별주의인지, 인종주의인지, 장애차별주의인지를 구분하는 것은 다소 무의미하다고 말한다.[19] 그녀의 연구 참여자 중 한 명인 라일라Laila는 그 연구의 다른 많은 참여자들이 공유하고 있는 느낌을 그대로 똑같이 드러냈다. "나는 억압이 기회의 부정이라고 느낀다. 맞서 싸워야만 할 많은 대상들이 존재하며, 그것들이 어떤 것에 대해 기회를 부여하지 않는다면, 또 다른 것에 대해서도 기회를 부여하지 않을 것이다." 특정 이슈들에 대한 흑인 및 소수민족 장애여성들의 인식은 그녀들이 직면해 있는 환경과 상황에 따라 바뀐다. 예를 들어, 만일 그녀

---

18 Lesley Jones, Karl Atkin and Waqar I. U. Ahmad, "Supporting Asian Deaf Young People and Their Families: The Role of Professionals and Services", *Disability and Society* 16(1), 2001, p.68.

19 Vernon, "Understanding 'Simultaneous Oppression': The Experience of Disabled Black Women in Education and Employment".

들이 입구의 계단 때문에 여성보건센터를 이용할 수 없다면, 그 시점에서는 장애차별주의가 그녀들에 대한 억압의 가장 중요한 측면일지 모른다. 한편 만약 남성 의사가 그녀들을 히스테리가 심하다고 책망한다면, 그 순간에는 성차별주의가 가장 커다란 문제일지도 모른다. 그러나후자의 상황에서 그 의사의 반응 중 얼마만큼이 여성에 대한 차별적인태도와 관련되어 있으며, 또 얼마만큼이 장애인은 무성적인 존재라는장애차별주의적인 인식과 관련되어 있는지 단정하기란 어려운 일이다.나사 베굼Nasa Begum이 다음과 같이 진술했던 것처럼 말이다.

> 동시적 억압의 바로 그러한 본질은, 흑인 장애남성과 흑인 장애여성, 흑인 장애레즈비언과 흑인 장애게이의 경우에서처럼, 우리 삶의 실재를 반영하는 억압의 단일한 원천을 확인할 수 없다는 것을 의미한다. 장애를지닌 흑인은 동시적 억압을 겪고 있으며, 이에 따라 우리가 다른 것들은제외하고 단순히 억압의 한 측면만을 우선시할 수 없음을 인정하지 않는다면, 다중적 억압에 대한 어떠한 의미 있는 분석도 이루어질 수 없다.[20]

그리하여 오시 스튜어트Ossie Stuart가 주장했듯이, 장애를 지닌 흑인은 흑인으로서 경험하는 인종주의와 장애인으로서 경험하는 장애차별주의의 합으로 환원될 수 없는, 고유한 형태의 제도적 차별을 겪는다.그들이 경험하는 현실은 "장애를 지닌 흑인을 고립시키고, 그들을 소수민족과 장애인구 내에서도 주변부에 위치시킨다".[21] 밀드렛 힐Mildrette

---

20 Nasa Begum, "Mirror, Mirror on the Wall", eds. Nasa Begum, Mildrette Hill and Andy Stevens, *Reflections: Views of Black Disabled People on their Lives and Community Care*, London: Central Council for Education and Training in Social Work, 1994, p.35.

Hill은 장애를 지닌 흑인들이 직면해 있는 극단적인 억압에 주의를 기울였다. 그녀는 장애를 지닌 흑인들은 "사회적으로, 경제적으로, 교육적으로 가장 박탈당하고 억압받는 사회 구성원"일 수밖에 없을 정도로 억압의 누적 효과가 크다고 말한다.[22]

다른 사회적 분할들의 상호작용 경험——예를 들어, 장애가 있으면서 노령인, 장애가 있으면서 여성인, 장애가 있으면서 게이나 레즈비언인, 장애가 있으면서 노동자인——에 대한 비교 분석은 장애를 지닌 흑인의 경험과 유사한 결과를 보여 준다. 예를 들어, 장애를 지닌 레즈비언과 양성애 여성이 가진 견해 및 경험에 대한 가장 광범위한 조사는 그들이 레즈비언이나 게이 집단에 의해 주변화됨을 느낀다는 증거를 보여 준다. "장애를 지닌 많은 레즈비언들과 양성애 여성들은 레즈비언이나 게이 공동체로부터 보살핌과 지지를 경험하기보다는 소외감을 경험해 왔다."[23]

사회적 분할과 차별 경험 간의 연관성은 복합적이며, 특히 여러 요인들 간의 상호작용 내에서 그러하다. 리나 바브나니Reena Bhavnani는 이를 다음과 같이 지적했다.

흑인 여성의 경험이 모든 맥락 내에서 백인 여성, 흑인 남성, 또는 백인 남성과 언제나 다르다고 가정될 수는 없다. 인종·젠더·계급·연령·장애

21 Ossie Stuart, "Double Oppression: An Appropriate Starting-point?", eds. John Swain, Victor Finkelstein, Sally French and Michael Oliver, *Disabling Barriers: Enabling Environments*, London: Sage, 1993, p. 95.
22 Mildrette Hill, "Race and Disability", ed. The Open University, *Disability Identity, Sexuality and Relationships: Readings*, K665Y course, Milton Keynes: The Open University, 1991, p. 6.
23 Kath Gillespie-Sells, Mildrette Hill and Bree Robbins, *She Dances to Different Drums: Research into Disabled Women's Sexuality*, London: King's Fund, 1998, p. 57.

와 같은 여러 요인들 간의 상호작용은 차별의 다양성을 생성해 낸다. 이는 흑인 여성의 경험이 어떤 맥락들 내에서는 백인 여성, 흑인 남성, 백인 남성과 차이뿐만 아니라 유사성도 지닐 수 있음을 시사한다.[24]

인종주의에 대한 경험은 분명히 어떤 개인의 계급적 지위에 의해 완화되거나 더 악화될 수 있다. 특권/불이익의 축들을 중심으로,[25] 사회계급은 많은 중대 요소들에 대해 유력한 결정요인으로 작용한다. 계급적 특권이 증가함에 따라, 다른 불이익의 효과들은 감소할 가능성이 높다. 마찬가지로, 다른 불이익들의 효과는 낮은 사회계급적 지위에 의해 악화될 수 있다. 더욱이 장애차별주의와 인종주의는 장애인과 흑인, 그리고 소수민족 구성원들이 사회계급이라는 사다리의 더 높은 곳으로 오를 수 있는 기회를 두드러지게 감축시키는데, 이는 그들이 저임금·저숙련 일자리로 집중되는 현상에서뿐 아니라 매우 높은 실업률에서도 명백히 드러나는 사실이다.[26]

장애인의 삶에 있어 사회경제적 맥락의 중요성은 모리스에 의해 적절히 예증된다.[27] 그녀는 동일하게 몸 전반이 마비되어 있지만 그 선택권과 생활양식은 매우 다른 두 장애인의 상황을 대조하고 있다. 한 명

24 Reena Bhavnani, *Black Women in the Labour Market: A Research Review*, Manchester: Equal Opportunities Commission, 1994, p.viii.

25 Patricia Hill-Collins, *Black Feminist Thought: Knowledge, Consciousness and the Politics of Empowerment*, Oxford: Unwin-Heinemann, 1990.

26 Colin Brown, *Black and White in Britain: The Third PSI Survey*, Oxford: Heinemann, 1984; Michael Oliver, "Disability and Participation in the Labour Market", eds. Phillip Brown and Richard Scase, *Poor Work: Disadvantage and the Division of Labour*, Buckingham: Open University Press, 1991, pp.132~147.

27 Morris, *Pride Against Prejudice*.

은 변호사인데, 그는 몇 채의 집을 소유하고 "스스로 자립적 삶을 만들어 나가는 데 필요한 모든 보조공학 기기를" 구입했지만,[28] 아무런 물질적 자원을 갖고 있지 않은 젊은 여성은 장기요양원에 의탁되어 있었던 것이다. 그렇다면 분명히 계급적 특권은 경제적으로나 사회적으로 모두 차별을 경감시키는 강력한 요인이 될 수 있다. 요컨대 억압의 이데올로기들은 서로 독립적으로 작용하는 것이 아니기 때문에 다중적 정체성을 지니고 있는 사람들에게 차별의 가능성이 크게 증가되기는 하지만, 그 효과들이 언제나 동시적으로 경험된다고 가정할 수는 없다. 어떤 이들의 경우, 그들의 특권적인 계급적 지위는 젠더·인종·장애의 교차를 완화시킬 수 있다. 또 다른 이들의 경우, 그들의 노동자계급이라는 배경이나 섹슈얼리티가 젠더·인종·장애에 대한 경험을 강화할 수도 있다. 그러므로 장애차별주의·인종주의·성차별주의에 대한 경험은 각각의 특권들이나 불이익들의 존재에 의해 완화되거나 악화된다고 할 수 있다.

더욱이 다중적 불이익의 존재는 어떤 불이익에 대한 경험을 증대시킬 수 있다. 예를 들어, 장애여성의 성차별주의에 대한 경험은 대개 젠더와 장애의 교차에 의해 악화된다.[29] 그렇지만 젠더·계급·인종·섹슈얼리티·연령·장애가 언제나 동시적으로 경험되지는 않는다. 비록 흑인 및 소수민족 장애여성들이 젠더·인종·장애와 관련된 제도적 차별을 동시적으로 겪는다고 하더라도, 개인적인 수준에서 그 경험은 그녀들이 처한 맥락에 따라 매일매일 상당히 달라진다. 때때로 그러한 억압은 분

---

28 Morris, *Pride Against Prejudice*.

29 Margaret Lloyd, "Does She Boil Eggs? Towards a Feminist Model of Disability", *Disability, Handicap and Society* 7(3), 1992, pp.207~221; Susan Lonsdale, *Women and Disability: The Experience of Women with Disability*, London: Macmillan, 1990.

명한 방식으로 장애 그 자체와 관련된다. 예를 들어, 버넌이 수행한 연구의 두 참여자인 넬람Nelam과 라일라의 잠재적 고용주들이 그녀들에게 장애가 있다는 것을 (알기 전이 아닌) 알고 난 후 면접을 거부했을 때처럼 말이다.[30] 또 다른 때는 그녀들의 차별적 경험을 악화시키는 것이 장애·인종·젠더의 어떤 결합일 수 있다. 예들 들어, 에마Emma(그녀 또한 버넌이 수행한 연구의 참여자이다)는 시각장애 때문에 그녀가 '잘 대처할 수 없을' 것이라는 가정하에 핵심 관리직에서 거부되었다. 그녀가 '잘 대처할 수' 없을 것이라는 가정과 발언은 그 자체로는 장애차별주의적인 것이다. 그러나 에마는 그 근본적인 이유가 인종주의라고 느꼈는데, 왜냐하면 인사 관련 회의에서 사람들이 관리자로 흑인을 원치 않는다는 것을 알았기 때문이다. 요컨대 장애는 인종주의를 가리기 위해 활용된 것처럼 보였다. 비록 장애와 인종 양쪽 다 에마의 승진이 거부되는데 역할을 했을 가능성이 있을지라도 말이다. 프렌치 또한 물리치료사들을 대상으로 한 연구에서, 승진이 가로막힌 연구 참여자들의 경우 그 원인이 연령인지, 젠더인지, 장애인지, 혹은 다른 어떤 것이지 정확히 알기가 어렵다는 것을 확인했다.[31]

요약하자면, 젠더·인종·계급·장애라는 요인은 다양한 상황 속에서 상이하게 상호작용하며 영향을 미치는 것처럼 보인다. 맥락에 따라 때로는 서로 결합되기도 하고 때로는 개별적으로 작용하면서, 차별의 경험을 악화시키기도 하고 완화시키기도 하는 것이다.

---

30 Vernon, "Understanding 'Simultaneous Oppression': The Experience of Disabled Black Women in Education and Employment".
31 Sally French, *Disabled People and Employment: A Study of the Working Lives of Visually Impaired Physiotherapists*, Aldershot: Ashgate, 2001.

정체성에 대한 성찰

정체성이라는 개념은 사회과학의 연구 영역 전반에서 점점 더 두드러지고 있다.[32] 사회적 분할과 관련하여, 정체성이라는 문제는 분석을 명시적으로 정치의 무대로 옮겨 놓는다. 케빈 헤더링턴Kevin Hetherington은 불평등한 권력관계 내에서 지배에 대한 저항을 통해 정체성이 중요성을 갖게 된다고 말한다.

> 정체성과 정체성의 정치 내에서 이러한 관심들의 배후에 놓여 있는 주요 이슈들 중 하나는 점점 더 일반적으로, 주변화와 저항의 정치 간의 관계, 긍정적이고 권한을 강화시키는 정체성의 선택과 차이의 정치 간의 관계가 되어 왔다.[33]

> 장애와 관련하여, 버넌은 다중적 억압의 경험들과 정체성 간의 복합적 관련성을 확인했다.[34] 예를 들어 샤지아Shazia의 경우에는, 아래의 인용문에서 나타나듯, 인종과 문화적인 민족 정체성이 장애 정체성에 비해 우세한 것처럼 보인다. 그녀는 자신의 손상이 겉으로 드러나지 않았기 때문에, 그녀가 가족을 떠나 독립하던 시기에 자신의 삶의 경험들 내에서 인종주의가 더 지배적이라고 느꼈다. 피부색의 가시성이 모든 이들로 하여금 그녀를 차이를 지닌 존재로 여기게 만들고 또 두드러지게 했던 것이다.

> 지난 30년 동안 나는 매일같이 인종차별을 경험했으며, 그것이 나를 규정하는 무엇이었어요. 이것이 내가 장애인이기 이전에 검은 피부의 아

시아인임을 이야기하는 이유입니다. 그것은 나의 삶에 있어 절대적으로 근본적인 것이지요. 내가 집에 있든, 거리를 다니든, 학교에서 교육을 받든, 나는 언제나 내가 검은 피부의 아시아인이라는 사실과 직면했고, 여전히 그 문제에 직면하고 있습니다. 손상과 더불어 나는 잘 살아가고 있어요. 여성이라는 것을 나는 자랑스럽게 생각해요. 나는 그것들을 검은 피부를 지녔다는 것처럼 부정적으로 생각하지 않아요. 검다는 것 자체가 부정적인 것은 아닐 테지만, 그러한 부정적인 것이 검다는 것의 실제 경험입니다. 검은 피부를 지니지 않았다면, 이것을, 일상 수준에서의 공포를, 자신의 피부색 때문에 공격받을 수 있다는 그 공포를 이해하지 못할 거예요.

비록 인종주의의 위협이 샤지아의 삶에서 훨씬 더 지배적이기는 하지만, 만약 그녀의 손상이 더 가시적이었더라면, 이에 대한 그녀의 취약감이 더 컸을지도 모른다.

그렇다면 어떤 것에 대한 차별이 더 공공연할수록, 그러한 특정 정체성을 둘러싼 해당 주체의 인식과 취약감이 더 강화된다는 것은 명백해 보인다. 장애 정체성과 장애 정치 간에는 분명한 상관성이 존재한다. 주디스 멍크스Judith Monks가 다음과 같이 진술했던 것처럼 말이다.

사회적으로 배제되고 억압받는 사람들, 그리고 대개는 또한 표준적인

---

32 Richard Jenkins, *Social Identity*, London: Routledge, 1996.

33 Kevin Hetherington, *Expression of Identity: Space, Performance, Politics*, London: Sage, 1998, p.21.

34 Vernon, "Understanding 'Simultaneous Oppression': The Experience of Disabled Black Women in Education and Employment".

사회적 존재의 특질이 결여된 것으로 규정되는 사람들은, 공유된 배제의 경험 그 자체 내에서 연대를 발견할 수 있다.······ 새롭게 등장하고 있는 '공동체들'은 정치적으로 활성화될 수 있다.······ 공유된 활동과 의사소통으로부터 비롯되는 상호의존·상호관계·연대의 경험은 멤버십은 물론, 직접적인 정치적 행동에 있어서도 중요한 부분이다.[35]

장애인 운동의 성장과 사회적 장애모델의 등장은 긍정적이고 적극적인 장애 정체성이 형성될 수 있는 비옥한 토양이었다. 반스, 머서, 셰익스피어는 사회적 저항에의 참여가 "보다 긍정적인 장애 정체성에 대한 촉매제"가 되어 왔다고 말한다.[36] 올리버와 반스는 "정치적 맥락 내에서 장애 정체성의 재평가는, 무능하고, 무력하고, 수동적인 존재로서의 장애인에 대한 전통적 관점에 도전하는 과정을 수반한다"고 말한다.[37] 리처드 우드Richard Wood는 이러한 발전을 다음과 같이 요약하고 있다.

장애인으로서의 우리 정체성을 발견하는 것은 정말, 너무나도 중요하다. 그것은 현재에도 여전히 중요한데, 그러한 발견이 없다면 장애인들은 스스로를 존중할 수 없을 것이다. 나는 그것이 아마도 장애인 운동이 이야기할 수 있는 가장 큰 성과이지 않을까 생각한다. 그것은 우리의 운동이며, 어느 누구도 그것을 대신할 수는 없다. 우리는 우리가 누구인지

35 Judith Monks, "'It Works Both Ways': Belonging and Social Participation among Women with Disabilities", eds. Nira Yuval-Davis and Pnina Werbner Women, *Citizenship and Difference*, London: Zed Books, 1999, p.71.

36 Barnes, Mercer and Shakespeare, *Exploring Disability*, p.178.

37 Michael Oliver and Colin Barnes, *Disabled People and Social Policy: From Exclusion to Inclusion*, London: Longman, 1998, p.71.

알고 있다. 나는 우리가 어디로 가야 하고 왜 그곳으로 가야 하는지에 대해, 우리가 어느 정도 확실히 알고 있다고 생각한다.[38]

더 나아가 장애예술의 근원도 장애 이슈의 정치화 내에 존재한다. 톰 셰익스피어 등이 말했던 것처럼 "드라마·카바레cabaret[39]·글쓰기·시각예술은 부정적인 이미지들에 도전하는 데 활용되어 왔으며, 일체감을 형성해 낸다".[40] 핀켈스타인은 1987년에 만들어진 런던장애예술포럼 London Disability Arts Forum, LDAF의 설립자 중 한 명인데, 그는 "우리의 구별되는 집단적 정체성의 자유로운 수용에 기반을 두고, 우리가 우리 자신의 공적 이미지를 생성해 내는 것은 극히 중요하다"고 말한다.[41] 정체성의 이러한 성장은 제도적 차별의 기저를 이루는 가치들에 도전하면서, 진실로 장애예술에 있어 중심적인 것이 되어 왔다. 노랫말·시·글쓰기·드라마 등을 통하여, 장애인들은 차이를 찬양하고 장애인이 '비정상적인' 존재로서 가치 절하되는 정상성의 이데올로기를 거부하였다. 그들은 의존과 무력함의 반명제인, 강점과 자부심의 이미지를 생성해 내고 있다.[42]

---

38 Campbell and Oliver, *Disability Politics*, p.24.
39 소규모 무대가 있는 식당이나 클럽에서 이루어지는 다양한 형태의 공연, 또는 그러한 공연이 이루어지는 업소를 말한다. 한국에서는 관광업이 활성화되면서 호텔을 중심으로 생겨난 극장식 유흥업소가 카바레라는 명칭을 사용했지만, 1880년대에 프랑스 파리에서 처음 카바레가 문을 열었을 때는 주로 연극을 공연하였다. 또한 제1차 세계대전 이전의 독일에서는 전위적 예술가의 모임 장소가 되었고, 미국에서는 오늘날에도 많은 뛰어난 희극 배우나 뮤지컬 가수를 탄생시키는 모태 구실을 하고 있다. ─옮긴이
40 Tom Shakespeare, Kath Gillespie-Sells and Dominic Davies, *The Sexual Politics of Disability*, London: Cassell, 1996, p.186.
41 Campbell and Oliver, *Disability Politics*.
42 John Swain and Sally French, "Towards an Affirmative Model of Disability", *Disability and Society* 15(4), 2000, pp.569~582.

신사회운동이 집단적 정체성의 정치에 대한 새로운 중심들을 만들어 내기는 했지만, 많은 사회과학자들이 보기에 그 전반적인 모습은 분열되고, 유동적이며, 다중적이고, 경합하는 정체성들이 혼재된 상황이라고 할 수 있다. 예를 들어 브래들리에 따르면, 정체성은 더 이상 주되게 계급에 기반하고 있는 것이 아니며, 사람들은 이제 자신의 정체감을 젠더, 연령, 결혼 여부, 성적 취향, 소비 양식, 그리고 우리가 추가하려는 장애를 포함하여 훨씬 더 광범위한 원천들로부터 가져오고 있다.[43] 더욱이 정체성은 단순히 '~임'being이라기보다는 '~되기'becoming의 문제이다.

> 정체성은 어떤 본질화된 과거 속에 영구히 고정된 것이 결코 아니며, 역사·문화·권력의 끊임없는 '활동'에 영향을 받는다.……정체성은 우리가 과거의 내러티브에 의해 자리매김되는, 그리고 과거의 내러티브 내에 우리 스스로를 자리매김하는 다양한 방식들에 우리가 부여한 이름이다.[44]

다양성과 유동성의 맥락 내에 놓여 있는 정체성은, 이해관계 및 권력 불평등의 갈등 내에서 경합된다. 이언 마시Ian Marsh는 다음과 같은 예를 제시하고 있다.

요크셔Yorkshire 교외 여자종합중등학교의 교장인 아일랜드 노동자계

---

43 Harriet Bradley, *Fractured Identities: Changing Patterns of Inequality*, Cambridge; Polity, 1996, p.23.
44 Stuart Hall, "Cultural Identity and Diaspora", ed. Jonathan Rutherford, *Identity: Community, Culture and Difference*, London: Lawrence and Wishart, 1990, p.25.

급 가정 출신의 [한] 가톨릭 신자 남성 동성애자는, 젠더·섹슈얼리티·종교·국적·계급·민족성의 문제를 제기하는 자신의 이미지에 대한 일련의 분리되고 경합하는 주장들을 묘기 부리듯 다루어 내야만 할 것이다.[45]

신사회운동은 집단적 정체성의 표현이라고 할 수 있다. 그러나 그러한 운동 또한 정체성들이 경합하는 장소이다. 피오나 윌리엄스Fiona Williams는 1970년대에 활동한 여성주의자들이 강조했던 여성들 간의 공통성이 어떻게 도전받아 왔는지를 보여 준다.

흑인·레즈비언·장애의 정치에 기반을 둔 여성주의는, 여성의 경험이 구성되는 것을 매개하는 복합적이고 상호 연관된 다양한 정체성과 주체의 위상을 이해하고, 또한 이러한 것들이 시간과 장소에 따라 변화하는 방식을 이해하기 위하여 '여성'이라는 범주를 해체해야 할 필요성을 지적해 왔다.[46]

타리크 모두드Tariq Modood는 영국 내에 거주하는 소수민족 집단의 2세대 및 3세대 구성원들을 대상으로 민족 정체성 패턴의 복잡한 변화를 추적했다.[47] 그는 이들의 정체성이 1세대보다 한층 더 의식적으로 선택되고, 공공연하게 찬양되고, 논쟁되며, 경합된다고 말한다.

45 Ian Marsh, *Sociology: Making Sense of Society* 2nd edn., Harlow: Prentice-Hall, 2000, p.31.
46 Fiona Williams, "Postmodernism, Feminism and the Question of Difference", ed. Nigel Parton, *Social Theory, Social Change and Social Work*, London: Routledge, 1996, p.69.
47 Tariq Modood, "Culture and Identity", eds. Tariq Modood, Richard Berthoud, Jane Lakey, James Y. Nazroo, Patten Smith, Satnam Virdee and Sharon Beishon, *Ethnic Minorities in Britain: Diversity and Disadvantage*, London: Policy Studies Institute, 1997, pp.290~339.

많은 논평가들은 장애 정체성 내에서도 유사한 분화의 패턴을 확인했다. 이와 관련하여 다수의 논의가 확인되고 있다. 아마도 그 첫번째는 운동 내에서의 분화 가능성일 것이다. 예를 들어 멍크스는 다음과 같이 주장한다.

1990년대 초반이 되자 장애화에 대한 **특정한** 경험의 주장에 의해 추동된, 부인할 수 없는 운동의 분화가 나타났다. 그에 따라, 운동에 있어 현재의 주요 딜레마는, 집단적인 정치적 행동에 대한 헌신과 결부된, 특유의 경험을 지닌 구성원들에 대한 멤버십의 인정에 놓여 있다.[48]

모리스는 다음과 같이 쓰고 있다.

장애를 지닌 흑인과 장애를 지닌 게이 및 레즈비언은 특정한 맥락에서 그들의 특정한 관심사를 표현한다.……그러한 집단들이 보다 일반적인 장애의 분석에 대하여 '부가적이고' 임의적인 추가적 존재로 취급되어서는 안 된다.[49]

그러한 비판은 제인 캠벨Jane Campbell과 마이클 올리버의 저서에서 다양한 견해들에 의해 반복적으로 뒷받침되고 있다.[50] 예를 들어, 힐은 다음과 같이 말한다.

48 Monks, "'It Works Both Ways': Belonging and Social Participation among Women with Disabilities", p.75.
49 Morris, *Pride Against Prejudice*, p.12.
50 Campbell and Oliver, *Disability Politics*.

나는 장애를 지닌 백인들이 다음과 같이 말하는 것에 질려 버렸다. 우리는 장애를 지닌 흑인들처럼 인종과 장애라는 이슈에 대해 관심을 가질 필요는 없다, 우리는 단지 장애의 이슈에만 관심을 가져야 하는데 왜냐하면 그것이 투쟁의 과제이기 때문이다, 장애가 우리의 특성 내에서 가장 중요한 요소이다, 라고 말이다. 나는 장애를 지닌 흑인이 장애를 지닌 백인과 공통적으로 많은 것을 공유한다고 믿는다. 우리는 많은 공통의 이슈들을 지니고 있지만, 흑인으로서 우리가 맞닥뜨려야만 하는 인종주의라는 부가적 요소가 여전히 매우 크게 존재한다는 사실을 무시할 수 없다. 나는 백인들의 장애 운동이 그러한 사실을 충분히 이해하고 있다고 생각하지 않는다.[51]

이러한 분화는 다양한 사회적 분할들의 상호작용과 더불어 잠재적으로는 무한할 수 있다. 예를 들어, 리가드REGARD라는 단체는 장애인 운동과 장애인 공동체 내에 존재하는 이성애중심주의에 대응하기 위하여 설립된, 장애를 지닌 레즈비언들과 게이들의 캠페인 단체이다. 그렇지만 캐스 길레스피-셀스Kath Gillespie-Sells, 밀드렛 힐, 브리 로빈스Bree Robbins가 진행한 연구는 이 단체가 장애를 지닌 모든 레즈비언과 게이를 대표하는 것은 아님을 시사한다.

리가드와의 토론은 장애를 지닌 흑인 레즈비언들 쪽에서는 '커밍아웃'이나 성적지향에 대한 확인이 꺼려지고 있음을 드러내 주었다. 토론에서 제시된 이유는 장애인 공동체 내에서의 동성애 혐오였다.……가족

---

51 ibid., p.132.

이나 소수민족 공동체 내에서의 반反레즈비언 의식이라는 문제 또한 존재했다. 게다가 그들의 성욕이 과잉되어 있다고 주장하는 식의 적대감에 맞설 수 있는 지원이 부재하다는 문제도 있었다.[52]

장애를 지닌 난민과 망명 신청자는 단일 이슈 중심의 운동들에서 이해관계가 제대로 고려되지 않은 또 하나의 집단이라고 할 수 있는데, 그들에 대한 논의는 좀더 최근에서야 이루어지기 시작했다. 그들은 "우리 사회 내에서 가장 불이익을 받는 집단들 중 일부를 이루고 있다".[53] 장애를 지닌 난민과 망명 신청자는 "관련 제도 내에서 미아가 되어" 있는데, 이는 "장애 운동과 난민 공동체 모두가 그들의 관심을……해당 인구의 다수에 영향을 미치는 이슈들에 집중하고 있으며, 규모가 작은 소수에 영향을 미치는 이슈들에 적절히 대처하는 데 실패하기" 때문이다.

이는 대다수 사회 운동에서 나타나는 특징이다. 소수자들이 단결하는 데 근거가 되는 바로 그것——즉 '정체성과 차이'——이 또한 그들을 분할로 이끌고 가는 핵심 요인이라는 사실은 아이러니하다. 요컨대 흑인 여성주의 저술가인 오드리 로드Audre Lorde가 다음과 같이 진술했던 것처럼 말이다.

의식의 가장자리 어딘가에, 내가 **가상의 표준**mythical norm이라고 부르는 것이 존재한다.……이러한 표준은 통상적으로 백인, 날씬함, 남성,

---

52 Gillespie-Sells, Hill and Robbins, *She Dances to Different Drums: Research into Disabled Women's Sexuality*, p.62.
53 Keri Roberts, "Lost in the System: Disabled Refugees and Asylum Seekers in Britain", *Disability and Society* 15(6), 2000, p.945.

젊음, 이성애자, 기독교도, 재정적 안정 등으로 규정된다. 권력의 상징물은 바로 이러한 가상의 표준과 더불어 이 사회 내에 존재한다. 그러한 권력의 바깥에 있는 우리들은 흔히 우리가 상이하게 드러나는 한 가지 방식만을 식별하며, 그것이 모든 억압의 주요한 원인이 된다고 가정한다. 차이를 둘러싼 여타의 왜곡들, 그리고 그 중 일부는 우리 자신이 행하고 있을지도 모른다는 것은 망각한 채 말이다.[54]

아래에서 힐이 진술하는 바와 같이, 장애인 운동 내에서 장애를 지닌 흑인들의 경험은 위의 내용을 실증해 준다.

사회 내에서 일반적으로 그러한 것처럼, 장애인 공동체들——하나는 흑인 사회, 다른 하나는 백인 사회, 이렇게 2개의 사회가 따로 발전하고 있는——내에서도 마찬가지로 분리와 불평등이 존재했다.……장애 운동과 관련되어 있는 한, 장애차별주의가 인종주의뿐만 아니라 다른 인권 문제보다도 언제나 우선시되었다.[55]

이러한 태도는 흑인 공동체 내에서도 또한 널리 퍼져 있다. 피터 맥도널드Peter McDonald가 경험한 다음과 같은 가족의 반응이 실증하는 것처럼 말이다. "흑인의 권리를 위해 투쟁하는 것과, 장애인의 권리를 위해 투쟁하는 것은 별개의 것이다. 2개의 다른 투쟁을 수행하기에는

54 Audrey Lorde, *Sister Outsider*, California: Crossing Press Feminist Series, 1984, p.37.
55 Mildrette Hill, "They are Not Our Brothers: The Disability Movement and the Black Disability Movement", eds. Nasa Begum, Mildrette Hill and Andy Stevens, *Reflections: Views of Black Disabled People on their Lives and Community Care*, London: Central Council for Education and Training in Social Work, 1994, p.75.

시간과 에너지가 충분치 않다."[56]

단일 이슈의 정치적 문제를 중심으로 조직된 사회 운동들은 다중적 정체성을 지닌 개인들——장애를 지닌 흑인들과 같은——에게 어느 하나의 투쟁을 우선시하도록 강제한다. 그렇지만 정체성·차이·정치·권력 간의 상호작용은 훨씬 더 복합적이다. 버넌의 연구에서 애니타Anita가 설명했던 것처럼 말이다.[57]

대부분의 시간에 사람들은 정체성을 분리할 수 없어요. 나는 젠더·인종·장애가 때때로 결합되어 차별적인 경험을 만들어 낸다고 생각해요. 예컨대, 교육에서는 장애가, 노동에서는 인종과 장애가, 가정에서는 여성이라는 점이 누군가의 경험을 지배하는 것이었을 수 있죠. 그것을 분리한다면, 그 사람이 겪는 경험의 전체성totality을 놓치게 되는 거예요.

여성이고, 흑인이며, 학습적 장애인인 재키 다우너Jackie Downer도 유사한 견해를 표명했다. "나는 그것[정체성]들을 분리할 수 없다고 생각한다. 이것이 나이다. 나는 그 모든 것들과 다양한 방식으로 관련되어 있다."[58] 여러 상이한 집단들이 경험하는 억압은 고유한 것이고, 따라서 상이한 정체성들이 존재한다는 사실을 뒷받침한다고 주장될 수 있다.

---

56 Peter McDonald, "Double Discrimination must be Faced Now", *Disability Now*, March 8, 1991, p.3.

57 Vernon, "Understanding 'Simultaneous Oppression': The Experience of Disabled Black Women in Education and Employment".

58 Jan Walmsley and Jackie Downer, "Shouting the Loudest: Self-advocacy, Power and Diversity", eds. Paul Ramcharan, G. Roberts, G. Grant and J. Borland, *Empowerment in Everyday Life: Learning Disability*, London: Jessica Kingsley, 1997, p.45.

톰 셰익스피어는 "단일하고 본질주의적인 장애 정체성으로부터 벗어나, 다양한 장애 정체성들을 사고하는 것은 필연적인 것일지 모른다"고 말한다.[59]

요약하자면, 정체성——더 정확히는 정체성들——은 다면적이고 유동적인 것으로 간주될 수 있다. 예를 들어, 흑인 및 소수민족 장애인들 역시 그 자체로 이질적인 집단으로 간주될 수 있거나 간주되어야 하는지, 아니면 '흑인이면서 장애인인' 하나의 고정된 정체성을 지닌 것으로 간주될 수 있거나 간주되어야 하는지는, 진정으로 문제적이라 할 수 있다. 윌리엄스는 말한다. "하나의 또는 많은 순간들에, 하나의 또는 많은 장소들에서, 장애의 이슈가 강조될지 모른다. 또 다른 순간에는, 계급적 불평등이 바로 그 동일한 사람이나 집단들에게 있어 지배적인 것일 수도 있다."[60] 이러한 관점에서 그리고 급변하는 사회적 맥락에서 보자면 "개인의 일상 경험이 지닌 복합성을 왜곡하는, 대규모이면서 상대적으로 안정된 사회적 범주들"의 견지에서 파악된, 지나치게 확대된 범위의 정체성 선택과 사회세계에 대한 해석이 존재하는 것이라 할 수 있다.

장애 이론에 대한 성찰

장애 이론 그 자체로 되돌아와 보면, 여기서도 사회적 분할과 위계라는 관념은 중심적인 위치를 점하고 있다. 사회적 모델의 기반은 역사유물

---

59 Tom Shakespeare, "Disability, Identity and Difference", eds. Colin Barnes and Geof Mercer, *Exploring the Divide: Illness and Disability, Leeds: Disability Press*, 1996, p.110.

60 Fiona Williams, "Somewhere over the Rainbow: Universality and Diversity in Social Policy", eds. Nick Manning and Robert Page, *Social Policy Review* 4, London: Social Policy Association, 1992, p.215.

론에 있으며, 따라서 장애 이론의 기반도 역사유물론에 있다고 할 수 있다. 그리고 장애 이론에서 가장 가주 언급되는 것은 [역사유물론자인] 핀켈스타인[61]과 올리버[62]의 텍스트들이다. 보다 최근의 저술에서, 올리버는 다음과 같이 설명한다. "경제는 노동시장의 작용과 노동의 사회적 조직화 양자를 통하여, 장애 범주의 생산과 장애인에 대한 사회적 대응을 결정하는 데 핵심적인 역할을 한다."[63] 이러한 설명에서는, 현대 서구사회에서의 장애란 자본주의의 경제적·사회적 권력관계의 산물이며, 장애 이론은 사회적 분할[특히 노동의 분할division of labor, 즉 분업]의 생산에 대한 유물론적 이론에 뿌리를 두고 있다. 이렇듯 장애 이론의 기반은 사회학 내에서 가장 많은 관심을 받아 온 사회적 불평등의 형태인 사회계급과 장애를 결합시켜 내는 것이었다고 할 수 있다.[64] 맑스주의 이론 내에서, 부와 권력의 불평등은 계속해서 발전 중인 자본주의 체제의 직접적인 산물이다. 그 체제는 생산수단을 소유한 자인 부르주아와 노동자계급인 프롤레타리아 사이의 격차를 확대하고 있는 것이다.

> 부르주아의 새로운 시대는……이러한 변별적 특질을 지닌다. 그것은 계급 적대를 확대해 왔다. 사회 전체는 점점 더 2개의 거대한 적대적 진영으로, 직접적으로 서로를 마주하고 있는 2개의 거대한 계급들——부르주아와 프롤레타리아——로 양분되고 있다.[65]

61 Finkelstein, *Attitudes and Disabled People*.
62 Oliver, *The Politics of Disablement*.
63 Oliver, "A Sociology of Disability or a Disablist Sociology?", p.33.
64 Bradley, *Fractured Identities*.
65 Karl Marx and Friedrich Engels, *Manifesto of the Communist Party*, London: Lawrence and Wishart, 1934, p.10.

위와 동일한 이론적 기반이 장애를 만들어 내는 권력관계들의 분석을 여타의 사회적 분할들과 함께 통합시켜 내는 인식틀을 제공한다. "장애인이 직면해 있는 억압은 인종주의·성차별주의·동성애 혐오·연령주의·장애차별주의를 생산해 내는 자본주의의 경제적이고 사회적인 구조들에 뿌리를 두고 있다."[66] 장애의 생성에 대한 유물론적 설명은 이데올로기를 사회적 분할에 대한 분석의 중심에 둔다. 닐 톰슨Neil Thompson은 지배적 이데올로기가 아래와 같이 다양한 방식으로 작용한다고 말한다.[67]

1 사회적 불평등, 권력관계, 구조의 정당화
2 "무엇이 '정상적'인가, 따라서 확대하면 무엇이 '비정상적'인가"의 확립[68]
3 문화적 가치들과 바람직한 목표들의 규정
4 "자연스러운 것으로 여겨지고, 당연시되고, 거의 모든 것을 포섭해" 내기[69]

그렇지만 우리가 앞서 살펴보았듯이, 다중적인 사회적 분할들의 견지에서 경험과 정체성의 다양성을 인정하는 쪽에서는 하나의 포괄적인 이론적 설명의 전개에 이의를 제기한다. 아마도 여타의 사회적 분할들과 운동들에 대한 직접적인 참조가 상호비교를 통해, 장애인 운동과 장

---

66 Oliver, "A Sociology of Disability or a Disablist Sociology?", p.33.
67 Thompson, *Anti-Discriminatory Practice*.
68 ibid., p.25.
69 Barnes, "Theories of Disability and the Origin of the Oppression of Disabled People in Western Society", p.48.

애 이론 내의 발전에 영향을 주고 일정한 판단을 내리도록 했을 것이다. 예를 들어, 마크 프리스틀리Mark Priestley는 다음과 같이 말한다.

> 신생의 운동에게 차이의 인정은 분화에 대한 두려움을 불러일으킬 수 있다. 여성 운동이나 흑인 공민권 운동의 경험이 보여 주는 것처럼, 그러한 두려움은 분리주의나 특정 이해 집단들의 인정을 꺼리는 것 속에서 쉽게 드러난다. 결국 장애인 운동에는 다른 사회 운동들 내에서의 차이에 대한 이슈로부터 학습한 요소가 상당히 존재한다고 볼 수 있다.[70]

한편 그러한 통찰은 프리스틀리가 은연중에 드러내고 있는 것만큼 새로운 것은 아니다. 적어도 남아프리카공화국에서 아파르트헤이트에 맞서 적극적으로 투쟁을 하다 투옥되고 추방되었던 핀켈스타인의 경우에는 말이다. "그처럼 내가 장애인의 억압에 관하여 제기하고 있는 주장들 중 일부는 흑인에 대한 억압의 경험으로부터 기원했다."[71]

이러한 문제들과 관련된 두 가지 비평 체계가 여성주의 학자들 및 활동가들로부터, 그리고 탈근대주의 학파의 저술가들로부터 나왔다. 양쪽 다 단일하고 일관된 관점을 지녔다기보다는 광범위한 근원을 갖는다는 것을 강조할 필요가 있다. 예를 들어 장애 이슈들을 여성주의의 시각에서 분석한 최근의 두 기고문은 근본적으로 상이한 입장에 기반을 두고 있는데, 캐럴 토머스는 유물론적 여성주의자[72]이고 바버라 포셋 Barbara Fawcett은 탈근대주의적 여성주의자[73]이다. 분량이 상당하며 복

---

70 Mark Priestley, *Disability Politics and Community Care*, London: Jessica Kingsley, 1999, p.66.
71 Campbell and Oliver, *Disability Politics*, p.120에서 재인용.
72 Thomas, *Female Forms*.

잡한 이러한 분석들을 간명한 요약 내에 담아내기란 어려운 일이다. 그렇지만 그 토대들이 서로 상반된다는 것은 분명하다. 토머스는 자신의 저서에서

> 장애에 대한 사회관계론적 개념과 더불어 출발하고 있다. 그리고 사회의 생산력 발전, 생산과 재생산의 사회적 관계, 문화 구성체cultural formation 및 이데올로기의 수준에서 파악된 장애차별주의의 근원들이라는 견지에서, 그러한 장애차별주의의 설명을 구하고 있다.[74]

탈근대주의자들은 거대서사grand narrative, 포괄적 인식틀, 모든 것을 아우르는 이론적 관점을 피한다. 탈근대주의자들은 공통성과 일관성에 대한 어떠한 강조에 대해서도 비판적이며, 분화를 찬양한다. 포셋은 탈근대주의적 지향 속에서 유물론적 설명을 비판하고 있다.

> 그러한 비판의 대상에는 인간의 기본적인 필요에 대한 보편주의적 개념들……기본적인 시민권 자격에 기초한 양도할 수 없는 인권이라는 관념이 포함된다. 따라서 탈근대주의적 지향들은 사회적 장애모델에 기초한 장애권 운동disability rights movement의 바로 그러한 토대를 해체하고, 근대주의적 여성주의 운동에 대해 심각하게 이의를 제기하는 것으로 간주될 수 있다.[75]

73 Barbara Fawcett, *Feminist Perspective on Disability*, Harlow: Prentice-Hall, 2000.
74 Thomas, *Female Forms*, p.43.
75 Fawcett, *Feminist Perspective on Disability*, p.125.

경험과 정체성의 분화를 추구하는 입장은 자신의 이론적 표현을 강력한 탈근대주의적 지향에서 찾는다. 윌리엄스는 여성주의 내에서 유사한 발전의 흐름을 추적하는데,[76] 그러한 추적 작업을 수행하면서 장애 정치를 참조한다. 여성주의적 분석과 행동주의에 의해 장애 이슈가 전반적으로 경시를 받아 왔다는 점을 고려한다면,[77] 이는 얼마간 아이러니한 일이라 할 수 있다.

> 흑인·레즈비언·장애의 정치에 기반을 둔 여성주의는, 여성의 경험이 구성되는 것을 매개하는 복합적이고 상호 연관된 다양한 정체성과 주체의 위상을 이해하고, 또한 이러한 것들이 시간과 장소에 따라 변화하는 방식을 이해하기 위하여 '여성'이라는 범주를 해체해야 할 필요성을 지적해 왔다.[78]

동일한 계열의 추론은 '장애인'이라는 범주를 해체해야 할 필요성을 지적한다.

탈근대주의 사상이 장애학을 포함한 사회과학 내에서 매우 큰 영향력을 지닌 것으로 판명되기는 했지만, 이에 대해 반발하고 근대성을 재주장하는 흐름이 있어 왔다. 비록 "덜 확신에 차 있고, 좀더 단정적이지 않고, 탈전통화되어 있으며, 단서가 붙고, 위험이 상존하는 근대성——전반적으로, 보다 성찰적인 근대성"이기는 하지만 말이다.[79] 장애

---

76 Williams, "Postmodernism, Feminism and the Question of Difference".
77 Jenny Morris, "Introduction", ed. Jenny Morris, *Encounters with Strangers: Feminist and Disability*, London: Women's Press, 1996.
78 Williams, "Postmodernism, Feminism and the Question of Difference", p.69.

이론의 측면에서, 바턴은 "특정한 탈근대주의의 형태들이 지닌 퇴보적인 상대주의"를 경고한다.[80] 이론의 발전을 운동 내의 발전과 연계시키면서, 핀켈스타인은 다음과 같이 말한다.

> 해방 운동들은 대개 정치적으로 좌파인 사람들에 의해 시작되었다. 그러나 새롭게 탄생한 운동이 최초의 진흙투성이 장벽들을 통과하여 자신의 길을 용케 더듬으며 나아감에 따라(희생자들이 없지는 않았다), 정치적 스펙트럼의 중도나 우파에 있는 개인들도 거의 대부분 그러한 운동의 메시지를 '발견했고' 그것을 자기 자신의 것으로 주장했다.[81]

아마도 탈근대성(또는 탈근대성의 여러 형태들)에 대한 가장 신랄한 비판, 그리고 아래의 결론 부분과도 이어지는 비판은 스티븐 크룩 Stephen Crook이 제기한 "실행 가능한 변화의 메커니즘을 명시하는 데 있어서의 무능력, 그리고 아무런 변화가 없는 것보다 왜 변화가 더 나은 것인지를 말하는 데 있어서의 무능력"이라는 비판일 듯싶다.[82]

요약하자면, 분할과 위계라는 개념은 일반적으로 사회 이론 내에서 상당히 중요하면서도 논쟁적인 역할을 수행해 왔으며, 특히 장애 이론 내에서 그러하다. 본질적으로, 그 논쟁은 일상의 경험, 개인적 정체성,

---

79 Hetherington, *Expression of Identity*, p.7.

80 Len Barton ed., *Disability and Society: Emerging Issues and Insights*, London: Longman, 1996, p.9.

81 Victor Finkelstein, "A Personal Journey into Disability Politics", www.leeds.ac.uk/disability-studies/links.htm, 2001, p.13.

82 Stephen Crook, "The End of Radical Social Theory? Radicalism, Modernism and Postmodernism", eds. Roy Boyne and Ali Rattansi, *Postmodernism and Society*, London: Macmillan, 1990, p.59.

집단적 정체성, 사회 변화를 이론화한다는 측면에서 장애의 정치를 다루고 있다.

나가며

많은 장애인 논평가들이 인정하는 바와 같이, 장애인들은 학술 담론이나 연구 담론에 대한 기여를 기준으로 장애 이론을 판단하지 않을 것이다. 궁극적으로는 사회 변화와 장애인 해방에 있어서의 역할을 기준으로 장애 이론을 판단하게 될 것이다. 사회적 분할들에 대한 고려가 장애이론의 발전에 스며들어야 할 필요가 있는 것은 바로 이러한 측면에서이다. 여성주의 내에서의 논쟁 역시 이와 관련된다. 캐럴라인 라마자노글루Caroline Ramazanoglu는 여성들이 경제적·사회적 구조들 내에 존재하는 여성과 남성 간 권력관계의 불균형에 의해 결속되어 있는 것과 동시에, 다중적인 사회적 분할들에 의해 나뉘어 있다는 모순에 대해 여성주의자들이 적극적으로 작업에 임해야만 한다고 말하며, 이러한 견해는 다른 이들도 지지하고 있다.[83] 메리 랭건Mary Langan은 다음과 같이 말한다.

> 이는 누가 쥐고 있든 간에 나타날 수 있는 권력의 본질에 대한 문제 제기를 수반한다. 어떤 여성들이 다른 여성들에 대해서 지녀야 할 권력에 대한 민감성, 예를 들어 백인 여성주의자들이 그들 자신의 인종주의와

---

83 Caroline Ramazanoglu, *Feminism and the Contradictions of Oppression*, London: Routledge, 1989[캐럴라인 라마자노글루, 『페미니즘, 무엇이 문제인가』, 김정선 옮김, 1997].

대면해야 할 필요성을 포함해서 말이다. 이러한 접근법은 여성들의 적극적이고, 저항적인 역할에 더 큰 강조점을 둔다.[84]

우리가 이 장에서 설명했던 것처럼, 유사한 억압의 모순들이 장애인들에게 있어서도 명백히 존재한다. [흑인 권리옹호 운동인] 블랙 피플 퍼스트Black People First 운동의 중심적 인물 중 한 명으로 평가받아 왔던, 여성이고, 흑인이며, 학습적 장애인인 재키 다우너는 다음과 같이 말한다.

블랙 피플 퍼스트라고요? 그런 말을 접했기에 그렇게 말할 수도 있겠지만, 사실 그런 건 없어요. 그런 말은 계속해서 존재하겠지만, 그렇다고 할 수 없죠. 사람들은 여지와 선택을 필요로 해요. 흑인, 남성 동성애자와 여성 동성애자, 아이로서 말입니다. 나는 흑인 친화적인 단체를 설립했는데, 그것은 스트레스를 많이 받는 일이었어요. 사람들은 말하곤 했죠. "우리는 왜 혼합적인 단체를 가질 수 없을까, 우리에게 뭔가 문제가 있는 건가?" 누군가 스스로를 분리시킬 수 있을지 모르겠지만, 사람들은 단결해야만 하며 분리는 운동에 도움이 되지 않습니다.[85]

실제로 장애인에 대한 사회적 억압에 있어 분화가 역사적으로 주요할 역할을 했다고 주장될 수 있다. 예를 들어, 분리된 학교 교육은 장애

---

84 Mary Langan, "Introduction: Women and Social Work in the 1990s", eds. Mary Langan and Lesley Day, *Women, Oppression, and Social Work: Issues in Anti-discriminatory Practice*, London: Routledge, 1992, p.5.

85 Dan Goodley, *Self-Advocacy in the Lives of People with Learning Difficulties*, Buckingham: Open University Press, 2000, p.83에서 재인용.

인들을 학교와 지역사회에서 단지 비장애인들로부터만 분리시켰던 것이 아니다. 그것은 장애인들을 손상의 유형에 따라 범주화하여 다른 장애인들과 분리시켰으며, 계속해서 그렇게 하고 있다. 예전부터 그러했듯이 장애인들은 여전히 자선단체들에 의해 주간보호센터, 거주홈 등의 장소 내에서도 서로 분리되고 있다. '정신적 장애'라는 꼬리표가 붙은 사람들을 위한 대규모 요양원과 같은 어떤 '홈'들에서 학습적 장애를 지닌 여성들은 학습적 장애를 지닌 남성들과도 분리되어 왔는데, 이는 우생학적 정책과 서비스 제공의 발현으로 이해될 수 있다.

사회적 장애모델로부터 발전되어 왔고 사회적 억압으로부터의 해방을 촉진해야 할 장애 이론에 있어서, 공통성과 다양성의 모순들을 다루는 것은 결정적으로 중요한 도전 과제이다. 그러한 도전 과제에는 통합적인 장애 이론과 통합적인 장애인 운동의 실현을 촉진할 수 있는, 장애·민족성·섹슈얼리티·연령·젠더 간의 관계에 대한 이론화가 포함된다. 반스는 다음과 같이 말한다.

장애화에 대한 정치는 장애인이라는 범주를 넘어 훨씬 더 많은 것과 관련된다. 그것은 모든 형태의 억압에 도전하는 것과 관련된다.……인종주의·성차별주의·이성애중심주의 그리고 다른 모든 형태의 사회적 억압들과 마찬가지로, [장애는] 인간 사회의 생성물이다. 그러므로 그 모든 억압들, 또한 당연하게도 그러한 억압들을 생성해 냈고 유지시키는 문화적 가치들과 맞서 싸우지 않고, 한 가지 유형의 억압과 맞서 싸운다는 것은 불가능하다.[86]

버넌은 다음과 같이 주장하면서, 이러한 견해를 뒷받침한다.

장애를 지닌 흑인·여성·게이·레즈비언·노인의 경험, 그리고 노동자계급으로서의 경험이 온전히 통합됨으로써, 그러한 경험이 대개는 여타 형태의 억압들 간의 상호작용에 의해 악화된다는 사실이 고려될 수 있어야 한다. 따라서 장애라는 억압을 뿌리 뽑는 정치는 우리 사회의 전체 억압 구조를 고려해야만 하며, 그것이 어디에 기반을 둔 것이든 간에 모든 형태의 억압들에 도전하는 데 주의를 기울여야만 한다.[87]

억압이 사회적 분할들을 파편화하고, 하나의 집단을 또 다른 집단에 대해——가난한 백인을 가난한 흑인에 대해, 장애인을 가난한 사람에 대해, 장애인을 여성에 대해, 장애를 지닌 흑인 여성을 장애를 지닌 백인 남성에 대해——반하도록 만드는 것이 자본주의 체제에서, 적어도 현대 서구사회에서는 억압의 본질이라고 할 수 있다. 요컨대 "통합적인 자본주의 체제의 전망을 갖는 것은 불가능하기 때문에, 장애인들은 더 나은 세계를 건설하기를 시도하는 것 외에는 선택의 여지가 없다. 우리 모두는 손상이 존중되고 환대받는, 그리고 장애를 만들어 내는 모든 장벽들이 근절된 세계를 필요로 한다. 그러한 세계는 만인에 대해 통합적인 사회일 것이다".[88] 장애인들은 또한 이러한 전망을 향해 집단적으로 투쟁하는 것 외에는, 다양성에 대한 완전한 인정을 제공할 수 있는 통합을 향해 나아가는 것 외에는 선택의 여지가 없다.

86 Colin Barnes, "Foreword", Jane Campbell and Michael Oliver, *Disability Politics: Understanding Our Past, Changing Our Future*, London: Routledge, 1996, p.xii.
87 Ayesha Vernon, "Multiple Oppression and the Disabled People's Movement", ed. Tom Shakespeare, *The Disability Reader: Social Science Perspectives*, London: Continuum, 1998, p.209.
88 Oliver and Barnes, *Disabled People and Social Policy*, p.62.

우리는 미래의 이론적 발전이 함의하는 바를 어떻게 요약해 볼 수 있을까? 헤더링턴의 이야기를 바꾸어 말하자면,[89] 우리는 다만 불확실성을 지닌 채 잠정적으로 그러한 작업을 수행할 수 있을 뿐이다. 그러나 몇몇 길잡이는 존재한다. 첫째, 장애의 이론화는 빈곤을 생성해 내는 물질적 힘, 불평등한 구조와 권력관계, 제도적 차별에 대한 분석을 계속 유지하고 강화해야 한다. 이론의 발전에 있어 두번째로 꼭 필요한 것은 그러한 이론이 "장애인들로 하여금 건설적인 사회 변화를 위해 주도적 역할을 할 수 있도록 하는 것——사람들이 장애인에 관해 흔히 예상하는 것의 완전한 반전——"이다.[90] 마지막으로, 이론의 발전은 장애인의 해방이 인종주의·성차별주의·동성애 혐오·연령주의가 유지되는 사회에서는 결코 실현될 수 없음을 인식해야만 한다. 사회적 분할과 위계에 대한 이러한 관점으로부터 장애를 이론화하는 작업은 공통성과 다양성 양자를 인정하는 것에 의해서만 이루어질 수 있다.

89 Hetherington, *Expression of Identity*.
90 Finkelstein, "A Personal Journey into Disability Politics", p.11.

6장 / 역사, 권력, 정체성

앤 보세이

들어가며

장애학에서 역사란 그림 맞추기 퍼즐의 누락된 조각과 같다. 장애학 분야는 사회 이론과 사회 정책 내에 존재했던 자신의 기원으로부터 확장되어 정치·문화·레저·대중매체까지 포괄하게 된 반면, 장애인의 경험 전반에 걸쳐 역사적 관점에서의 접근과 고찰은 사실상 존재하지 않는다. 이 장의 목적은 과거를 연구하는 것이 왜 중요하며, 그것이 어떻게 수행될 수 있는가를 보여 주는 것이다. 그리고 유물론과 문화주의가 상호 배타적이기보다 보완적인 관계에 있는 장애의 사회사에 착수하기 위하여, 사회과학자들이 발전시킨 역사적 모델들에 대한 평가가 활용된다. 여기서 종합적인 역사적 개관을 시도하지는 않는다. 그보다는 19세기 말과 20세기 초의 신체적 손상, 자선, 의학 간의 접점에 관심을 집중한다. 노팅엄Nottingham 지역과 노팅엄자치구불구자길드Nottingham District Cripples' Guild, NDCG에 대한 사례 연구의 도움을 받아 감시 절차들과 그에 대한 저항이 검토될 것이며, 이를 통해 사료의 활용을 실제로 보여 주고자 한다. 이 장은 장애인의 현재 정체성이 형성되는 데 있어 과거가 지니는 위상을 탐색하는 것으로 결론을 맺을 것이다. 그러나 우선은 사회학과 역사학 간의 관계를 진단하는 것에서부터 시작하는 것이 적절할 듯하다.

사회학과 역사학

역사에 대한 등한시는 주로 장애학이 형성되는 과정에서 사회학이 큰 영향을 미쳤기 때문이다. 역사학과 사회학 양자는 사실 동일한 지식인 집단으로부터 등장했으며, 그들은 19세기 말의 영국에서 인간사人間事의 객관적 이해에 실증주의의 입장에서 함께 기여했다.[1] 근대적 학문 분과들이 성장하고 있던 이러한 초기 단계에서, 인문학과 사회과학 간의 경계에는 오늘날보다 더 큰 투과성이 존재했다. 따라서 사회학의 창시자들은 사회 변화의 역사적 과정을 다루는 것을 꺼리지 않았다. 예를 들어 허버트 스펜서Herbert Spencer, 1820~1903는 사회들이 살아 있는 유기체처럼 평화로운 적응과 격렬한 전투의 과정을 거쳐 발전했다고 주장하면서, 찰스 다윈Charles R. Darwin, 1809~1882을 한발 더 앞질러 나갔다.[2] 마찬가지로, 칼 맑스1818~1883는 고대 노예제로부터 봉건제, 자본주의, 사회주의 생산양식으로의 이행을 상정했으며, 이러한 이행이 경제 세력들과 사회적 관계가 충돌할 때 발생하는 계급투쟁에 의해 추동

1 Michael Bentley, *Modern Historiography: An Introduction*, London: Routledge, 1999; John Warren, *The Past and Its Presenters: An Introduction to Issues in Historiography*, London: Hodder & Soughton, 1998.

2 John Wyon Burrow, *Evolution and Society: A Study in Victorian Social Theory*, Cambridge: Cambridge University Press, 1966.

된다고 보았다.[3] 그러나 사회가 어떻게 발전했는가를 추적하는 데 있어서, 이러한 최초의 사회학자들은 이미 당대의 역사가들과는 다른 방법론을 채택하고 있었다.

이렇게 시작된 분계分界는 '보편 법칙적'nomothetic 접근법과 '개별 기술적'idiographic 접근법 사이에 존재했다. 사회학자들은 보편 법칙적인 방법론을 채택했는데, 그것은 "특정한 것보다는 보편적인 것"을 추구했고, 개별적인 사건들을 추상적인 것들에 융합시켰고, "인간의 행위 주체성을 넘어선 구조"에 특권을 부여했으며, "개념적 엄격함 속에서 자부심을" 찾았다. 반대로 역사가들은 개별 기술적인 방법론을 따랐는데, 그것은 보편적인 것보다는 특정한 것을 다루었고, 구체적인 것을 위해 추상적인 것을 피했고, 구조보다는 오히려 행위주체성에 우선권을 부여했으며, 경험적 증거의 세심한 조사와 관련되었다.[4] 합리성에 대한 최근의 탈근대주의의 도전은 양쪽 분야의 객관적 지식에 대한 욕망에 이의를 제기하고 있다.[5] 그러나 앤서니 기든스Anthony Giddens에 따르면, 보편 법칙적인 것과 개별 기술적인 것의 이분법은 지지될 수 없다. 기든스는 다음과 같이 주장한다.

구조, 또는 구조적인 특성은……시공간을 가로지르는 사회적 재생산

---

3 Karl Marx, "Preface to A Contribution to the Critique of Political Economy", eds. T. B. Bottomore and Maximilien Rubel, *Karl Mark: Selected Writings in Sociology and Social Philosophy*, Harmondsworth: Penguin, 1961, pp.67~69.

4 Adrian Wilson, "A Critical Portrait of Social History", ed. Adrian Wilson, *Rethinking Social History: English Society 1570~1920 and its Interpretation*, Manchester: Manchester University Press, 1993, p.36.

5 Keith Jenkins, *Re-thinking History*, London: Routledge, 1991; David Lyon, *Postmodernity*, Buckingham: Open University Press, 1994.

내에 연속성이 있는 한에서만 존재한다. 그리고 그러한 연속성은 다시, 일정한 상황 속 행위자들의 반성적으로 검토된 활동들——다양한 의도된/의도치 않은 결과들을 지니는——내에서만/통해서만 존재한다.

따라서 "사회과학 또는 역사학에서 모든 연구조사는 행위를 구조와 결부시키는 것과 관련되며", 동시에 "추상적 개념들을 아무리 많이 조작한다고 하더라도 상호작용의 실제적 맥락 내에 존재하는 그러한 문제들에 대한 직접적인 연구를 대신할 수는 없다".[6]

그러나 이론상으로 그럴듯하기는 하지만, 이러한 통합적 방법은 실제로 구현되지 않았다. 역사가들이 사회학적 개념을 상당 정도 활용한다고 하더라도, 그들은 어떠한 모델이나 극단화된 전형의 '기계적인' 적용을 거부해 왔다. 그리고 어떤 이론적 기획들은 "기존의 이론을 고수하지" 않고 실용적이면서도 유연한 태도를 취해 왔으며, "자료들 그 자체"에 "기반을 두었다".[7] 그러다 보니 대다수의 역사가들은 사회학의 가장 중요한 특징이라 할 수 있는 개념적 전략을 선뜻 받아들이지 않는다. 이에 못지않게 두 학문의 공동 작업에 지장을 준 것은 경험적 증거에 대한 상이한 입장이다. 비록 양적·질적 설문조사가 사회학의 뚜렷한 경험주의적 전통을 구현하고는 있지만, 여기서 데이터는 이론적 개념의 보편적 타당성을 검증하기 위하여 수집된다. 반대로 역사학은 경험적인 세부 사실들로부터 출발한다. 처음에는 글로 작성된 문서 기록(예: 일지, 의회 문서, 의사록, 간행물)에 몰두했지만, 이제는 구술 증언, 문학적 텍

---

6 Anthony Giddens, *The Constitution of Society: Outline of the Theory of Structuration*, Cambridge: Polity, 1984, pp. 212, 219, 358, 362.

7 Ludmilla Jordanova, *History in Practice*, London: Arnold, 2000, pp. 68~70.

스트, 시각적 표현물(예: 미술, 건축물, 영화, 사진)의 중요성도 인식하게 되었다. 그러나 이러한 모든 자료들은 법의학적 검시檢屍에 비견될 만한 감정을 거치며, 이를 통해 그 출처 및 내용이 면밀히 조사된다. 그 자료들은 믿을 만한 것인가? 저자는 누구인가? 그 자료들은 왜 만들어졌는가? 그것들은 검토되고 있는 역사적 문제와 관련하여 어떤 것을 드러내 주는가?[8] 이러한 질문에 대한 답변으로부터, 역사가들은 사회구조를 분석하기보다는 개인의 행위주체성에 대한 내러티브를 구성해 내려 한다. 그 결과, 그들의 작업은 개념적 방식으로 사고하도록 훈련된 사회과학자들의 입장에서는 다가가기 어려운 것이 될 수도 있다.

방법론상의 문제를 더욱 악화시킨 것은 역사학이 취한 주제의 방향이다. 역사학 분야가 영국에서 1860년대부터 전문화되기 시작했을 때, 그것은 국가로 수렴되었으며 헌정사憲政史·행정사·법제사法制史·교회사·제국사·외교사에 몰두하게 되었다. 이러한 편향은 지속되고 있지만, 처음부터 사회사도 그와 같은 더 유력한 역사 분야들을 바짝 뒤쫓고는 있었다. 제2차 세계대전 기간 중 출간된, 조지 매컬리 트리벨리언 George Macauley Trevelyan, 1876~1962의 유명한 저서 『영국 사회사』에서, 그는 이 책의 주제를 "소극적으로 말하자면 정치는 배제하고 쓴 보통 사람들의 역사"로 규정했다.[9] 트리벨리언은 1860년대 이전에 형성되었으며 '대중적' 시장을 대상으로 했던, 일종의 문학 장르 형태의 작업을 지속했었다. 그렇지만 19세기 말 이래로, 학술적 독자층을 대상으로 한 '전문적' 사회사들이 등장했다. 사회학에서처럼, 진화론적 저술가들은

---

8 Arthur Marwick, *The Nature of History*, London: Macmillan, 1970.
9 George Macauley Trevelyan, *English Social History*, London: Longman, 1973, p.vii.

다윈주의의 '적자생존' 원리에 기반을 둔 이야기들을 생산해 냈으며,[10] 맑스주의적 저술가들은 자본주의 경제 체제의 폐해에 기반을 둔 이야기들을 생산해 냈다.[11] 종국에 가서는 맑스주의가 1945년 이후 세대의 역사가들에게 영감을 불어넣으면서 더 큰 영향력을 발휘했다. 그렇지만 1960년대가 되어서야 영국에서 사회사는 장애와 같은 사회적 이슈들을 역사적 맥락 내에서 다룰 수 있는 능숙함을 지닌, 역사학의 성숙된 하위 분과가 되었다.[12]

비록 어떤 이들은 경제결정론으로 간주하기도 했지만, 훌륭한 맑스주의적 역사 문헌들은 역사적 기록들의 면밀한 분석에 입각해 정교화된 논의를 만들어 냈다.[13] 예를 들면 『영국 노동계급의 형성』에서 에드워드 톰슨Edward P. Thompson은 경제적 조건화economic conditioning를 개인의 행위주체성을 통해 보완했는데, 이러한 행위주체성은 변화에 대한 점증하는 의식과 불평등의 극복을 향한 사회정치적 실험들로부터 획득된 것이라 할 수 있다.[14] 마찬가지로 중요한 것은, 그러한 선도적 작업들이 역사의 본질에 관한 숙고를 촉진했던 방식이다. 첫째, 여타 학문 영역에서의 개념들에 대한 더 큰 수용성이 존재했다. 키스 토머스Keith Thomas는 『더 타임스 리터러리 서플리먼트』*The Times Literary Supplement, TLS*[15]에 1966년 기고한 글에서, 사회과학이 역사가들의 '사

10 Henry Duff Traill and James Saumarez Mann, *Social England*, London: Cassell, 1895.
11 John Lawrence Hammond and Barbara Bradby Hammond, *The Bleak Age*, West Drayton: Penguin, 1934.
12 Bentley, *Modern Historiography*; Wilson, "A Critical Portrait of Social History".
13 Warren, *The Past and Its Presenters*.
14 Edward P.Thompson, *The Making of the English Working Class*, Harmondsworth: Penguin, 1963[에드워드 파머 톰슨, 『영국 노동계급의 형성』, 김경옥·김인중·나종일·노서경·유재건·한정숙 옮김, 창비, 2000].

회적 어휘'를 증대시킬 것이고, 통계학적 방법이 역사적 경향의 보다 정확한 예측을 가능하게 할 것이며, 사회인류학이나 사회심리학이 흥미로운 통찰들을 가져올 것이라고 주장했다.[16] 이러한 새로운 도구들이 갖추어진다면, 사회사가들은 오랫동안 주류 역사학이 실패해 왔던 "인간 사회의 작동과 인간사에서의 흥망성쇠"를 설명해 낼 수 있을 것이다. 둘째, "후대의 지나친 생색내기로부터 …… 빈민들을 구해 내고자 하는" 헌신이 존재했다.[17] 그 결과 좀더 일반적인 의제가 선정되었고, 그러한 의제 내에서 세인들의 평범한 삶은 정치 엘리트들의 지배적인 내러티브와 결합되었다. 그러나 비록 우리가 이제는 계급·젠더·인종의 생생한 사회사를 갖게 되었다고는 하지만, 장애인들의 주변성은 그들이 다른 사회적 약자 집단들이 성취한 영역으로 진입하는 것을 가로막았다. 사회적 배제는 지적 영역에서의 배제와 일치해 왔던 것이다.

장애의 역사

지금까지 우리는 장애의 역사가 결핍된 이유를 다음의 세 가지 요인에서 찾았다. 사회과학자들에게는 생경한 역사학적 방법론의 본질, 역사학 내의 전문 분야로서 사회사가 뒤늦게 등장한 것, 장애인이 겪는 사회적 차별이 학문적 담론 내에도 전이되어 나타난 것이 바로 그 요인이다. 그 결과, 지금까지 구성되어 온 장애의 역사는 주로 사회과학의 보편 법

---

15 『더 타임스 리터러리 서플리먼트』는 1902년에 영국 일간지 『더 타임스』의 문예비평 섹션으로 시작되었으며, 1914년부터는 독자적인 주간지의 형태로 발간되고 있다. ─옮긴이
16 Keith Thomas, "The Tools and the Job", *The Times Literary Supplement*, 1966, pp. 275~276.
17 Thompson, *The Making of the English Working Class*, p. 13.

칙적인 방식 내에서 그 틀이 잡혀 왔다. 이러한 연구들은 맑스주의에 의지하고 사회적 모델의 유물론에 의해 뒷받침되어, 봉건제로부터 근대산업자본주의로의 이행이라는 문제에 전념하면서 발전주의적 접근법을 선호해 왔다. 빅터 핀켈스타인은 1980년에 도발적이지만 정밀화되지는 않은 세 가지 '단계들'을 확인하면서 논의를 개시했다. 1단계에서 손상을 지닌 사람들은 저임금 노동자, 실업자, 정신질환자와 함께 경제적 피라미드의 바닥에 모여 있었다. 2단계에서는 "새로운 생산 기술"에 대응하여, 격리된 장애인 시설의 등장을 보게 된다. "비장애인의 몸이라는 표준에 맞춰진 생산 라인을 갖춘 대규모 산업"은, 이전까지는 통합되어 있었고, 자신의 계층과 지역사회에서 활동적인 구성원이었던 손상을 지닌 사람들을 배제했다. 더욱이 병원에 기반을 둔 의학의 성장은 장애를 만들어 내는 지식을 지닌 전문가들이 확대되는 것을 촉진했다. 그러나 역설적으로, 공공 서비스들은 또한 장애인들이 사회적인 자립을 획득하고, 그들의 삶에 대한 전문가의 통제에 맞서는 데 도움을 주었다. 사회적 모델의 성립과 3단계의 시작을 가능하게 했던 것은 바로 이러한 비판적 분석이었다.[18]

핀켈스타인의 도식은 산업화를 조명하는 방식으로는 매우 유용한 것이었다. 그러나 그 자신이 인정했던 바에 따르면, 그것은 "태도들이 형성되는 맥락에 관해 무언가를 말하고자" 시도했던 것이지, "장애에 대한 역사적 분석"은 아니었다.[19] 따라서 산업화 과정의 동학과 그 사회적·정치적 결과들이 명백하게 밝혀진 것은 아니었다. 마이클 올리버

---

18 Finkelstein, *Attitudes and Disabled People*, pp.8~11.
19 ibid., p.8.

는 이러한 부족한 지점들을 다루었다. 첫째, 그는 완전히 성장한 자본주의가 배제적이었던 반면, "농업이나 소규모 산업은 ……장애인의 대다수가 그 생산 과정에 참여하는 것을 가로막지 않았다"고 주장함으로써 '경제적 토대'의 영향력을 단순화시키지 않고 복잡하게 만들었다. 그다음으로, '사고양식'과 사회질서의 문제가 경제의 영향에 추가되었다. 근본적으로 올리버는 지적인 개념들의 진화를 주장했다. 즉, "실재의 종교적인 해석으로부터" 형이상학적인 해석으로, 그리고 다시 과학적인 해석으로의 진화가 자본주의의 등장이 가져온 혼란 상태와 상호작용을 했으며, 그 결과 "장애의 역사적 인식"을 변경하고, 일탈로서 간주되는 것을 억누르기 위해 새로운 의학적 방법과 시설 수용이라는 방법을 보급시켰다고 본 것이다. 이러한 경제·이데올로기·정치의 삼자 간 모델은 경제의 발전에 대해 핀켈스타인보다 훨씬 더 섬세한 이해를 진전시켰으며, 사회 정책에 대한 정밀한 분석은 신념과 가치, 무질서의 관리를 포함하는 정치적 그물망 내에 자리를 잡았다.[20] 그럼에도 불구하고, 올리버는 전前산업사회 단계의 영국에서는 손상이 대부분 문제시되지 않았다는 가정을 지지했다. 이는 브렌던 글리슨 또한 빠졌던 함정이기도 했다.

글리슨의 특징적인 기여는 그의 지리학적 통찰이었다. 그는 "공간의 역사적 생산"이란 "새로운 장소와 배치의 생성으로부터 누가 이득을 보고 누가 손해를 볼 것인가의 문제가 대부분 권력의 행사를 통해 결정되는 하나의 경합적 과정"이었다고 주장한다. 그는 '체현된 유물론' embodied materialism을 옹호했는데, 체현된 유물론에서 장애는 "더 광

---

20 Oliver, *The Politics of Disablement*, pp.27~30.

범위한 사회적 체현 과정——시공간에 따라 달라지는, 몸의 형태에 대한 표상과 역할 때문에 발생함——의 일부로서 간주"되었다. 이러한 이론적 관점은 봉건 시대의 영국과 산업 도시에 대한 비교에 적용되었다. 글리슨은 신체적 손상은 중세의 소작농 사이에서 매우 흔한 것이어서, 그것이 "아마도 소작농의 사회 공간에서는 하나의 일반적인 특징"이었을 것이라고 주장했다. 몸의 손상은 "눈에 띄게 드러났을" 수도 있지만, 단지 그것이 "종교적인 중요성"을 지니거나 위협적인 나병을 수반한 경우에만 그러했다는 것이다. 산업자본주의와 도시 생활로의 점차적인 전환과 더불어 이러한 통합은 희생되었다.

> 장애를 만들어 내는 데 기여한……도시의 한 가지 특징은 가정과 일터가 새롭게 분리되었다는 점이었으며, 이는 봉건 시대에는 거의 존재하지 않았던 사회공간적 현상이었다.……게다가 공장은 '경쟁력이 없는' 노동자들을 장애화하는 방식으로 구조화되고 활용되었다.……기계화된 생산 형태의 등장은 '정상적인'(즉 대개는 남성이면서 손상을 지니지 않은) 노동자의 몸을 가정하고 다른 모든 이들을 장애화하는 생산성 기준을 도입했다.

이러한 "노동시장으로부터의 배제"에 따른 결과는 "사회공간적 주변화"였다. 그것이 감금을 통한 것이든, 재택근무를 통한 것이든, 또는 노점을 통한 것이든 말이다. 그리하여 빅토리아 시대 도시의 도로에서 눈에 띄었던 장애인들조차도, 쇼핑·사교활동·산책과 같은 보행자들이 통상적으로 하는 활동에 참여하지 않았다. 오히려 거리는 "생계의 장소"였으며, 또한 "그들의 사회적 차이에 관한 이야기가 부단히 반복적

으로 언급되는" 무대로서 기능했다.[21]

문화적 관점을 향하여

지난 20년에 걸쳐 이루어진, 이러한 장애의 역사 서술 전반에서 공통적으로 강조된 것은 사회생활과 정치생활에 대해 경제가 실질적인 영향을 미쳤다는 것이다. 이러한 서술에 따르면, 18세기 말의 산업혁명 이전에 장애인들은 분화되지 않은 빈곤한 대중의 일부였고, 따라서 사회의 하층집단에 밀집되어 있었지만 그러한 집단에서 배제되지는 않았다. 산업화 이후의 새로운 과학기술은 그들을 노동인구에서 제외해 버렸고, 직업적 전문가들을 통해 국가적 차원의 격리 정책을 개시했다. 콜린 반스는 "르네상스 시대 훨씬 이전의 그리스 문화, 유대-기독교, 유럽의 희곡과 미술"에서의 예들을 확인하면서, 장애 차별이 산업화 시대보다 훨씬 앞서 형성된 것임을 보여 주었다.[22] 그렇지만 유물론적 역사 서술은 문화적 연대기뿐만 아니라 경제적·정치적 연대기에도 일정한 결함을 지니고 있다.

첫째, 경제적 합리성이라는 교의는 18세기 말 이전에도 광범위하게 옹호되고 있었다. 퀘이커교도인 직물상이자 사회사상가였던 존 벨러스 John Bellars는 1714년에 "정기적으로 노동하는 사람들은 왕국의 가장 큰 보물이자 힘이다"라고 주장했다. "왜냐하면 …… 만일 가난한 노동자들이 그들 자신이 먹고살 수 있는 것보다 더 많은 식량과 제품을 만들

---

21 Gleeson, *Geographies of Disability*, pp. 33, 34, 93~6, 106~10.
22 Barnes, "Theories of Disability and the Origin of the Oppression of Disabled People in Western Society", pp. 51~52.

어 내지 못한다면, 모든 귀족들도 노동자가 되어야 하고, 일을 하지 않는 모든 사람들은 굶어 죽어야 하기 때문이다."[23] 노동 윤리에 대한 그러한 옹호를 고려해 볼 때, 전前산업적인 노동시장도 손상을 지닌 참여자들을 그다지 흔쾌히 받아들이지는 않았을 것 같다. 둘째, 경제적 변화의 영향은 가변적이었고, 공장 고용의 확산은 결코 급속히 이루어지지 않았다. 예를 들어 1841년에도, 당시 기계화가 두드러졌던 한 영역인 방직공장에서 일했던 사람은 전체 노동인구의 6%에 불과했다.[24] 마지막으로 국가의 진화 과정은 단순하지 않았다. 19세기에 실제로 집산주의적 입법이 확대되었다고는 하지만, 특히 장애의 영역에서 광범위하게 이루어졌던 비법정 서비스들은 중요한 역할을 했다. 물론 1834년의 「개정구빈법」Poor Law Amendment Act하에 세워진, 빈민을 대상으로 한 구빈원이 존재했다.[25] 또한 국가가 1845년 이래로 정신병원lunatic asylum의 건립을,[26] 1913년 이래로 정신지체인 시설의 건립을[27] 요구했던 것도 맞다. 그러나 신체적 손상을 지닌 성인과 아동에 대한 격리된 서비스의 대부분은, 점점 더 정부와 제휴관계를 갖게 된 자선단체들에 의해 제공되었

23 John Bellars, "An Essay Towards the Improvement of Physick", ed. George Clarke, *John Bellers: His Life, Times and Writings*, London: Routledge & Kegan Paul, 1987, p. 204; 또한 Anne Borsay, "Returning Patients to the Community: Disability, Medicine and Economic Rationality before the Industrial Revolution", *Disability and Society* 13(5), 1998, pp. 645~663 을 보라.

24 Eric J. Evans, *The Forging of the Modern State: Early Industrial Britain 1783~1870*, London: Longman, 1983.

25 Margaret Anne Crowther, *The Workhouse System 1834~1929: The History of an English Social Institution*, London: Methuen, 1981.

26 Andrew Scull, *The Most Solitary of Afflictions: Madness and Society in Britain 1700~1900*, New Haven: Yale University Press, 1993.

27 Mathew Thomson, *The Problem of Mental Deficiency: Eugenics, Democracy, and Social Policy in Britain c. 1870~1959*, Oxford: Clarendon Press, 1998.

다.[28] 따라서 장애인에 대한 감금을 단순히 억압적 국가의 결과로만 간주하기는 어렵다.

산업화가 기계화된 대규모 공장으로 경제력을 집중시키고, 중앙집권적인 전문화된 국가로 정치권력이 집중되도록 이끌었다는 가정은, 단지 역사적인 측면에서만 결함을 지니고 있는 것은 아니다. 여기에는 개념적인 문제 또한 존재한다. 즉 문화적인 차원이 누락되어 있는 것이다. 지금까지 장애의 역사를 이끌어 내는 기본 틀이 되어 왔던 사회적 모델은 이미 "무미건조한 유물론"이라는 비난을 받은 바 있으며,[29] 그러한 유물론은 장애인의 경험이 지닌 다중성을 거칠게 다루는 경향이 있다.[30] 사회적 모델의 설계자들은 어떠한 형태의 양보도 "문화적 현상에 대한 설명을……사고의 과정이라는 수준으로 환원하고, 그리하여 경제적·사회적 고려로부터 주의를 다른 곳으로 돌리게 만든다"고 경고하면서, 이에 맞서 왔다.[31] 그렇지만 어떤 면에서 보자면 그러한 양극성은 과장되어 있는데, 왜냐하면 현상학은 "'실재의 사회적 구성'을 오랫동안 강조해 왔고", 다른 한편 문화적 맑스주의자들은 "'사회'……의 생산에 있어 사고와 상상의 중요성을 강조해 왔기" 때문이다.[32] 역사학적 연구가 필요로 하는 것은 유물론과 문화주의──또는 구조와 행위주

28 Julia R. Parker, *Local Health and Welfare Services*, London: George Allen and Unwin, 1965; Eda Topliss, *Provision for the Disabled*, Oxford and London: Basil Blackwell and Martin Robertson, 1975.

29 Paterson and Hughes, "Disability Studies and Phenomenology: The Carnal Politics of Everyday Life", p.59.

30 Barnes, Mercer and Shakespeare, *Exploring Disability*.

31 Barnes, "Theories of Disability and the Origin of the Oppression of Disabled People in Western Society", p.49.

32 Peter Burke, *History and Social Theory*, Cambridge: Polity, 1992, p.120.

체성——양자를 긴장 관계 속에서 함께 유지하는 개념들이다. 피터 버크 Peter Burke가 다음과 같이 상술했던 것처럼 말이다.

> 최근에는 문화적 창조력과 문화가 역사에서 능동적 힘으로 작용한다는 점이 강조되고 있는데, 그러한 강조에는 문화적 창조력이 일정한 제약 내에서 작동하고 있다는 인식이 수반될 필요가 있다. 우리는 단순히 문화의 사회사를 사회의 문화사로 대체하는 것이 아니라, 두 개념과 함께 동시적으로 작업을 해야 한다. 이것이 아무리 어렵더라도 말이다. 다시 말하면, 문화와 사회 간의 관계는 변증법적 관점에서, 즉 능동적인 동시에 수동적인, 결정하는 동시에 결정되는 파트너로서 바라보는 것이 가장 유용하다.[33]

이 장의 나머지 부분에서, 나는 빅토리아 시대 후기와 제2차 세계대전 발발 사이의 시기에 장애인을 관리하기 위하여 자선과 의학이 활용했던 감시 절차에 권력의 문화적 개념을 적용하면서, 버크가 개요를 잡아냈던 그 작업을 시도해 보고자 한다.

도덕적 감시

유물론은 국가를 단일한 구조로 파악하는 반면, 문화주의는 국가를 "훨씬 더 광범위한 권력관계 작동의 한 부분"으로 간주한다. 전문가들 및 관료제, 여가 활동, 문화적 표상뿐만 아니라,[34] 자원활동 부문voluntary

---

33 Burke, *History and Social Theory*, p.123.

sector,[35] 영리 부문, 비공식 부문들로부터의 투입이 수반되는 복지혼합 경제 또한 포괄된다.[36] 이러한 시나리오에서는 사회 정책이 "상의하달식으로 인구를 통제하기 위한 도구"이기를 그치며, "훨씬 더 분산적인" 것이 된다.[37] 규율 권력disciplinary power이라는 푸코의 개념은 이러한 분산을 포착해 내고 있다. 푸코에게 규율은 어떤 하나의 시설이나 기구와만 결부될 수 있는 것이 아니며, "도구, 기술, 절차, 적용의 수준, 대상들 전체의 집합"을 의미했다.[38] 따라서 권력이란 "계속적인 감시와 모니터링, 그리고 행실·방식·태도·외관에 대한 규칙의 끊임없는 적용"에 의하여 '유순한' 주체를 근대의 경제적·정치적 요구들에 맞추도록 강제하면서, 사회체 전반에 스며들어 있는 것이었다.[39] 그렇기 때문에 지역사회 자체가 시설 못지않은 권력의 작동 장소가 되며, 자선단체들은 국가 못지않은 권력의 전달 기관이 된다.

영국에서 자선활동은 18세기 말부터 빠르게 가속화되었다. 새로

---

34 Ian Barns, Janice Dudley, Patricia Harris and Alan Petersen, "Introduction: Themes, Context and Perspectives", Alan Petersen, Ian Barns, Janice Dudley and Patricia Harris, *Poststructuralism, Citizenship and Social Policy*, London: Routledge, 1999, p.8.

35 국민경제는 기본적으로 공공 부문(public sector)과 영리를 추구하는 민간 부문(private sector)으로 나뉜다. 그러나 정확히 이 양자에 속하지 않는 비영리 민간 영역을 지칭하기 위해 제3부문(third sector)이라는 개념이 보편적으로 사용되고 있다. 자원활동 부문이란 바로 이러한 제3부문을 가리키는 또 다른 표현이며, 독립 부문(independent sector)으로 불리기도 한다. 그러나 이러한 제3부문역시 시장 기제가 적극적으로 도입되면서, 최근에는 점점 더 이윤과 경쟁의 논리하에 포섭되어 가는 경향을 보이고 있다. ─옮긴이

36 Alan J. Kidd, *State, Society and the Poor in Nineteenth-Century England*, Basingstoke: Macmillan, 1999.

37 Cris Shore and Susan Wright, "Policy: A New Field of Anthropology", eds. Cris Shore and Susan Wright, *Anthropology of Policy: Critical Perspectives on Governance and Power*, London: Routledge, 1997, p.5.

38 Foucault, *Discipline and Punish*, 1991, p.215.

39 Martin O'Brien and Sue Penna, *Theorising Welfare: Enlightenment and Modern Society*, London: Sage, 1998, p.116.

운 자선단체들은 흔히 중산계급으로부터 후원을 받았고, 복음주의적 종교의 열정에 의해 고취되어 있었으며, 상업적·산업적 성장 덕분에 점점 더 풍족해져 갔다. 그러한 단체들의 목표는 프랑스 혁명의 여파와 국내의 정치적 급진주의 속에서, 빈민들이 질서 있고 경제적으로 생산적인 시민으로서 행동하도록 보장하는 것이었다.[40] 손상을 지닌 사람들의 경우, 그러한 자선활동의 효과는 일정한 차이가 있었다. 하느님의 말씀에 접근하는 것이 거부되었던 맹인과 농인은 기독교적 동정에 호소했는데, 특히 새로운 의사소통 교수법이 학교 교육에 대한 정당성을 부여한 이래로 그러했다. 그렇게 학교를 졸업한 이들이 개방된 노동시장 내에서 일자리를 찾기 위해 분투할 때, 고용에 대한 편의가 종종 뒤따랐다.[41] 다른 한편, 감각적 손상을 지닌 사람들과는 대조적으로 신체적 손상을 지닌 사람들에 대한 서비스 제공은 좀더 더디게 구체화되었다. 몇몇 프로젝트가 19세기 초에야 나타나기 시작했다. 예를 들어 1817년에 소규모의 신체기형노동자종합구호시설General Institution for the Relief of Persons labouring under Bodily Deformity이 버밍엄Birmingham에 설립되었다.[42] 뒤이어 유사한 시설들이 다른 곳에서도 세워졌다.[43] 그러나 공장에서의 재해로 인한 사상자 수가 많아지고, 입법 개혁을 위한 캠페인에서 그러한 수치가 이용되었음에도 불구하고,[44] 신체적 손상을 지닌 사

---

40 Anne Borsay, *Medicine and Charity in Georgian Bath: A Social History of the General Infirmary c. 1739~1830*, Aldershot: Ashgate, 1999; Frank K. Prochaska, *The Voluntary Impulse: Philanthropy in Modern Britain*, London: Farber & Farber, 1988.

41 Topliss, *Provision for the Disabled*.

42 Maurice W. White, *Years of Caring: The Royal Orthopaedic Hospital*, Studley: Brewin Books, 1997.

43 J. A. Cholmeley, *History of the Royal National Orthopeadic Hospital*, London: Chapman and Hall, 1895.

람들을 위한 재단은 빅토리아 시대 후기[즉 19세기 말]가 되어서야 나타났다.

이러한 박애주의적 충동의 배후에는 "'불구 아동'의 '사회적' 발견"이라는 추진력이 있었는데, 그러한 발견 자체는 아동기의 보다 광범위한 재구성의 일부였으며, 그러한 재구성 내에서 "돈벌이에 나섰던 노동 빈곤층의 '비-아동'non-child은 경제적으로 쓸모없는 '아동-학생'child-scholar으로 변환되었다". 그에 따라, 1870년에서 1914년 사이에—무상의 의무 초등교육을 제공하기 위하여 공립학교들이 자선학교 및 상업학교들과 결합되어 갔던 시기인—'불구' 아동을 위한 40개소 이상의 자원활동 기관이 생겨났다. 처음에 그러한 기관들의 기풍은 그 명칭이 너무나 분명하게 드러내 주는 것처럼 상당히 감상적이었다. 목발과 친절 동맹Crutch and Kindness League, 몸과 마음을 다하는 이들의 동맹League of Hearts and Hands, 가련하지만 굳센 이들의 길드Guild of the Brave Poor Things가 그러한 기관들의 명칭이었던 것이다. 그렇지만 1893년에 자선단체협회Charity Organization Society, COS가 『간질을 지닌 불구 아동과 성인』The Epileptic and Crippled Child and Adult이라는 제목의 영향력 있는 보고서를 발간하면서 새로운 흐름이 전개되었다. 1867년에 설립된 이래 개인적 책임에 대한 광적인 신념으로 이름이 드높았던 자선단체협회는 법정단체 및 자선단체와의 협력을 통하여, 자조의 성향을 지닌 '원조를 받을 자격이 있는 빈민'the deserving poor에 대해서만 자선적 원조가 제공되도록 하는 체계화된 유형의 자선활동을 촉진

---

44 Robert Gray, *The Factory Question and Industrial England 1830~1860*, Cambridge: Cambridge University Press, 1996.

했다. 그에 따라, '불구' 아동은 자립을 명분으로, 그리고 소위 역경의 극복——취약해진 개인주의 이데올로기를 강력하게 뒷받침하기 위해 주장된——을 명분으로 학교에 보내졌다.[45]

자조를 중시하는 사고방식이 자선단체협회만의 전유물은 아니었다. 그것은 빅토리아 시대의 사고방식에 깊게 묻어 들어가, 20세기가 시작되는 시점에 원조길드guild of help로 대표될 수 있는 새로운 유형의 자선단체에 의해 계승되었다. 자선단체협회는 과도한 국가 개입에 반대했던 반면, 그러한 길드들은 스스로를 기부자와 수급자 간의 간극을 좁혀 줄 수 있는, 새로운 시민의식을 형성해 내는 정부의 파트너로 바라보았다.[46] 그들의 모델은 독일의 엘버펠트 제도Elberfeld system[47]였는데, 그 제도에서는 무급의 복지사가 구호를 관리하고 사례별 사회사업 서비스를 제공했다.[48] 그렇지만 실제로 그러한 길드들은 중산계급 구성원들에 의해 지배되었으며, 그들의 태도와 방법은 자선단체협회 구성원들과 크게 다르지 않았다.[49] NDCG——장애인을 감시하는 것에 대한 나의 사례 연구 대상——는 1908년에 이러한 전통으로부터 생겨났

---

45 Roger Cooter, *Surgery and Society in Peace and War: Orthopeadics and the Organization of Modern Medicine 1880~1948*, Basingstoke: Macmillan, 1993, pp.53~59.

46 Keith Laybourn, "The Guild of Help and the Community Response to Poverty 1904–c. 1914", ed. Keith Laybourn, *Social Conditions, State and Community 1860-c. 1920*, Stroud: Sutton Publishing, 1997, pp.9~28.

47 독일의 엘버펠트 시에서 1852년에 시 조례에 근거해 실시한 조직적 구호 사업을 말한다. 인구 14만 명의 전체 시를 546개의 구(區)로 나누고 각 구에 1인의 구호위원을 두었으며, 한 구의 평균 인구는 300명으로 하되 구 내에는 4인 이상의 빈민이 포함되지 않도록 했다. 이 제도의 특징은 구호위원 1인당 대상자 수를 적게 하고 소위 우애방문(friendly visiting)을 통해 구호가 필요한 자를 직접 대면하여 실태를 파악한 후, 이에 따른 사례별 사회사업(casework)의 방법에 의해 구제를 도모했다는 점이다. 또한 물질적 지원보다는 피구호자의 도덕적 책임감 고취와 생활양식 변화에 역점을 두었다.——옮긴이

48 Jane E. Lewis, *The Voluntary Sector, the State and Social Work in Britain: The Charity Organization Society/Family Welfare Association since 1869*, Aldershot: Edward Elgar, 1995.

다. 우리는 현존하는 6개의 (1914년, 1915년, 1924년, 1939년, 1950/1951년, 1964년) 『연보』*Annual Report*들로부터——그 모두는 노팅엄의 지방학도서관Local Studies Library에 보관되어 있다——그 길드의 존재를 알 수 있다. 이러한 증거 문헌에서 확인할 수 있는 단편적인 특징은 많은 장애인을 위한 단체들 및 장애인의 단체들[50]에 있어 전형적인데, 그러한 단체들의 기록은 지역도서관이나 기록보관소,[51] 공문서보관소 Public Record Office[52]와 같은 국립보관소들, 영국국립도서관British Library,[53] 웰컴의료도서관Wellcome Library for the History and Understanding of Medicine[54]에 안전하게 보관된 법정단체들이나 주류 자선단체들의 기록보다 훨씬 더 빈약하기가 쉽다. 비록 매우 적은 자료를 가지고 있기는 하지만, 해당 주제를 보다 넓은 사회적 맥락 내에서의 연구를 바탕으로 고찰함으로써 일정한 장애의 역사를 파악하는 것은 충분히 가능하다.

NDCG에 대한 『연보』는 1914년에서 1964년 사이에 길드의 멤버들이 여흥과 여행으로 구성된 여가 프로그램을 제공받았음을 보여 준다.

---

49 Fioan Cushlow, "Guilded Help?", ed. Keith Laybourn, *Social Conditions, State and Community 1860-c. 1920*, Stroud: Sutton Publishing, 1997, pp. 29~44.

50 '장애인을 위한 단체'(organization for disabled people)라고 하면 전문가나 비장애인의 주도하에 장애인을 지원하는 조직을 가리키는 반면, '장애인의 단체'(organization of disabled people)는 장애인 당사자들에 의해 통제되고 운영되는 조직을 지칭한다. 따라서 본 역서의 원서에 빈번하게 등장하는 'disabled peoples' organization'이라는 표현도 엄밀하게는 '장애인의 단체'라고 옮길 수도 있겠지만, '장애인을 위한 단체'와의 구분을 강조하는 표현은 아니라는 점과 문장의 가독성 등을 감안하여 그냥 '장애인단체'로 옮겼음을 밝혀 둔다.——옮긴이

51 Janet Foster and Julia Sheppard, *British Archives: A Guide to Archive Resources in the United Kingdom* 3rd edn., Basingstoke: Macmillan, 1995.

52 http://www.pro.gov.uk

53 http://www.bl.uk

54 http://library.wellcome.ac.uk

그 시기의 마지막에는 이러한 여가 프로그램이 남아 있는 것의 전부였다. 그렇지만 제2차 세계대전 이전에, 그 길드는 자원활동 부문 및 법정단체 네트워크의 중심에 있었으며, 이는 자선단체협회, 전국아동학대방지협회National Society for the Prevention of Cruelty to Children, 지방교육위원회Education Committee of the local authority, 「구빈법」Poor Law 구호위원과 예비위원, 공적부조위원회Public Assistance Committee를 포괄했다.[55] 이러한 네트워크 내에서, NDCG는 처음에는 도덕적 감시 체계에 대한 책임을, 그 이후에는 의학적 감시 체계에 대한 책임을 맡았다. 1914년과 1915년 『연보』를 보면 노팅엄은 15개의 구역으로 나뉘어 있었다. 각 구역에서는 '캡틴'에 의해 인솔되는 방문단이 활동을 벌였다. 여기서 캡틴이라는 명칭은 엘버펠트로부터 들어온 것이다.[56] 각 대상자에게 배정된 방문원은 "불구자의 신뢰받는 친구"가 되어야 했으며, "수행된 모든 유용한 것"을 빠짐없이 기록한 보고서를 제출해야 했다.[57] 1913년, 그 길드는 자선단체협회의 '사례별 보고서' 제도를 채택했다. 그에 따라 모든 원조의 신청은 인내를 요하는 정밀한 조사를 받았으며, 그러한 조사는 고용 기록, 수입과 지출의 패턴, 절약의 흔적, 빈민구호에 대한 의존 정도를 확인했다.[58] 그리고 나서 원조의 신청은 매주 열리는 공적부조위원회의 심사 과정을 거쳤는데, 그 위원회의 위원들은 원조가 필요한 이유를 찾아내고, 그것이 기금의 올바른 사용 목적에 부합하는지를 판단했으며, 그러한 경험으로부터 체계적으로 배우고자 노력했다.[59]

55 NDCG, *Annual Report*, 1914.
56 Lewis, *The Voluntary Sector, the State and Social Work in Britain*, p. 73.
57 NDCG, *Annual Report*, 1915, p. 8.
58 Kidd, *State, Society and the Poor in Nineteenth-Century England*.
59 NDCG, *Annual Report*, 1914.

원조에 대한 결정을 내릴 때에는, 엄격한 도덕적 담론이 부과되었다. 자선단체협회나 일반적인 다른 새로운 자선단체와 마찬가지로, NDCG는 자조라는 결과에 이를 수 없을 것 같은 경우에는 자선적 원조가 적합하지 않다고 여겼다.[60] 1915년 『연보』에는 악한의 두 가지 범주가 묘사되고 있다. 당시 어디에나 흔히 존재했던 고용을 꺼리는 성인 남성과, '불구' 아동에 대해 무관심한 가족이 그것이다.

매력적인 성격에다 똑똑하고 총명했지만, 심하게 기형인 발을 지닌 한 아동이 있었다. 그 아동은 몇 푼의 돈을 수령하며 열악한 환경 속에서 살아가고 있었는데, 어느 날 병원 진찰을 받게 되었다. 수술이 그 아동의 상태를 상당히 크게 개선시키리라는 것은 분명했다. 처음에 그 아동의 부모는 수술에 반대했지만, 결국에는 전국아동학대방지협회 조사관들의 중재 덕분에 그 수술은 시행될 수 있었고 좋은 결과를 기대할 수 있는 충분한 가능성이 존재했다. 그렇지만 병원에서 집으로 바로 돌아간다면, 그러한 치료의 성과가 수포로 돌아갈 수 있다는 점이 우려되었다. 이에 치료가 끝날 때까지 그 아동을 요양학교Sanatorium School로 보내기로 교육 당국과 협의가 이루어졌다. 비용은 교육 당국과 길드가 분담하기로 했다. 그렇지만 그 아동은 집으로 돌아갔고, 그의 앞으로 나오는 몇 푼의 돈을 수령해서 살아가는 생활이 다시 시작되었다. 그 아동의 부모는 제안된 협의를 받아들이길 거부했고, 바닷가 병원에서 이루어낸 수개월간의 성과를 그 아동에게서 앗아 갔으며, 병원 치료의 성공적 결과를 심각하게 감축시켜 버렸다.[61]

60 ibid.

이러한 짤막한 기록은 20세기 초 영국에서 빈곤의 실상을 파악하지 않은 채 외면하고 있었음을 명백히 보여 준다.[62] 그 길드의 많은 구성원을 '불구로 만든' 질병들——구루병, 결핵, 소아마비——은 경제적·사회적 박탈과 연관되어 있었다. 그러나 불충분한 임금, 극히 인색한 사회보장급여, 열악한 주거 내에 존재하는 그러한 고통의 원인들은 결코 직시되지 않았다. 또한 호의적으로 이루어진 온갖 그럴듯한 해석들 때문에, 부모가 자신의 아이를 가혹하고 규율적인 통제질서를 부과하는 시설로 보내는 것을 꺼리고 있다고도 여겨지지 않았다. 오히려 장애인들과 그 가족들은 자원활동 부문에 의해 자금이 제공되고 관리되는 감시망을 통해 도덕적 비난을 받았다. 그렇지만 1920년대 중반이 되면, 이러한 도덕적 감시와 비난을 수반했던 사례별 사회사업은 제1차 세계대전 후 의학적 치료 체제로의 전환이 지배적 의제가 되면서 점차 쇠퇴하게 된다.

의학적 감시

의학의 진보를 이상적으로 미화한 이야기들은 사회학자들과 역사가들에 의해 현재까지도 그 오류가 수정되고 있으며, 위대한 발명, 영웅적인 의사, 자애로운 시설에 대한 찬양은 비판적 연구들에 의해 약화되고 있다.[63] 특히 이러한 부식제의 역할을 한 것은 푸코가 수행한 지식과 권력 사이의 연결이었다. 그는 "우리는 권력이 지식을 생산한다는 것을", 그

---

61 NDCG, *Annual Report*, 1915, p.6.

62 David Vincent, *Poor Citizens: The State and the Poor in Twentieth Century Britain*, London: Longman, 1991.

63 Ludmilla Jordanova, "The Social Construction of Medical Knowledge", *Social History of Medicine* 8(3), 1995, pp.361~381.

리고 "권력과 지식은 직접적으로 서로를 내포하며……어떠한 지식 분야와 상관적으로 구성되어 있지 않은 권력관계란 존재하지 않고, 동시에 권력관계를 전제하거나 구성하지 않는 지식 또한 존재하지 않는다는 것을……인정해야만 한다"고 썼다.[64] 20세기의 그 출발 지점에서부터 신체적 손상과 밀접히 연결되어 있던 정형외과라는 의학 분과는, 임상 지식의 정치화를 잘 설명해 준다. 버밍엄의 신체기형노동자종합구호시설과 같은 초기의 병원들은 주로 발 부분의 기형에 집중했는데, "종합병원에서……'정형외과 수술'이 등장하면서" 1850년 이후에는 점차 주변화되어 갔다. 그와 동시에 물리치료 기법(의료체육, 안마, 전기요법, 수치료水治療)들이 개량되고, 식이요법, 휴양, 맑은 공기 등에 대한 전체론적 철학이 정형외과로 흡수되었다. 그럼에도 불구하고 대개는 운명론적인 태도가 우세했다. 많은 외과 의사들은 "선천적 기형, 분만 사고, 소아마비, 장기 구루병의 결과로 인해, 수술이 가능한 범위를 넘어서 있고 단지 특수교육이나 훈련시설을 통해서만 도움을 받을 수 있는 '변화 가능성이 없는 불구들'의 커다란 집단"이 존재함을 인정했다.[65]

임상적 관심은 1900년 이후에 다시 증가되었는데, 이는 주로 소아과 병원에서 수술이 증가함에 따라 '불구를 초래하는' 신체적 이상의 확산이 두드러지게 되었기 때문이다. 만성 손상을 지닌 아동들이 급성의 단기 환자를 위해 마련된 침상을 차지하게 되자, 장기 치료의 대안적 모델이 나타났다. 슈롭셔Shropshire 주 오스웨스트리Oswestry 부근 배스처치Baschurch에 위치한 아그네스 헌트Agnes Hunt의 자선요양원은 그

---

64 Foucault, *Discipline and Punish*, 1991, p.27.
65 Cooter, *Surgery and Society in Peace and War*, pp.18, 60.

한 예라고 할 수 있는데, 그 요양원은 에드워드 7세 시대[1901~1910년] 동안 수술, 외기요법外氣療法, open-air therapy,[66] 부설 요양클리닉 프로그램을 갖춘, 국제적 명성을 지닌 정형외과 시설을 개설했다. 1914년에서 1918년 사이의 제1차 세계대전은 임상의 기회를 추가적으로 생성해 냈다. 전체 사상자 중 3분의 2가 이동 기능의 손상을 겪었다. 그리고 골절, 총상, 신경마비에 대한 치료 모두가 정형외과 분야에 맡겨졌다. 게다가 전쟁 기간 동안 군인 환자를 위해 설립된 정형외과 병원들은 새로운 권력 기반을 만들어 냈으며, 그러한 병원에서 일했던 의료 전문가들은 이를 잃지 않기를 열망했다. 그래서 민간의 일자리로 복귀하자, 정형외과 의사들은 '불구' 아동의 치료를 위한 국가 계획을 통하여 "그들의 군사왕국에서 누렸던 권력과 영광을 재창조할 야심찬 기획"을 촉진시켰다. 그러나 의료 계획의 입안에 있어 지방 당국들의 영향력은 보건부가 이러한 국가 계획을 편성하는 것을 불가능하게 했다. 그 결과 정형외과 의사들은 불구자보호중앙협의회Central Council for the Care of Cripples라는 형태를 띠고 자선 부문으로 방향을 돌렸다.[67]

그 중앙협의회(나중에 왕립장애및재활협회Royal Association for Disability and Rehabilitation가 되는)는 1919년에 설립되었다. 전쟁 이전의 자선단체들이 의료·교육·복지 분야별로 분할되어 있었던 반면, 중

---

66 창밖의 신선한 외부 공기에 적극적으로 신체를 노출시킴으로써, 피부·호흡기·점막을 자극하여 면역력을 강화하는 것과 동시에 정서의 안정, 식욕 증진, 야간 수면의 충실화를 도모하는 치료법을 말한다.—옮긴이

67 Cooter, *Surgery and Society in Peace and War*, p.153; Agnes G. Hunt, "Baschurch and After: 1. The Birth of a Pioneer Hospital", *The Cripples' Journal* 1(1), 1924, pp.18~23; Agnes G. Hunt, "Baschurch and After: 2. Fourteen Years On", *The Cripples' Journal* 1(2), 1924, pp.86~94; Agnes G. Hunt, "Baschurch and After: 3. During the War", *The Cripples' Journal* 1(3), 1924, pp.180~185.

앙협의회는 이러한 다양한 영역의 대표자를 한데 모아 냈다. 배스처치에서의 제도들에 기반을 둔, 중앙협의회를 후원했던 국가 계획은 거점 정형외과 병원central orthopaedic hospital의 네트워크를 지지했고, 여기에 소속된 일련의 지역 요양클리닉들을 제휴시켰다. 거점 정형외과 병원들은 '불구' 아동에게 숙련된 수술과 간호, 훌륭한 식이요법, 교육, 그리고 "햇볕과 바깥 공기의 이로움을……아동의 신체적 장애가 요구하는 한" 제공했다. 지역 요양클리닉들은 정확한 진단과 입원에 대한 "지름길"을 제공했고, "외과의사가 자신의 의료 행위를 관리하고……그 최종 성과를 실현하는 것을" 가능하게 해주었으며, 외과의사에게 "점점 더 평생 동안, 어떻게 불구 아동을 가장 잘 도울 수 있는지를" 배울 수 있는 "훌륭한 양성소"가 되어 주었다.[68]

NDCG는 이러한 국가 계획에 대한 공인된 열성 지지자였으며,[69] 1923년에는 그 계획을 원활히 실행하기 위하여 새로운 명예직 정형외과 의사까지 선임했다. 그 결과 "근대적 정형외과 수술의 개척자들 중 하나"로 칭송되면서, 그 길드는 거점 병원과 일군의 요양클리닉 양자 모두의 설립에 있어 핵심적 역할을 했다.[70] 노팅엄셔Nottinghamshire 주와 잉글랜드 중동부 지방에 서비스를 제공하기 위하여 할로 우드 정형외과 병원Harlow Wood Orthopaedic Hospital이 1929년에 문을 열었을 때, 그 길드는 1939년까지 연간 40명 이상의 환자를 위탁했다. 그렇지만 이후에 6개로 늘어난 요양클리닉 중 첫번째 클리닉의 운영에 대한 직접적

---

68 Gathorne Robert Girdlestone, *The Care and Cure of Crippled Children*, Bristol and London: John Wright and Simpkin Marshall, 1924, p.3.
69 Joan Anderson, *A Record of Fifty Years Service to the Disabled by the Central Council for the Disabled*, London: Central Council for the Disabled, 1969.
70 NDCG, *Annual Report*, 1964, p.6.

인 책임이 맡겨진 1920년대 중반부터, NDCG의 역할은 근본적으로 변경되었다. 이러한 클리닉들과 할로 우드 병원에서, 권력은 무엇보다도 우선 정형외과 의사들의 손에 있었다. 그럼에도 그 길드는 '숙녀들'로 구성된 방문분과위원회를 설립하여 이러한 전문가적 통제를 보강했는데, 그녀들의 업무는 "환자들과의 접촉, 특히 클리닉에 잘 나오지 않는 경향이 있는, 그리하여 입원이나 외래환자 치료가 그들에 대해 의도했던 효과의 대부분을 무위로 돌릴 위험이 있는 환자들과의 접촉"유지하는 것이었다.[71] 자선적 노력은 의학적 감시에 이용되고 있었다.

1936년이 되었을 때, 영국 제도에는 40개의 정형외과 병원과 400개의 정형외과 클리닉이 존재했다.[72] 정형외과 병원과 클리닉의 역사는 의학적 권위의 객관적 기반에 대한 모든 주장을 뒤집는 것이었다. '불구' 아동에 대한 관심의 급증이 비록 임상 지식의 발전 궤적과 얼마간 관련성을 지니기는 하지만, 그것은 또한 전문가적 권력의 추구와 뒤얽혀 있었다. 정형외과는 의학 내에서 열등하게 취급받는 분야였다. 장기 재활은 몇 가지 기술을 사용하기는 했지만, 그 주요한 기교인 접골은 과학적 패러다임에는 미치지 못했다. 그러나 아동복지에 대한 당시의 관심을 활용한 것은 정형외과의 인지도를 끌어올렸을 뿐만 아니라, 자선 부문의 자원이 유입되어 활동의 무대를 확장할 수 있도록 해주었다. 더욱이 이러한 상황은 정형외과 분야가 제1차 세계대전이라는 긴급 사태를 활용하여 자신의 전문 지식이 진짜임을 증명하고 일정한 발판을 구축하도록 허용했다. 그리고 군대의 사상자들로부터 얻은 경험은 다시 '불구'

---

71 NDCG, *Annual Report*, 1939, p.7.
72 Anderson, *A Record of Fifty Years Service to the Disabled 1919~1969 by the Central Council for the Disabled.*

아동의 문제를 다루는 데 있어 신뢰성을 부여했다. 정형외과 병원의 영
향력이 지역사회로 퍼져 나갈 수 있도록 해주는, 그러한 권력 기반의 발
전을 보증했던 신뢰성을 말이다.

　　구루병과 결핵의 발병률이 떨어짐에 따라 전간기戰間期 동안 아동
기 손상은 감소되었으며, 정형외과 의사들은 그들의 전문가적 야심을
진전시키기 위하여 점점 더 골절 환자들의 관리로 옮겨 갔다.[73] 그렇지
만 NDCG 같은 단체들과의 협력 속에서 확립된 네트워크는 데이비드
암스트롱David Armstrong이 제2차 세계대전부터 시작되었다고 보는 '감
시 의학'surveillance medicine의 중요한 선구자였다. 비록 국가 계획은
"조기 발견을 확립하기 위해 정상적인 사람들에게까지 자신의 시야를
[확대시키고] ……잠재적 비정상인들이 적절히 알려지도록 할 수 있는"
자원이 부족하기는 했지만,[74] 이러한 계획이 지닌 감시에 대한 열망은
고통스럽고 일상을 침해하는 의료적 중재에 많은 장애인들을 노출시켰
다. 1923년경에 작성된, 요크셔에서의 정형외과 병원 건립 제안을 지지
하고 있는 교육위원회에 대한 의사록은 모든 장애아동이 외과적 처치
를 요한다고 단언하고 있었다.[75]

저항의 정치

신체적 손상의 의료화는 경제적 합리성에 의지하여 정당화된 국가 계

73　Cooter, *Surgery and Society in Peace and War*.
74　David Armstrong, *Political Anatomy of the Body: Medical Knowledge in Britain in the
　　Twentieth Century*, Cambridge: Cambridge University Press, 1983, p.9.
75　Joanna Bourke, *Dismembering the Male: Men's Bodies, Britain and the Great War*, London:
　　Reaktion Books, 1996.

획에 의해 추동되었다. 1920년에 교육위원회의 한 의원이 주장했던 것처럼, "불구 아동들"의 적절한 치료는 하나의 "확실한 투자"였는데, 왜냐하면 그것은 "그렇게 하지 않는다면 성장해서 그들의 친척이나 지역사회에 짐이 될……수많은 아동들이 유용하고 자활 가능한 시민이 된다는 것"을 의미했기 때문이다.[76] 장애인들을 무위無爲로부터 구해 내고자 하는 이러한 임무는 우생학적인 의도를 지니고 있었다. 신체적 손상이 반드시 다윈의 생물학적 결정론의 관점에서 다루어진 것은 아니었지만, 스펜서의 사회진화론과 공명하는 방식 속에서 개혁에 대한 방해물들이 강조되었다.[77] 따라서 그러한 국가 계획의 지지자들은, 비록 슬럼가 철거가 질병을 야기하는 비위생적인 환경으로부터 '불구' 아동들이 벗어날 수 있도록 하기는 했지만, 새로운 집이 "부모로서의 책임감 또는 시민생활civic life의 새로운 책임감을 부여하지" 않았다는 점을 경고했다. "알코올의 해악적 영향" 역시 변화되지 않았다는 점과 함께 말이다.[78] 병원에 오랫동안 머무는 것이 '결함이 있는' 가정 ——수술 후 규정된 대로 돌봄이 이루어지는 것을 망칠 뿐만 아니라 재정적 의존을 심어주는 ——으로부터 아동들을 보호했다. 그리고 노동할 수 있는 기능적 능력을 획득하는 것을 통해, '불구' 아동들은 타락으로부터 해방되고, 경제활동을 조건으로 하는 완전한 시민권을 획득할 수 있도록 다듬어졌다.[79]

손상이 지닌 이러한 함의는 영국 사회의 심대한 장애차별주의를

76 Girdlestone, *The Care and Cure of Crippled Children*, p. 21.

77 Michael Freeden, "Eugenics and Progressive Thought: A Study in Ideological Affinity", *Historical Journal* 22(3), 1979, pp. 645~671; Jose Harris, "Between Civic Virtue and Social Darwinism: The Concept of the Residuum", eds. David Englander and Rosemary O'Day, *Retrieved Riches: Social Investigation in Britain 1840~1914*, Aldershot: Scolar Press, 1995, pp. 67~87.

78 Frederick Watson, *Civilization and the Cripple*, London: John Bale, 1930, pp. 80~84.

의미하며, 이는 저항의 정치를 약화시킨다. 푸코는 "우리는 결코 권력의 함정에 빠져서는 안 된다. 우리는 언제나 권력의 장악력을 바꾸어 낼 수 있다"는 입장을 단호히 했다.[80] 그렇지만 우생학적인 견지에서 인식되었던 수급자들이 원조에 저항할 수 있다는 사고는, 20세기 초의 대다수 서비스 제공자들에게는 생경한 것이었다. 그래서 클라이언트들——NDCG의 수급자들과 같은——이 원조에 따르는 부가 조건을 열심히 수행하기보다는 원조를 박탈당하는 쪽을 선택했을 때, 그들의 행동은 태만한 것으로 해석되었다.[81] 자선가나 전문가가 가장 잘 알고 있다는 널리 퍼진 가정으로 인해, 소비자들의 의견 표명 또한 쓸모없는 것으로 간주되었다. 예를 들어, 『크리플스 저널』*The Cripples' Journal* 창간호에서 편집자는 그 저널의 여론을 움직이는 힘은 "주로······ 모든 시설들, 의료인들, 간호사들, 원조자들에게" 있다고 주장했다.[82] 표제로부터 추정해 보자면 그 독자층이라고 할 수 있는 환자들에 대해서는 어떠한 언급도 이루어지지 않았다.

장애아동을 위한 만족스럽고 지지적인 환경이라는 정형외과 병원에 대한 의학적 표상 내에는, 이와 같은 장애인 주체의 편의적 삭제에 대한 징후들이 이미 존재했다.

누군가가 그러한 병원에 가까이 다가갔을 때, 그는 그 병원의 존재감

79 Julia R. Parker, *Citizenship, Work and Welfare: Searching for the Good Society*, Basingstoke: Macmillan, 1998.
80 Michel Foucault, "Power and Sex", ed. Lawrence D. Kritzman, *Politics, Philosophy, Culture: Interviews and Other Writings 1977~1984*, London: Routledge, 1998, p.123.
81 NDCG, *Annual Report*, 1915.
82 Frederick Watson, "The Gist of the Matter", *Cripples' Journal* 1(1), editorial, 1924.

을 눈과 귀를 통해——매력적인 광경과 너무나 명랑한 목소리들을 통해——인식하게 된다. 그는 햇볕과 바람을 향해 열려 있는 병실을 보고, 기쁜 환성과 웃음소리를 듣는다. 유쾌함과 즐거움이 그곳에 있는 아동들로부터 끊임없이 스며 나오는 듯하다.[83]

입원 상태에 대한 이러한 식의 설명은 환자들의 관점에서는 거의 존재할 수 없다. 우리는 버밍엄의 왕립정형외과병원Royal Orthopaedic Hospital을 다루고 있는 모리스 화이트Maurice W. White의 대중사[84]에 기록된 '기억들'로부터, 아동들이 여러 해 동안 반복적인 외과적 중재에 시달려야만 했다는 것을 알 수 있다. 예를 들어, 필드Mr. N. H. Field는 어떻게 그가 3살 때 척수결핵을 지닌 채 입원하게 되었는지를, 그리고 어떻게 6년 동안 척추 고정 틀에 매여 꼼짝도 할 수 없었는지를 회고했다. 유사하게 바비 제임스Bobby James는 1928년에 "양쪽 다리에 매우 심각한 기형"을 지닌 채 입원했다. 태어난 지 겨우 몇 개월 후부터, 그는 병원을 "들락거리며" 10년의 시간을 보내야 했고, 그곳에서 16번의 수술을 받았다.[85]

필드에게서도 제임스에게서도 그들이 받았던 치료에 관한 직접적인 불평이 드러나지는 않았지만, 이는 그 연구의 성격 자체가 비판적 논평을 이끌어 내는 것과는 무관한, 존경받는 지역 시설에 대한 찬양이었기 때문이라고 할 수 있다. 이와는 다르게, 「보이지 않는 곳에」Out of Sight——20세기 전반기 장애의 경험을 다룬 채널4[86]의 다큐멘터리로 책

83 Girdlestone, *The Care and Cure of Crippled Children*, p.30.
84 대중사(popular history)란 학술적 분석보다는 서사·인물·생생한 묘사에 중점을 두고 광범위한 독자층을 겨냥하여 쓰인 역사기술의 장르를 말한다. ——옮긴이
85 White, *Years of Caring*, pp.196~197, 205.

으로도 출간됨――는 '불구' 아동들이 수용되어 있던 시설에서의 고통스러운 수술과 가혹한 통제 질서에 대한 참혹한 개인적 증언들을 담아냈다. "심각한 기형의 손과 걸을 수 없는 발"을 지닌 채 1918년에 태어난 빌 엘비Bill Elvy의 사례를 보자. '불구' 아동을 위한 시설에 수용되면서, 그는 수술을 위해 주기적으로 병원에 보내졌다.

내가 아직 매우 어릴 때, 그들은 나에게 수술을 했다. 그것은 너무나 끔찍한 일이었다. 나는 언제나 병원을 들락거렸다. 어떠한 방문객도 오지 않았고, 병원이 런던에 있었기 때문에 나의 부모조차도 올 수 있는 여유가 없었다. 그들이 나에게 시술하고자 했던 수술에 대비하기 위해, 나는 줄곧 섀프츠베리 홈Shaftesbury Home에서 지내야만 했다. 그들은 그러한 수술이 얼마나 부당하며 내가 얼마나 고통을 받을지 틀림없이 알고 있었음에도 불구하고, 나는 어떠한 실질적인 돌봄도 받을 수 없었다. 그들은 손과 발에 대한 다음번 수술로 나를 밀어 넣기 위해, 어떻게든 나를 준비시키고 강화시키고자 했다. 그러나 모든 것이 너무나 무자비한 방식으로 이루어졌다. 돌봄을 받기보다는 손바닥으로 귀를 얻어맞거나 구타를 당하는 일이 더 흔했다. 그곳은 우리 같은 아이들에게는 감옥이나 다름없었다. 우리의 모든 편지는 들어오고 나갈 때 검열을 받았다. 그곳에서는 하기 싫은 일이나 힘든 중노동을 억지로 해야만 했고, 가능

---

86 채널4(Channel 4)는 1981년에 설립된 영국의 TV 네트워크로, TV 방송뿐만 아니라 영화 제작에 주목할 만한 역할을 해왔다. 채널4가 투자하여 제작한 주요 작품으로는 스티븐 프리어스(Stephen Frears) 감독의 「나의 아름다운 세탁소」(My Beautiful Laundrette, 1985), 닐 조던(Niel Jordan) 감독의 「크라잉 게임」(The Crying Game, 1992), 켄 로치(Ken Loach) 감독의 「칼라 송」(Carla's Song, 1996) 등이 있으며, 1987년 칸 영화제에서는 영국 영화에서의 공헌을 인정받아 로셀리니상(Prix Rossellini)을 수상하기도 했다.――옮긴이

한 한 조용히 자중하고 지내야만 했다. 그러면 병원에서는 전화를 걸어와서 "좋아, 그 녀석에게 다시 한번 수술을 하자"라고 말했다. 그리고 나는 다시 또 고문과 같은 수술을 위해 병원으로 보내졌다.[87]

비록 이 사례나 「보이지 않는 곳에」에서 다루어진 여타의 이야기들이 명확히 국가 계획하의 정형외과 병원들과 연결되어 있는 것은 아니지만, 그 이야기들은 의료화와 장기요양의 인자한 이미지에 진정 의문을 제기하고 있다. 한편 그러한 극한적 환경 아래에서도 저항의 행위들이 있었다. 형편없는 음식이나 과도한 징벌에 맞선 쟁의, 빈약한 식단을 보충하기 위한 취사장이나 과수원의 습격, 탈출의 시도 등이 말이다.[88] 그러나 장애인들이 저항의 몸짓을 드러낼 수는 있었지만, 그들이 그러한 힘을 행사했던 구조는 근본적으로 매우 제약되어 있었다. 시설의 관행은 아동 입소자들의 반항으로 인해 전복되지는 않았다. 그 결과 그러한 힘은 널리 확산되지 못하고 일정한 틀 내에서 구조화되었는데, 비록 저항에 대한 얼마간의 여지가 존재하기는 했지만, 모든 개인과 사회집단이 동등하게 그들의 영향력을 발휘할 수 있었던 것은 아니기 때문이다.

정체성과 역사

도덕적 감시에서 의학적 감시로의 이행, 그리고 이에 저항할 수 있는 장애인의 능력에 대한 검토 속에서, 나는 단일한 국가에 대한 관념을 기각

---

87 Stephen Humphries and Pamela Gordon, *Out of Sight: The Experience of Disability 1900~1950*, Plymouth: Northcote House, 1992, pp.80~81.

88 Humphries and Gordon, *Out of Sight*, pp.80~81.

했으며, 자선과 의료를 통한 권력의 분산을 파악하고자 노력했다. 정체성의 구성 또한 이러한 분산 작용에 의해 좌우된다. 사회적 장애모델은 개인적 정체성을 [구조적이면서도] 구체적인 차별의 경험 내에 위치시킨다. 문화적 성향의 비평가들은 고통·피로감·우울·'내재화된 억압'이 손상에 동반될 수 있음을 인정하는, 개인적 차원의 복권을 요구해 왔다.[89] 사회계급·젠더·민족성·연령이 통합적으로 다루어져야 한다는 요구에 부정적인 입장을 보이면서, 문화적 비평가들은 구조적 특성과의 관련성을 반박한다. 급속히 변화하는 세계와의 지속적인 교류 과정을 통해 유동성을 띠게 되는 정체성들은,[90] "계속해서 수정되지만 일관성 있는 전기적傳記的 내러티브들……을 유지하는 것"에 의해 반사적으로reflexively 형성될 수밖에 없다. 기든스가 다음과 같이 상술한 것처럼 말이다.

현대 사회생활의 '개방성', 행위의 맥락의 다원화, 다양한 '권위들'로 인해, 생활양식의 선택이 자아 정체성과 일상 활동의 구성에서 점점 더 중요해진다. 반사적으로 구성된 생활 설계——이는 보통 위험에 대한 고려 요인이 전문 지식과의 접촉을 통해 걸러질 수 있다고 추정한다——는 자아 정체성의 구조화에 있어 중심적인 특징이 되고 있다.[91]

물질적으로 불리한 장애인들의 처지는 구조적 요인들을 전면적으

---

89 Marks, *Disability: Controversial Debates and Psychosocial Perspectives*, pp. 25~26; 또한 Barnes and Mercer eds., *Exploring the Divide*를 보라.

90 Madan Sarup, *Identity, Culture and the Postmodern World*, Edinburgh: Edinburgh University Press, 1996.

91 Anthony Giddens, *Modernity and Self-Identity: Self and Society in the Late Modern Age*, Cambridge: Polity, 1991, p. 5.

로 기각하는 입장이 지닌 신빙성을 크게 떨어뜨린다. 빈곤은 '생활양식의 선택'에 있어 필수적인, 번영된 삶으로부터 많은 이들을 배제해 버린다. 다른 한편 사회 정책들의 실행은 의존이라는 문제에 대해 전문가적 통제와 장애인에게 불리한 가정들을 부과하고 있는데, 그러한 가정들은 저항의 표출을 통해 단지 부분적으로 완화될 수 있을 뿐이다.[92] 따라서 긍정적 정체성에 대한 대안적 가능성을 발굴하는 것이 중요하다.

장애인 운동은 직접적인 정치적 행동이 정책의 변화를 가져다줄 뿐만 아니라, 운동 참여자들의 권한을 강화하고 부정적인 자아상을 약화시킨다는 확신을 갖고 있다. 장애예술 운동disability arts movement 또한 대중매체에서 장애를 모욕적으로 그려 내고 비하하는 고정관념을 공격해 왔다.[93] 그렇지만 정체성은 현재뿐만 아니라 과거에 뿌리박고 있기 때문에, 우리가 어디에서 왔는지를 아는 것은 우리가 현재 어디에 있으며 어디로 가고 있는지를 아는 데 도움을 준다.[94] 따라서 장애의 역사는 개인적이고 집단적인 존중에 이르는 또 하나의 보완적 경로라 할 수 있다. 기억은 고정된 정체성의 구조화에 있어 핵심 요소라 할 수 있는데, 정체성이 일시적인 성격을 띠게 되면서 기억은 더 큰 중요성을 갖게 되었다. 그렇지만 종종 노인들을 위한 하나의 요법으로 활용되는 회고담과 더불어, 개인적 내러티브는 이야기되는 환경을 넘어섰을 때는 별다른 유의미성을 갖지 못하는 하나의 사적인 공간을 차지한다. 이에 반해서 역사는 과거와의 성찰적 상호작용을 위한 공적인 공간을 제공하면

---

92 Hughes, "Medicine and the Aesthetic Invalidation of Disabled People"; Marks, *Disability: Controversial Debates and Psychosocial Perspectives*.

93 Barnes, Mercer and Shakespeare, *Exploring Disability*.

94 Jenkins, *Re-thinking History*; Sarup, *Identity, Culture and the Postmodern World*.

서, 개인들과 사회집단들이 "지역적·국내적·국제적인 현실 내에서 [그들의] 위상"을 이해하도록 돕는 "교육학적인 정치문화"의 일부분으로서 그 가치를 입증해 왔다.[95]

장애인들의 증언은 이러한 과정이 진행되는 데 있어 중요한 역할을 갖는다. 물론 장애인들의 내러티브가 다른 설명들에 비해 특권화되고 "불가피하게 불완전한 것[이라기보다는] ……진실 **그 자체**"로서 간주될 위험성이 존재한다. 게다가 그들의 "'고백적인' 태도는 고정된 '장애' 정체성을 긍정하는, 자기예속self-subjugation의 한 형태로 기능할 수도 있다". 그러한 고정된 정체성은 모든 장애인들을 "'역경을 극복하는' 존재나……관음증적인 시선에 노출되어 있는 병리적 대상"으로 표상해 낸다.[96] 그럼에도 불구하고 이러한 이야기들——과거의 관행에 대한 규탄 속에서 풍부한 세부 내용과 진술을 담고 있는——은 자신의 자존감이 차별에 의해 유린당해 왔던 이들에게 있어서 해방적인 것일 수 있다. 이전에 정신지체 시설에 수용되어 있었던 한 입소자의 말에서 드러나는 것처럼 말이다. "나는 단지 사람들이 실상을 알고, 그래서 우리가 겪어야만 했던 것이 무엇이었는지 깨달을 수 있기를 바란다. 그것은 기록되어 있는 내용과는 전혀 다르다! 그들은 단지 우리를 감금해 두고자 그러한 일들을 했으며, 그러다 보니 사람들은 우리가 제정신이 아니라고 생각하게 되었다."[97]

그러한 경험들을 보다 넓은 역사적 맥락 내에 위치시키고 앞선 세기들 내에서 그 선례들을 탐색하는 것은, 도대체 어떤 일이 일어났는가

---

95 Madan Sarup, *An Introduction Guide to Post-Structuralism and Postmodernism*, Hemel Hempstead: Harvester Wheatsheaf, 1993, pp.186~187.

96 Marks, *Disability: Controversial Debates and Psychosocial Perspectives*, p.183.

를 해명하는 '담론' 또는 '플롯'을 해당 이야기나 '일련의 사건들'에 제
공함으로써 경험이 갖는 힘을 증대시킨다.[98] 포근하고 위안을 주는 과거
에 대한 향수의 추구와는 전혀 반대로, 지적인 엄격함을 착취의 폭로와
결합시키는 역사는 개인적이고 정치적인 의식을 고양시킬 수 있는 잠
재력을 지닌다. 첫째, 그러한 역사는 개별적 모델의 수동적·비극적·의
학적 가정들을 약화시키고, 그 책임을 경제적·사회적·정치적 사회구조
로 이동시킨다. 둘째, 그러한 역사는 장애에 대한 태도와 정책들이 문화
적으로 구성된 것임을 입증할 수 있으며, 따라서 변화를 향해 열려 있게
된다. 셋째, 그러한 역사는 현재 장애 운동 내에서 활발히 활동하고 있
지 않은 장애인들——예를 들어, 학습적 장애나 노령으로 인한 손상을
지닌 사람들——까지 포괄할 수 있다. 마지막으로, 노동사와 여성사의
기록이 증명하는 바와 같이, 그러한 역사는 상이한 유형의 손상들 간에
존재하는 인위적인 분할을 무너뜨리면서, 효과적인 정치적 행동에 필
수적인 통합성을 촉진한다.[99] 이러한 방식으로, 과거 속의 장애에 대한
자각은 보다 긍정적인 개인적·집단적 정체성을 육성해 낸다.

나가며

지금까지 이 장은 네 가지 주요 테마를 중심으로 이야기를 전개해 왔
다. 첫째, 장애학에서 과거의 역사가 경시되어 왔던 원인을 사회학과 역
사학 간의 상반된 성격에서 찾아내었다. 둘째, 사회과학 내에서 발전된

97 R. Fido and M. Potts, "Using Oral Histories", eds. Dorothy Atkinson, Mark Jackson and
   Jan Walmsley, *Forgotten Lives: Exploring the History of Learning Disability*, Kidderminster:
   British Institute of Learning Disabilities, 1997, p.45.

유물론적 역사가 문화적 관점에서 평가되었다. 셋째, 비록 권력이 단일한 국가 외부에서 작동한다 하더라도 저항은 노동 윤리를 강조하는 구조적 힘들에 의해 제약된다는 것을 보여 주기 위해서, 도덕적 감시와 의학적 감시에 대한 사례 연구가 활용되었다. 그리고 마지막으로, 장애학에 대한 역사의 가장 가치 있는 기여는 개인적·정치적 정체성에 자양분을 제공하는 비판적 성찰성의 촉진임이 언급되었다. 과거와 직면하는 것이 만병통치약은 아니다. 비록 우리가 최소한 역사의 가장 나쁜 실수로부터 무언가 배우기를 희망할 수는 있지만, 역사는 결코 정확히 반복되지 않으며, 따라서 역사로부터 해결의 청사진이 도출될 수 있는 현대의 문제들이란 거의 존재하지 않는다.[100] 역사 연구 또한——사회 연구와 마찬가지로[101]——그것을 수행하고 소비하는 사람들에게 반드시 해방적인 것도 아니다. 그러나 역사 연구가 장애인들의 관점에 대해 민감성을 가지고 착수된다면, 그리고 비장애인 중심 사회의 제도들에 대해 비판적인 지향을 지닌다면, 역사는 개인적·집단적 의식을 고양시킬 수 있다. 데이먼 영Damon A. Young과 루스 퀴벨Ruth Quibell이 20세기의 지적 손상에 대해 결론을 내렸던 것처럼, "역사적 이야기들이 지닌 의미를 실제 인물들의 자전적 이야기들과 서로 엮어 낼 수 있을 때, 더 깊고 더 넓은 이해가 가능해진다".[102]

---

98 Sarup, *Identity, Culture and the Postmodern World*, p. 17.

99 Barnes, Mercer and Shakespeare, *Exploring Disability*; John Tosh, *The Pursuit of History: Aims, Methods and New Directions in the Study of Modern History*, London: Longman, 1991.

100 Tosh, *The Pursuit of History: Aims, Methods and New Directions in the Study of Modern History*.

101 Oliver, *Understanding Disability*.

102 Damon A. Young and Ruth Quibell, "Why Rights are Never Enough: Rights, Intellectual Disability and Understanding", *Disability and Society* 15(5), 2000, p. 759.

7장 / 노동, 장애, 장애인 그리고 유럽의 사회 이론

폴 애벌리

들어가며

이 장에서 나는 고전적인 사회 이론의 두 형태, 즉 대개 보수적인 것으로 분류되는 하나의 형태와 통상 급진적인 것으로 분류되는 다른 한 형태가 노동과 사회적 통합 간의 관계를 어떻게 이해하고 있는지에 대해 고찰한다. 그 이론들 간에 차이가 존재하기는 하지만, 어떤 사회라 할지라도 손상을 지닌 사람들의 일부가 사회적으로 배제되는 것이 불가피함을 암시하는 것에 한해서는 양자가 한곳으로 수렴되고 있음을 논할 것이다. 이어서 다른 유형의 사회 이론들 ——특히 여성주의 내에서의 몇몇 접근법 —— 이 어떤 면에서 노동을 완전한 사회적 통합의 규정적 특질로서 간주하지 않는, 보다 통합적인 사회의 전망을 제공할 수 있는지 짚어 보고자 한다. 그러한 관점의 실제적인 함의는 노동을 원하고 노동 과정에 의미 있게 참여할 수 있는 사람들에 대해서는 노동을 촉진하고, 손상을 지닌 사람들을 포함하여 노동을 할 수 없는 사람들에 대해서는 비노동적인 삶을 보편적으로 가치화하는 이중 전략의 옹호다. 이를 성취해 내기 위해서는, 실천의 방향이 유럽의 사회생활과 경제생활에서 발생하고 있는 현실적인 변화들과 부합할 필요가 있다.

장애를 억압의 한 형태로 바라보고자 한다면, 손상을 지닌 사람들이 장애화되지 않는 사회란 어떤 것인지에 대한 견해를 발전시켜야만 한다. 사회적 배제와 맞서 싸울 수 있는 효과적인 정책들을 개발하기 위해서 말이다. 그리고 이는 사회 이론을 요구한다. 사회적 배제를 어떻게 극복할 수 있는지 이해하고자 한다면, 우리는 무엇이 사회적 통합을 가져다줄 수 있는지에 관해 어떤 구상을 지니고 있어야 하기 때문이다.

장애와 시민권 담론

시민권이라는 관념은 현재 영국 국내와 유럽적인 수준 양자 모두에서 장애인의 사회적 지위와 관련된 이슈들을 다루기 위하여 빈번히 사용되고 있다. "시민권의 언어는 신노동당New Labour의 프로젝트와 특히 그 프로젝트의 복지 개혁안에서 계속해서 핵심적인 위치를 점하고 있다."[1] 마찬가지로 유럽연합집행위원회European Commission는 "장애인에 대한 시민권 개념의 강화"를 목표로 2003년을 '유럽 장애시민의 해' European Year of Disabled Citizen로 공표할 것을 제안했다.[2] 이처럼 시민권의 향상이라는 개념은 유럽 사회생활의 주류로부터 장애인을 사회적으로 배제시키는 문제에 초점을 맞추기 위해 활용되고 있다.

---

1 Hartley Dean, "Citizenship", ed. Martin A. Powell, *New Labour, New Welfare State?: The 'Third Way' in British Social Policy*, Bristol: Policy Press, 1999, p. 213.
2 European Commission, "Towards a barrier free Europe for people with Disabilities", 12 May COM(2000) 284 final, Brussels, European Commission, 2000.

'사회적 배제'라는 개념은 표면적으로는 순수하게 현상 기술적인 용어처럼 보이지만, 그것은 상대적으로 별다른 문제됨 없이 '통합되어' 있는 다수자와, 본질적으로 소수의 사회적 적응을 통해 '외부자성' outsiderness이 교정되어야 하는 문제적인 소수자를 암시한다는 점에서 이론적 요소를 강하게 담지하고 있다. 요컨대 그 용어는 사회를 칼 맑스가 상정했던 근본적으로 갈등적이고 모순적인 실체라고 보기보다는, 예를 들자면 에밀 뒤르켐Émile Durkheim이 제안했던 실질적 또는 잠재적 통일체로 간주하는 사회학적 관점과 본질적으로 연관되어 있다. 실제로 힐러리 실버Hilary Silver와 같은 이들은 사회적 배제에 관한 EU 논의의 기원이 경제적 활동보다는 주로 도덕적·문화적 통합에 대한 프랑스적인 관심, 더 나아가 뒤르켐주의적인 관심에 존재한다고 주장하는데,[3] 그러한 관심이 뒤르켐의 관념론적 사회 이론에서는 궁극의 바람직한 목표인 도덕적·문화적 통합을 가져오는 메커니즘에 대한 분석으로 나타난다.[4] 그렇긴 하지만, 뒤르켐주의가 함축하는 관점이 사회 일반의 본질과 관련하여 근본적으로 잘못된 판단이라 여기는 사람들에게 있어서도, 배제와 통합 간의 반정립이라는 문제가 유의미한 논의의 영역을 구성한다는 점을 지적해 두는 것이 필요할 듯하다.

특히 배제와 시민권 사이의 반정립에 기반을 둔 논쟁을 구성하려는 몇몇 저자의 시도——"사회적 배제는 ……시민적·정치적·사회적 권리라는 시민권의 부정(또는 비현실화)으로 간주될 수 있을 것이다"[5]——는 장

---

3 Hilary Silver, "Social Exclusion and Social Solidarity: Three Paradigms", *International Labour Review* 133(5-6), 1994, pp. 133~163.

4 Émile Durkheim, *The Division of Labour in Society*, Glencoe, IL: Free Press, 1964[에밀 뒤르켐, 『사회분업론』, 민문홍 옮김, 아카넷, 2012].

애인들에게 있어서도 유용한 인식틀 내에 논의를 자리 잡도록 하는 것처럼 보인다. 요컨대 시민권이 "서구의 정치적 담론을 구성하는 중심적 특징 중 하나"로,[6] 따라서 장애 이론도 반복적으로 다루어야만 하는 관념으로 간주될 수 있다고 주장하는 것이 아마도 과도한 일은 아닐 것이다.

하나의 '담론'에 대해 이야기한다는 것은, 구래의 생각들을 전달하기 위하여 단지 새로운 단어를 사용함을 말하는 것이 아니다. 오히려 그것은 사회세계를 이해하려는 노력 속에서, 그리고 궁극적으로는 우리에게 열려 있는 듯 보이는 행동의 나아갈 방향을 결정하기 위한 노력 속에서 일련의 상관적 개념들이 사용되고 있음을 의미한다. 담론은 행동에 대한 가능성을 열어 주기도 하고 막아 버리기도 한다. 즉 담론은 해당 세계 내에서의 행동에 대한 방식들을 구성함과 동시에, 그러한 행동에 대한 기술을 사실로 받아들이게 한다. '담론'은 단순히 정치의 내용을 표현하는 방식으로서가 아니라, 정치의 실체 그 자체로서의 정치의 언어에 주의를 돌리게 한다. 관념론적 사고 내에서, 담론이라는 용어는 언어가 가장 중요한 것이며 '물질적' 관계는 단지 담론의 부수적 산물임을 암시하기 위해 사용된다. 좀더 사리에 맞고 덜 자기중심적인 용어법 내에서 담론이라는 관념은, 우리가 세계를 이해하고 그 세계 내에서 그리고 세계에 대하여 행동하는 것을 매개하는 개념들이 이러한 행동들에 영향을 주며, 따라서 세계 그 자체에도 영향을 미친다는 사실을 환기시킨다. 물론 세계와 사회적 관계의 물질성은 그대로 유지되는 것이긴

5 Alan Walker and Carol Walker eds., *Britain Divided: The Growth of Exclusion in the 1980s and 1990s*, London: Child Poverty Action Group, 1997, p.8.
6 Barry Hindess, "Citizenship in the Modern West", ed. Bryan S. Turner, *Citizenship and Social Theory*, London: Sage, 1993, p.19.

하지만 말이다.

피터 드와이어Peter Dwyer는 시민권이라는 관념이 "시민으로 간주되는 모든 이들이 보편적으로 활용할 수 있는 합의된 권리들이나 자원들에 대한 접근과 관련하여, 어떤 개인이나 집단의 지위……그리고……한 사회 내에서 불평등의 정도 및 원인들에 대한 평가를 가능하게 하는 기준을 제공"할 수 있다고 주장한다.[7] 이러한 사회학적인 측면에 더해, 정치적 초점으로서의

> 시민권이란 개인, 집단, 권리, 의무, 국가 기관 간의 관계와 매우 크게 관련되어 있다. 시민권은 사회 편입 및 권한부여의 상대적 정도와 관련되어 있으며……유효한 시민권은……국가 기관들에 의해 매개되거나 관리되는 권리 및 복지 제공의 체계들 내에 통합되어 있음을, 그리고 누군가의 필요가 주류 정치의 중재를 통해 충족되고 있음을 의미한다.[8]

자칭 '순수' 기술적인 것과 정치적인 것 사이의 학술적 경계를 가로지르는 그러한 담론들은 장애인이 처한 상황을 재개념화하고 변환시키려는 장애인들의 투쟁과 분명히 관련성을 갖는다.

루스 레비타스Ruth Levitas는 사회적 배제와 신노동당에 대한 그녀의 연구에서, 사회적 배제에 관한 담론들을 세 가지 이념형으로 유용하게 구분한 바 있다.

---

7 Peter Dwyer, *Welfare Rights and Responsibilities: Contesting Social Citizenship*, Bristol: Policy Press, 2000, p.3.
8 Malcolm L. Harrison, *Housing, 'Race', Social Policy and Empowerment*, Aldershot: Avebury Press, 1995, pp.20~21.

재분배주의 담론redistributionist discourse, RED은 영국의 비판사회정책 내에서 발전하였으며, 주된 관심은 빈곤에 있다. 도덕적 하층계급 담론 moral underclass discourse, MUD은 배제된 사람들 자신의 도덕적·행태적 태만에 초점을 맞춘다. 그리고 사회적 통합주의 담론social integrationist discourse, SID의 중심 초점은 유급노동에 있다.[9]

이러한 관점들 각각은 사회적 배제와 맞서 싸우기 위한 그 자신의 처방을 포함하고 있다. 특히 유급노동으로부터의 배제에 대한 사회적 통합주의 담론의 강조는 그러한 입장의 지지자들을 사회 참여에 대한 보다 광범위한 시야로부터 이탈시켜, 사회적 멤버십의 규정적 특질로서 '노동'에만 집중하게 만든다. 요컨대 사회적 통합주의 담론 유형의 유럽 위원회 문서들은 표면적으로 장애인의 사회적 통합 촉진을 목표로 하고 있음에도 불구하고, 단지 노동시장으로의 진입을 위한 훈련과 원조에 만 눈길을 돌리고 있다. 그리고 "교통수단과 공공건물에 대한 개선된 접근성이라는 핵심 이슈"에 대해서도, 유럽위원회는 각 회원국에게 "지체장애 노동자들의 이동 조건에 대해 제안된 규정을 채택하도록 계속해서 요구해야"만 한다고 진술한다.[10] 이 문서가 고용에 초점을 두고 시작하고 있기 때문에, 이러한 편향이 그 자체로 놀랄 만한 일은 아닐 것이다. 그러나 그 문서는 유럽 전체에서 장애인의 시민권 문제를 노동이라는 측면에서 집중하는 것이 어떤 결과로 이어질 것인지를 암시하고 있다.

9 Ruth Levitas, *The Inclusive Society? Social Exclusion and New Labour*, London: Macmillan, 1998, p.7.
10 European Commission, *European Social Policy: A Way Forward for the Union*, Brussels: European Commission, 1994, pp.51~52.

영국 「장애차별금지법」Disability Discrimination Act, DDA 시행 후 최초 5년간의 실태에 대한 왕립맹인협회Royal National Institute for the Blind, RNIB의 연구는, 이러한 노동에 대한 집중이 영국이라는 구체적 상황 속에서도 또한 마찬가지임을 증명한다. 『정의의 비용』이라는 제목의 보고서는 재화·용역·편의시설·부동산에 관한 조항들에서의 차별로 지방법원에 사건을 제소하는 절차의 복잡함과 과도한 비용이 이러한 영역들에서 장애인이 자신의 권리를 주장하는 것을 사실상 불가능하게 만들었다고 결론지었다.[11] 「장애차별금지법」이 1996년에 시행된 이래로, 노동 영역에서 차별을 제기한 사건들은 5,000건 이상이 고용심판위원회employment tribunal에 접수되었다. 이와 대조적으로, 왕립맹인협회는 재화·용역·편의시설에 관한 조항들에서 차별을 제기한 사건은 단지 25건에 불과함을 확인했다. 장애인들이 삶의 다른 영역보다 노동에서 더 많은 차별에 직면해 있다는 증거가 없기 때문에, 그 보고서는 이러한 격차가 「장애차별금지법」의 각 장이 시행되는 상이한 방식 때문이라고 보고 있다. 고용 차별과 관련된 사건은 고용심판위원회로 가게 되는데, 여기서는 아무런 진정 비용도 들지 않으며 진정인에게 부과될 관련 비용의 부담은 무시해도 될 정도였다. 이와 대조적으로, 장애인에게 폭언을 한 매장 관리자나 점자로 된 청구서를 제공하지 않는 회사에 대한 차별 진정은 지방법원을 거쳐야만 했다. 이는 대개 복잡하고 많은 비용이 드는 과정을 수반하는데, 왕립맹인협회는 이것이 대부분의 사람들을 좌절하게 만드는 첫번째 장애물임을 지적하고 있다.

요컨대 국가에 의한 사회적 통합주의 담론의 채택은 무엇이 '중요

---

11 Royal National Institute for the Blind, *The Price of Justice*, London: RNIB, 2000.

한' 차별인지, 누구의 싸움을 용이하게 할 것인지, 그리고 함축적으로는 무엇이 덜 중요한 것인지를 규정하는 데 지대한 영향을 미친다. 최근의 한 연구는 중도에 장애를 갖게 된 노동자 6명 중 1명이 12개월 이내에 실직하고 있음을 보여 준다.[12] 그 연구는 또한 장애인이 새로운 일자리를 갖게 된 후 이를 유지하기가 매우 어렵다는 것을 보여 주고 있다. 일자리를 구한 비장애인의 경우 5명 중 1명이 1년 이내에 실직을 하고 있는 것에 비해, 장애인은 3명 중 1명이 1년 이내에 다시 실직을 하고 있는 것이다. 장애인올림픽에 참가한 영국 선수들에게 보이는 언론의 관심이나, 일을 할 수 있고 하기를 원하는 장애인들에게 초점을 맞춘 정부의 인식 개선 캠페인을 보면, 우리들은 점점 더 장애인들에 대한 긍정적인 이미지에 둘러싸여 있는 것 같기는 하다. 그렇지만 이러한 조사 결과는 장애인들이 여전히 현저하게 불리한 처지에 놓여 있다는 것을 나타낸다. 15세 이상 노동연령에 있는 장애인들 중 약 60%가 일자리를 갖고 있지 않다. "장애인은 실업 상태에 있지만 일을 하길 원하는 사람들의 절반을 차지하고 있으며, 실업자 중 언제라도 일을 시작할 준비가 되어 있는 사람들의 3분의 1을 차지하고 있다"고 그 연구는 말한다.[13] 장애가 어떻게 정의되는가에 따라, 장애인은 현재 노동연령 인구의 12~16%를 차지하고 있는 것으로 추산된다. 그리고 취업 중인 사람들의 3%가 매년 "일상 활동에 제약을 지닌" 상태가 되며, 그들 중 절반이 12개월 후에도 손상이 지속된다는 보고에 비추어 볼 때, 그 비율은 점차 증가 추세에 있다고 할 수 있다.

---

12 Tania Burchardt, *Enduring Economic Exclusion: Disabled People, Income and Work*, York: Joseph Rowntree Foundation, 2000.
13 Burchardt, *Enduring Economic ExclusionDisabled People, Income and Work*, pp. 13~14.

공식적인 데이터의 분석에 기초한 그 보고서는 또한 1985년 이래의 사회보장 변화에도 불구하고, 장애인이 여전히 상대적으로 빈곤한 상태에 처해 있음을 보여 준다. "연령·교육·직업에서의 차이를 통제한 가운데 측정된 장애인 노동자와 비장애인 노동자 간의 소득 격차는 더 커졌다. 장애로 인한 '불이익'은 증대하고 있는 것처럼 보인다."[14] 전체 장애인의 절반은 일반적으로 빈곤선을 나타내는 전국평균소득 50% 미만의 소득으로 살아가고 있다. 또한 자녀가 있는 장애성인 중 60%가 이러한 빈곤선 이하의 삶을 살고 있다. 타니아 부르크하르트 Tania Burchardt는 장애인들이 불안정한 건강 상태에 놓여 있다고 했을 때, 그들이 일자리를 유지하는 것을 돕기 위해서는 복지급여의 규정들이 보다 유연해져야 한다고 말한다. 그리고 실직 상태에 있거나, 일을 하지 않는 배우자가 있거나, 또는 조기에 퇴직한 사람들에게 실질적으로 도움이 되기 위해서는 복지급여의 수준도 재고되어야만 한다고 주장한다.

보다 심각한 손상을 지닌 이들일수록 생활 수준이 여타 인구들에 비해 뒤처지고 있다. 그리고 그들의 가구소득 중 높은 비율을 차지하는 복지급여가 단지 물가상승률만큼만 오르는 한, 그들은 계속해서 그런 상태에 머물게 될 것이다. 국가의 번영과 복지급여 소득 사이의 연계가 회복되지 않는다면, 유급노동에 대한 기회를 거의 갖지 못하는 이들의 생활수준은 취업한 이들과 계속해서 벌어지게 될 것이다.[15]

14 Burchardt, *Enduring Economic ExclusionDisabled People, Income and Work*, p.14.
15 ibid., p.53.

기능주의와 장애

사회적 배제의 전제 조건은 무엇인가? 사회 이론에 있어 고전적인 보수적 관점은 기능주의 사회학의 창시자 뒤르켐의 작업 속에 구현되어 있다.[16] 그는 비非산업사회 또는 전산업사회와 산업사회 사이에 근본적인 구별을 상정한다. 전산업사회에서의 사회적 통합이란 사회적 분업 내에서 역할의 유사성에 기반을 두는 것으로, 즉 '기계적' 연대로 간주된다. 산업화 이후 분업이 점점 더 전문화되고 개별화되면서 해당 집단으로부터 개인의 분리와 구별도 점증함에 따라, 바람직한 사회란 '유기적' 연대라는 강력한 유대를 지닌 사회가 된다. 이러한 유대는 그 사회를 구성하고 있는 복잡한 분업 내에서 타인의 역할에 대한 인정을 통해 만들어진다. 이러한 연대가 형성되는 현장은 직업 집단occupational association일 수밖에 없다. 따라서 그러한 역할을 박탈당하는 것은 곧 완전한 사회적 멤버십의 가능성을 박탈당하는 것이다. 드레퓌스 사건에 대한 개입으로서 쓴 에세이 「개인주의와 지식인들」과 같은, 그의 논쟁적인 저술 중 일부는 바람직한 사회가 다양성을 인정해야 할 필요성을 매우 강조하고 있지만,[17] 이러한 다양성의 인정이 일을 할 수 없는 사람들의 사회 편입에까지 적용되는가에 대해서는 아무런 말도 하지 않고 있다.

이러한 관점을 따르면서, 영국의 현대 사회학자인 에다 토플리스 Eda Topliss는 1982년에 장애인에 대한 차별의 불가피성에 대하여 다음과 같이 주장했다.

---

16 Durkheim, *The Division of Labour in Society*.
17 Émile Durkheim, "Individualism and the Intellectuals", trans. Steven Lukes, *Political Studies* 17, 1969, pp. 14~30.

어떤 사람의 완전한 사회 참여를 불가능하게 하는 손상의 특정한 유형이나 정도는 변할 수 있다고 할지라도, 장애인 소수자——사회 전체의 활동에서 그들의 이해관계가 덜 부각되는——와 비장애인 다수자 사이에, 다소간 불명확하지만 그럼에도 불구하고 실질적인 경계가 언제나 존재하는 것은 불가피한 일이다.

마찬가지로 사회를 뒷받침하는 가치는 다수자의 이해관계와 활동을 지원하는 것일 수밖에 없다. 이러한 이유로 적극적인 자립과 경쟁적 성취라는 가치에 대한 강조가, 특히 직업의 영역에서 이루어지게 된다. 그리고 이러한 방식으로 가치화된 삶의 양상들 내에서 개인들을 불리하게 만드는 장애에 대해, 그와 같은 강조는 부정적이고 낙인화된 관점을 촉진하는 유감스러운 파생 효과를 수반하게 된다. 비장애인 다수자가 바라는 사회 제도의 유지에 필요한 유형의 시민 양성에 있어 적극적인 자립과 경쟁적 성취라는 가치가 지닌 중심성 때문에, 그러한 가치들은 가정에서의 양육, 교육, 대중적 평가에 의해 계속적으로 조장될 것이다. 반대로 직업 등의 영역들에서 개인을 불리하게 만드는 장애는 계속해서 부정적으로 가치화될 것이고, 따라서 장애를 지닌 개인에게는 전반적으로 열등하다는 오명의 부여, 즉 낙인화라는 경향이 나타나게 된다.[18]

토플리스에게 있어서, 어떤 사회라 할지라도 피할 수 없는 장애인의 불리함은 노동에서의 수행 기준을 충족시킬 수 없는 장애인의 전반적 무능력으로부터 연유한다. 이는 상호작용론과 같은 여타 이론적 관점들과 비교될 수 있다. 그러한 이론들에서도 필자들은 유사한 결론을

18 Eda Topliss, *Social Responses to Handicap*, London: Longman, 1982, pp.111~112.

이끌어 내지만, 장애인의 핵심적인 '결함'은 심미적인 것이라고 말한다.[19] 그러나 심미적 판단이 그 자체로 장애 생산의 요건과 복잡한 방식으로나마 관련이 될 수는 있겠지만, 그리고 어떤 경우에는 매력적인 설명처럼 보인다고 하더라도, 심미적인 관점에서의 설명 역시 그 지지자들이 생각하는 것처럼 환원주의적 방식에서 벗어나 있다고 말하기는 어려울 것 같다.

장애의 역사적 구성

토플리스의 분석은 오늘날 장애인이 겪고 있는 사회적 배제와 관련하여 중요한 사실을 지적하고 있다. 즉 장애인의 사회적 배제는 노동세계로부터 장애인의 배제와 밀접히 연관된다는 것이다. 그리고 이러한 상황을 전산업사회와 대조시키는 것은 타당해 보인다. 왜냐하면 전산업사회는 다른 부정적인 특징들에도 불구하고, "장애인의 대다수가 생산과정에 참여하는 것을 막지 않았다. 장애인들이 완전하게 참여할 수 없는 곳에서조차, 그들은 일정한 기여를 할 수 있었다. 그 시대에 장애인은 개인적으로 불운을 지닌 사람으로 간주되었을 뿐, 사회의 나머지 구성원으로부터 분리되지는 않았다".[20] 좀더 정확히 말하면, 구두 제작 및 수리와 같은 몇몇 주요 직업의 경우에는 불균형적으로 많은 수의 장애인 종사자들이 있었던 것으로 보이는데, 이는 손을 사용하는 데 지장이

---

19 이에 대한 예로는 Lawrence D. Haber and Richard T. Smith, "Disability and Deviance: Normative Adaptations of Role Behavior", *American Sociological Review* 36, 1971, pp.87~97 을 보라.

20 Oliver, *The Politics of Disablement*, p.27.

없는 장애인이나 그 친척들이 그에 맞는 좌업坐業에 참여했기 때문이다. 오늘날의 전체적인 상황은 이와는 다르고, 봉건사회와 현대사회 사이에는 분명히 다수의 현저한 차이들이 존재하며, 이러한 차이들이 현재의 장애를 과거의 장애와는 매우 상이한 것으로 만든다.[21] 역사적으로 보자면, 장애란 손상을 지닌 개인들에게 중요성을 갖는 노동·운송·여가·교육·가정생활과 같은 기본적인 활동을 사회가 조직해 내는 특정한 방식들로부터 발생하는, 변화하는 사회적 경험으로 이해될 수 있다. 따라서 장애는 역사적 시대들 사이에서뿐만 아니라, 각 시대 내의 여러 사회들 간에도 서로 다르게 존재한다. 그것은 무엇보다도 손상을 지닌 사람들과 사회 사이의 '관계'인 것이다. 따라서 사회 전체에서의 변화는 직접 장애를 향한 것이 전혀 아니라 하더라도, 당연히 장애에 심대한 영향을 미친다. 19세기 영국에서 산업화라는 저거노트juggernaut[22]가 자신의 진전을 방해하는 이전의 모든 사회 제도를 분쇄해 버렸을 때, 이러한 사회 전체의 변화는 확실히 장애에 큰 영향을 미쳤던 것처럼 보인다. 이를 검토하기 위하여, 흔히 보수적인 사회 이론과 완전히 상반되는 것으로 간주되는 맑스주의를 참조해 보기로 하자.

맑스주의, 산업화, 손상

1884/85년에 쓰인 『영국 노동자계급의 상태』The Condition of the Work-

---

21 Gleeson, *Geographies of Disability*; Elizabeth Bredberg, "Writing Disability History: Problems, Perspectives and Sources", *Disability and Society* 14(2), 1999, pp.189~202.
22 인도 신화에 나오는 비슈누(Vishnu) 신의 제8화신인 크리슈나(Krishna)의 신상(神像)을 말하며, 주로 멈출 수 없는 불가항력적인 거대한 힘이나 실체를 은유적으로 나타낸다. ──옮긴이

*ing Class in England*에서, 엥겔스는 산업혁명이 [부의] 집중화, 양극화, 도시화의 거대한 과정 속에서 프롤레타리아를 창조했으며, 전체 경제의 확대와 노동력에 대한 수요의 증가에도 불구하고, 후에 맑스주의자들이 '노동예비군'이라 불렀던 '과잉인구'를 프롤레타리아와 더불어 창조해 냈다고 주장했다. 그는 이러한 과정들이 초래한 생활 조건과 집단적·개인적 행동들을 탐구하는 데 관심을 가졌으며, 그 책의 대부분을 이러한 물질적 조건을 기술하고 분석하는 데 바쳤다. 그의 기술은 직접 관찰, 정보 제공자들의 증언, 그리고 위원회 보고서나 당시의 저널 및 정기간행물과 같은 인쇄된 증거물에 기반을 두고 있다. 여기서 '불구자들'은 해악적인 노동 관행의 증거로서 인용된다. "위원들은 그들 앞에 나온 많은 불구자들에 대해 언급했는데, 그들 몸의 만곡彎曲은 분명히 긴 노동 시간 때문이었다."[23] 그는 "공장 체제로 인한 생리학적 결과들의 양상"을 설명하고자, 특정 유형의 변형이나 기형이 노동 관행과 연관되어 있다는 의사들 다수의 증언을 인용한다.[24] 그는 이어서 다음과 같이 적고 있다. "나는 맨체스터 거리를 지나갈 때면 언제나 서너 명의 불구자들과 마주치곤 했는데, 그들은 앞서 기술되었던 것과 정확히 동일한 척추나 다리 등의 만곡으로 고통을 겪고 있었다. …… 한눈에도 이러한 불구자들의 만곡이 어디로부터 연유하는지는 명백했다. 그러한 만곡들은 모두 정확히 같은 형태를 띠고 있었던 것이다."[25] 엥겔스는 몇몇 페이지에서 계속해서 특정 형태의 손상들을 공장의 노동 조건과 연관시키고

23 Friedrich Engels, *The Condition of the Working Class in England*, St Albans: Granada Publishing, 1969[1844/5], p.180.

24 ibid., p.181.

25 ibid., p.182.

있으며, "한 계급의 이익을 위해 그렇게 많은 기형과 변형을 방치할 뿐만 아니라, 부르주아를 위해 일을 하다 부르주아의 탓으로 발생하는 손상 때문에 그렇게 많은 산업노동자들이 궁핍과 기아로 내몰리는 상황"을 비난하고 있다.[26] 그는 "영국 산업 프롤레타리아"에 대한 자신의 기술을 다음과 같이 마무리한다. "사방팔방에서, 그 어디로 고개를 돌리더라도, 우리는 궁핍과 영구적이거나 일시적인 질병들……더디지만 분명한 몸의 훼손, 그리고 인간 존재의 신체적일 뿐만 아니라 정신적인, 회복 불가능한 파괴를 목도하게 된다."[27]

100년 후, 실업노동자 운동의 지도자인 월 해닝턴Wal Hannington은 유사한 분석과 증거 자료를 활용했는데, 이번에는 공장 노동의 과잉이 아니라 그것의 부족을 비난하기 위해서였다. "이 시대의 젊은이들은……어떤 문제들에 직면해 있으며, 이러한 문제들은 그들로 하여금 어떻게 그들의 삶이 저해되어 왔고 그들의 청운의 꿈이 좌절되어 왔는지, 그리고 부모들의 실업과 빈곤으로 인해 그들이 겪게 된 신체적 손상의 결과가 무엇인지 점점 더 깨닫도록 만들고 있다."[28] 레슬리 도열Lesley Doyal은 이러한 일반적 논지를 한층 더 정교화했으며, 엥겔스와 해닝턴의 노동 중심적 관심사에 소비·산업공해·스트레스·제국주의를 추가하여 다양한 영역을 주제로 '자본주의'와 손상 간의 관계를 기록했다.[29]

여기서 지금 내가 이러한 연구들의 전반적 정확성이나 적절성을 논박하고자 하는 것은 결코 아니다. 오히려 나의 요점은 자본주의의 비인

---

26 Friedrich Engels, *The Condition of the Working Class in England*, p.194.

27 ibid., p.238.

28 Wal Hannington, *The Problems of the Distressed Areas*, London: Gollancz/Left Book Club, 1937, p.78.

29 Lesley Doyal, *The Political Economy of Health*, London: Pluto Press, 1979.

간성과 불합리성의 매우 명백한 징후로서 손상을 자본주의와 연결짓는 그러한 분석이, 손상을 지닌 사람들의 장애화에 대항하여 투쟁하는 데에는 별로 유용하지 않다는 것이다. 그러한 분석이 함의하는 바는 이윤을 위한 생산의 해악적인 결과들을 점진적으로 폐지하는 사회에서는 손상을 지닌 사람들의 수가 감소될 수 있다는 것뿐이다. 그러나 장애 문제가 역사의 뒤안길로 사라질 수 있다는 관념에는 두 가지 결정적인 난점이 존재한다. 첫째, 도열 등이 이야기한 종류의 사회적으로 초래된 손상이 그 수가 감소할 수 있다고 하더라도, 손상 출현율이 '0'까지 줄어든다는 것은 생각조차 할 수 없는 일이다. 둘째, 그러한 상황이 발생할 수 있다고 하더라도, 과연 그것이 바람직한 것인지는 오늘날의 장애인들에게 있어 매우 중요한 이슈가 된다.

비록 맑스주의자들의 분석이 오로지 손상의 예방 및 치료와만 관련된 것이라 하더라도, 그러한 강조는 맑스주의의 일차적 관심사인 자본주의하의 생산관계에서 장애인이 주변화되어 있음으로 인해 나타난 우연한 결과가 결코 아니다. 오히려 그것은 인간의 본질은 노동과 관련된다는 맑스주의의 인간성 관념에 철저히 입각해 있다.[30] 그러나 이러한 요인에 더하여, 그러한 강조는 또한 물질적 행복의 확보에 과도한 중점을 둔 이론적 관점 내에서 사회적 통합의 중요한 요소들이 간과되었기 때문이기도 하다.

존중

빈곤의 제거를 목표로 하는 사회적 유토피아에 대한 논의들이 대개 다루는 데 실패하고 있는 것은 인간의 존엄성에 대한 침해의 문제이다.

"사회적 유토피아는 대부분 인간의 곤궁을 제거하는 것을 지향하며, 자연법은 대부분 인간의 비하를 제거하는 것을 지향한다."[31] 비하나 모욕적인 행위는 게오르크 헤겔Georg Hegel이 '인정'recognition이라고 부른 것, 또는 오티스 레딩Otis Redding과 어리사 프랭클린Aretha Franklin[32]이 '존중'respect이라는 제목 아래 노래로 찬미했던 것을 박탈하면서, 사람들의 긍정적인 자기가치부여를 제한한다는 점에서 해악적이다. 악셀 호네트Axel Honneth는 정체성 형성을 위한 조건들을 부인당하는 경험——그가 '무시'disrespect라고 부른 것——에 의해 추동되는 사회적 투쟁들이 자율적인 개인으로서의 자아 실현을 위한 필요조건들을 확립한다고 주장한다.[33] 자기신뢰Selbstvertrauen, self-confidence, 자기존중Selbstachtung, self-respect, 자기가치부여Selbsteinschätzung, self-esteem에 대한 그의 설명은 타인들로부터의 인정을 필연적으로 수반하는 일정한 방식들 내에서 개인들이 스스로를 경험하게 되는 역동적인 과정과 관련된다. 요컨대 자기신뢰, 자기존중, 자기가치부여는 상호주관적intersubjective이고 궁극적으로는 사회적인 과정이며, 어떤 추상적 특성이 아니라 해당 주체에 대한 타인들의 태도를 경험하면서 새롭게 나타

30 Abberley, "Work, Utopia and Impairment".
31 Ernst Bloch, *Natural Law and Human Dignity*, Cambridge, MA: MIT Press, 1986, p. 234.
32 미국의 저명한 흑인 소울 뮤지션들로, 레딩의 1965년도 자작곡인 「존중」은 프랭클린이 1967년에 다시 불러 커다란 대중적 반향을 일으켰다. 1941년생인 레딩은 1967년 비행기 추락 사고로 26세의 젊은 나이에 요절했으나 사후에 더 많은 지지와 인기를 누렸으며, 1994년에 송라이터스 명예의 전당(Songwriters Hall of Fame)에 헌액되었다. 1942년생인 프랭클린은 현대 소울 뮤직의 대표주자로 총 21차례의 그래미상을 받았는데, 특히 레딩이 사망하기 전 리메이크된 노래 「존중」은 디트로이트 빈민가 흑인들에 대한 찬가이자 백인에게 흑인에 대한 존중을 요구한 노래로 흑인 공민권 운동에 많은 영감을 주었다. ——옮긴이
33 Axel Honneth, *The Fragmented World of the Social: Essays in Social and Political Philosophy*, Albany, NY: SUNY Press, 1995; Axel Honneth, *The Struggle for Recognition The Moral Grammar of Social Conflicts*, Cambridge: Polity, 1995.

나 발전하는 하나의 결과물이다.[34]

에드워드 톰슨[35]과 배링턴 무어Barrington Moore[36]는 봉기와 저항에 대한 동기가 전통적인 생활방식의 파괴 속에서 등장할 수 있다고 주장했던 반면, 호네트는 확립된 생활방식이 견딜 수 없는 것으로 인식되었을 때에도 그러한 동기화가 일어날 수 있음을 주장하고자 했다. 집단으로서의 장애인으로 하여금 처음으로 '존중'의 필요성을 확인하게 만드는 것은 집단적 목표로서의 육체적 생존이라기보다는, 오히려 주체적 권한을 박탈하는 '돌봄'의 경험, 복지의 황금기에 하나의 '전망'으로 제시된 시설 수용의 위협이라고 할 수 있을 것이다.

자기신뢰, 자기존중, 자기가치부여의 침해는 사회 비판에 대한 전이론적인pre-theoretical 기반을 제공하는 것으로 간주될 수 있다. 일단 이러한 침해가 많은 이들에 의해 공유된 경험이라는 것이 분명해지면, 그러한 공유된 경험이 지닌 잠재력은 인정의 사회적 양식 확장을 목표로 한 집단행동으로 현실화된다. 억압에 대한 전이론적인 경험의 규명이 지닌 중요성은 그것이 억압──그러한 이론을 정식화하는 지식인들과는 별개로 존재하는──에 대한 이론의 기반을 확립한다는 데 있다. 요컨대 억압은 이론에 의해 '드러난' 객관적 상태이지, '억압' 담론으로부터 독자적으로 도출되는 순전히 지적인 구성개념이 아닌 것이다. 이

---

34 호네트의 인정 이론에서 '자유로운 자아 실현을 가능하게 하는 긍정적 자기관계'로서의 정체성은 이처럼 자기신뢰, 자기존중, 자기가치부여로 이루어지며, 이에 대해 사랑(정서적 배려), 권리(인지적 존중), 연대(사회적 가치부여)라는 인정 형태(인정 방식)가 상응한다. 좀더 자세한 내용은 악셀 호네트의 『인정투쟁: 사회적 갈등의 도덕적 형식론』(문성훈·이현재 옮김, 사월의책, 2011) 5장을 참조하라.──옮긴이

35 Thompson, *The Making of the English Working Class*.

36 Barrington Moore, Jr., *Injustice: The Social Bases of Obedience and Revolt*, New York: M. E. Sharpe, 1978.

러한 설명은 영어권 학자들이 푸코의 작업으로부터 다양한 요소들을 채택하는 과정에서 발생한 논쟁으로 우리를 이끈다. 철학적으로 새로운 관념론적 전환을 이끈 푸코주의자들에게 있어서, 전이론적인 억압이라는 개념은 근본적으로 모순된 것이다. 그들에게는 어떤 것도 그에 '관한' 담론에 앞서 존재할 수 없으며, 담론이 진실로 그 어떤 것을 발생시키는 것으로 본다. 그러한 개념은 학습적 장애나 농▩의 이론화와 관련하여 특별한 호소력을 지니고 있는 것인지도 모른다.

그렇지만 다른 이들은 푸코로부터 권력 개념을 취하는 것이 유용하다고 판단할 수도 있는데, 그의 권력 개념은 베버주의적 조직 이론가들의 작업 속에서 발견되는 전통적인 위계 구조보다 더 섬세하면서도 더 유연하다. 이들은 손상을 지닌 사람들과 그들이 상호작용을 하는 사람들 간의 관계가 장애화의 그물망을 구성하고 있는, 그러한 다층적 수준에 대한 인식을 발전시키는 데 푸코의 권력 개념을 적용하고자 한다. 나는 작업치료사들의 담론에 대한 얼마간 예비적인 분석에서,[37] '전문가들'의 노동이 높게 평가되어야 한다는 '노골적인' 필요를 충족시키기 위한 메커니즘의 발전이, 그 자체로 클라이언트들의 권한을 박탈하는 노동 과정을 발생시키는 충분조건이 되고 있음을 주장했다. 내가 생각하기에 손상을 지닌 사람들의 장애화 과정을 이해하는 데 있어, 어디에서 어떻게 권력이 순환하는가에 대한 푸코주의자들의 강조로부터 얻을 수 있는 상당한 이득이 존재한다.

호네트에게 '자기신뢰'란, 자기의 필요와 욕망을 표현하는 것으로

---

37 Paul Abberley, "Disabling Ideology in Health and Welfare the Case of Occupational Therapy", *Disability and Society* 10(2), 1995, pp. 221~232.

인해 버려지게 될 것이라는 두려움 없이 그러한 필요와 욕망을 표현할 수 있는 능력을 뜻한다. 그의 일반 이론에서, 불안감 없이 자기의 필요를 자유롭게 확인하고 표현하는 누군가의 능력이 문제가 되는 것은 통상적으로 강간이나 고문과 같은 극단적인 신체적 침해의 경험이 발생할 때일 뿐이다. 그러나 장애인들의 자서전에서 우리는 의료적·재활적 상호작용, 그리고 가족이나 일반 대중들과의 상호작용에 의해 야기되는 근본적인 불안의 경험에 대한 사례와 반복적으로 마주치게 된다. 호네트가 논하는 바에 따르면, 이러한 신체 보전bodily integrity[38]이라는 개념은 존중과 가치부여라는 다른 두 요소——근본적으로 역사적 산물인——보다도 훨씬 더 뚜렷하게 역사적·문화적 차이들을 가로지르는 성격을 띤다고 할 수 있다.

자기존중은 자기 자신이 다른 누군가와 동등한 대우를 받고 같은 지위를 부여받은 것으로 여기는 것과 관련되며, 이는 법적 권리의 견지에서 구성된다. 이러한 양상들은 역사적으로 변화해 왔는데, 호네트는 완전한 시민으로 간주되는 인구의 비율과 시민권의 내용——특히 법적 권한의 행사가 가능하기 위해서 어떤 권한과 기회가 존재해야만 하는가를 나타내 주는 정치권과 복지권——양자에서의 변화를 지적한다. 그렇다면 자기존중이란 시민권에 대한 요구를 정당한 것으로 인정해 주는 상호적 경험을 통해 구성되는 것이라 할 수 있다. 결국 자기가치부여

---

38 '신체 보전'은 물질적 신체의 불가침성(inviolability)을 나타내는 개념으로, 주권국가의 '영토 보전'(territorial integrity)이라는 개념을 떠올리면 쉽게 이해될 수 있다. 신체 보전에는 자유롭게 이동할 수 있는 것에서부터 시작하여, 성폭행을 비롯한 물리적 폭력에 대해 안전할 수 있는 것, 성적 만족에 대한 기회와 재생산의 문제에서 선택권을 지니는 것 등이 포함된다. 이러한 신체 보전은 역량 접근법(capabilities approach)의 대표적 이론가 중 한 사람인 마사 누스바움(Martha Nussbaum)이 이야기하는 10대 핵심 역량 가운데 하나이기도 하다.——옮긴이

란 개인을 특별하고, 고유하며, 서로 다르고, 가치 있게 만들어 주는 것이 무엇인가라는 문제와 관계된다. 따라서 정체성의 이러한 측면 내에 긍정적인 어떤 것, '가치 있는' 무언가가 존재해야만 한다.

호네트는 개성이란 "우리도 다른 사람들보다 잘할 수 있는" 것이 있음을 뜻한다는 미드의 주장[39]을 논박하는데, 왜냐하면 근대적 분업과 비생산적 역할에 대한 평가가 가치부여에서부터 무가치함에 이르는, 사회적으로 야기된 위계를 발생시켰기 때문이다. 오히려 그는 바람직한 사회란 어떤 사회 구성원도 그/그녀의 기여에 대해 가치부여가 이루어질 가능성을 부정당하지 않는 방식 속에서 공통의 가치들이 개인들의 관심과 부합하는 그런 사회라고 주장한다. "모든 사회 구성원들이 그/그녀 자신에 대해 가치부여를 할 수 있는 위치에 있고, 누구나 사회적 연대의 상태에 있다고 말할 수 있을 정도로" 말이다.[40]

노동과 오늘날의 장애 이론

여러 논자들 중에서도 특히 클라우스 오페Claus Offe는, 유럽 내에서 노동의 변화하는 양상들은 EU 전체의 사회 정책이 노동에 기초한 권리부여로부터 기본소득basic income[41] 또는 사회적 배당금social dividend과

---

39 George H. Mead, Mind, *Self and Society from the Standpoint of a Social Behaviourist*, Chicago: University of Chicago Press, 1934, p.205.

40 Honneth, *The Struggle for RecognitionThe Moral Grammar of Social Conflicts*, p.129.

41 기본소득이란 재산이나 소득의 많고 적음, 노동 여부나 노동 의사와 상관없이, 미성년자를 포함한 모든 사회 구성원들에게 인간다운 삶을 영위할 수 있는 기본 생활비를 현금으로 지급하는 것을 말한다. 일례로 스위스에서는 2013년 10월에 기본소득 도입을 위한 국민발의안이 13만 명의 서명을 받아 연방의회에 제출되었고 2016년 6월에 국민투표가 이루어졌으나 부결된 바 있는데, 이 안은 정부가 모든 성인에게 월 2,500스위스프랑(약 300만 원), 아동·청소년에게는 650스위스프랑(약 78만 원)의 기본소득을 지급하는 내용을 담고 있었다. 또한 핀란드, 네덜란드, 프랑스, 영국 등에

같은 시민권적 권리부여로 변화해야 할 필요성을 시사한다고 말한다.[42] 그러나 영국 정부와 유럽의 프로그램들 양자 모두는 노동인구로의 진입을 사회적 배제와 맞서 싸우기 위한 전략의 핵심에 두고 있다.

닐 런트Neil Lunt와 퍼트리샤 손턴Patricia Thornton의 연구는 장애화의 사회적 모델이라는 견지에서 고용 정책의 실행과 관련된 몇몇 이슈를 개관한 바 있다.[43] 우선 직접차별과 더불어 적절한 교육 및 훈련 기회의 결여가 장벽이 되어 왔고 계속해서 장벽으로 존재하고 있다. 마찬가지로 중요한 것은, 고용의 구조 자체가 장애인에게 미치는 영향이다. 평균적인 노동자가 지닌 능력·체력·자원, 오전 9시 출근에 오후 5시 퇴근, 주 5일 근무를 중심으로 설계되어 있는 일자리들, 즉 '일자리의 형식을 갖춘 일자리'job-shaped job라 불려 온 것들은 매우 다양한 시민들의 요구와 부합하지 않는다. 이는 무엇보다도 여성들과 관련하여 명백해 보이지만, 마찬가지로 장애인들과도 남녀를 불문하고 관련성을 지닌다. 영국에서 실업률은 (이 글을 작성할 2002년 당시) 20년 만에 최저치를 기록했지만, 이것이 그와 같은 일자리의 형식을 갖춘 일자리에 종사한 기간이 늘어난 결과인지는 매우 의심스럽다. 가속화된 과학기술의 변화 및 시장의 지구화와 더불어, 충분한 기술을 지니지 못한 사람들에게 안정적인 고용의 향후 전망은 암울해 보인다. 반면 일정한 자격증을 지니고 있는 사람들도 40년간 서너 번 정도는 직업을 변경해야 할 듯하

서도 기본소득 도입을 위한 검토와 실험이 이루어지고 있으며, 영국의 사회혁신 싱크탱크인 네스타(Nesta)는 '2016년 우리의 삶을 변화시킬 10가지 트렌드' 가운데 하나로 기본소득을 꼽기도 했다.—옮긴이

42 Claus Offe, "Pathways from Here", *Boston Review*, October/November 2000.

43 Neil Lunt and Patricia Thornton, "Disability and Employment: Towards an Understanding of Discourse and Policy", *Disability and Society* 9(2), 1994, pp. 223~238.

다. 이러한 경향은 영구적인 노동력으로의 통합에 대한 전망을, 그리고 노동력에 통합된 결과로서 얻어지는 시민권의 지위를 장애인에게 있어 더욱 문제적인 것으로 만들고 있다. 과학기술의 진전과 지구화의 증대가 서로 결합되어 전체 노동인구의 대다수에 대해 영구적인 전일제 고용을 점점 더 희귀한 현상으로 만들어 냄에 따라, 장애인은 노동시장이 요구하는 다재다능함과 작업 능률을 제공할 수 없는 집단의 맨 앞에 계속적으로 존재하게 될 것이다.

그렇지만 이를 넘어선 근원적인 문제가 존재한다. 즉 손상을 지닌 사람들을 노동세계로 통합시키기 위하여 재정적 지원에 의해 잘 뒷받침된 충심 어리고 진실한 시도를 하는 사회에서조차 누군가는 배제가 될 수밖에 없는 것이다. 어떤 노력이 기울여진다고 하더라도, 누군가는 사회적으로 가치 있는 재화나 서비스를 생산——즉 '사회적 부의 생성에 참여'——할 수 없을 것이다. 이는 비록 다양한 차이가 존재하기는 하겠지만, 어느 사회에서나 어떤 생산물은 가치 있고 다른 것은 그렇지 않은 것으로 여겨지기 때문이다. 그러한 생산물의 생산에 투여된 노력과는 무관하게 말이다.

장래에 유럽에서 장애인이 처하게 될 상황의 본질을 탐색하기 위해서는, 장애에 대한 관행 및 정책의 가능성을 현재는 맹아적 형태로만 존재하는 사회적·경제적 경향의 향후 발전이라는 맥락 속에 위치시키는 것이 필요하다. 특히 노동에 대한 분석 속에서 두 가지 중요한 경향이 나타나고 있다. 우선 과학기술이 진전함에 따라, 노동력에 대한 수요의 극적인 감소가 예견된다는 것이다. 그리하여 지그문트 바우만Zygmunt Bauman은 다음과 같이 적고 있다.

인간의 역사에서 처음으로, 빈민은 이를테면 그들의 사회적 용도를 상실했다. 그들은 사회적 회개와 구원의 매개체가 아니다. 그들은 사회에 물자를 공급하고 방어막이 되어 주는, 나무를 패며 물을 긷는 자[44]가 아니다. 그들은 '노동예비군'도 아니며, 군사력의 요체도 아니다. 그리고 너무나 확실하게도, 그들은 '시장청산'[45]의 유효수요를 제공하고 경기 회복을 시작하게 만드는 소비자가 아니다. 새로운 빈민들은 완전하게 그리고 진실로 쓸모없고 불필요하게 되었으며, 그리하여 너무 오래 머물러 미움을 사는 부담스러운 '타자'가 되어 버리고 말았다.[46]

유사하게 제러미 리프킨Jeremy Rifkin[47]과 비비안 포레스터Viviane Forrester[48]는 지구화된 경제가 국가와 대륙의 경계 너머로부터 과잉노동력을 값싸고 신속하게 훈련시켜 사회권도 부여하지 않은 채 공급할 수 있게 되었다는 것과는 별도로, 과잉노동력에 대한 필요 자체가 빠르게 잠식될 것이라 예상한다. 또 다른 견지에서 인구학적 추세의 분석이라는 근거에 비추어 보면, 고용된 사람 대빤 퇴직한 사람의 비율을 보았을 때, 생산 활동을 하지 않는 사람들을 부양하고 최소한의 수준에서나마 복지국가를 유지하기 위해서는 이주 노동력이 요구된다. 양쪽의 어느

---

44 『여호수아』 9장에 나오는 문구로, 오늘날에는 주로 다른 사람들이 하기 싫어하는 일을 하는 하층 노동자를 가리킨다. ―옮긴이

45 시장청산(market clearing)이란 주어진 시장 가격에 공급자와 생산자가 원하는 물건을 모두 팔고 살 수 있는 상태를 말한다. ―옮긴이

46 Zygmunt Bauman, "No Way Back to Bliss: How to Cope with the Restless Chaos of Modernity", *Times Literary Supplement*, 24 January, 1997, pp.4~5.

47 Jeremy Rifkin, *The End of Work*, New York: Putnam, 1995[제러미 리프킨, 『노동의 종말』, 이영호 옮김, 민음사, 2005].

48 Viviane Forrester, *The Economic Horror*, Cambridge: Polity, 1999[비비안 포레스터, 『경제적 공포』, 김주경 옮김, 동문선, 1997].

경우에서도 장애인 대중이 그러한 요구의 목록 내에 들어 있을 것 같지는 않은데, 왜냐하면 소비자로서조차 장애인들이 큰 시장을 생성해 낼 가능성은 별로 없기 때문이다. 이러한 지적은 아마도 가난한 장애인들과 '정상적인 노화로 인해 손상을 지니게 된' 소수의 부유한 연금 생활자들——그들이 지닌 필요는 사가 홀리데이 여행사Saga holidays[49]/이동 보조기구/계단승강기 시장 및 관련 개인 서비스들의 확대로 점점 더 이어지게 될——사이의 구분을 필요로 할 것이다. 이러한 분석들 중 보다 광범위하면서도 상세한 것 중 하나는 울리히 벡Ulrich Beck의 작업에서 발견된다. 『아름답고 새로운 노동세계』라는 책에서 그는 노동 사회가 되돌릴 수 없는 방향으로 나아가고 있으며, 장래에 정체성의 근원은 '제2차 근대'second modernity를 특징짓는 '자기능동적 시민사회' 내에 존재하게 될 것이라고 주장한다.[50]

복지국가의 본질

제2차 세계대전 이후의 시기에 복지국가가 확대된 것은 노동자계급이 지닌 힘의 결과였다. 그러한 힘이 부르주아들에게 서비스, 자원, 중재를 제공하도록 강제했다. 그렇지만 부르주아가 지배계급이었으며 여전히 지배계급이라는 현실은, 왜 이러한 서비스들이 유익한 것이기도 하지만 동시에 통제적 기능을 갖는지 설명할 것을 요구받는다. 복지국가의 이중적 기능은 끊임없는 투쟁 관계에 있는 일련의 계급적 (그리고 여타

---

49 퇴직한 노년층을 타깃으로 한 여행 상품을 전문적으로 판매하고 있는 영국의 여행사.——옮긴이
50 Ulrich Beck, *The Brave New World of Work*, Cambridge: Polity, 2000[울리히 벡, 『아름답고 새로운 노동세계』, 홍윤기 옮김, 생각의 나무, 1999].

의) 세력들 내에서 발생하며, 불가분하게 지배적 기능과 특성이 부여되어 있는 서비스 내에 항시 존재한다. 이러한 이중적 성격은 복지 제공의 전 영역에 걸쳐 적용되는 것이기는 하지만, 소비자와 공급자 집단들의 상대적인 힘, 그리고 전반적인 영향력을 갖는 계급 관계에 따라 다양하게 나타난다. 이러한 이중적 성격은 어떤 계급이나 사회집단의 '기만'에 의한 결과가 아니다. 오히려 그것은 모든 집단에게 보편타당한 것으로 제시되어야 할 현실에 대한 지배 집단의 통찰력으로부터 기인한 결과이다. 그렇지만 발생하는 일들이 지배계급이 원하는 그런 단순한 결과인 것은 아니다. 국가의 지배는 부르주아도 단지 하나의 행위자일 뿐인 일련의 권력관계 내에서 일어난다. 비록 현재는 지배적 행위자이긴 하지만 말이다. 복지의 본질은 부르주아에 의해 지배되고 있는 권력관계의 상황 내에서 계급들과 여타 사회집단들 간에 발생하는 투쟁의 결과물이다. 복지는 하나의 모순적인 사회적 관계이지, 서로 다른 두 부분으로 나눌 수 있는 도구가 아니다. 따라서 생산과 관련해서만큼이나 복지와 관련해서도 통제의 경계에 대한 투쟁은 역사적으로 변혁적 효과를 지닌다. 비록 그것이 사회구성체social formation의 가장 근원적인 결정요소를 구성하는 사회적 관계들을 다루지는 못한다고 하더라도 말이다. 과학적 지식은 추상적인 것 속에서가 아니라 권력관계들을 구현하는 활동들을 통해 스스로 생산되고 또 재생산된다. 물론 이 말이 지식 자체가 어떤 자율성을 지니고 있음을 의미하는 것은 아니다. 그러나 지식이 어떻게 사용되는가의 문제뿐만 아니라, 어떤 지식이 어떻게 생산되는가의 문제를 결정하는 일련의 권력관계 내에 이러한 자율성이 존재한다.

여성주의의 분석과 사회적 지위

여기서 제기된 이슈를 다룰 수 있을 만큼 억압에 대한 분석이 충분히 풍부화되어 있는 하나의 영역은 바로 여성주의 이론이다. 여성주의자들은 맑스주의에 그 창시자들의 남성성이 깊이 각인되어 있음을, 그리고 이는 인간의 사회적 정체성 구성에서 노동이 떠맡고 있는 핵심적 역할 속에서 가장 두드러짐을 지적한다. 맑스주의의 이론적 범주들이 표면적으로는 젠더적 중립성을 띠고 있지만, 실제로는 상품생산이라는 '남성적 영역'에 과도하게 집중하는 것을 정당화하는 젠더적 편향을 지니고 있다는 것이다. 여성주의 사회학에서 어떤 접근법들은 사회적 통합의 규정적 요소로서 노동에 대한 관심을 재생산해 왔던 반면, 또 다른 접근법들은 노동에 의존하는 인간성의 개념을 보다 근원적으로 논박하고 있다.

노동에 대한 관념이 사회의 모든 구성원들에 대해 동일하고 균질적인 의미를 가질 필요는 없음을 인정하는 관점을 발전시켜 온 바버라 포셋[51]은 여성주의와 시민권에 대한 루스 리스터Ruth Lister의 작업[52]을 재조명한다. 포셋은 젠더화된 가정들을 집중 조명하고 여성들에 대한 구조적 제약의 효과를 승인하는 시민권 개념의 재전유를 정식화하면서도, 동시에 개인의 행위주체성을 강조했다는 점에서 리스터를 높게 평가한다. 그녀는 시민권을 역동적인 과정으로 바라보면서, 위계적인 인식틀을 수반하지 않으면서도 보편성과 다양성 양자를 고려하는 접근법

---

51 Fawcett, *Feminist Perspective on Disability*.
52 Ruth Lister, *Citizenship: Feminist Perspectives*, New York: New York University Press, 1997.

을 발전시킨 것으로 간주되고 있다. 리스터는 "보편성과 특수성 내지는 차이 간의 창조적인 긴장을 구현하는" 분별화된 보편성으로서의 시민권 개념을 옹호한다.[53]

그녀의 이론적 정식화는 '노동'을 시민권 자격의 단지 한 측면으로 위치 짓고 있기는 하지만, "정책은 시민들——소득행위자earner/돌봄행위자carer이면서 돌봄행위자/소득행위자인[54]——의 삶이 번창할 수 있는 조건을 창조해야만 한다"는 제안은 시민권의 조건에 대한 재정의보다는 '노동'에 대한 재정의와 더욱 관련이 깊은 것 같다.[55] 그러한 정식화는 그들 또한 돌봄행위자인 적지 않은 장애인의 사회적 지위를 향상시키기는 하지만, 이렇게 확장된 범주의 활동에 참여하지 않고 있는 사람들에게는 아무런 이득도 없는 듯 보인다. 그렇지만 리스터가 주장하는 변화의 방향은 '노동의 형식을 갖춘 노동'work-shaped work과 '돌봄 노동' 사이의 동등화에 대한 단순한 옹호가 아니다. 오히려 그녀는 조앤 트론토Joan C. Tronto의 저작을 적극 인용하고 있는데,[56] 트론토는 돌봄의 개념을 탈젠더화하는 동시에 이를 "바람직한 사회의 정치적 실현을 위한 도덕적 가치이자 정치적 기반"으로 만들어 낸다.[57]

그러한 세계, 즉 "서로를 위한 사람들의 일상적인 돌봄 행위가 인간 존재의 가치 있는 전제인 곳"은,[58] 돌봄 제공자와 돌봄을 받는 자 모두로

---

53 Lister, *Citizenship: Feminist Perspectives*, p.197.
54 이 문구는 시민들(특히 여성시민들)이 소득행위자이면서 돌봄행위자이지만, 때로는 소득행위자로서의 지위가 중심이 되기도 하고 때로는 돌봄행위자로서의 지위가 더 중심이 되기도 함을 나타낸다.——옮긴이
55 Lister, *Citizenship: Feminist Perspectives*, p.201.
56 Joan C. Tronto, *Moral Boundaries*, New York: Routledge, 1993.
57 Tronto, *Moral Boundaries*, p.9.
58 Lister, *Citizenship: Feminist Perspectives*, p.x.

부터 서로의 필요가 어떻게 충족될 수 있는지에 대한 선택의 기회를 박탈하고 강제된 의존을 강화하는 '의무적 이타주의'와는 구별될 것이다.[59] 이러한 논의는 돌봄 제공자와 돌봄을 받는 자 모두의 시민권을 다른 방향에서 사고하도록 한다. 리스터는 공적 영역 내에서 "여성의 시민권에 대한 방해물들은……노동시장, (복지)국가, 폴리스[즉 정치적 제도와 공간—옮긴이]에서 발견될 수 있다"고 지적한다.[60]

이러한 진단은 장애인의 사회적 지위를 결정하는 요소들의 주요 측면에도 동일하게 적용할 수 있다. 여성이든 남성이든 말이다. "노동시장에서의 지위……강화는 또한 사회적 시민권에 있어……중요하다"는 결론[61]이 일부 장애인들에 대해서는 동일하게 확장되어 적용 가능하다. 실제로 다른 장애인들의 개선된 지위가 갖는 지위 향상 효과가 모든 장애인에게 '영향을 미친다'면, 눈에 띄는 일부 장애인들의 개선된 노동시장에서의 지위가 모든 장애인에게도 이로운 것이 될 수도 있다. 그러나 그 역효과도 마찬가지로 발생할 수 있다. 즉 더 많은 장애인이 '노동의 영역에서 정상화'work-normalized되어 감에 따라 그렇지 않은 장애인들은 아마도 그들의 배제·고립·낙인화가 악화되는 상황에 직면하게 될지도 모른다. 고용에 의존한 통합은 결코 모든 장애인에게 이로운 것이 될 수 없다. 왜냐하면 현대의 노동시장 내에서 모든 장애인이 직업을 찾거나 견실하게 고용을 유지하는 것은 가능해 보이지 않기 때문이다. '정상적인' 노동자의 이상형으로부터 멀리 떨어져 있는 장애인은 사회적 통

59 Hilary Land and Hilary Rose, "Compulsory Altruism for Some or an Altruistic Society for All?", eds. Philip Bean, John Ferris and David K. Whynes, *In Defence of Welfare*, London: Macmillan, 1985.

60 Lister, *Citizenship: Feminist Perspectives*, p. 202.

61 ibid., p. 202.

합주의 담론 모델하에서는 사회적으로 배제된 채 남아 있게 될 것이다. 다른 한편 나머지 장애인들도 손상이 진행되고 노동시장의 요구가 변화하는 것과 더불어 제시된 기준에 맞출 수 있는 능력이 감퇴하면서, 가속화된 속도로 장애인을 향해 엄습해 오는 사회적 배제에 직면하게 될 것이다.

따라서 경제적 기능에 덜 얽매여 있는 시민권의 측면들을 추구하고 강조하는 것이 아마도 장애인의 이해관계에 있어 더욱 중요할 것 같다. 그러나 개별적 근거(장애생계수당)나 집단적 근거(공공장소에 대한 접근성 확보를 위한 비용)에 따른 장애화의 추가 비용에 대한 구체적인 재정적 보상에 한해서는, 장애인이 경제에 관여할 수밖에 없지 않을까 생각한다. 하지만 그러한 조치가 아무리 잘 실행된다고 하더라도, 그것을 통해 장애인이 일을 해서 돈을 버는 능력을 평등하게 갖는 세계가 만들어지지는 않을 것이다.

나가며

위에서 고찰했던 고전적인 이론적 관점들이 나에게는 장애화와 다른 형태의 억압들 사이에 존재하는 중요한 차이를 시사하고 있는 것처럼 보인다. 후자의 다른 억압들에는 노동세계로의 완전한 통합을 통해, 어떤 식으로든 자유가 도래한 것으로 간주될 수 있는 단계들이 존재한다. 반면에 손상을 지닌 사람들에게 있어 장애화의 극복은, 아무리 엄청나게 해방적인 물질적 세계라고 하더라도, 그러한 물질적 세계에 대한 지배력과 관련하여 여전히 뿌리 뽑히지 않는 불리함의 잔여물이 남게 될 것이다. 이는 결국 어떤 사회에서든 노동세계로 완전히 통합될 수 있는 장애인의 능력을 제한하게 된다. 사회적 멤버십에서 노동의 역할을 강조함으로써 고전적인 사회학적 관점들의 지지를 받는 이러한 견해로부터 도출되는 하나의 함의는, 어떤 사회라 할지라도 손상을 지닌 사람이라는 것은 바람직한 상태일 수 없으며, 따라서 장애화의 폐지 또한 가능한 한에서는 손상 그 자체의 소멸을 뜻한다는 것이다. 장애인의 사회적 통합에 대한 영국 및 유럽 정책 양자 모두의 주요 부분은 지구화되고 유연화된 노동력으로 편입되는 것의 중요성을 강조한다. 노동에 기초한 사회적 멤버십 및 정체성의 모델은 예방/치료 지향적인 대증對症 의학의 관점, 그리고 유전공학·낙태·안락사의 도구적 논리와 불가결하게 연결된다. 근본적으로 그러한 모델은 손상을 지닌 존재양식 자체가 바람직하지 않다는 가치판단을 수반하고 있다. 이러한 논리가 아마도 손상을 지닌 현존 인구의 상당 부분을 노동 과정으로 통합하는 것을 허용하기는 하겠지만, 이는 단지 개인의 손상, 과학기술, 사회적으로 가치 있는 활동이 운 좋게도 결합될 때에 한해서이다. 따라서 개인이 겪는 장애화의 폐지는 궁극적으로 생산성의 논리에 의존하고 종속될 수밖에 없다.

대안적 유형의 이론이 사회적 멤버십을 결정적으로 규정하는 요소로서 노동을 거부하고, 근대 과학에 내재하는 진보주의적 명령의 일부에 대해 회의하는 한에서, 그것은 또 다른 미래를 제시하는 것으로 간주될 수 있다. 이러한 입장은 장애인이 하나의 집단으로서 노동에 대한 접근으로부터 역사적으로 배제된 것에 장애인 ——직업을 가지고 있는 이들까지도 포함한——에 대한 억압의 기원이 존재함을 부정하는 것이 결코 아니다. 또한 고용에 대한 접근을 증가시키기 위한 캠페인에 반대하는 것도 아니다. 그렇지만 이러한 입장은 손상을 지닌 사람들의 장애화에 대한 오늘날의 일관된 자유주의적 분석을 향해, 손상을 지닌 사람들을 사회적 생산 속으로 완전히 통합시키는 것은 결코 모든 장애인이 소망할 수 있는 미래가 될 수 없음을 인식해야만 한다고 지적한다. 만일 우리가 노동의 낙원보다는 다른 어떤 곳에서 장애 억압 이론의 발전과 연결된 구체적 유토피아를 기대해야 한다면, 당연히 우리의 사고를 한층 더 발전시켜야 할 기반은 사회적 노동에 대한 고전적 분석은 아닐 것이다. 오히려 그러한 발전은 고전적 분석들과의 결별을 필요로 한다. 그리고 장애인의 열망과 요구가 실현되려면, 좌파와 우파 양자 모두의 지배적인 문화적 문제틀에 대한 근원적인 대항으로부터 도출되는 가치와 사고의 발전이 이루어질 필요가 있다. 이것은 선택의 문제가 아니며, 손상을 지닌 존재양식의 장래 생존에 대한 문제이다. 이러한 견해가 지닌 하나의 실제적인 함의는 기존 복지 제도들을 변화시키지 않고 남겨 두거나 혹은 더욱 나쁘게 격감시키면서 이루어지는, 장애인의 배제 극복을 목적으로 하는 노동 기반 프로그램을 향한 과잉된 열광적 지지에 대한 경고이다. 전체 장애인이 어느 정도의 해방을 경험할 수 있으려면, 복지 제도들은 유지되고, 향상되며, 무엇보다도 민주화되어야만 한다. 좀더 일반적인 수준에서 말하자면, 영국의 이동수당을 모델로 한 현실적인 보상급여[즉 장애로 인한 추가 비용에 대한 보편적 보상]에 더해 개별적 노동과 연계되지 않는 기본소득 제도가,[62] 향후 도래할 노동세계의 맥락 속에서[63] 장애인의 좀더 완전한 사회적 통합을 가능하게 할 것처럼 보인다. 요컨대 나는 우리가 장애인의 관점을 표현할 수 있는 이론적 시각을 발전시켜야만 한다고 주장하고 있는 것이다. 장애인의 이해관계

62 Offe, "Pathways from Here".
63 Beck, *The Brave New World of Work*.

는 다른 사회집단의 관점과 반드시 부합하지 않을 수 있다. 그 다른 사회집단은 지배자일 수도 있고, 그 자신들이 억압받는 집단일 수도 있으며, 장애인 역시 그 집단의 구성원으로 포함되어 있을 수도 있지만 말이다. 지식은 그 자체로 권력의 한 측면이기 때문에, 장애인의 관점을 담은 사회학의 발전은 장애인의 권한강화를 필요로 한다. 장애인들은 그들 자신이 배제된 채 만들어진 문화적·정치적·지적 세계에서 살아왔으며, 그러한 세계 내에서 장애인은 단지 문제로서만 취급되었다. 사회학을 포함한 과학적 지식은 이러한 배제를 강화하고 정당화하는 데 사용되어 왔다. 장애화에 대한 새로운 사회학은 이러한 '객관성'과 '진리'에 도전해야만 하며, 이를 억압받는 자의 입장으로부터 생성되고 그러한 억압에 대한 진정한 이해를 추구하는 지식으로 대체해야만 한다. 이와 같은 새로운 사회학이 유용성을 지니려면, 장애인들의 현실적인 역사적 운동과 밀접한 연관성을 필요로 할 것이다. 그러한 사회학의 발전은 모든 사회구성원의 경험을 설명할 수 있다고 주장하는 여러 이론적 관점들의 타당성에 대한 시험대를 제공한다는 점에서, 주류 사회 이론에 대해서도 마찬가지로 중요성을 갖는다.

8장

달을 향해 쏘다[*]
21세기 초의 정치와 장애

필 리

들어가며

장애와 정치에 관한 저술의 대부분은 넓은 개념에서의 장애 운동 내부
나 주변에 있는 활동가들에 의해 생산되어 왔다. 나는 이러한 저술들
이 장애와 정치라는 두 개념 간의 관계에 대해 다소간 '낭만화된' 관점
을 향해 흐르는 경향이 있음——어쩌면 당연한 것일 수 있지만——을 지
적할 것이다. 국가 정책에 있어서 최근의 발전들——주요하게는 1995
년의 「장애차별금지법」 제정과 2000년의 장애권위원회Disability Rights
Commission, DRC 설치——은 장애인 활동가들이 그러한 발전들에 얼마
나 깊게 관여해야 하는가와 관련하여 그들 사이에 존재하는 상당한 의
견의 차이를 드러냈다. 나는 영국 장애 운동이 일정한 역설에 직면해 있

---

[*] 이 장의 제목인 '달을 향해 쏘다'(Shooting for the Moon)라는 표현은 '비현실적이고 불가능해 보이
는 목표를 지향한다'는 의미이다. 즉 '현실정치'의 조건을 도외시한 채 제도권 외부에서의 급진적 투
쟁을 통하여 장애 해방을 달성하려는 정치적 태도에 대한 저자의 비판적 입장을 나타낸다고 할 수 있
다.——옮긴이

으며, 이러한 역설은 **현실정치**realpolitik의 조건 내에서 이해되어야만 함을 제안할 것이다. 장애인의 공민권이 국가기구의 영역 외부에서 이루어지는 지속적인 급진적 투쟁에 의해서만 실현될 수 있을 것이라 단순하게 주장하는 것으로는 충분치 않다.[1] 중심적인 문제는 어떤 이슈들에 대해서, 그리고 어떤 전략들을 통하여, 그러한 투쟁들이——국가 내부와 주변에서——(어떻게) 일어날 수 있는가이다. 그러한 전략적 사고가 발생하고는 있지만 여전히 저발전되어 있다는 증거들이 존재한다. 비록 현재의 국면은 장애인들이 유의미한 정치적 성취를 이루는 데 있어 너무나 상황이 좋지 않은 듯 보이지만, 효과적인 연합의 정치가 구축될 수 있다면 다수의 잠재적 기회가 존재한다고 할 수 있다.

'장애인' 유권자

어떤 집단을 정치적으로 동원하고자 할 때의 핵심 이슈는, 그러한 집단의 정확한 본질과 수를 판단하는 것이다. 정확히 말해 누가 '장애인'이며, 그들의 이해관계를 어떻게 그리고 누가 가장 잘 규정하고 진척시킬 수 있는가? 우리는 아래에서 이러한 질문이 이 글의 주제와 어떤 관련성을 갖는지 살펴보게 될 것이다. 장애 운동의 요구들은 누구에게, 그리고 어떤 이슈들에 기반을 두어야 하는가?

영국 정부의 노동인구실태조사Labour Force Survey(2000년 여름)에 기초한 장애권위원회 장애현황보고Disability Rights Commission's

---

1 Colin Barnes and Michael Oliver, "Disability Rights: Rhetoric and Reality in the UK", *Disability and Society* 10(1), 1995, p.115를 보라.

Disability Briefing(2000년 11월)는 660만 명이 넘는 노동연령 장애인이 있음을 보여 준다. 이는 전체 노동연령 인구의 20%에 해당한다. 그렇지만 반스 등이 인식하고 있는 것처럼, "국가 실태조사에서 '장애를 지닌' 것으로 규정된 [많은 노동연령대의 사람들은]······ 그들 자신을 장애인으로 바라보지 않으며, 훨씬 더 적은 수의 사람들만이 장애인 운동과 관련된 정치 활동에 능동적으로 참여하고 있다".[2] 더욱이 1991년에 영국에서는 60세 이상의 사람들이 정확히 1000만 명을 넘어섰다. 새천년이 시작되는 시점에는, 85세 이상의 사람들이 노령인구의 약 11%를 차지했다. 이렇게 증가하고 있는, 이질적인 구성원들로 이루어진 노령집단은 점점 더 능력을 상실해 가기 때문에, 그들이 지닌 사회적 필요는 막대한 규모에 이른다.[3]

장애 운동이 "전체 장애인구에 다가서는 데 있어서는 상대적으로 성공적이지 못해 왔다"[4]는 사실을 스스로 인식하고 있음에 주목하는 것도 유익한 일이 될 터이다. 상당히 두드러지게, 장애 운동은 매우 특정한 유권자 집단── 특히 "상대적으로 능동적이고 젊은, 신체적·감각적 손상을 지닌 사람들"[5]──을 대상으로 거둔 성공에 의해 좌우되고 자양분을 공급받아 왔다. 그리고 이러한 사실이 영국 장애 정치의 현재 구조에 상당한 영향을 미쳐 왔다.

비장애인들은 당연하게도 그들 자신의 가족 구성원들이 영향을 받는 경우를 제외하고는 쉽사리 장애에 대해 많은 것을 생각하지 않으며,

---

2 Barnes, Mercer and Shakespeare, *Exploring Disability*, p.174.
3 Gerry Zarb, "The Dual Experience of Ageing with a Disability", eds. John Swain, Victor Finkelstein, Sally French and Michael Oliver, *Disabling Barriers Enabling Environments*, London: Sage, 1993, pp.186~195를 보라.
4 Barnes, Mercer and Shakespeare, *Exploring Disability*, p.179.

이러한 사실을 인정하는 것 또한 장애 운동에 해롭지 않을 것이다. 피터 테일러-구비Peter Taylor-Gooby는 보다 일반적으로 말해서, 유권자들은 단지 그들 자신의 "피부에 와 닿는" 이해관계가 존재한다고 느껴지는 복지 정책만을 지지할 것이라고 주장했다.[6] 비장애인들은 TV 자선프로 그램들, 또는 가게나 다른 어떤 장소에서의 '우연한' 만남에 의하여 '장애'에 관해 생각하도록 '강제될' 수도 있다. 그렇지만 이러한 경우에 있어서도 그들의 시선은 자선적 충동의 하나일 것이다. 우리는 모두 죽게 되지만, 그러한 사실에 대해 많은 것을 생각하고 싶어 하지 않는다. 비장애인의 다수는 또한 점점 더 약해지고, 결국 장애를 갖게 된다. 우리 모두는 이러한 의미에서 탭(스)TAB(s), the Temporarily Able-Bodied,[7] 즉 단지 일시적 비장애인인 것이다. 그렇지만 죽음과 마찬가지로 우리는 장애에 대해 너무 많은 것을 생각하고 싶어 하지 않는다. 요즘 시쳇말로 '우리는 거기에 가기를 원치 않는다'. 이러한 사실 또한 영국 장애 정치의 현재 구조에 중요한 영향을 미치고 있다.

현재의 정치적 국면

불과 20년 전[1980년대]에, 우리들 대부분은 대처리즘Thatcherism이라는 소용돌이를 겪었다! 그렇지만 우리의 국가와 사회 구조에 그처럼 엄청난 변환을 가져다주었던 그 정당은, 이제는 사실상 선거에서 선택될

---

5 Barnes, Mercer and Shakespeare, *Exploring Disability*, p. 179.

6 Peter Taylor-Gooby, *Public Opinion, Ideology and State Welfare*, London: Routledge & Kegan Paul, 1985.

7 이러한 용어법의 최초 사용에 대해서는 Ann Rae, "What's in a Name?", *International Rehabilitation Review* 8, 1989를 보라.

가능성이 없는 것처럼 보인다. 대처리즘은 매우 명확하고 충분히 입증된 전략을 지니고 있었으며,[8] 그 결과 영국의 정치적 지형을 상당히 우파 쪽으로 이동시켰다. 많은 좌파 논평가들은 현 신노동당 정부를 그러한 이전 시기의 산물——포로?——로 인식하고 있다. 스튜어트 홀Stuart Hall이 보기에, 토니 블레어Tony Blair의 프로젝트는 그 가정이나 전반적인 목표에 있어서 여전히 "본질적으로 대처리즘의 틀에 갇혀 있으며, 대처리즘에 의해 확립된 지형 쪽으로 계속 나아가고 있다".[9]

어떻게 얘기하든 간에, 신노동당의 정치는 하나의 **시류**——하이퍼폴리틱스hyper-politics[10]의 형태를 띠는——에 의해 지배되고 있으며, 그 안에서 정치는 오로지 그 자신에게만[즉 지지율을 올리고 표를 얻는 데에만] 정신이 팔려 있다. 정치는 정치의 언어——효과적인 어구——로 환원되어 버렸다.[11] 그 이전과 구별되는 신노동당만의 **지적인** 기획은 거의 존재하지 않는다. 때때로 어떤 대책들은 공동체주의communitarianism나 윤리적 사회주의ethical socialism의 영향을 받은 것으로 묘사되기도 한다. 만약 얼마간이라도 중요성을 지닌 지적인 형태의 서술이 사용되고 있다면, 그것은 '제3의 길'[12]——주장하는 바에 따르면, 민간 시장의 규제받지 않는 폭주와 국가 통제라는 구시대의 압박 사이에서 주의 깊게 자신의 길을 선택한 새로운 정치적 기획——의 내용 정도일 것이다.

제3의 길에 대한 홀의 냉혹한 평가에 공감하기란 어렵지 않다. 그는

8 Stuart Hall and Martin Jacques, *New Times: the changing face of politics in the 1990s*, London: Lawrence and Wisehart, 1989.
9 Stuart Hall, "The Great Moving Nowhere Show", *Marxism Today*, November/December 1998, p.14.
10 정보통신 혁명에 따른 정치의 미디어화, 디지털화, 온라인화를 가리키는 개념이다.——옮긴이
11 이에 대한 가장 통찰적인 논의로는 Norman Fairclough, *New Labour, New Language?*, London: Routledge, 2000을 보라.

프랜시스 윈Francis Wheen이 『가디언』*Guardian* 칼럼에서 사용했던 풍자적 표현을 거리낌 없이 원용하면서, 제3의 길이 "4차원 세계와 그리스도 재림 사이의 허공"을 점하고 있을 뿐이라고 말한다.[13] 좀더 진지한 어조로 얘기하자면, 기든스나 다른 어떤 신노동당 지지자들의 저술에서도 실질적인 지적 일관성이나 설득력 있는 정치 전략의 단초를 발견해 내기란 어렵다.[14] 기든스의 글들에 담긴 내용[15]을 다소간 시니컬하게 바꾸어 말하면, 우리는 지구화된 시장에서 살고 있으며——이것은 피할 수 없는 현실이다——주요한 정치적 과제는 사회와 그 구성원들을 이러한 지구화된 경제의 요구들에 적응시키는 일이 되어야만 한다는 것이다. 일반적으로 말하자면, '사회적 배제'에 대한 얼마간의 진정한 관심── 어떤 집단을 사회의 주변부로 강등시키는 것이 단순히 경제적 요인들은 아니라는 것에 대한 주목──이 신노동당에도 존재한다. 물론 이러한 주목들 중 어디에도 장애에 대한 언급은 존재하지 않지만 말이다. 사실 우리는 최근의 정치적 발전에 대한 어떠한 주류적 논의나 사회학의 담론 내에서도, 장애에 관한 저술은 거의 존재하지 않는다는 사실을 추가로 지적해야 할 듯하다.

---

12 Tony Blair, *The Third Way*, London: Fabian Society, 1998; Anthony Giddens, *The Third Way: The Renewal of Social Democracy*, Cambridge: Polity, 1998; Anthony Giddens, *The Third Way and Its Critics*, Cambridge: Polity, 2000; Anthony Giddens, *Where Now For New Labour?*, Cambridge: Polity, 2002.

13 Hall, "The Great Moving Nowhere Show", *Marxism Today*, p.10.

14 Chantal Mouffe, "The Radical Centre: Politics without Adversaries", *Soundings* 9, 1998, pp.11~23; Michael Rustin, "A Third Way with Teeth", *Soundings* 11, 1999, pp.7~21; John Westergaard, "Where does the Third Way Lead?", *New Political Economy* 4, 1999를 보라.

15 Giddens, *The Third Way*; Giddens, *The Third Way and Its Critics*; Giddens, *Where Now For New Labour?*.

신노동당의 주요 지지층이 신화화된 '영국 중산층'Middle England[16]으로 보인다는 것——"심대하게 전통주의적이고 퇴영적인 문화적 투자"[17]——에 주목하는 점에 있어서도 홀은 또한 합당해 보인다. 그는 계속해서 다음과 같이 주장한다.

신노동당이 취하는 경제적 레퍼토리의 틀을 이루는 전략은 본질적으로 여전히 신자유주의적인 것이다. 시장의 탈규제, 신관리주의New Managerialism[18]를 통한 공공 부문의 대대적인 개혁, 계속되는 공적 자산의 민영화, 낮은 과세, 시장 유연성에 대한 '저해 요소들'의 혁파, 민간 공급 및 개인적 위험 관리 문화의 제도화, 도덕적 담론 내에서 이루어지는 자족自足·경쟁·기업가적 역동성이라는 가치에 대한 특권화 등이 모두 그러하다.[19]

특별히 유쾌한 전망은 아니었지만, 그럼에도 불구하고 여기에서 홀이 강조하기를 원한 것은 정치적 성취를 위한 '여지들'이 존재한다는 것이다.[20] 물론 이러한 여지는 제한되어 있으며, 그것이 성공적으로 현실화되기 위해서는 주의 깊게 설계되고 조직된 전략 및 캠페인과 동시에,

---

16 특히 전통적이고 보수적인 사회적·정치적 가치관을 지니고 있으며 런던에 거주하지 않는 잉글랜드인들을 가리키는 표현이다.——옮긴이
17 Hall, "The Great Moving Nowhere Show", p. 13.
18 기업의 경영 원리와 관리 기법들을 공공 부문에 도입·접목해서 정부의 성과 향상과 관리의 효율성을 제고하고자 하는 관리 원칙을 말한다. 신관리주의에서는 정부가 기업과 같이 운영되어야 하며, 관료는 공공 기업가(public entrepreneurs)가 되어야 한다고 본다. 따라서 기업가 정신, 성과 지향적 관리, 역량강화, 품질관리 기법, 인센티브 제도, 마케팅 기법, 고객만족 경영 기법 등을 행정에 도입할 것을 주장한다.——옮긴이
19 Hall, "The Great Moving Nowhere Show", p. 11.
20 Geoff Mulgan, "Whinge and a Prayer", *Marxism Today*, November/December 1998을 보라.

정치적 지형에 대한 상세한 이해를 필요로 할 것이다.

그동안 유권자의 다수는 능동적인 정치활동과는 유리된 채 남아 있었던 것처럼 보인다. 기업가적인 주체가 되고, 가능한 한 경제적 자립을 성취하고자 노력하기에 바빴던 것이다. 무엇보다도 그들은 공론장과 공통적 시민권common citizenship이라는 개념에 점점 더 적은 관심만을 갖게 되면서 '지금 무엇을 소비할 수 있는가'를 판단하는 현명한 '소비자'──쇼핑지구에서, 그리고 그들 자신의 복지 문제에 대해서──로서 살아가기에 바빴다. 장애 운동의 궤적이 갖는 몇몇 측면은 이러한 상황에 영합한 것으로 해석될 수 있다. 특히 복지급여에서의 소유권 및 선택권,[21] 그리고 장애인을 일터로 진입시키고자 하는 것에 대한 강조에서 그러하다. 신노동당은 직접과세는 고정된 채 유지되어야만 한다는 생각을 계속해서 완강히 받아들여 왔다. 수많은 사회적 배제가 명백히 이러한 기조의 재검토를 요구하고 있지만 말이다.

올리버와 반스가 주장했던 것처럼,[22] 장애인을 노동력으로부터 배제함으로써 발생하는 사회적 비용이 상당하다는 것은 의심할 바 없는 진실이다. 재무부는 작업장 내에서 장애인의 고용에 필요한 편의를 제공하는 정책을 도입함으로써, 복지급여의 지출액을 상당히 절약할 수 있었다. 그렇지만 나의 견해로는, 장애인을 위한 어떤 중요한 정치적 진

---

21 영국 등에서는 정부에서 일정한 프로그램과 서비스를 정해서 제공하는 것이 아니라, 현금을 직접 제공하면 장애인이 자신의 판단과 필요에 따라 서비스를 구매해서 이용하는 직접지불제도(direct payment)를 시행하고 있는데, 장애인단체들 역시 이러한 제도가 자기결정권과 소위 '소비자주권'을 증진시킬 수 있다는 판단 속에서 이를 적극적으로 요구해 왔다. 복지급여에서의 소유권과 선택권이란 이러한 측면을 일컫는 것이다. 이에 대한 좀더 자세한 내용은 존 글래스비·로즈마리 리틀차일드, 『장애인 중심 사회 서비스 정책과 실천: 서비스 현금지급과 개인예산』, 김용득·이동석 옮김, 올벼, 2013을 참조할 수 있다.──옮긴이

22 Oliver and Barnes, *Disabled People and Social Policy*.

전은 '기업'에게 상당한 비용을 요구하게 될 것이라는 점을 활동가들이 마찬가지로 인식할 필요가 있다. 아래에서 보게 되는 것처럼, 이는 특히 노동 환경의 현저한 재구조화에 있어 그러하다. 재무부에 의해 절약된 돈이 자동적으로 고용주에 대한 지원을 위해 사용되지는 않을 것이다. 그러한 진전은 다른 무엇보다도 특히 유권자들의 **사고방식**에 근본적인 전환을 수반하는, 영국 정치 문화의 상전벽해桑田碧海와도 같은 현저한 변화를 또한 필요로 하게 될 것이다. 그러한 사고방식의 전환을 위해서, 캠페인들은 **현존하는** 가능성들을 활용해야만 한다. 예를 들어, 새로운 탈대처시대Post-Thatcherite의 산물 중 하나인 소비 지향적 문화에 대해서는 다시 한번 숙고해 볼 만한 가치가 있다. 특히나 연금·건강·생명보험의 영역에서 사적인 '위험들'에 초점을 맞춘 TV와 신문 광고의 수가 점증하고 있는 것에 대해서 말이다. 영국 공공복지의 의심할 바 없는 후퇴——위험에 대한 집단적 대응이라는 공공복지의 가정도 후퇴하는 것과 더불어[23]——는 장애인에 대한 복지 서비스의 공적 공급 및 공민권을 확대하는 데 관심을 가져 온 복지 운동가들에게 표면적으로는 깊은 비관주의를 유발했을지도 모르겠다. 그렇지만 이러한 광고들은 의심할 여지없이 자족감——좀더 정확히 말하자면, 앞서 언급했듯이 누구나 장애를 갖게 되고 죽는다는 사실에 대한 망각——을 깨뜨리게 되어 있으며, 일반 대중은 아마 그들 자신의 취약성을 느끼게 될 것이다. 그리고 이는 그들로 하여금 자신의 '탭'[일시적 비장애인]이라는 지위와 대면하도록 할 것이다. 다소간 아이러니하기는 하지만, 이러한 면에서 정치적

---

23 Peter Taylor-Gooby ed., Risk, *Trust and Welfare*, Basingstoke: Macmillan, 2000을 보라. [이는 공공복지에도 시장 시스템과 기제들이 도입되고 있음을 말한다.──옮긴이]

진전에 대한 실질적 기회가 존재할지도 모른다.

우리가 현재의 정치적 국면에 대한 이러한 간략한 개관을 마치기 전에, 장애 운동에 의해 구상되었던 장애 이슈들이 지난 총선에서 그다지 두드러지지 않았다는 점을 언급하지 않는다면, 그것은 매우 안이한 태도일 것이다. 이러한 사실은 최근 라디오 채널4의 프로그램 「선데이 베스트: 왜 사람들은 장애에 대한 편견을 증오하지 않는가」Sunday Best: Why People Hate Prejudice against Disability(2001년 8월)에서 가장 통찰력 있게 논의되었다. 우리는 또한 반스 등이 상세히 기록했던 것,[24] 즉 선거에 참여하는 과정에서 많은 장애인들이 실직적으로든 잠재적으로든 배제되고 있다는 사실에 대해서도 인식할 필요가 있다.

장애의 정치화: 신사회운동?

위에서 설명된 정치적 국면 내에서, 넓은 의미에서의 좌파가 남성 중심적 노동조합에 의해 지도되는 전통적인 노동자계급 이외의 집단들이 기울인 진보적 노력 속에서 많은 위안을 찾았던 것은, 그리고 소위 신사회운동의 본질을 분석하는 데 많은 에너지가 투여되었던 것은 조금도 놀라운 일이 아니다. 많은 진보적 지식들에게 있어, 1980년대의 '맑스주의의 위기'는 하나의 '분수령'――유럽의 노동자계급 스스로가 복지자본주의의 관리자로 흡수되는 것을 용인함으로써 자신의 혁명적 잠재력을 손상시켰음에 대한 하나의 상징적 확인――이었다. 이러한 변화들은 '혁명적 변화'의 대안적 '행위주체들'에 대한 연구를 불러일으켰다. 특

---

24 Barnes, Mercer and Shakespeare, *Exploring Disability*, pp.154~155.

별히 주목되었던 것들로는 여성 운동, 반핵 운동, 녹색 운동이 있었다. 그러나 이러한 내용들 중 일부에서는 상당한 낙관주의의 기운——낭만주의?——이 풍긴다. 내가 '낭만주의'라는 단어를 통해 말하고자 하는 바는, 급진적 변화의 성취 및 전망에 대한 지나치게 낙관주의적인 평가가 존재해 왔다는 것이다.

신사회운동을 둘러싼 많은 불가해한 논쟁——주요하게는 그러한 운동을 어떻게 특징지을 수 있는지, 그것이 실질적으로 '새로운' 것인지 아닌지, 진보적 변화에 대한 그 운동의 잠재력 등——을 개관하는 것이 이 글의 취지는 아니다. 이러한 작업은 다른 곳에서 폭넓게 수행된 바 있다.[25] 그러나 이 글의 목적을 위해서, 세 가지 중요한 지점은 간략하게나마 언급할 필요가 있다.

첫째, 위르겐 하버마스Jürgen Habermas[26]나 알베르토 멜루치Alberto Melucci[27]와 같은 논평가들은 신사회운동이 관료화된 체계가 일상생활 속으로 더 깊이 잠식해 들어오는 것에 저항했다고 주장하면서, 이러한 새로운 운동의 문화적이고 상징적인 특질을 강조했다. 하버마스는 이러한 자조단체들이 표현의 정치expressive politics 및 보다 직접적인 민

---

25 Paul Bagguley, "Social Change, the Middle Class and the Emergence of 'New Social Movements': A Critical Analysis", *Sociological Review* 40(1), 1992, pp. 26~48; Tony Fagan and Phil Lee, "'New' Social Movements and Social Policy: A Case Study of the Disability Movement", eds. Michael Lavalette and Alan Pratt, *Social Policy: A Conceptual and Theoretical Introduction*, London: Sage, 1997, pp. 140~160; Greg Martin, "Social Movements, Welfare and Social Policy: A Critical Analysis", *Critical Social Policy* 21(3), 2001, pp. 361~383을 보라.

26 Jürgen Habermas, *The Theory of Communicate Action*(vol. 2), Cambridge: Polity, 1987[위르겐 하버마스, 『의사소통행위이론2: 기능주의적 이성 비판을 위하여』, 장춘익 옮김, 나남출판, 2006].

27 Alberto Melucci, *Nomads of the Present: Social Movements and Individual Needs in Contemporary Society*, London: Hutchinson Radius, 1989.

주주의의 형태들을 강조함으로써 조직화된 정당 제도에 도전하는 방식 속에서 발전해 나가게 될 것이라고 말한다.[28]

둘째, 이 글의 목적에 비추어 가장 중요한 것은, 장애 운동을 하나의 신사회운동으로 간주하는 중요한 저자들이 다수 존재한다는 것이다. 올리버[29]는 그러한 최초의 사람이었다. 그는 장애 운동이 **국제주의적**이고, **권한강화와 의식화**를 목표로 하며, 사회에 대한 비판적 평가를 제기하고, **전통적 정치 제도의 주변부**에 위치하기 때문에, 하나의 신사회운동으로 간주되어야만 한다고 주장했다. 더 나아가, 장애 운동은 특정한 사회집단의 **삶의 질**에 초점을 맞추는 것으로 간주될 수 있으면서도, 동시에 그만큼 명백히 **탈물질주의적**인 성격을 갖기 때문에 신사회운동이라고 말한다. 이 글의 목적을 위해서는 장애 운동에 대한 이러한 특징 부여가 온당한 것인가 아닌가라는 문제보다, 올리버가 사용하고 있는 기술어記述語들의 내용과 그 안에 담겨 있는 함축적 판단이 더 중요하다. 즉 그는 전통적인 정치의 형태들에 대한 거부를 찬양하는 것과 더불어, 스스로를 분명하게 정립한 장애 운동이 착수했던 기획은 본질적으로 진보적인 성격을 지녔다는 점을 강력히 신뢰하고 있는 것이다.

셋째, 많은 논평가들의 견해로부터 보건대, 신사회운동이 그 형식과 내용에 있어 자신을 둘러싼 환경에 적응해 나갈 필요가 있는 복합적이고 유연한 운동으로 간주되어야만 한다는 것은 분명하다. 어떤 의미에서는 이것이 잠재적인 힘으로 간주될 수도 있지만, 그것은 또한 어떤 일시성과 취약성을 나타내기도 한다.[30] 기든스는 신사회운동이 "제도적

---

28 Jürgen Habermas, "New Social Movements", *Telos* 49, 1981, pp.36~37.
29 Oliver, *The Politics of Disablement.*

으로 내재적인 가능성들"과 연결될 수 있을 경우에만, 이러한 적응력을 활용할 수 있을 것이라고 의미심장하게 지적한다.[31] 기든스에게 있어 그 러한 가능성들과의 연결이란 더 폭넓고 전통적인 정치 제도에 참여할 수 있는 능력을 가리키고 있음에 틀림없으며, 나 또한 이에 동의한다.

탈근대주의적 분석의 영향력

장애 운동가들은 그들의 기획을 적절히 개념화하고자 한다면, 탈근대 이론의 발전과 대면하는 것이 필요하다고 점점 더 강력히 주장해 왔다.[32] 모리스 멀라드Maurice Mullard와 폴 스피커Paul Spicker는 '탈근대'가 기 여한 것의 본질에 대한 유용한 요약을 제공한다.[33]

> 탈근대 시대에……사회는 훨씬 더 분화되고, 보다 다양화되며, 더 많은 차이들로 충만하게 되었다.……탈근대성은 동질성과 보편주의의 가치 들을 다양성, 다원주의, 양가성의……가치들로 대체하는 것을 추구하 는 과정으로 기술될 수 있다.

> 바우만이 진술했던 것처럼, 탈근대주의 이론은 "진리들, 기준들, 이 상들이 부재한 삶에……그리고 거룩한 정의라는 가리개 아래 감추어

---

30 Amy Bartholomew and Margit Mayer, "Nomads of the Present: Melucci's Contribution to 'New Social Movement' theory", *Theory, Culture and Society* 9(4), 1992, pp.141~159.

31 Anthony Giddens, *The Consequences of Modernity*, Cambridge: Polity, 1991, p.155.

32 Tom Shakespeare and Nicholas Watson, "Defending the Social Model", *Disability and Society* 12(2), 1997, pp.293~300.

33 Maurice Mullard and Paul Spicker, *Social Policy in a Changing Society*, London: Routledge, 1998, p.130.

저 있던 부자유라는 칼날을 감지하는 일에" 사람들을 대비하도록 했다.[34] 그리하여 언뜻 보기에 그것은 비판적 복지 이론에 대해서도, 그리고 평등이나 권리와 같은 이슈들을 위해 명확하게 맞서 싸우길 원하는 급진적 정치에 대해서도 그다지 결합하려 할 것 같지는 않다. 그리고 계속되는 불평등과 불의의 정도에 관한 '진리들'을 드러내려 할 것 같지도 않다![35]

탈근대주의 내에서의 **다양성**, 분화, 그리고 무엇보다도 **차이**에 대한 이러한 명확한 강조는, '계급' 이슈 및 정체성들을 다른 형태의 '차이'들——섹슈얼리티, 연령, 젠더, 그리고 물론 손상——과 연관시키는 정확한 방식에 대해 고심하던 많은 급진적 학자들에 의해 환영을 받았다. 그것은 분리를 경험하고 있는 집단들의 정치적 이해관계를 **특권화**하는 것에 일정한 **정당성**이 부여될 수 있도록 허용했다. 그러나 우리는 그러한 이론적 기여가 어떤 탈근대주의적 담론의 유행 없이도, 리스터에 의해 이루어진 강력하고도 영향력 있는 기여[36]에 대한 올바른 평가에 의해 충분히 가능하다는 것을 발견할 수 있다. 그녀는 '시민권'이라는 용어가 젠더들 간의 중요한 **차이**들을 인식하지 못하는 '가짜 보편주의'false universalism를 전달해 왔다고 주장했다.

다양성과 차이가 급진적 활동가들에 의해 수용되어야만 함을 인정하는 것과, 이것이 어떠한 방식 속에서 어떠한 정도로 이루어질 수 있는가를 아는 것은 전적으로 별개의 문제이다. 출발점은 연령·인종·젠더·

---

34 Zygmunt Bauman, *Intimation of Postmodernity*, London: Routledge, 1992, p.ix.

35 Kirk Mann, "Lamppost Modernism: Traditional and Critical Social Policy?", *Critical Social Policy* 21(3), 1998, p.82를 보라.

36 Lister, *Citizenship: Feminist Perspectives*.

섹슈얼리티·손상과 같은 변수들 간의 사회적이고 구조적인 관계가 갖는 복합성들을 충분히 이해하는 것이어야만 한다. 얼마간의 매우 통찰력 있는 작업이 이루어져 왔으며, 이러한 작업은 피오나 윌리엄스에 의해 또한 통찰력 있게 잘 정리되어 있다.[37]

그러한 작업을 기반으로 해서, 두번째 단계는 유의미한 정치적 성취를 이룰 수 있는 최적의 방식들에 대한 올바른 인식을 수반해야 한다. 왜냐하면 이론적으로는 문제가 없는 듯 보이는 '차이'에 대한 강조가 현 국면에서는 정치적으로 문제적일 수 있다는 것——비록 해악적인 것까지는 아닐지라도——을 인식하는 것이 결정적으로 중요하기 때문이다. 테일러-구비가 지적했듯이, 다양성·다원주의·선택에 대한 강조는 복지의 선별주의적 형태들을 촉진하고, 더 나아가 복지를 잔여화하기 위한 연막으로 쉽게 이용될 수 있다.[38] 그뿐만 아니라, [보편적 급여가 아닌] 재량적 급여의 활용이 쉽사리 심화되고, 구획된 여러 집단들은 서로에 대해 적대적으로 경쟁을 하게 될 수도 있다. 어떤 집단에 대한 돌봄 노동자들의 처우는 간과되거나 더 불리해질지도 모른다. 불확실한 단기적 기획들이 불안정하고 취약한 보조금에 의지하여 시행되고, 의도적이든 의도적이지 않든 간에 새로운 불평등의 형태들이 등장할 수 있는 것이다.

더욱이 이러한 차이의 '더하기'로부터 나오는 정치 전략들이 언제나 명확한 것도 아니다. 예를 들어, 비록 간략하고 지나치게 단순화된 것이긴 하지만, 성적 평등을 옹호하는 보편주의적 입장을 채택하고 있

---

37 Williams, "Somewhere over the Rainbow: Universality and Diversity in Social Policy", p. 207.
38 Peter Taylor-Gooby ed. "Postmodernism and Social Policy: A Great Leap Backwards?", *Journal of Social Policy* 23(3), 1994, pp. 385~404.

는 '자유주의적'(혹은 '권리에 기초한') 여성주의자들과 그러한 평등이 불가피하게 남성의 필요에 맞추어진다고 주장하는[39] '차이의' 여성주의자들 간에 어떤 대조점이 존재하는지 고려해 보자. 우리는 다양한 집단들의 상이하고, 다면적인, 식별될 수 있는 요구들에 대한 마리네이드 marinade[40] 공급의 급격한 증가 속에서, 보편주의라는 목욕물 전체를 쏟아 버리지 않도록 주의를 기울여야만 한다. 전후戰後 합의 속에서 구상된 시민권이라는 개념은 근본적인 결함을 지니고 있기는 하지만, 최소한 사회권의 중요성을 진정으로 인정했다. 그렇다면 보편주의를 다양성의 인정 및 수용에 대한 적절한 정치적 개입과 조화시키는 것도 가능하지 않을까?

차이와 특수주의적 보편주의

매우 창발적인 한 논문에서, 사이먼 톰슨Simon Thompson과 폴 호깃Paul Hogget은 보편주의와 다양성의 조화가 가능하다고 제안한다.[41] 그들은 그들 자신이 '정교화된 보편주의'sophisticated universalism라고 부른 것에 대한 옹호론을 펴고 있는데, 그것이 기본적으로 평등의 문제에 전념하기는 하지만, "선별주의selectivism와 특수주의particularism 양자의 중요한 요소들을 통합해 냄으로써" 다양성에 대해 민감하게 반응할 수 있

---

39 Carole Pateman, *The Sexual Contract*, Cambridge: Polity, 1988.

40 올리브유·레몬·주스·식초·포도주·향신료 등의 다양한 재료들을 혼합하여 만든, 고기나 생선을 재워 두는 액체를 말하는데, 여기서는 다양성과 선택권이라는 수사 속에서 제공되는 선별주의적 복지 서비스를 비유적으로 지칭하고 있다. ──옮긴이

41 Simon Thompson and Paul Hogget, "Universalism, Selectivism and Particularism: Towards a Postmodern Social Policy", *Critical Social Policy* 16(1), 1996, pp. 21~43.

다는 것이다.[42] 이러한 새로운 용어를 통해, 그들은 "다양한 기준들이 다양한 개인들 및 집단들을 위한 다양한 환경에 적합해지는" 과정을 기술하고 있다.[43] 그들이 주장하는 내용의 핵심은 아래의 인용문에 담겨 있다.

특수주의적 입장의 비평가들이 보편주의가 차이를 인지하고 감안하지 못하는 것에 대해 비난한다면, 그러한 비난의 도덕적 힘은 차이들 일반 (또는 최소한 **일정한** 차이들)이 존중되어야만 한다고 생각하는 어떤 규범적 원칙에 대한 믿음으로부터 연유해야만 한다. 그러나 어떠한 종류의 보편주의적 원칙이 아니라면, 이러한 존중의 규범은 무엇일 수 있겠는가?[44]

그들은 이러한 요점을 보다 이해하기 쉬운 방식으로 보충 설명한다. "개별 사례들 간의 차이에 대해 민감하고자 진지하게 시도하는 어떤 보편주의, 그리고 차이들 간에 조정자적 역할을 할 수 있는 도덕적 힘을 지닌 어떤 특수주의는, 사실상 반대편 관점에서 바라본 같은 이론들이다."[45] 위에서 언급한 테일러-구비의 우려에 응답하면서 좀더 구체적으로, 그들은 "권리를 보호하고, 필요를 충족시키고, 응분의 보상을 제공하라는 요구가 실제적으로 특정한 개인들이나 집단들을 위한 매우 다양한 대처법을 부과할 수 있다"는 것을 분명히 한다.[46] 비록 다소간 추상적이기는 하지만, 이는 어떠한 성공적인 **다양성의 정치**라도 궁극적으로

42 ibid., p.21.
43 ibid., p.22.
44 ibid., p.34.
45 ibid., p.35.
46 ibid., p.35.

는 평등주의적인, 즉 보편적인 원칙(들)에 의해 인도되어야——정당화되어야——함을 우리로 하여금 인식하게 해주는 유용한 선도적 주장이었다고 할 수 있다.

자기조직화

신사회운동으로서의 장애 운동에 대한 올리버의 서술은 장애 정치에 관한 어떤 새로움, 일정한 '낭만주의'를 내포한다. 즉 개량주의와 전통적인 정치 활동의 형태들에 대한 명확한 거부가 존재하는 것이다. 또한 신사회운동으로서의 정치 활동들이 **전통적 정치 제도의 주변부**에 위치하고 있다는 사실에 대한 찬양이 존재한다. 이러한 입장에 있는 활동가들은 또한 **사회에 대한 비판적 평가**를 확립했다. 주요하게는 장애인들을 다루는 기본적인 방식이란 그들을 자신이 접하는 세계에 **적응하도록** 하는 것임을 시사하는 모델들에 대한 명확한 비판을 통해서 말이다. 자신들의 실천에 대한 근거를 '**사회적 모델**'로서 알려진 것——사실상 하나의 구조적 사회학의 모델——에 확고히 두면서, 그들은 자신들을 옴짝달싹할 수 없게 만드는 접근 불가능한 환경을 고발했다. 휠체어 이용자들을 배제하도록 설계된, 접근할 수 없는 건물이나 교통수단, 이동의 문제를 지닌 사람들을 수용할 수 없는 주거 공간은 명쾌한 정치적 문제 제기의 대상이 되었다. 그러한 행동주의는 장애인이 직면해 있는 예외적인 차별의 수준에 대해 문제를 제기하기 시작했을 뿐만 아니라, 장애인을 대하고 다루어 왔던 전통적인 방식들에도 도전하기 시작했다.[47] 본질적으

---

47 Barnes, *Disabled People in Britain and Discrimination*.

로 그러한 활동의 궁극적 방향은 평등한 권리와 대우에 대한 요구가 되어 왔다.

장애 운동이 성취한 진보의 대부분은 그러한 비타협적인 국내적·국제적 정치 조직들과 그들의 활동 덕분이었다. 이제는 미국뿐만 아니라 영국에서도, 비록 제한적이기는 하지만 장애인에 대한 몇몇 형태의 차별을 직접적으로 금지하는 법이 존재한다. 그러나 우리가 앞으로 살펴보게 되는 바와 같이, 그러한 요구들이 형성되어 왔던 정치적 맥락 또한 중요한 것이었다. '불가능한' 것에 대한 요구, 사람들이 완전히 새로운 **사고방식**을 채택할 것에 대한 요구, 즉 **달을 향해 쏘는** 것과 같은 요구는 영국과 미국에서 유의미한 방식으로 장애인의 집단적 이해관계를 진전시켰다. 그렇지만 그것으로 충분한가? 그러한 접근법 안에 어떤 위험들이 존재하지는 않은가?

신사회운동만으로 충분한가?

학술적 논평가들이 장애의 정치에 대해 언급할 때, 대개 그들이 말하고 있는 것은 바로 위에서 기술된 자의식적인 운동의 등장이다.[48] 정확히 말하자면, 의식적이고 조직화된 유력한 장애 운동가들의 출현이 결정적인 것——**정치를 장애라는 영역에 주입한 것**——으로 간주된다. 그렇지만 이미 언급했듯이, 이 글은 그것이 정치와 장애 간의 상호관계를 이해하는 데 있어 한계가 있고 제한된 방식임을 시사하고 있다. 그것은 정치

---

48 Campbell and Oliver, *Disability Politics; David Johnstone, An Introduction to Disability Studies*, London: David Fulton, 1998, ch. 6.

운동가들과 그들의 활동 및 열망에 너무나 배타적으로 초점을 맞추고 있는 것이다. 나는 이러한 용어들——'정치'와 '장애'——간의 결합을 확장시키기를 희망한다.

신사회운동에 대한 우리의 논의로 되돌아오면, 정치적으로 진보적인——주로 사회민주주의적인——몇몇 논평가는 위에서 기술되었던 정치적 국면에 관해 훨씬 덜 비관적이며, 노동 운동이 전후의 시기 동안 시민권에 있어서 상당한 성취를 이루었고 또한 이를 공고히 해왔다고 주장한다.[49] 이전에는 주변화되어 있던 인구집단의 경제적 보장을 증진시키는 것과 동시에, 정치 참여를 위한 새로운 기회를 만들어 낼 수 있도록 도왔던 그러한 성취들 말이다. 이러한 논평가들이 보기에——그리고 나 자신도 그들의 입장에 상당 정도 동의하는데——신사회운동은 이와 같은 새로운 정치의 단계 내에서 이루어진 하나의 직접적이고도 주목할 만한 발전으로 간주될 필요가 있다.

여기서 문제는 활동가들이 그들의 활동을 현존하는 국가기구 내에서의 '개량적' 활동으로 간주하고자 하는가, 아니면 그러한 틀 밖에서의 순결한 비타협적 활동으로 간주하고자 하는가에 대한 정도에 존재한다. 1990년대 초의 장애 운동에 적용되었던 원래의 신사회운동 개념은 의심할 바 없이 후자의 입장을 지향하는 감수성에 의해 추동되었다. 그렇지만 근래에 다수의 논평가들은 장애 운동이 **현재도 지속되고 있는 극심한 물질적 불평등**의 이슈들과 주되게 관련을 맺고 있다는 것을 인정했

---

49 Göran Therborn, *Why Some Peoples are More Unemployed than Others*, London: Verso, 1986; Gøsta Esping-Andersen, *Politics against Markets–the Social Democratic Road to Power*, Cambridge, MA: Harvard University Press, 1985; Giddens, *The Consequences of Modernity*.

다. 톰 셰익스피어는 순결주의적 담론을 유지하지만, 이는 장애 운동이 단순히 탈물질적 가치들을 발전시켜야 한다는 것이 아니라 '해방'과 관련된 이슈들에 초점을 맞추어야만 한다고 주장하는 것을 통해서였다.[50] 토니 페이건Tony Fagan과 필 리는 소위 신사회운동이 어느 모로 보나 그 이전의 다른 어떤 운동 못지않게 **분배의 이슈** 및 **자원 할당**의 문제와 관련을 맺고 있다고 주장하면서, 그러한 물질적 측면을 보다 직설적으로 드러냈다.[51] 그들이 말하는 요점은, 궁극적으로 정치란 그 같은 인간사의 영속되는 문제들에 관한 것이란 사실이다.

사회적 모델 : 개념적으로는 강력한, 정치적으로는 문제의 여지가 있는

장애 운동은 또한 **의식화**의 중요성을 강조하면서, 사회에 대해 매우 명확한 비판적 평가를 제출했다. 이러한 비판을 위한 중심적 매개수단은 물론 **사회적 장애모델**이었다. 내가 주장하고자 하는 바는 이러한 모델의 얼마간 지나치게 단순화된 적용이, 현실적인 전략들의 발전을 가로막는 저발전된——좀더 정확히 말하면 근본주의적인——정치를 조장할 수 있다는 것이다.

　사회적 모델에서처럼 접근할 수 없고, 격리된, 배제적인 세계에 대한 증거를 제시하는 것 자체는 비교적 수월한 일이다. 그러나 '비장애인'의 다수는 '그 세계가' 더 광범위한 능력들의 스펙트럼에 편의를 제

---

50 Tom Shakespeare, "Disabled People's Self-organisation: A New Social Movement?", *Disability, Handicap and Society* 8(3), 1993, pp. 258~259.
51 Fagan and Lee, "'New' Social Movements and Social Policy: A Case Study of the Disability Movement".

공하도록 하기 위해서 '그 세계의' 사회질서를 재구성하는 데 참여할 준비가 어느 정도나 되어 있는가? 이러한 다수는 어떠한 종류의 **정치적**이고, 장애 친화적인 선택들을 할 준비가 되어 있는가? 아니 그보다는 장애 운동가들이 생각하는 바대로, 그러한 다수가 어떤 것을 선택하도록 강제될 수 있는가?

사회적 모델은 19세기 말 이래로 장애를 개념화해 왔던 전통적 방식——**의료적 모델**——에 종합적인 비판을 가하는 것으로부터 발전하였다.[52] 하나의 이념형으로서 이러한 전통적 모델은 사람들이 의료적 중재와 진단을 필요로 하는 이상들의 결과로 장애를 지니게 된다고 규정하였다. 이러한 의료적 모델이 장애인을 개념화하는 데 있어 명확히 한계적인 효력을 지니고 있음에도 불구하고, 서구 의학의 놀랄 만한 '성공'은 광범위한 영향력을 발휘해 왔다.

사회적 모델이 일부 장애인의 정치 활동과 전문가들의 실천에 점점 더 많은 영향을 미치게 되었음에도 불구하고, 의료적 모델은 여전히 막대한 지배력을 유지하고 있다. 물론 이것은 부분적으로 의료적 진단과 중재가 장애를 만들어 내는 어떤 이상들의 관리와 유지에 극히 중요하다는 사실 때문이다. 우리가 의료적 중재 없이 지낼 수 없다는 사실은 올바르게 인식되어야만 한다.[53] 급진주의자들은 **개별적인 조치들**과 **개별화된 중재들**까지도 다루고 개념화해 낼 수 있어야 한다. 그것들은 단순히 '마술을 부려' 사라지게 할 수 있는 것들이 아니다. 개별적인 조치는

---

52 Oliver, *Understanding Disability*; Mark Priestley, *Disability Politics and Community Care*, London: Jessica Kingsley, 1999.
53 Len Doyal and Lesley Doyal, "Western Scientific Medicine: A Philosophical and Political Prognosis", eds. Lynda Birke and Jonathan W. Silvertown, *More than the Parts: The Politics of Biology*, London: Pluto Press, 1984를 보라.

또한 단순히 구조적 결정으로 환원될 수 있는 것도 아니다. **개별적인 조치 및 중재의 정치**라는 차원이 존재할 수밖에 없으며, 장애 정치는 이러한 차원의 정치에 있어 의료적 중재의 중심성과 불가결한 필요성을 인정해야만 한다.

이러한 견해에도 불구하고, 철저한 구조적 사회학의 관점——사회적 모델——이 지난 20년 동안 그처럼 막대한 이데올로기적 영향력을 지녀 왔다는 것은 놀라운 일이 아니다. 비장애인들은 '장애를 지닌' 사람들이 '장애를 만들어 내는' 환경에 의해 대단히 크게 제약을 받는다는 사고를 **개념적으로** 비교적 쉽게 받아들일 수 있었다. 그러한 사고가 지닌 흡입력은 또한 사회적 모델이 매우 명확하게 장애인의 '경험들'로부터 구성되었고, 그러한 경험들에 의해 확산되었다는 사실에 의해 강화되었다.

그러나 우리는 신중해야만 한다. 좌파 성향의 지식인들은 빈곤이나 실업 역시 마찬가지로 정확히 개인적인 것이 아니라 **체제의 실패**로서 설명한다. 물론 순전히 지적인 의미에서라면 그것은 진실일 것이다. 많은 이들이 자본주의가 구조적으로 빈곤을 발생시킨다는 것을 이론적으로는 높이 평가할 수 있다. 그러나 단지 자본주의 체제 자체를 전복함으로써 빈곤을 뿌리 뽑자고 말한다면, 그것은 극도로 **단순화된 정치**일 것이다. 개인들의 흡연이 그들의 건강 상태를 위태롭게 하는 것처럼, 어떤 개인들의 행동이 진정 그들의 빈곤을 악화시킬 수 있음을 인정하지 않는다면, 그것은 마찬가지로 단순하고 순진한 태도이다.

사회적 모델은 그 개념적 통찰력에도 불구하고 명확한 한계를 지니고 있다. 적어도 그것이 잠재적으로 초래할 수 있는 단순화되고 비타협적인, 진정 **근본주의적인** 정치라는 문제에 있어서는 말이다.[54] 지난 10년간 사회적 모델에 대한 상당한 비판이 장애 운동 안팎 모두로부터 제기되어 왔다. 반스는 그것은 단지 이러한 비판들이 확장되도록 이끈 몇몇 장애 운동가들에 의한 오해라고 말한다.[55] 그러나 단순한 사실은 그러한 '오해'를 피하려면 사회적 모델의 정치적 경향에 대한 명확한 수정이 필요하다는 것이다.

많은 장애인들 스스로가 사회적 모델이 **개인적 정체성**이라는 이슈를 충분히 감안하고 있는가에 대해 확신하지 못하고 있다. 이러한 주제를 다루면서, 휴스와 패터슨은 해방의 정치를 위한 사회적 모델의 **이론적** 기반에 대해 논평하기는 하지만, 이러한 모델이 **해방적인 정체성의 정치**를 함축할 수 있는지에 대해서는 의문에 붙인다.[56] 스웨인과 프렌치는 해방적인 정체성의 정치가 지닌 요점을 아래와 같이 서술하고 있다.

비장애인들은 휠체어 이용자들이 계단 때문에 어떤 건물에 들어갈 수 없다는 사실은 대부분 수용할 수 있다. 비장애인들은 휠체어 이용자들이 그/그녀가 지금과 같은 장애인임을 기쁘게 받아들이고 자랑스럽게 여길 수 있다는 생각에 훨씬 더 위협을 느끼며 도전을 받게 된다.[57]

스웨인과 프렌치는 주로 [1960년대 중반 미국의 흑인예술 운동black arts movement에 비견될 만한] 장애예술 운동에서의 작업으로부터 이끌

---

54 Phil Lee and Colin Raban, *Welfare Theory and Social Policy: Reform or Revolution*, London: Sage, 1998을 보라.
55 Colin Barnes, "A Working Social Model", *Critical Social Policy* 20(4), 2000, p.443.
56 Hughes and Paterson, "The Social Model of Disability and the Disappearing Body: Towards a Sociology of Impairment".
57 Swain and French, "Towards an Affirmative Model of Disability", p.570.

어 낸 장애에 대한 **긍정적** 모델을 구성해 냈으며, 그러한 모델은 **개별적**인 차원과 집단적인 차원의 정치 양자 모두에 있어, 개인적 비극의 관점에 맞서 싸울 수 있는 긍정적인 개인적 정체성을 역설한다. 이에 반해서, 핀켈스타인은 개인적 경험을 통합하고자 하는 어떠한 시도도 사회적 모델의 유효성을 떨어뜨릴 수 있다고 말한다.[58] 톰 셰익스피어와 니컬러스 왓슨Nicholas Watson은 사회적 모델을 옹호하는 것과 동시에, 내 생각에는 불충분하기는 하지만, 그것을 너무나 확고히 맑스주의적 세계관 위에 정초하는 것은 "단일화되고 획일적인 합리성"으로 나아갈 수 있음을 경고한다.[59] 그들은 영국 좌파 전반에 걸쳐 점점 더 관심을 받고 있는, 위에서 탐색된 주제를 다루면서, 사회적 모델이 "여성주의와 탈근대적 설명에 근거한 보다 섬세한 세계관"을 발전시켜야만 한다는 입장을 견지한다.[60]

정체성의 정치가 지닌 한계들

사회적 모델 내에서 **경험적** 이해에 대한 강조로부터 도출되고 있는 하나의 최종적 견해, 즉 오로지 '장애를 지닌' 존재들만이 장애 문제에 대해 **참된** 정치적 통찰을 할 수 있다는 견해는 일정한 논평이 이루어질 필요가 있다. 프랜 브랜필드Fran Branfield가 매우 생생하게 기술한 바에 따르면, "비장애인들은 그들의 경험, 그들의 역사, 그들의 문화가 곧 우

---

58 Victor Finkelstein, "The Social Model of Disability Repossessed", *Coalition*, Greater Manchester Coalition of Disabled People, February 2002, pp. 10~17.
59 Shakespeare and Watson, "Defending the Social Model", p. 299.
60 ibid., p. 299.

리에게는 억압의 경험·역사·문화라는 것을 ……도저히 알 수 없다".[61] 사회적 모델이 개인적 정체성에 대한 충분한 이해를 포함하고 있지 못하다면, 장애 운동 내에서 활동가들이 사회적 모델을 활용하는 방식 또한 틀림없이 마찬가지일 수밖에 없을 것이다!

그러한 활동가들은 손상을 지니고 있지 않은 이들을 일선에서의 모든 정치적 개입으로부터 배제하기를 원하는 것처럼 보인다. 이러한 입장은 결국 어떠한 상태에 대해 누가 무엇을 '알 수' 있는가와 관련한 분열과 맞비난으로 이어지면서, 결국에는 장애의 정치를 주변화할 뿐이다. 장애 운동 내에서는 다양한 손상 상태들의 '가시성'과 관련하여, 그리고 장애 근본주의로 인해 정치적 진보가 저해되는 문제와 관련하여 흥미로운 논쟁이 계속되어 왔다.[62]

'정체성'에 전적으로 기반을 둔 어떠한 정치도 중대한 문제들에 봉착하게 될 가능성이 높은데, 이는 특히 사회적으로 구성되는 정체성들이 **경합적**이고 변화될 수 있다는 사실 때문이다. 우선 정체성들의 상이한 측면이 우선시될 때 하위집단과 분파가 등장한다. 비가시적 손상, 즉 학습적 장애나 정신건강상의 문제를 지닌 이들의 경우는 어떻게 되는가? 또는 "장애인으로 분류되기는 하지만 …… 이들과는 확연히 구별되는 언어적·문화적 소수자일 뿐이라는 이유로 장애 정체성을 거부하는" 농인들은?[63] 비만인 여성들이 스스로를 장애인으로 호명하고자 한다면,

---

61 Fran Branfield, "What are You Doing Here? 'Non-disabled' People and the Disability Movement: A Response to Robert F. Drake", *Disability and Society* 13(1), 1998, p.143.

62 Robert F. Drake, "What am I Doing Here? 'Non-disabled' People and the Disability Movement", *Disability and Society* 12(4), 1997, pp.643~645; Jill C. Humphrey, "Disabled People and the Politics of Difference", *Disability and Society* 14(2), 1999, pp.173~188; Jill C. Humphrey, "Researching Disability Politics, or Some Problems with the Social Model in Practice", *Disability and Society* 15(1), 2000, pp.63~85를 보라.

이는 받아들여질 수 있는가?

질 험프리Jill C. Humphrey가 연구했던 유니슨 그룹UNISON Group 내에서 사회적 모델이 어떤 방식으로 작동하고 있었는가에 주목하는 것도 유익한 일이 될 듯하다. 그녀는 유니슨 그룹에 대해 "많은 사람들이 어떤 장애 정체성을 채택하거나 어떤 장애인 공동체에 참여하는 것을 막는 방식으로 장애 정체성을 구체화하기도 하고, 그러한 정체성을 특정한 종류의 손상들——신체적인 것, 불변적인 것, 명백한 것, '중증의' 것——로 환원시켜 내기도 했다"고 주장한다.[64] 험프리는 이어서 **포괄적 장애모델**inclusive model of disability이 구성될 필요가 있음을 제안한다. 그녀의 작업은 장애인 활동가들이 장애인의 '공동체'community라는 말을 통해 의미하고자 했던 것에 대해 극적인 방식으로 문제를 제기하고 있다. 그렇지만——또 다른 주의가 필요한데——공동체 내에 존재하는 상당한 차이들을 숨기는 방식으로 '공동체'라는 용어를 구체화하면서, 대다수 공동체주의적 담론이 그러한 것처럼 그 용어를 특권화하는 것도 너무나 안이한 일이 될 것이다.[65] 예를 들어, [영국 중부 레스터셔Leicestershire주의 주도인] 레스터Leicester의 무슬림 공동체를 언급할 때, 우리는 구체적으로 누구를 언급하고 있는 것인가? 그 지도자들의 공동체? 무슬림 남성들의 공동체? 아니면 다른 누구의 공동체인가? 젠더, 연령 등의 요소는 어찌되는가? 험프리는 '장애를 지닌' 것으로 기술될 수 있는 상태들의 상당한 **다양성**에 정확히 주의를 기울이면서, 그러한 다

---

63 Humphrey, "Researching Disability Politics, or Some Problems with the Social Model in Practice", p.65.

64 ibid., p.69.

65 Iris Marion Young, "The Ideal of Community and the Politics of Difference", ed. Linda J. Nicholson, *Feminism/Postmodernism*, London: Routledge, 1990, pp.300~323을 보라.

양한 상태들 간에 명확한 **이해관계의 연합**이 확립되어야 할 극히 중요한 정치적 필요성을 강조하고 있는 것이다.[66] 그처럼 상이한 유권자 구성원들이 제기하는 정치적 요구 내에는 폭넓은 격차가——[완전한] '자립'에서부터 '의존'이라는 상태의 [긴급하고 현실적인] 개선에 이르기까지——존재함을 고려한다면, 우리는 정치적으로 조직화하고 대응하는 것 양자에 있어 '장애'가 상당히 난감한 범주일 수밖에 없다는 점에 주목할 필요가 있을 것이다.

권리들을 의제화하기

반스 등은 장애인의 '공민권' 의제가 장애 운동의 국제적 행동들에 의해 생성되었음을 분명히 한다.[67] 그들은 차별금지법이 왜 그러한 정치 운동가들이 가장 선호하는 선택지가 되었는가를 상세히 기록하고 있다. 그렇지만 우리는 이러한 점들을 과장하지 않도록 주의해야만 한다. 다른 중요한 정치적 요인들 역시 영국적 맥락 내에서 고려되어야만 하는 것이다. 첫째, 대처리즘의 급진적 보수주의에 의한 의회의 통제는 로비 활동에 관여하던 영국의 많은 '복지' 관련 압력단체들에게 있어 극히 어려운 상황을 만들어 냈다. 캐럴 할로Carol Harlow와 리처드 롤링스Richard Rawlings는 이러한 상황 내에서 법적 절차들이 점점 더 대용적인 정치 제도의 기능을 떠맡을 것을 요청받게 되었다고 말한다.[68] 둘째, 지역사

---

66 Humphrey, "Researching Disability Politics, or Some Problems with the Social Model in Practice".

67 Barnes, Mercer and Shakespeare, *Exploring Disability*.

68 Carol Harlow and Richard Rawlings, *Pressure through the Law*, London: Routledge, 1992, p.298.

회 행동주의가 1970년대에 꽃을 피웠는데, 그러한 활동들로부터 법률 중심적 운동이 발전해 나갔다. 지역적 수준에서, 급진주의자들은 **법률적** 중재로부터 구체적인 성취를 기대할 수 있었다. 셋째, 아동빈곤퇴치행동Child Poverty Action Group, CPAG이나 [영국의 정신보건 단체인] 마인드Mind와 같은 압력단체들은 정치적인 변화를 담보하기 위하여 점점 더 공익법을 이용하게 되었다. 전자는 판례가 될 만한 공익 소송을 활용해서, 후자는 법적 권리의 실행을 통해서 말이다.[69]

캐럴라인 구딩Caroline Gooding[70]과 콜린 반스 등[71]은 전 세계 '장애인 차별금지법'의 첫번째 커다란 조각이라고 할 수 있는 1990년 「미국장애인법」의 캠페인 과정과 그에 따른 제한적인 성공을 기록하고 있다. 뒤이어, 호주, 뉴질랜드, 프랑스, 영국 등에서 그러한 공민권을 지향하는 법을 도입했다. 반스 등은 1995년의 영국 「장애차별금지법」 제정을 위한 투쟁 역시 잘 기록하고 있다.[72]

---

69 한국의 경우라면 '사회복지 서비스 신청권' 운동을 하나의 예로 들 수 있을 것이다. 현행 「사회복지사업법」은 "사회복지 서비스를 필요로 하는 사람(보호대상자)과 그 친족, 그 밖의 관계인은 관할 시장·군수·구청장에게 보호대상자에 대한 사회복지 서비스의 제공을 신청할 수 있다"(제33조의2)는 사회복지 서비스 신청권을 2003년 7월 개정 시 명문화했다. 그리고 이러한 신청이 있을 경우 해당 지방자치단체가 신청인의 구체적인 필요를 조사하여 서비스 제공 여부를 결정한 후, 보호대상자별 보호계획을 수립하여 서비스를 제공하도록 규정하고 있다. 그렇지만 대다수가 이 조항에 크게 주목하지 않았을 뿐만 아니라, 인력 및 예산 부족 등을 이유로 사회복지 서비스 신청권은 사실상 사문화된 상태로 존재했다. 이러한 상황에서 2009년 12월에 장애인거주시설에 수용되어 있던 장애인 3명이 지역사회로 나와 살아가기를 원한다는 취지 아래 주거 지원, 생활비 지원, 활동보조 지원 등을 신청하는 사회복지 서비스 변경 신청을 냈지만 모두 거부를 당했고, 이에 불복하여 양천구청을 상대로 제기한 사회복지 서비스 변경 신청 거부처분 취소 소송에서 2011년 1월에 첫 승소를 이끌어내는 유의미한 성과를 거두기도 했다. 이후 장애계는 공익변호사단체 및 시민단체 등과 연계하여 토론회를 개최하고, 노인·여성·아동·이주민·홈리스 등 다양한 주체들을 대상으로 신청인을 모집하는 등 사회복지 서비스 신청권 운동을 전개해 나갔다. ─옮긴이

70 Caroline Gooding, *Disabling Laws, Enabling Acts: Disability Rights in Britain and America*, London: Pluto Press, 1994.

71 Barnes, Mercer and Shakespeare, *Exploring Disability*.

72 ibid.

우리가 다루고 있는 문제에 있어 중요한 관심사 중 하나는, 이러한 법의 통과와 관련하여 그들이 내리고 있는 정치적 판단이다. 그들은 이러한 법의 제정 과정이 장애계의 내재적인 분할을 재작동시키고, 장애인의 단체와 장애인을 위한 단체들 간의 어색하고 불안한 연합을 종결시켰다고 말한다. 이것은 피오나 윌리엄스에 의해 아래(장애인의 단체)로부터의, 그리고 위(장애인을 위한 단체)로부터의 투쟁이라고 언급되었던 분할이다.[73] 반스 등은 '개량주의적' 단체와 '급진적' 단체들이라는 보다 더 전통적인 구별을 채택한다.[74] 명확한 '급진적' 공감대 속에서, 그들은 급진세력 구성원들이 추구했던 바가 공식적 정치 제도, 특히 국가 행정 기관들과의 지나치게 가까운 관계에 의해 약화될지도 모른다는 점을 분명하게 우려하고 있다. 초기의 글에서 반스와 올리버는 이러한 특유의 딜레마를 매우 생생하게 묘사한다.[75]

정부와 지나치게 가까워지는 것은 포섭의 위험을 감수해야 하며, 우리 자신의 것이 아니라 그들의 제안을 실행에 옮기는 것으로 결말이 나게 된다. 한편 너무 멀리 떨어져 있는 것은 주변화와 세력의 궁극적 소멸이라는 위험을 감수해야 한다.……초연한 태도를 유지하는 것은 비현실적이거나 비합리적으로 보일 위험이 있으며, 절실히 요구되는 자원들에 대한 접근 가능성을 부정하게 된다.[76]

73 Williams, "Somewhere over the Rainbow: Universality and Diversity in Social Policy".
74 Barnes, Mercer and Shakespeare, *Exploring Disability*.
75 Barnes and Oliver, "Disability Rights: Rhetoric and Reality in the UK".
76 ibid., p.115.

따라서 반스 등이 영국 공민권 캠페인의 경험과 그 성취의 본질 양자에 대해 기술한 내용에는 이해할 수 있을 만한 양가성이 존재한다.[77] 한편에서는, "장애인 운동이 차별금지법의 가치를 일반 대중에게 납득시키는 데 있어 유의미한 진전을 이루어 냈다고 주장할 수 있었다". 다른 한편, 어떤 이는 그러한 법에 대해 매우 회의적이었음이 틀림없으며, 그 법의 시행은 "이용자 중심의 주도권 확장과 결부시켜 생각될 수밖에 없다".[78] 설령 그러한 주도권이 수반된다고 하더라도, "이러한 대책들이 의도했던 대로 시행될 것이라는, 즉 그 결과들이 반드시 기대했던 바대로일 것이라는 어떠한 보장도 없다".[79] 그러한 지적인 모순은 '급진적' 장애단체들——장애인을 위한 단체가 아닌 장애인의 단체——이「장애차별금지법」을 위한 협의회에 참여하기를 거부했던 것과 정치적으로 부합된다. 그 법은 너무 약하고, 어쨌든 제대로 실행될 수 없는 것으로 간주되었다. 물론 협의회 참여에 불응한 것은 이러한 법의 일부라도 강화하고자 했던 유용한 전략이었을 수도 있다. 그러나 만약 그러한 의도였다면, 그 전략은 작동되지 않았다.「장애차별금지법」은 어떠한 기준에서 보더라도 불충분한 문서가 되고 말았던 것이다.

국가적 조치

「장애차별금지법」(1995)은 고용, 서비스, 부동산의 매매 및 임대의 영역에서 장애인에 대한 차별을 불법화했다. 그렇지만 고용과 서비스 제

---

77 Barnes, Mercer and Shakespeare, *Exploring Disability*.
78 ibid., p. 172.
79 ibid., p. 173.

공 양자 모두의 영역에서 상당한 제한점이 존재한다. 고용 차별은 단지 총 15인 이상의 고용인을 지닌 고용주에게만 적용되며, 일정한 직업 범주들에 대해서는 적용되지 않는다. 예를 들어 군인, 경찰관, 법정변호사, 소방관과 같은 직업이 그러하다. 재화와 서비스 제공에서의 차별금지가 교육과 교통수단에서는 명시적으로 적용되지 않는다. 구딩은 「장애차별금지법」의 시행과 개정에 대한 통찰적인 개관에서, 그 법이 근본적인 설계상의 결함 때문에 어려움을 겪고 있다고 주장했다. 그중에서도 "제한적이고 복잡한 장애의 정의, 특히 서비스와 관련하여 잠재적인 차별을 '정당화하는' 광범위한 영역들, 간접적·직접적 차별을 적극적으로 다루는 데 있어서의 실패"가 그러하다.[80] 더욱이 「장애차별금지법」은 기회평등위원회Equal Opportunities Commission나 인종평등위원회Commission for Racial Equality와 같은 어떠한 전략적 집행기구도 포함하는 데 실패했다.

「장애차별금지법」은 차별을 두 가지 방식으로 정의한다. 첫번째는 '불리한 대우'다. 고용주나 서비스 제공자가 어떤 장애인을 그 사람의 장애와 관련된 이유로 불리하게 대했을 때, 그리고 그에 대한 정당성을 입증할 수 없을 때 차별이 된다. 두번째는 고용주나 서비스 제공자가 「장애차별금지법」에서 요구하는 환경에 대한 정당한 조정을 제공하지 않음으로써 장애인을 차별하는 경우다. 대부분의 사례들이 '불리한'이라는 개념을 둘러싸고 공전하게 된다. 도대체 누구보다 불리함을 말하는 것인가? 우리는 장애와 '차이'라는 문제로 되돌아가게 되는데, 나는

---

80 Caroline Gooding, "Disability Discrimination Act: From Statute to Practice", *Critical Social Policy* 20(4), 2000, p.542.

이를 아래에서 다시 다룰 것이다.

법리적 논쟁의 대부분은 의료적 범주화에 관한 논란, 그리고/또는 개별적인 조치들의 여타 형식들을 중심으로 반복되고 있다는 사실에 주목하는 것도 유익할 것이다. 이러한 논쟁은 집단적이고 미래 지향적인 대책에 대해서는 별로 강조하지 않는다. 영국의 차별금지 관련 법률들은 주로 차별에 대한 반反유인책의 창출을 추구하는 것에 의해 작동한다. 구딩이 지적하는 것처럼

> 이러한 반유인책의 효과는 차별에 맞서기 위해 취해지는 소송의 승리 가능성이 얼마나 높게 인식되는가, 그리고 그러한 소송에서 패배한 고용주나 서비스 제공자가 치르게 될 (재정적 배상과 불리한 평판의 견지에서 환산된) 추정 비용이 얼마나 되는가에 달려 있다고 할 수 있을 것이다.[81]

노동당은 야당으로 있는 동안 「장애차별금지법」에 대해 비판적이었으며, 장애인에 대한 공민권을 보장하겠다는 매니페스토 공약과 더불어 1997년에 정권을 잡았다. 이러한 목표를 달성하고자 장애권태스크포스Disabled Rights Task force가 설립되었다. 이 기구의 보고서 『배제에서 통합으로』는 유의미한 다수의 권고 사항을 제시했다.[82] 특히 「장애차별금지법」의 차별금지 권한이 소규모 고용주, 교도소, 경찰관에게까지 확대되도록 하였으며, 교육과 교통수단에도 그러한 서비스들의 특

---

81 ibid., p.543.
82 Disabled Rights Task force, *From Exclusion to Inclusion*, London: Department for Education and Employment, 1999.

수한 본질을 감안한 완화된 형태 속에서 적용되도록 하였다. 신노동당은 또한 2000년 4월에 장애권위원회를 설치함으로써, 집행기구의 부재라는 상황을 바꾸어 냈다.

나의 관심은 이러한 법률 조항들의 상세한 내용이나 그것들이 야기한 소송에 있지 않으며, 오히려 그러한 조항들의 시행에서 작동 중이며 결정적일 때 관철되는 원칙들에 있다. 샌드라 프리드먼Sandra Freedman[83]은 어떤 집단이 경험하는 뿌리 깊은 편견을 효과적으로 다루려면, '평등한 기회'라는 모호하고 제한적인 목표를 넘어서는 것이 필수적이라고 주장한다.[84] 이는 교육, 훈련, 가족 친화적 대책과 같은 사회 정책적 수단들의 활용을 수반한, '실질적 평등'이라는 정치적 목표가 채택되어야 함을 의미한다. 실제로 이러한 목표가 채택되어야만 강조점을 '불공정한' 또는 '불평등한' 대우에 대한 개별적 소송으로부터, 평등한 기회(적극적 차별시정조치affirmative action 프로그램)를 촉진하고 고용주들의 '바람직한' 관행(계약의 준수)을 활성화하는 보다 미래 지향적인 조치들로 전환시켜 낼 수 있다.

이는 차별에 맞서 싸운다는 것이 유럽공동체European Community, EC의 대책들 내에서 주로 그러한 것처럼, 오로지 복지의 문제로 간주되어야만 함을 주장하는 것은 아니다. '권리의 전략'은 충분조건은 아니지만 필요조건이다. 특히 장애인에게 있어서는, 평등한 대우에 대한 권리가 차이와 다양성에 대한 존중을 보장할 때조차, 그 같은 평등한 대우에 대한 권리를 보완할 수 있는 보다 적극적인 권리들이 주장될 필요가 있

83 Sandra Freedman, *A Critical Review of the Concept of Equality in UK Anti-Discrimination Laws*, Cambridge: University of Cambridge Centre for Public Law, 1999.
84 Robert F. Drake, *The Principles of Social Policy*, Basingstoke: Palgrave, 2001을 보라.

다. 그렇지만 노동시장 내에서 [소득을 얻어] 필요를 충족시킬 수 없는 이들에 대해서는 강력한 복지적 요소——교통수단, 돌봄 및 보건 서비스, 교육 등의 공적 제공——가 중심에 놓여야만 한다.

정치, '차이', 노동

우리가 장애인은 '다르다'라고 주장할 때 의미하는 바가 무엇인지는 반드시 검토될 필요가 있다. 어떤 이들은 '장애를 지닌 채' 태어난다. 그리고 우리가 살펴본 것처럼, '장애'의 사회적 구성, 특히 사회 환경의 구조가 그러한 애초의 '장애들'을 악화시키고 강화한다. 다른 이들——대다수의 다른 이들——은 살아가는 과정에서 **장애인이 된다**. 이는 막대한 정치적 중요성을 갖는 사실이다. 주목할 필요가 있는 극히 중요한 또 다른 세 가지 이슈가 있다. 첫째, 장애의 사회적 구성 속에서 최소한의 것만 할 수 있는 존재——최소한의 '정상적인' 삶만을 살아갈 수 있는 존재——로 간주되는 장애인에 대해 사람들은 정치적으로 대응해 왔다. 어떤 장애인들은 **다르게** 대우를 받아야 한다는 것이 오랫동안 확고한 원칙이었으며, 그렇게 대우받고 있다. 하나의 명백한 예는, 모든 아동의 교육적 필요가 3세에서 16세 사이에 걸쳐 있기는 하지만, 특수교육 요구 아동이 더 많은 자원을 할당받을 수 있다는 것이다. 둘째, 장애인에 대한 재정적 지원은 비장애인과 장애인 사이에서뿐만 아니라, 장애인들 사이에서도 사정査定된 손상의 중한 정도에 따라 차이가 난다. 셋째, 이러한 지원의 제공 중 많은 것들은 장애인에 대한 심각한 차별의 요소들을 포함할 수 있으며, 실제로 대개 그러하다.[85]

그런데 '차이'에 대한 최근의 새로운 탈근대적 강조는, 언뜻 보기에는 다소간 아이러니한데, 장애인들에게 그들의 차이를 **잊어버리라**고 말하고 있는 듯 보인다. 단지 환경을 개조하라고, 단지 환경을 재구성하기만 하면 그러한 '차이들'은 차츰 사라질 것이며, 그것이 바로 장애인들이 이 사회에 기여하고 생산적일 수 있는 측면이라고 말이다. 브랜필드가 기술한 바대로라면, "장애 운동은 가장 근본적인 수준에서 보았을 때, 장애인이 아니라 우리 모두의 권리를 위해 싸우고 있다.……장애와 관련하여 필연적인 것은 아무것도……존재하지 않는다".[86] 이와 같이 확언한다면 이는 정치적으로 위험한 생각인데, 왜냐하면 그것은 많은 장애인들이 요구하는 필수적인 사회적 돌봄과 편의들을 축소하고 어쩌면 하찮은 것으로 만들어 버릴 수도 있기 때문이다.

상식적인 수준에서, 그리고 위에서 기술된 현재의 정치적 국면 내에서, 차이에 대한 사고를 브랜필드와 같이 극단적인 논리적 결론으로 밀고 나가는 것에는 상당한 반발 또한 존재할 것이다. 사회적 모델이 지나치게 단순화되어 모든 손상들에 적용되고 있기 때문이다. 사람들은 다음과 같이 말한다. "당연히, 어떤 사람들, 즉 장애인들이 일정한 직업──뇌외과 의사(학습적 장애의 경우)나 전기기사(약시의 경우)──을 수행하는 데 있어서는 장벽이 존재한다." 실제로 나는 나의 학생들 중 몇몇이 세미나에서 이와 같은 말을 하는 것을 들을 수 있었다. 미국에서는 '극복할 수 없는 장벽'이라는 법률적 범주가 차별금지 담론 내에서 운위되었는데, 이는 적절한 환경의 수정이 이루어진다고 하더라도, 어떠한 유형의 노동에 접근하고 이를 수행하는 데 있어 극복할 수 없는 문

---

85 Barnes, *Disabled People in Britain and Discrimination*.
86 Fran Branfield, "The Disability Movement: A Movement of Disabled People a Response to Paul S. Duckett", *Disability and Society* 14(3), 1999, p.401.

제들을 야기하게 되는 손상과 연관된 장벽을 말한다.

그러한 지적인 반발은 중대한, 그러나 이해할 수 있을 만한——이 것이 또한 중요한 지점인데——오해를 수반하고 있다. 물론 아무리 많은 환경의 수정이 있더라도, 어떤 손상을 지닌 사람들은 수행할 수 없는 일정한 직업이 있다. 그러한 사람들은 기본적인 직무 내용을 절대로 충족시킬 수 없을 것이다. 즉 그들은 그러한 직업에 대한 자격이 없는 것이다. 내가 애석하게도 결코 맨체스터 유나이티드Manchester United의 선수가 될 수 없거나 마일스 데이비스Miles Davis[87]의 반주를 요청받을 수 없는 것과 마찬가지로 말이다! 따라서 상식적으로 보이는 듯한 그와 같은 주장들이 변화에 대한 **반발**의 출발점이 될 수는 없으며, 이에 대해 충분히 맞서 싸울 수 있다. **현실정치**의 견지에서 보자면, 그와 같은 반발의 주요 근원은 언제나——앞서 언급했던 것처럼——고용주들이 그러한 불가피한 재구조화를 수행하는 데 들여야 하는 비용이었다고 할 수 있다.

여하튼 노동세계는 급속히 변화하고 있다. 지속적이고 불가피한 재구조화를 겪고 있는 것이다. 고용주들은 단지 경쟁력에서 뒤처지지 않기 위해서라도, 그들의 기반 시설과 관행에서 주요한 변화들을 도입해야만 하는 상황에 있다. 마누엘 카스텔Manuel Castells은 생산력 면에서 최근에 이루어진 변화들——정보화, 제조업에서 서비스 산업으로의 전환, 지구화의 보편적 효과 등——이 초기 산업화가 가져온 최초의 변화들보다 더 큰 중요성을 갖는다고 평가한다.[88] 반스는 이러한 발전이 장

---

87 미국의 흑인 재즈 트럼펫 연주자·작곡가(1926~1991). 1950년대 이후부터 모던 재즈를 이끌었고 쿨 재즈, 퓨전 재즈 등의 새로운 장르를 개척했다.——옮긴이

88 Manuel Castells, *The Information Age: Economy, Society and Culture vol. 1: The Rise of the Network Society*, Molden, MA: Blackwell, 1996.

애인들이 중대한 정치적 진전을 이루는 데 있어 주요한 전략적 기회를 제공한다고 말한다.[89] 확실히 컴퓨터화된 기술은 **일정한 범주**의 장애인들에게 있어서는 고용에 대한 상당한 가능성을 열어 놓은 것처럼 보이며, 사람들을 일터로 되돌려 보내고 그들로부터 복지급여를 박탈하고자 하는 신노동당의 목표를 보완해 주고 있다. 노동에 대한 장애인의 접근성을 증가시키는 것을 통해 사회보장 예산에서 커다란 절감이 이루어질 수 있었던 것이다.

반스에게 동의하지 않는 것은 아니지만, 나로서는 몇 가지 정치적 주의점을 덧붙여야만 할 것 같다. 첫째, 반스도 인식하고 있는 것처럼,[90] 이러한 유연화된 생산 기술이 어떤 이들에게는 기회를 부여할 수 있을지 모르지만, 다른 이들의 사회적 고립은 증대시킬 것이다. 둘째, 여기서 잠재적 수혜자는 우리가 위에서 언급했던 장애 운동의 선도 그룹 내에 있는 장애인들[즉 젊은 신체적·감각적 장애인들]일 가능성이 훨씬 더 높다. 사회적 고립과 주변화의 증대는 학습적 장애인, 정신장애인, 고령 노동자들에게 영향을 미치게 될 것이다.

단기간 내에, 아니 중기적으로라도, 모든 대기업들이 모든 다양한 손상에 맞추어 작업장의 환경을 개조하도록 강제하기 위해 정치적 조직화를 도모한다면, 그것은 비생산적인 일이 될 것이다. 그 비용은 막대할 것이며, 그 자체로 고용주들의 지속적이고 성공적인 반발에 대한 명분이 될 것이다. 그렇지만 지역적인 수준에서라면, 정부의 할당 제도를 통해서, 학습적 장애를 포함한 일정한 손상에 대해 일정한 환경을 채택

---

89 Barnes, "A Working Social Model".
90 ibid., p. 446.

하도록 촉진하는 합의가 중재될 수 있을 것이다. 이는 장애인들에게 있어 노동의 **선택권**을 축소시킬 수도 있고, 장애 운동의 일부에서는 이러한 이유로 그러한 대책에 반대할지도 모르지만, 그것은 다수를 위해 유의미한 정치적 성취를 이루어 낼 수 있다. 지방 당국이나 대학교와 같은 여타의 공공 단체들과 더불어, 정부 부처들에게 우선적으로 할당이 부과될 수 있을 것이다. 정치적 중재는 또한 장애인에게 주어지는 보조금의 통제권을 자선적이고 사유화된 단체들로부터 장애인의 단체들로 이전시켜 낼 수 있을 것이다.[91]

연합의 정치 : 하나의 결론

이 장은 장애와 정치의 관계에 관한 다수의 핵심 사항들을 규명했다. 첫째, 장애인이 완전하고 평등한 시민권 또는 공민권의 자격을 부여받는 것, 그리고 장애인이 사회에——특히 노동세계 내에서——생산적인 기여를 할 수 있음을 인정하는 것에 대해, 전체 유권자 집단 내에는 여전히 중대한 장벽들이 존재하고 있다. 둘째, 다수의 노동자들과 노인들 그 자신이 장애인이 **된**다는 측면에서, 이에 대한 아이러니가 존재한다. 셋째, 앞의 두 가지 점에 비추어 보았을 때, 장애 운동은 장애인들 중 한정된 유권자들과만 가까스로 관계를 맺어 왔을 뿐이다. 심각한 신체적 손상을 지닌 노인들이나 학습적 장애인과 같은 상당한 '공백'이 존재하고 있는 것이다. 넷째, 사회적 장애모델에 기반을 둔 캠페인들은 얼마간의 유의미한 성취를 만들어 냈고 앞으로도 그러할 것이지만, 사회적 모델

91 ibid.

에 대한 과도한 의존은 어려운 정치적 계산 앞에서는 무능력한, 근본주의적이고 단순화된 정치를 또한 초래할 수 있다. 예를 들어, 장애인의 선택권을 특권화하면서 동시에 장애인이 그러한 선택권을 부여받아야만 한다는 사실에 관해 유권자들과의 논쟁에서 승리하는 것——양자는 차원이 다를 수 있고 앞으로도 그러할 터인데——은 매우 어려운 일이다. 게다가 장애 운동이 풀어가야만 할 문제는 면밀히 조직된 요구와 캠페인을 정부가 어떻게 무시할 수 없도록 만드는가 하는 것이다.

향후 몇 년의 투쟁의 시기 동안, 어렵고 민감한 정치적 계산들이 이루어져야만 할 것이다. 정치는 단지 강력한 이데올로기들과 직접행동에 관한 것만은 아니다. 그것은 또한 밀실에서의 막후 협상, 이해관계의 균형 맞추기, 그리고 대개는 단지 느리고 고통스러울 뿐인 성취에 관한 것이기도 하다. 정치는 대립의 본질에 관한 것이고, 그것이 왜 진전을 가로막거나 좌절시키는가에 관한 것이다. 따라서 일상의 발전에 정치적 판단이 집중되어야만 한다. 그렇다면 무엇이 우선시되어야만 하는가?

첫째, 나의 견해로는 **모든** 사람들이 '탭스'——일시적 '비장애인'——임을 강조하는 캠페인에 커다란 잠재력이 존재한다. 앞에서 지적했던 것처럼, 연금이나 생명보험에 대한 광고성 캠페인들은 이미 이를 이용하고[92] 있다. 이러한 강조는 보다 구체적인 요구들이 이루어질 수 있는, 상당 정도 더 공감적인 환경을 생성해 낼 것이다. 남성들의 보건 이슈들에도 유사점이 존재한다. 수년간 각국 정부들은 남성들이 그들의 건강

---

92 원문에서 '이용하다'라는 표현에는 'tap into'가 사용되었으며 'tap'에는 작은따옴표가 되어 있다. 즉 일부러 'TAB'과 발음이 같은 'tap'이 들어간 숙어를 사용함으로써 약간의 언어유희를 부리고 있는 것이다.——옮긴이

에 관한 캠페인에 전혀 관심을 보이지 않으려 한다고 말해 왔다. 그러나 호주에서의 캠페인들은 막대한 영향력을 발휘해 왔으며,[93] 고환암에 대한 검진의 필요성을 강조한, 로비 윌리엄스Robbie Williams[94]를 등장시킨 최근의 영국 TV 광고는 많은 관심과 논의를 촉발했다.

둘째, 당연히 「장애차별금지법」 입법의 불충분한 점들을 강조하는, 주의 깊게 선택된 캠페인들이 계획되고 실행되어야만 하며, 특히 적용 범위에 더욱 악화된 '공백'이 존재한다는 점을 강조할 필요가 있다. 그러나 이러한 대외적 캠페인들만 중요시되면서, 그것이 현행의 국가기구들에 장애인이 참여하는 것을 가로막아서는 안 될 것이다. 우리는 또한 이러한 캠페인들이 모든 장애인이 원래 있었어야 할 곳──예를 들어 사실상 접근할 수 없는 교육 기관들과 같이──에 참여하도록 하기 위한 투쟁이라는 점을 과소평가해서는 안 된다.

셋째, 연합의 정치에 많은 역점을 두어야 하며, 그러한 연합의 정치 내에서 "주거, 보건, 복지, 교육, 고용, 이주, 재생산, 대중매체에서의 재현 문제들을 중심으로 실질적인 캠페인들이 다차원적인 억압의 그물망에" 맞서 싸워 나감에 따라, "정체성들은 이슈에 의해 대체될 수 있을지도 모른다".[95] 나의 견해로는 노인 계층과 연계된 캠페인──예를 들면, 보다 나은 연금이나 보건의료에 대한 권리의 보장을 위한 캠페인──에 많은 잠재력이 존재한다. 우리 모두는 나이를 먹게 되며, 위에서 진술된 것처럼 이러한 진실이 캠페인에서 비중 있게 강조될 수 있다. 넷째, 지

93 Deborah Lupton, *The Imperative of Health*, London: Sage, 1995, ch. 4를 보라.
94 1990년 16세의 나이에 활동을 시작한 영국의 유명한 팝가수로, 브릿어워드(BRIT Awards) 최우수 남성 솔로 아티스트 상을 여러 차례 수상한 바 있다.──옮긴이
95 Humphrey, "Researching Disability Politics, or Some Problems with the Social Model in Practice", p.75.

금까지 장애 운동이 별로 도움이 되지 못한 유권자 집단이 존재함을 인정해야 하며, 그들을 운동에 동참시키기 위해서 보다 많은 노력을 기울여야만 한다.

미국의 장애 운동

할런 한

들어가며

미국 및 여타 국가들에서 장애 이슈는 20세기 동안 이루어진 공공 정책의 급진적 전환뿐만 아니라 대단히 상이한 지향들을 또한 반영해 왔다. 보통 사람들의 생각과는 달리, 장애시민의 지위를 개선하기 위한 활동은 중요한 사회적 변화들에 의해 특징지어져 왔다. 장애 정책에서 나타나는 편차의 대부분은 소위 전문 지식인들이나 전문가들도 장애인의 투쟁이 관련된 정책들에 대해서는 결코 합의에 도달할 수 없었다는 사실에 의해 설명될 수 있다. 이러한 발전에 있어서 네 가지 이슈가 특히 중요한 것 같다. 첫째, 대부분의 정치적 변화에는 장애를 연구하는 데 가장 적절한 인식틀이 무엇인가에 관해 연구자들 및 전문가들 사이에서의 격렬한 의견 충돌이 선행되어 왔다. 둘째, 이러한 논쟁이 지닌 외

* 이 연구는 국립장애및재활연구소(National Institute on Disability and Rehabilitation Research, NIDRR)로부터 주어지는 메리 스위저 우수 재활연구 연구비(Mary Switzer Distinguished Rehabilitation Research Fellowship)로부터 부분적인 지원을 받았다.

관상의 추상적인——또는 난해하기까지 한——본질에도 불구하고, 논쟁의 결과는 결국 관련 연구들에 기초한 계획의 성공이나 실패에 의해서라기보다는 사회적·정치적 고려에 의해 형성되어 왔다. 셋째, 앞선 패러다임이 완전히 무너지고, 이로 인해 새로운 접근법을 제한적이거나 마지못해 수용하는 일은 보통 일어나지 않았다. 오히려 이전의 이론적 구성개념은 대개 최근의 계획과 더불어 살아남았다. 마지막으로, 적어도 최근까지는 장애인 당사자들이 그러한 논의를 위한 참여의 장에 좀처럼 초대받지 못해 왔다.

확실히 이러한 경향은 다수의 상이한 효과를 가져왔다. 기성의 패러다임이 함의했던 해결책이 애초에 가능할 것처럼 보였던 결과를 성취하는 데 성공적이지 못했을 때, 그에 따른 한 가지 결과는 특히 명백했다. 그런 경우에 연구자들과 정책 입안자들은 종종 혁신적 사고와 창조적인 해결책을 위해 갱신된 연구를 개시하도록 자극을 받았던 것이다. 그러나 유감스럽게도, 이전의 대책을 만들어 냈던 사람들 중 다수는 이미 너무나 많은 지적 에너지와 자원을 현존하는 계획에 쏟아부어서, 그들은 새로운 제안을 제출하는 것을 꺼렸다. 정치가들이나 전문가들이 대안적인 해결책을 추구하기 위해서 생각을 바꾸거나 이전의 작업에 기반을 둔 명성을 포기하는 것은 매우 드문 일이었다.

이 글의 분석이 의도하는 바는 장애인의 지위를 개선하기 위한 기반으로서 이전에 채택되어 왔던 몇 가지 상이한 개념을 검토하고, 향후 이러한 목표를 성취하기 위한 새로운 사고와 제안을 탐색하는 것이다. 상호비교적인 데이터를 포함하기 위한 노력을 기울이기는 했지만, 이러한 검토와 탐색은 주로 미국 장애 관련 법률과 프로그램에서의 변화에 대한 사례 연구에 초점을 맞추고 있다. 첫번째 절은 「미국장애인법」

과 같은 차별금지 법령에 대한 사법적 저항이 야기한 문제들을 포함하여, 장애 정책의 약사를 담고 있다. 그리고 새롭게 등장한 사회적 모델로부터 유래한 제안들이 장애인을 대변하는 연구 및 권리옹호에 대해 갖는 강점과 약점을 평가하기 위한 시도가 이루어질 것이다. 두번째 절에서는 얼마간 유사 공리주의적인 구성개념들과 비용-가치 분석에 기반을 둔 보건의료배당제, 안락사, 그 밖의 의료적 중재와 같은 계획들이 장애시민의 삶에 부과하는 위협을 평가한다. 마지막 절은 권한강화의 원리가 함축하고 있는, 몇 가지 가능성 있는 혁신 방안을 검토한다. 특히 여기서의 강조점은 정책 입안 과정에서의 영구적이고, 체계적이며, 제도적인 변화를 통해 장애시민의 힘을 상승시킬 수 있는 가능성에 주어지고 있다.

장애 정책의 약사

장애인과 사회를 둘러싼 주요 이슈 중 하나는 장애와 노동 간의 연관성이라는 문제였으며, 이와 관련하여 경합하는 주장들을 중심으로 초기의 논쟁이 전개되었다. 봉건제 사회에서 자본주의 사회로 이행하기 이전, 소작 농장이나 소규모 작업장을 통해 살림을 꾸려 가는 가족들 내에서 일했던 대다수의 장애인은 가계家計에 중요한 기여를 했다. 그러나 초기의 영국 「구빈법」Poor Law으로부터 시작된 정책들은 공포스러운 빈민수용소나 구빈원에서 살 것을 요구하지 않는, 소위 원외 구제 outdoor relief를 받을 자격을 지닌 거의 유일한 집단으로 장애인을 규정했는데, 그러한 정책들 역시 장애란 노동 무능력을 의미한다는 가정에 기반을 두고 있는 것처럼 보였다. 예를 들어, 미국에서 채택된 첫번째 주요한 장애 정책은 "생계수단을 마련할 수 없는 장애인이 되어, 구제가 필요한 상태에 처하게 된" 독립전쟁의 혁명군 장교들을 원조하기 위해 만들어졌다.[1] 그 프로그램은 사병이 아닌, 전적으로 장교만을 위한 것이었다. 그러한 최초의 복지급여를 위한 예산은 대다수의 유자격 수급권자들이 죽고 난 뒤 오랜 시간이 지나서야 연방의회에 의해 지출이 승인되었다. 19세기에는 소위 1879년 「미지불급여법」Arrears Act이 제정되었다. 표면적으로 이 법은 남북전쟁Civil War 후 20년 이상 생존해 있는 퇴역 군인은 장애나 여타의 근거를 통해서, 공화당 의회가 북부군Union Army의 성원이었던 이들에게 지급하고자 했던 급여를 받을 수 있는 자격을 갖게 된다는 것을 전제로 했다.[2] 그렇지만 강력한 장애인 대통령[3]의 재임 시기 동안 제정된 미국 복지 정책의 요체인 「사회보장법」Social Security Act은 장애는 제외한 채 단지 연령에 기초해서만 정부의 급여를 제공하도록 설계되었다. 제2차 세계대전 시기 동안, 장애를 지닌 퇴역 군인의 의료적 재활을 위해 폭넓은 복지 서비스의 제공이 이루어졌다. 그러나 미국에서 실업 장애인에 대한 현금급여 직접지불제도는 장애를 '실질적 소득활동'에 참여하는 데 있어서의 무능력으로 규정한 전후戰後의 절충안이 연방의회에 의해 최종적으로 채택되고 나서야 비로소 시행되었다.[4]

가정과 일터가 분리되고 봉건제로부터 자본주의로의 이행 속에서

---

1 Claire H. Liachowitz, *Disability as a Social Construct: Legislative Roots*, Philadelphia: University of Pennsylvania Press, 1988, p.22에서 재인용.

2 Theda Skocpol, *Protecting Soldiers and Mothers: The Political Origin of Social Policy in the United States*, Cambridge, MA: Harvard University Press, 1992.

3 1933~1945년까지 재임한 미국의 32대 대통령 루스벨트(Franklin D. Roosevelt)를 말하는데, 그는 1921년 39세의 뒤늦은 나이에 소아마비에 걸려 장애를 갖게 된다. 미국의 「사회보장법」은 1935년에 제정되었다. ─옮긴이

서구 국민국가가 등장함에 따라, 장애인 노동자의 경제적 가치는 점점 더 관심사가 되어 갔다. 대법원이 미국 경제에 대한 거의 모든 형태의 정부 규제에 대해서 사전에 반대 의견을 표명했음에도 불구하고, 조악한 기계를 다루면서 발생되는 사고로 인한 심각한 상해나 장애로부터 노동자들을 보호하기 위하여 주_州 차원의 산업재해 보상 법률들이 20세기 초에 통과되었다.[5] 그렇지만 장애시민들 사이에서 점점 더 늘어나는 실직과 구걸 문제에 대한 주된 공적 대응은, 아마도 직업재활 프로그램의 도입이라 할 수 있을 것이다. 이러한 계획들은 제1차 세계대전 당시 장애를 갖게 된 퇴역 군인에 대해 처음 채택되었고, 1920년에 실업 상태의 장애를 지닌 민간인들을 포괄하는 것으로까지 확대되었다.[6] '산업예비군'이라는 맑스의 개념에 의해 예견되었던 것처럼, 제2차 세계대전 기간 동안 해외로 군 복무를 나간 젊고, 비장애인이며, 이성애자인 남성, 주되게는 백인 남성들의 부재로 인하여 방위산업에서의 노동력 수요가 증가하자, 노인, 게이와 레즈비언, 아프리카계 미국인, 라틴계 미국인, 가정주부와 같은 다른 억압받는 집단들과 더불어 장애인 노동자들도 일시적으로 노동력에 편입되었다. 장애를 지닌 성인들은 이 시기 동안 좋은 직업 경력을 쌓을 수 있었는데, 그들은 무엇보다도 모든 고용인들이 통과해야 하는 건강진단 요건의 예외적 면제를 통해 일자리를 유지할 수 있는 기회를 부여받았다. 그러나 전쟁이 끝난 후 장애를 지니지 않은 퇴역 군인들의 대거 귀환과 함께, 이러한 요건들은 대개 원래대로

4 Howard S. Erlanger and William Roth, "Disability Policy: The Parts and the Whole", *American Behavioral Scientist* 28(3), 1985, pp.319~345.
5 Erlanger and Roth, "Disability Policy: The Parts and the Whole".
6 Carl Esco Obermann, *A History of Vocational Rehabilitation*, Minneapolis: T. S. Denison Co., 1965.

회복되었다. 그리고 장애인 노동자들의 실업률은 계속해서 급등했다. 고용에 대한 수요가 높았던 시기에 장애인들의 구직 지원서 및 입사 원서와 관련하여 어디에서나 나타났던 문제는, 주로 과도하게 많은 수의 지원자들을 선별해 낼 수 있는 방법을 고안하는 것이 되었다. 그리고 이를 통해, 채용 과정에서 이루어져야만 하는 복잡한 결정을 어떻게 단순화할 것인가에 있었다. 그렇지만 그 이후에는 귀가 얇은 정치가들의 관심을 끌기 위하여 취업 알선에서 놀랄 만한 성과가 있을 것이라 주장했던 재활 상담사들의 호언장담에도 불구하고, 미국과 여타 산업화된 나라들에서 장애인을 괴롭혔던 믿기 힘든 높은 실업률은 계속해서 거의 2/3 수준을 유지했다.[7] 전후에 재활 연구의 주요 테마는 소위 '심리적 적응'에 대한 강조였고,[8] 미국에서 장기간에 걸친 실업의 시기 동안에 그것은 곧 손상을 '극복'하기 위한 끈질긴 투쟁이나 소위 장애인의 한계를 수동적으로 수용하는 것 둘 중 하나를 의미했다.

20세기의 4/4분기[1976~2000년]에는, 전 세계 어디에서나 장애인이 직면해 있는 사회적·경제적 문제들에 대해 새로운 계획에 따른 접근법을 발전시키기 위한 연구들이 증가했다. 개발도상국이나 산업화된 국가 양쪽 모두에서, 장애시민은 예외적인 수준의 빈곤을 강요받았다. 대량의 실업뿐만이 아니라, 교육과 공공시설에서의 배제나 분리, 주거·교통·이동의 자유에 대한 방대한 장벽들이 존재해 왔던 것이다. 상황이 이렇게 전개되어 갔던 근본적인 원인 중 적어도 일부는 이례적으로

---

7 Bowe, *Handicapping America*; Harlan Hahn, *The Issue of Equality: European Perceptions of Employment Policy for Disabled Persons*, New York: World Rehabilitation Fund, 1984.

8 Paul Abberley, "Disabled People and 'Normality'", eds. John Swain, Victor Finkelstein, Sally French and Michael Oliver, *Disabling Barriers Enabling Environments*, London: Sage, 1993, pp. 107~115.

높은 실업률을 따라 추적될 수 있었다. 직업 프로그램은 주로 협조가 잘 되고 중산계급에 속하는 최소한의 손상을 지닌 클라이언트들을 위한 것이었으며, 심각한 손상을 지닌 사람들을 위한 효과적인 서비스는 부재했다. 이런 이유로, 닉슨 대통령의 거부권 행사에 부딪히기도 했지만 연방의회에서 최종적으로 통과된 1973년 「재활법」의 애초 목표에는, 환경적 장벽에 대한 연구를 수행하도록 하는 계획이 포함되어 있었다. 이전에는 최소한의 손상을 지닌 클라이언트들에게 유리하도록 되어 있던 재활 프로그램에서의 우선순위를 바꿔 내고, 고용이 '실현 가능한' 경제적 목표처럼 보이지 않았던 장애인들을 지원할 수 있는 계획을 수립하기 위해서 말이다. 그렇지만 이러한 대책에 있어 가장 결정적인 요소는 아마도 「재활법」 제504조로 알려진 차별금지 조항일 텐데, 이는 1964년 「공민권법」Civil Rights Act으로부터 거의 글자 그대로 베껴 온 것이었으며, '연방의 실질적인 재정 지원'을 받는 기관에 적용되었다. 이는 사실상 의회 입법지원관들에 의해 하나의 추가조항으로 그 법안에 삽입된 것이다.[9] 관례적 절차에 따라, 보건교육복지부Department of Health, Education and Welfare, HEW가 그 법의 제504조에 대한 시행규정을 기안하는 주관 기관으로 지정되었다. 장애시민들은 정부 관리들에게 그 규정에 서명을 하도록 계속해서 설득했지만, 세 번의 정권이 들어서는 동안 아무런 조치도 취해지지 않았다.

그리하여 장애를 지닌 미국인들을 치명적인 차별의 결과들로부터 보호하기 위한 최초의 국가적 법률은 격렬한 입법 논쟁, 광범위한 정치

---

9 Richard K. Scotch, *From Good Will to Civil Rights: Transforming Federal Disability Policy*, Philadelphia: Temple University Press, 1984.

적 지지를 얻기 위한 끈질긴 투쟁, 대규모의 공식적 항의와 시위들을 거친 이후에도 시행되지 않았다. 더욱이 「재활법」의 최종안에 찬성표를 던졌던 연방의원들의 대다수도 제504조의 내용이나 의미에 대해 거의 아무런 이해도 갖고 있지 못했다. 보건교육복지부의 변호사들이 이러한 법적 요건의 광범위한 영향——그리고 그 잠재적 비용——을 이해하기 시작하면서부터, 고위 행정관료들은 그 이슈에 대해 전혀 어떠한 조치도 취하지 않으면서 '의사진행 방해'stonewall——결국 워싱턴 정가 어휘목록의 수치스러운 일부가 된 단어인——를 꾀하는 것으로 대응했다. 변호사들이 기안한 규정에 정부 관리들이 서명하도록 설득하려는 반복된 노력에도 불구하고, 1977년에 지미 카터Jimmy Carter 대통령이 취임했을 때까지 그 문제에 관해 아무것도 이루어지지 않았다. 그에 따라 광범위하게 발생할 법률적 선례 및 예산상의 문제에 대한 정치적 우려들과 장애인들의 요구 사이에서 한쪽을 선택해야 하는 그 골치 아픈 과제는, 카터 행정부의 신임 보건교육복지부 장관인 조지프 캘리파노Joseph A. Califano, Jr.에게 넘겨졌다. 한동안 캘리파노는 계속해서 핑계를 댔지만, 일군의 장애인들이 보건교육복지부 사무실과 그 밖의 장소에서 연좌농성과 항의 운동을 조직하자 그 규정에 서명을 해야 할 책무는 거의 불가피한 것이 되었다. 이러한 시위는 정치적 항의 운동의 전범적 모델로 묘사되어 왔다.[10] 캘리파노는 그 규정에 1977년 4월 28일 서명을 하기로 결정을 했는데, 이러한 결정을 내리도록 영향을 미쳤다고 할 수 있는 또 다른 사건이 그보다 25일 앞서 발생했다. 장애인 시위자들이 그

10 Victoria Johnson, "Mobilizing the Disabled", eds. Jo Freeman and Victoria Johnson, *Waves of Protest: Social Movements since the Sixties*, Lanham, MD: Rowman and Littlefield, 1999; Randy Shaw, *The Activist's Handbook*, Berkeley: University of California Press, 1996.

의 집 앞에서 피케팅을 하고 있는 사이, 캘리파노는 문득 자신의 개가 집 안에 없음을 알아차렸다. 캘리파노는 그 순간 몰려왔던 상상 속의 공포감이 자신의 판단에 영향을 미쳤음을 시인했다.[11] 나중에 그는 "[상상 속에서] TV 화면들과 신문의 표제들이 눈앞을 스쳐 지나갔다. 거기에는 '캘리파노의 개가 불구 여성을 공격하다.……캘리파노의 개가 맹인 남성을 물어뜯다'라고 적혀 있었다"고 말했다.

거의 15년 전, 불 코너Bull Connor 보안관[12]은 앨라배마Alabama 주 버밍엄에서 마틴 루터 킹 목사가 이끌던 일군의 시위대에게 경찰견과 소방호스를 사용하는 결정을 내렸다. 캘리파노의 행동에 강한 영향을 미쳤던 엄격한 문화 규범에 대한 인식은, 불 코너의 결정을 형성해 냈던 당대의 사회적 태도보다는 확실히 재량권 남용을 덜 허용했던 것처럼 보인다. 캘리파노의 조치는 여러 세기 동안 장애인에 대한 비장애인의 신념에 큰 영향을 준 퍼터널리즘적 정서의 희미한 찌꺼기를 드러내 주는 것일지도 모른다. 그러나 그 규정에 대한 서명은 장애권의 해석에 있어 많은 새로운 발전들에 대한 기회를 열어 줄 승리의 전조가 되었다.

제504조의 시행규정에 대한 서명이 실질적으로 이러한 항의 운동에 의해 이루어졌음을 어느 순간 인식하게 되면서, 탁월한 장애인 지도자가 대통령에 선출되었을 때에조차 정치적으로 거의 휴면 상태에 있었던 미국 사회의 장애계가 조금씩 움직이기 시작했다. 몇몇 새로운 발전은 많은 장애인들이 자신의 운명에 영향을 미치는 결정이 이루어질

---

11 Joseph A. Califano, Jr., *Governing America: An Insider's Report from the White House and the Cabinet*, New York: Simon & Schuster, 1981, p.260.
12 보안관은(sheriff)은 미국에서 주(state)의 하위 행정구획인 카운티(county)의 민선 치안담당관을 말한다. 각종 영장 및 사법적 판결을 집행함과 더불어 치안 유지의 책임을 갖는다.──옮긴이

때 직접적인 역할을 요구할 준비가 되어 있음을 보여 주기 시작했다. 예를 들어, 일리노이대학교University of Illinois와 캘리포니아대학교 버클리캠퍼스University of California, Berkeley에서는 장애를 지닌 대학생들이 자립해서 살아가기 위해 병원이나 요양원을 떠나겠다고 요구했다. 전문가적 권위에 대한 이러한 도전은 자립생활이라는 개념의 등장으로 이어졌는데, 이는 처음부터[즉 그러한 개념이 확립되기 이전부터] 흔히 '자립생활 운동/장애권 운동'으로 기술되었던 평등한 권리를 위한 투쟁과 매우 밀접하게 얽혀 있었다. 소송이라는 수단을 사용하기 시작했던 장애인들에 의해 또 다른 목표들이 법정에서도 추구되었다.[13] 장애권 교육 및 변호 기금Disability Rights Education and Defense Fund, DREDF과 같은 단체들이 형성되기 이전부터 말이다. 항의 운동·시위·시민불복종행동에 의해 특징지어지는 흐름은 물론 지역적 사건들에서도 또한 이어졌는데, 대표적인 것으로 '19인의 행동대'gang of nineteen와 웨이드 블랭크Wade Blank 목사에 의해 콜로라도Colorado 주 덴버Denver에서 이루어진 버스 운행 일일 저지와 같은 실천을 들 수 있다. 블랭크 목사는 초기에는 '대중교통 접근권을 위한 미국장애인연대'Americans Disabled for Accessible Public Transportation, ADAPT로 알려졌던 단체[14]의 설립자 중 한 명이었다.

장애권 운동에서 발생한 변화들의 일부는 20세기의 4/4분기

---

13 Susan Marie Olson, *Clients and Lawyers: Securing the Rights of Disabled Persons*, Westport, CT: Greenwood Press, 1984.

14 이 단체는 1983년부터 비폭력 직접행동 전술에 기초한 비타협적인 투쟁을 통해 미국의 장애인 이동권 운동을 주도했다. 그러나 1990년 이후부터 이 단체의 약칭인 ADAPT는 'American Disabled for Attendant Program Today'(활동보조프로그램 개혁을 위한 미국장애인연대)를 의미하게 되었으며, 본문에서 설명되듯이 탈시설과 지역사회에서의 자립생활을 주요 의제로 풀뿌리 운동을 전개하고 있다. ─옮긴이

에 ADAPT 내에서 있었던 전환에 의해 설명될 수 있다. 몇 년 동안, ADAPT는 미국대중교통협회American Pubic Transit Association, APTA가 하나의 결의문을 채택하도록 설득하는 데 집중했다. 그 결의문에는 장애인 승객의 완전한 대중교통 접근권을 보장해 줄 것을 APTA가 자신의 회원들——주로 각 시의 교통국으로 구성된——에게 요청하는 내용이 담겨 있었다. 휠체어 이용자들은 APTA의 업무회의 후 회의 참석자들이 탄 관광버스가 나가는 것을 가로막고, "설령 버스의 뒤편일지라도, 버스에 대한 접근권을" 요구함으로써 공민권 운동의 주요 테마 중 하나를 빈번히 다시 환기시켰다.[15] 대개 APTA는 경찰에게 시위자들을 체포해 달라고 요청했고, ADAPT의 지도자들은 시위자들이 체포되고 나면 지역의 구치소들조차 장애인은 접근이 불가능하다는 사실을 널리 알리기 위한 기자회견을 개최했다.

공공건물과 교통수단에 대한 접근성을 보장하는 정부 정책이 더딘 속도로 진전되어 가는 동안,[16] ADAPT와 APTA 사이의 갈등은 1980년대 내내 지속적으로 재연되었다. 그렇지만 20세기의 마지막 10년에 블랭크 목사의 죽음[과 「미국장애인법」의 제정]을 포함한 몇몇 요인으로 인해, ADAPT는 장애인이 요양원에서 나와 자신의 집에서 살아가는 데 필요한 지원을 획득할 수 있도록 노력하는 데 집중했다. ADAPT는 요양원에 할당된 기금의 일부를 배분하여 그것이 직접 장애인에게 제공되

---

15 미국의 흑인 민권 운동이 일어나기 이전 인종차별이 공공연했던 시기, 흑인들은 버스에 아무리 빈 좌석이 많더라도 백인들과 분리되어 뒤편의 일정한 좌석에만 앉을 수 있었다. 즉 대중교통에서의 분리 철폐와 평등한 접근권이 공민권 운동의 주요 테마 중 하나였던 것이다. 장애인들은 버스의 뒤편에조차 탈 수 없는 장애인의 현실을 환기시키면서, 이러한 대중교통의 평등한 접근권이 장애인에게도 적용되어야 함을 요구했던 것이다.──옮긴이

16 Robert A. Katzmann, *Institutional Disability: The Saga of Transportation Policy for the Disabled*, Washington, DC: Brookings Institution, 1986.

기를, 그래서 장애인이 자립적으로 자신의 활동보조인을 고용하고 여타의 생활비를 지출할 수 있기를 원했다. 싸움의 초점을 APTA에서 요양원 산업으로 대체하면서, ADAPT는 만만치 않은 상대와 대적해야 했다. 그렇지만 그 이슈는 수년간 장애 운동의 중요한 영역을 형성해 왔던 많은 주제들——탈시설deinstitutionalization, 활동보조나 여타의 보조 서비스, 개인의 자율성을 포함한——을 구체화했다. 더욱이 이러한 시민 불복종행동은 장애시민들 사이에서 새로운 개인적·정치적 정체감의 성장에 기여를 했다고 할 수 있다. 예를 들어, ADAPT 활동가들에 대한 설문조사에서 그들 중 절반 이상은 장애를 치료할 수 있는 소위 '마법의 알약'magic pill이 있더라도 그것을 복용하지 않겠다는 답변을 했다. 그리고 이러한 감성은 장애인으로서의 자신의 경험에 대한 긍정적 태도와 밀접히 연관되어 있다.[17]

동시에 장애를 지닌 미국인들의 영향력이 점증하면서 촉발된 기성 담론의 불안정화는 장애 연구에 참여해 온 학자들 사이에서의 증대된 논쟁에도 또한 반영되었다. 비장애 대중의 일부는 최소한 자립생활이라는 개념이 함의하는 목표들의 일정 부분을 기꺼이 받아들이는 것처럼 보였던 반면, 평범한 시민들뿐만 아니라 대다수 연구자들은 평등한 권리라는 목표에 반대하는 것처럼 보이기도 했다. 20세기의 4/4분기 동안, 일군의 대학 교수들이 장애 연구 영역을 오랫동안 지배해 왔던 전통적 패러다임을 걷어 내기 시작했다. 그들 중 다수는 장애인 당사자였다. 올리버는 서구 문화 내에서 장애에 대한 인식에 깊이 스며들어 있던

---

17 Harlan Hahn and Richard L. Beaulaurier, "Attitudes toward Disabilities: A Research Note on Activists with Disabilities", *Journal of Disability Policy Studies* 12(1), 2001, pp.40~46.

"개인적 비극이라는 감성"을 해부함으로써 결정적 과업을 수행했다.[18] 게다가 점차 증가해 가는 논쟁은 장애의 정의를 중심 테마로 다루기 시작했다.[19] 이러한 논의들의 대다수는 또한 사회정치적인 장애 개념에 초점을 맞추었는데, 그러한 개념은 장애를 개인과 주변 환경 간의 상호작용의 산물로 정의했다.[20] 이러한 관점으로부터 당연히 장애는 신체기관의 손상·결함·결손의 산물이 아니라 장애를 만들어 내는 환경의 산물로 인식될 수 있었다. 이러한 이해는 개인적 정체성, 건축이나 의사소통의 장벽들, 접근 가능한 교통수단 및 공적인 편의 제공, 고용에서의 불공정한 관행, 교육 및 정부 프로그램들과 같은 주제들의 고찰이라는 의제를 제공했다. 또한 그것은 평등의 원리와 관련된 법적·정치적 논쟁에 대한 토대를 형성했다. 대다수 장애인들은 단지 '공평한 기회의 장'을 원했다. 그들은 특별한 호의를 구하지 않았다. 그들은 비장애시민에게

---

18 Oliver, *The Politics of Disablement*.

19 Liachowitz, *Disability as a Social Construct: Legislative Roots*; Paul C. Higgins, *Making Disability, Exploring the Social Transformation of Human Variation*, Springfield, IL: Charles C. Thomas, 1992; Jerome Edmund Bickenbach, *Physical Disability and Social Policy*, Toronto: University of Toronto Press, 1993; Swain, Finkelstein, French and Oliver eds., *Disabling Barriers Enabling Environments*.

20 Harlan Hahn, "Disability and Rehabilitation Policy: Is Paternalistic Neglect Really Benign?", *Public Administration Review* 43, 1982, pp.385~389; Harlan Hahn, "Changing Perception of Disability and the Future of Rehabilitation", eds. Leonard G. Perlman and Gary F. Austin, *Societal Influences on Rehabilitation Planning: A Blueprint for the Twenty-first Century*, Alexandria, VA: National Rehabilitation Association, 1985, pp.53~64; Harlan Hahn, "Disability and the Problem of Discrimination", *American Behavioral Scientist* 28(3), 1985, pp.293~318; Harlan Hahn, "Public Support for Rehabilitation: The Analysis of U.S. Disability Policy", *Disability, Handicap and Society* 1(2), 1986, pp.121~137; Harlan Hahn, "Adapting the Environment to People with Disabilities: Constitutional Issues in Canada", *International Journal of Rehabilitation Research* 10(4), 1987, pp.363~372; Harlan Hahn, "Equality and the Environment: The Interpretation of 'Resonable Accommodations' in the American with Disabilities Act", *Journal of Rehabilitation Administration* 17, 1993, pp.101~106; Harlan Hahn, "The Political Implications of Disability Definitions and Data", *Journal of Disability Policy Studies* 4(2), 1993, pp.41~52.

부여되어 왔던 동일한 권리와 혜택을 획득하기를 바랐다. 그들은 단지 평등하게 대우받기를 추구했던 것이다.

장애를 지닌 많은 미국인들은 차별을 그들이 일상생활에서 직면하는 주요 문제로 간주했다. 이러한 인식은 몇 가지 정보의 원천에 기반을 둔다. 첫째, 대부분의 장애인들은 자신이 살아오면서 맞닥뜨렸던 구체적인 차별을, 즉 비장애인들이 투박하면서도 노골적인 편견적 태도를 드러내 보였던 순간을 상기해 냈다. 장애인들은 그러한 차별적 견해들이 실질적으로 존재하지 않는 세상에서 살고 있다고 들어 왔기 때문에, 이러한 사건들은 특히 도드라지고 상처를 주는 것이었다. 그들의 행동을 형성해 왔던 가정들은 일순간에 무너져 버렸다. 장애인들은 빈번하게 자신이 취약하고 무방비 상태에 있음을 느껴야 했다. 둘째, 어떤 장애인들은 환경이나 비언어적 행동과 같은 요인들을 분석했는데, 그 결과 자신들의 장애가 비장애인들이 보이는 거부와 반감을 설명할 수 있는 유일한 요인이라고 해석했다. 차별의 금지가 장애인에 대한 평등하고 공정한 대우를 낳을 것이라는 몇몇 활동가들의 기대도 있었지만, 이는 곧 산산이 부서지고 말았다. 마지막으로, 사회과학 연구 문헌들에는 장애인에 대한 비우호적인 태도들을 확인해 주는 명확한 경험적 증거가 존재한다. 비록 의료적 장애모델의 지배——이뿐만 아니라, 가시적이거나 꼬리표가 붙여진 특성들과 관련하여 편견적인 반응들을 확인할 수 있는 설문조사 문항의 부재——가 이러한 이슈에 대한 더 진전된 분석을 가로막았지만, 로버트 클레크Robert Kleck[21]의 초기 심리학 실험이

---

21 Robert Kleck, "Emotional Arousal in Interactions with Stigmatized Persons", *Psychological Reports* 19(3), 1966, p.1226.

나, 스티븐 리처드슨Stephen A. Richardson[22]과 리처드슨 및 동료들[23]의 사회학 연구는 편견과 차별에 대한 설득력 있는 사례들을 구성하는 데 인용될 수 있는, 장애인에 대한 태도와 관련된 유력하고 예리한 데이터를 제공했다.[24]

평등의 추구는 비장애인 다수로부터 강렬하지만 숨겨진 반발을 불러일으켰다. 어떤 반대자들은 단순하게 장애인이 생물학적으로 열등하다고 느낀다. 이와 같은 믿음에 따르자면, 장애시민은 장애를 지니지 않은 상대방과 동일한 능력을 갖고 있지 않지 않으며, 이러한 반대자들은 장애인이 경험하는 불평등이 육체적 손상이 아니라 주로 장애를 만들어 내는 환경에 의해 발생한다는 것을 인정할 준비가 되어 있지 않다. 비록 장애인들이 생물학적으로 열등하다고 기꺼이 공공연하게 주장할 소위 '전문가'들은 거의 없어 보이지만, 이러한 주장에 대한 결정적 논박의 부재는 그와 같은 생각이 끈덕지게 살아남도록 부추겨 왔다.

평등이라는 장애인들의 목표에 대한 숨겨진 반발의 일부분에는, 건축 및 의사소통 환경의 주요한 특징들을 더 이상 고정적이거나 변경 불가능한 것으로 간주하지는 않는다 하더라도, 장애시민의 평등한 지위를 인정하는 것은 커다란 지출을 수반할 것이라는 점진적인 깨달음이 또한 반영되어 있었다. 다른 소수자 집단이 성취해 왔던 변화들과는 달리, 장애권 운동의 의제에는 높은 비용이라는 꼬리표가 붙어 있었던 것

22 Stephen A. Richardson, "Age and Sex Differences in Values toward Physical Handicaps", *Journal of Health and Social Behavior* 11(3), 1970, pp.207~214.

23 Stephen A. Richardson and Jacqueline Royce, "Race and Physical Handicap in Children's Preferences for Other Children", *Child Development* 39, 1968, pp.467~480.

24 Harlan Hahn, "Antidiscrimination Laws and Social Research on Disability: The Minority Group Perspective", *Behavioral Sciences and the Law* 9(1), 1996, pp.1~19.

이다. 만인에 대한 평등한 권리라는 약속을 이행하기 위해 장애시민의 통합을 실현하려면, 사회의 여러 측면에서 상당한 양의 경제적 자원이 할당될 필요가 있었다. 즉 사회 제도와 물리적 구조 양자 모두가 완전히 변화되어야만 했다. 기성의 많은 이익집단들은 장애시민의 평등한 권리를 성취하기 위한 자금의 지출이 증가하는 것은 필연적으로 더 적은 돈이 그와는 다른 목적을 위해 쓰이게 됨을 의미한다는 것을 인식했다.

그렇지만 장애인들의 목표에 암암리에 반대했던 단체들의 대다수는 의회의 회의실이나 로비스트들이 들락거리는 복도 어디에서도 자신들의 반대 입장을 천명하지는 않았다. 그러한 단체들조차 아마도 퍼터널리즘이라는 현상의 영향을 받았던 것 같고, 그것은 비장애인 전문가나 여타의 이해관계자들이 소위 장애인의 보호자로서 그들이 누리고 있는 이익에만 관심을 집중시키는 것을 막았다.[25] 장애인을 '원조를 받을 자격이 있는 빈민'으로 규정했던 역사적 전통 때문에, 장애 운동은 자선이라는 유산에 휘말리곤 했다. 대다수의 평범한 비장애인들은 비록 자신들이 적극적으로 장애인들의 목표를 지지하지는 않는다 하더라도, 장애인에게 공감하고 있다고 주장했다. 퍼터널리즘은 장애인에 대한 복지급여가 정부의 의사결정 대신 사적인 자선에 의해 추동된다는 것을 의미했다. 널리 퍼져 있는 자선적 정서는 장애인들을 불평등하고 종속적인 처지에 위치시켰고, 거기서 장애인들은 정부나 그들 자신으로부터가 아니라, 단지 개인적인 후원자들로부터 지원을 기대할 수 있었다. 퍼터널리즘은 또한 장애 정책에 대한 협상이나 건강한 논쟁이 이루어질 수 있는 기회의 출현을 가로막았다. 모두가 장애인을 위한 권리

---

25 Harlan Hahn, "Paternalism and Public Policy", *Society* 20, 1983, pp.36~46.

의 확장에 찬성하는 것처럼 굴었기 때문에, 장애에서 연유하는 문제들의 해결책에 관한 갈등적 견해는 상대적으로 부재했고, 이는 장애 이슈들의 중요성을 감소시켰다. 정치가들은 자신이 장애인을 위한 권리에 반대표를 던졌다는 것을 유권자 앞에서 인정해야 하는 현실에 맞닥뜨리고 싶어 하지는 않았다. 장애권 운동에 의해 지지된 법안들의 대부분은 커다란 반대 없이 입법부의 압도적인 다수에 의해 통과되었다. 그 대신 「재활법」 제504조에 대한 시행규정에 서명하는 것에서의 태만이 증명하는 것처럼, 장애권에 관해 은폐되어 있던 의견 차이의 대부분은 이러한 법률들의 이행과 집행에 대한 공무상의 방치를 통해 드러났다. 법률 조항과 이에 수반된 시행규정 양자 모두의 수용이 이루어진 후 몇십년이 지났지만, 현재 발견되는 여러 증거들은 감각 및 지체 손상을 지닌 사람들에게 접근 가능한 시설과 프로그램을 제공해야 할 법적 의무의 불이행이 미국의 많은 지역사회에 만연해 있었음을 보여 준다.

그렇지만 널리 퍼져 있는 퍼터널리즘적 정서는 다수의 국회의원들이 법적 권리를 제공하고 확장할 준비가 되어 있는 상황을 만들어 냈다고도 할 수 있다. 장애인들은 결국 「재활법」 제504조의 적용 범위 내에 있는 '연방의 실질적인 재정 지원'을 받는 주체들로부터의 차별뿐만 아니라 민간 부문의 차별에 대해서도 보호받을 권리를 인정받았다. 아이오와Iowa 주 출신의 상원의원 톰 하킨Tom Harkin의 리더십 아래, 1990년에 「미국장애인법」이 의회에서 통과되었고 대통령의 서명을 받았다. 보수적 정부에 의해 지지된 유일한 조치였던 이러한 법령의 승인은 많은 점에서 주목할 만한 것이었다고 할 수 있다. 「미국장애인법」의 입법 과정을 보자면, 그 법률에 찬성표를 던졌던 의원들 또한 사회적 장애모델을, 그리고 장애를 만들어 내는 환경에 의해 부과되는 차별과 맞서 싸

위야 할 필요성을 이해하고 있는 듯했다. 법률이나 여타 영역의 논평가들 대다수는 「미국장애인법」에 관한 주요 논쟁이 고용, 공공 편의시설, 그 밖의 일상생활 영역에서 '정당한 편의'를 요구하는 조항들을 중심으로 전개될 것이라고 예견했다.[26] 이는 사회적 약자 집단에게 평등한 권리를 부여하기 위하여, 지배적 다수의 구성원들에게 적극적 의무를 부과한 최초의 법적 조항이었다.

그러한 법적 명령이 공무상의 방치나 점증하는 반대에 의해 무력화될 수 있는 잠재적 위협에도 불구하고, 장애 운동 내의 많은 활동가들은 또 하나의 완전한 승리를 거두었다고 느꼈다. 장애를 지닌 미국인이 평등한 권리를 확보할 수 있는 경로는 장애학 내의 참조 가능한 문헌들에 의해 충분히 뒷받침되었다. 장애의 사회정치적 정의와 장애를 만들어 내는 환경이라는 개념이 함의하는 주장들을 확장시키면서, 나는 장애 연구를 위한 '소수자 집단 모델'을 제안한 바 있다.[27] 이러한 관점에서 보자면, 장애시민이 직면해 있는 문제는 본질적으로 여타의 소수자들이 맞닥뜨리는 난관과 유사하다고 할 수 있다. 기본적 이슈는 가시적이거나 꼬리표가 붙여진 인간의 차이들이 야기하는 편견과 차별이다.[28]

26 Hahn, "Equality and the Environment: The Interpretation of 'Resonable Accommodations' in the American with Disabilities Act".

27 Hahn, "Adapting the Environment to People with Disabilities: Constitutional Issues in Canada"; Hahn, "Equality and the Environment: The Interpretation of 'Resonable Accommodations' in the American with Disabilities Act"; Harlan Hahn, "The Minority Group Model of Disability: Implications for Medical Sociology", eds. Richard W. Wertz and Jennie Jacobs Kronenfeld, *Research in the Sociology of Health Care* vol. 11, Greenwich, CT: JAI Press, 1994, pp.3~24; Hahn, "Antidiscrimination Laws and Social Research on Disability: The Minority Group Perspective"; Harlan Hahn, "An Agenda for Citizens with Disabilities: Pursuing Identity and Empowerment", *Journal of Vocational Rehabilitation* 9(1), 1997, pp.31~37.

연령·인종·민족성·젠더를 드러내는 여타의 신체적 특성들처럼, 장애인과 비장애인을 구별해 주는 주요 특징은 대부분 명백하며 타인들이 인식 가능한 것이다. 게다가 장애를 나타내 주는 가시적 특징은 보통 평가 절하된다. 다른 경우들, 소위 '비가시적 장애'의 경우에는 진료 기록·입사 원서·보험 가입서 등의 정보를 담고 있는 관련 서류, 파일, 여타의 정보원들에서만 그 증거가 확인될 수 있을 것이다. 물론 비장애인들은 장애인의 가시적인 속성뿐만 아니라 꼬리표가 붙여진 비가시적 속성에도 대개 반응을 나타낸다. 이러한 현상들은 '소수자 집단 모델'의 명쾌한 검증을 방해해 왔다. 그럼에도 불구하고, 비장애인들의 부정적 반응이 장애 문제의 기본적 원천을 구성한다고 믿을 만한 강력한 이유들이 존재한다. 결국 다른 소수자들과 마찬가지로 장애시민은 이례적으로 높은 실업률과 빈곤, 복지에의 의존, 교육공간의 분리, 부적절한 주거와 교통수단, 전적으로 비장애인 다수자만을 위해 준비된 것처럼 보이는 많은 공공시설로부터의 배제와 같은 사회적 불평등에 의해 괴롭힘을 당해 왔다.[29] 그러다 보니, 장애에 근거한 차별을 금지하는 법률은 이러한 방해물들에 대한 일차적인 해결책처럼 보였다.

장애인들의 평등한 권리 추구에 있어 마지막으로 남아 있는 방해물 중 하나는 사법부에 의한 차별금지 법률들의 해석이었다. 「재활법」 제504조와 관련하여 대법원까지 올라간 최초의 법적 분쟁은 앞으로 일어날 일들에 대한 전조처럼 보였다. 청각장애를 이유로 한 여학생의 간호학과 입학을 거부한 사우스이스턴 커뮤니티칼리지에 대해 위법이 아

---

28 Harlan Hahn, "The Politics of Physical Differences", *Journal of Social Issues* 44, 1988, pp.39~43.
29 Bowe, *Handicapping America*.

니라는 판결을 1979년에 최종 확정하면서, 담당 판사들은 장애인을 위한 편의 제공이 어떤 공공 프로그램의 특성을 "근본적으로 변경할" 수는 없다고 판결했다("사우스이스턴 커뮤니티칼리지 대對 데이비스 사건" *Southeastern Community College v. Davis*, 442 U.S. 397). "클리번 시 대 클리번 리빙센터 사건"*Cleburne v. Cleburne Living Center*, 473 U.S. 432에서, 대법원 재판부는 5:4 의견으로[30] 클리번 시의 조례가 '정당함'의 최소 합헌기준을 위반하지만 않았더라면, 장애를 지닌 미국인에 대한 차별이 제지되지는 않았을 것이라고 판시했다. 이 1985년의 판례는 클리번 시의 조례가 부당하다는 이유로, 거주 지역 내에 발달장애인 '그룹홈'을 금지한 그 조례를 무효화하긴 했다. 그러나 그 판결은 가장 노골적으로 편협하고 불합리한 법률들만이 법원에 의해 무효화될 것임을 시사하는 것처럼 보였다. 대법원장 윌리엄 렌퀴스트William Rehnquist의 리더십 아래, 대법원은 또한 1981년에 발달장애인을 위한 권리장전을("펜허스트주립요양학교 대 핼더맨 사건"*Pennhurst State School and Hospital v. Halderman*, 451 U.S. 1),[31] 그리고 1982년에는 장애학생의 평등한 교육 기회를 위한 권리장전을 무력화했다("롤리 대 허드슨중앙교육위원회 사건"*Rowley v. Hudson Central Board of Education*, 458 U.S. 176).[32]

아마도 보다 중요한 문제일 텐데, 대다수의 항소 법원은 계속해서

---

30 미연방 대법원은 대법원장(Chief Justice)과 8명의 대법관(Associate Justice), 총 9명으로 구성되어 있다. 판결은 합의가 아니라 다수결에 의해 이루어지며, 6명 이상(법적 정족수)의 판사들이 판결에 참여해야 한다. ─옮긴이

31 '발달장애인을 위한 권리장전'이란 1963년에 제정된 「발달장애지원 및 권리장전법」(Developmental Disabilities Assistance and Bill of Rights Act, DD Act)을 말한다. 그리고 이 사건 판결문의 주요 요지는 「발달장애지원 및 권리장전법」 자체가 지적장애인에 대해 치료·서비스·훈련을 포함한 어떠한 실체적 권리를, 그리고 최소제한환경(least restrictive environment) 내에서 그러한 서비스를 제공할 의무를 발생시키지는 않는다는 것이다. ─옮긴이

장애의 '소수자 집단' 모델보다는 '기능적 제약' 모델에 찬동하고 있다. '다른 조건이라면 자격을 지닌'otherwise qualified[33] 장애인에 대한 차별을 금지하고 있는 「재활법」 제504조와 「미국장애인법」의 결정적 내용들은 미국 법원에서 매우 제한적인 방식으로만 해석되어 왔다. 판사들은 차별을 주장하는 원고가 장애인일 경우, '다른 조건이라면 자격을 지닌' 상태에 있을 수 없다고 생각하는 것처럼 보인다. 거꾸로 말해서, 판사들이 보기에 만약 '다른 조건이라면 자격을 지닌' 상태에 있을 경우, 그들은 장애인일 수가 없는 것이다. 20세기가 끝나가는 시점에, 미국 법률에서 장애에 대한 오해가 너무나 극심해 보이자, 몇몇 장애인 연구자는 장애 운동이 소송에만 기반을 둔 전략을 버릴 것을 역설하며 정치적 목표를 추구하는 다른 수단들을 탐색하기 시작했다.[34] 약 40년간의 소송의 역사를 겪은 후, 법원은 장애인들에게 '세상 속에서 살아갈 권리'를 승인하고자 했던 야코뷔스 텐브룩Jacobus tenBroek의 주장을 염두에 두기를 꺼리게 된 것처럼 보인다.[35]

---

32 '장애학생의 평등한 교육 기회를 위한 권리장전'이란 1975년에 제정된 「전(全)장애아교육법」(Education for All Handicapped Children Act, EAHCA)을 말한다. 이 법률은 이후 1990년에 「장애인교육법」(Individuals with Disabilities Education Act, IDEA)으로 개정되면서 미국의 현대적인 특수교육의 틀을 확립했고, 2004년에 「장애인교육향상법」(Individuals with Disabilities Education Improvement Act)으로 다시 한번 개정되었다. 그리고 이 사건 판결문의 주요 요지는 「전장애아교육법」이 주에게 "비장애아동에게 제공된 기회와 같은 정도로 장애아동의 교육적 잠재력을 극대화할 것을" 요구하지 않는다는 것이다.─옮긴이

33 '다른 조건이라면 자격을 지닌'이란, 「재활법」 제504조와 「미국장애인법」에서 규정된 정당한 편의가 제공되어 이를 이용한다면 해당 활동에 참여할 수 있는' 을 의미한다.─옮긴이

34 Harlan Hahn, "Adjudication or Empowerment: Contrasting Experiences with a Social Model of Disability", ed. Len Barton, *Disability, Politics and the Struggle for Change*, London: David Fulton, 2001, ch. 6.

35 Jacobus tenBroek, "The Right to Live in the World: The Disabled in the Law of Torts", *California Law Review* 54, 1966, pp.841~864. [야코뷔스 텐브룩은 시각장애를 지닌 법률가이자 교수로, 전미시각장애인연맹(National Federation of the Blind)을 설립한 인물이다.─옮긴이]

정치적·개념적 대안들의 추구

법적 절차에 대한 환멸이 증대해 가면서 미국의 많은 장애인 연구자들과 활동가들은 그들의 열망을 달성할 수 있는 대안적 수단을 추구하게 되었다. 소송 이외에, 장애 운동의 또 다른 주요 활동은 장애시민의 정치적 영향력을 강화할 수 있는 전략을 중심으로 전개되었다. 마침내 장애인들 중 상당수는 사회 내에서 그들의 지위를 개선하기 위한 투쟁을 개인적 재활보다 훨씬 더 중요한 목표로 여기기 시작한 것처럼 보였다. 장애를 지닌 미국인에 관한 첫번째 전국적 설문조사 결과가 1986년에 발표되었는데, 이 설문조사는 가장 높은 비율의 사람들이 장애인을 "흑인이나 히스패닉과 마찬가지의 의미에서 소수자 집단"이라고 느끼고 있음을 드러내 주었다.[36] 장애 운동의 기본적 목표는 여타 소수자 집단의 그것과 거의 동일하다. 장애인들은 그들의 사회적 지위를 개선하기 위해 분투하고 있다. 그들은 진정한 평등, 즉 장애시민과 비장애시민에게 제공되는 권리들이 동등해지는 것을 원한다. 또한 지역사회 조직화에서부터 비폭력 시민불복종에 이르기까지, 사회적 약자 집단들에 의해 채택된 전술은 본질적으로 유사하다. 아마도 장애인과 다른 소수자 집단의 경험 사이에 존재하는 주된 차이란, 초기의 장애 연구들로부터 전해져 온 의료적 개념들의 잔류 효과에 반영되어 있다고 할 것이다.

삶의 질

여러 가지 측면에서, 법정 소송 이외에 장애인의 지위를 개선할 수 있는 방법들을 주제로 한 연구는 보건의료의 성과에 대한 관심의 증가로 수렴되었던 듯 보인다. 그러면서 점점 더, 의사들은 치료의 절차와 형태의 개선이 끊임없이——그리고 거의 전적으로——강조되는 것에 불만을 갖게 되었다. 의료 비용이 증가하고 재정 압박이 심해졌던 시기 동안, 의료 전문가가 행하는 중재의 효과성이 강조되었고, 이는 다시 보건의료의 성과를 측정하려는 한층 강화된 시도들을 촉진했다. 이러한 경향은 전문가들의 의료적 행위를 면밀히 검토하고자 하는 요구의 증가와 부합하는 것이기도 했다.[37] 게다가 윤리적 원칙의 중대한 위반이 드러나면서 촉진된 법률적 규제들은, 의료 전문가들에게 대부분의 의료적 중재에 착수하기 전 클라이언트의 동의를 확보할 것을 강제했다.[38] 물론 환자와 클라이언트의 만족이나 불만족을 평가하려는 최초의 시도들은 의료 연구자들에 의해 지나치게 주관적인 것이라는 비난을 받았다. 그리하여 의학자들은 그들의 행위가 지닌 성과들을 분석할 수 있는 다른 방법들을 연구하기 시작했다.

장애인에 대한 보건의료의 성과 연구에 존재하는 장벽들은 특히 만만치 않아 보였다. 물론 정의상 장애인이 지닌 손상은 보통 영구적이다. 의료적 재활의 목적은 어떤 기능상의 문제를 근절하는 것이 아니다. 받아들일 수 없는 육체적 예외들로 간주되는 것을 '교정'하려는 많은 의사들의 욕망에도 불구하고, 대개 오랜 기간의 재활 과정으로부터 예상될 수 있는 최대치는 꾸준히 진행되는 신체적·정신적 특성들의 악화를 저지하는 것뿐이다. '치료'는, 혹은 만성적 상태의 개선조차도, 대개 실행

36 Louis Harris, *The ICD Survey of Disabled Americans: Bringing Disabled Americans into the Mainstream*, New York: Louis Harris and Associates, 1986, p.114.
37 Marie R. Haug and Marvin B. Sussman, "Professional Autonomy and the Revolt of the Client", *Social Problems* 17(2), 1969, pp.153~161.
38 David J. Rothman, *Strangers at the Bedside: A History of How Law and Bioethics Transformed Medical Making*, New York: Basic Books, 1991.

가능한 전망이 아니다. 연구자들은 그러한 특성들에서의 개선을 용이하게 측정할 수 없다. 비록 몇몇 연구가 개인 전반에 대한 개선을 평가하고자 시도했지만, 의료적 중재의 성과들에 대한 대부분의 연구는 별개의 진단적 범주들 내에서 수행된 조사들로 이루어져 있다. 그렇지만 장애학의 관점에서 보자면, 진단적 분류들은 제한적인 가치를 지닐 뿐이다. 그러한 진단적 분류들은 예방 전략을 입안하는 데 있어 병의 원인이나 손상의 원인에 관한 유용한 정보를 확인하는 데는 도움을 줄 수 있을지 모르지만, 장애를 지닌 개인의 실질적인 기능적 상태에 관해서도, 그리고 편견과 차별을 낳을지 모르는 특성의 존재 여부에 관해서도 거의 아무런 데이터를 제공하지 못한다. 결국 '삶의 질'quality of life, QL이라는 개념에 의해 제시된 기준들이 장애인의 피해를 측정하는 데 흔히 적용되어 왔다. 예를 들어, '삶의 질'이라는 개념의 최초 판본 중 하나는 '생명윤리학적' 공식 내에서 출현했다. 그것은 $QL = NE \times (H + S)$라는 것인데, 여기서 NE는 선천적 자질Natural Endowment, H는 가정Home, S는 사회Society를 말한다.[39] 그렇지만 동일한 사회 내에서라면 S는 등식으로부터 빠지게 되므로, $QL = NE \times H$가 된다. 다시 말해서, 사람들이 사회 내에서 비슷하게 대우를 받는다면, '삶의 질'은 '선천적 자질'과 '가정'의 영향력을 곱한 것에 의해 결정되는 것이다. 그리고 '가정'이라는 변수는 일반적으로 부모로부터 상속받은 유산과 사회경제적 지위에 의해 형성되는 기회들을 나타낸다. 간단히 말해서——그리고 노골적으로 일부 사람들이 주장하듯——부유하고 장애가 없는 사람들이 가난하고 장애를 지닌 사람보다 더 높은 '삶의 질'을 누리는 것이다. 따라서 그 '공

---

39 Anthony Shaw, "Defining the Quality of Life", *Hastings Center Report* 7(5), 1977.

식'은 사실상 단지 동어반복을 하고 있을 뿐이다. 때때로 장애를 지닌 유아들과 성인들에게는 자양분과 물의 공급이 보류되기도 해왔다. 그들은 삶에 대한 전망이 의사들의 기대와 들어맞지 않는다는 이유로 죽음이 '허용된' 이들이었던 것이다.

더구나 장애인들이 병원이나 재활시설을 떠난 후의 사회 참여에 초점을 맞춘 연구는 상대적으로 거의 존재하지 않았다. 사실 [재활 영역에서 사용되는 대표적인 '사회적 역할 수행척도'의 하나인] 크레이그 핸디캡 사정 및 보고 기법Craig Handicap Assessment and Reporting Technique, CHART을 채택하고 있는 조사들은 지역사회 재통합 하위척도community reintegration sub-scale와 여타 재활 효과성 예측변수predictor of rehabilitation effectiveness 간에 아무런 관련성도 밝혀내지 못했다. 해리스 실태조사Harris survey는 장애인이 비장애인보다 슈퍼마켓에서의 쇼핑, 외식, 콘서트 관람이나 영화 보기, 이웃이나 친구들에 대한 방문과 같은 일상 활동에의 참여 정도가 훨씬 더 낮음을 확인했다.[40] 사실 장애인들이 겪는 고립과 배제의 대부분은 건축 및 의사소통의 장벽들이 만연해 있는 것에서 그 원인을 찾을 수 있다. 그러한 장벽들은 심지어 법에 의해 금지되어 있는 곳에도 존재하며, 장애인들이 자신의 거처나 '골방'에서 나오는 것을 빈번히 가로막는다.

장애인들이 때때로 자신의 거처를 넘어 바깥 세계로 진입해야 할 필요가 있다는 것을 점차 깨달아 가면서, 엄격한 임상적 사정에서 벗어나 외부 환경을 아우르는 측정법의 발전도 서서히 촉진되어 나갔다. 이

---

40 Harris, *The ICD Survey of Disabled Americans: Bringing Disabled Americans into the Mainstream*, pp.37~41.

러한 방향으로의 첫번째 유의미한 진전들 중 하나는 ICIDH가 WHO에 의해 발표되었을 때 이루어졌다. 이러한 분류 도식은 "손상 또는 장애로부터 연유하며 (연령·성 및 사회적이고 문화적인 요인들에 따라 달라지는) 정상적인 역할 수행을 제약하거나 가로막는…… 불이익"을 지칭하기 위해 '핸디캡'이라 명명된 독립된 범주를 포함했다.[41] 어떤 장애인 리더들은 이러한 범주를 환경적 접근성에 관한 중요한 데이터를 모을 수 있는 하나의 기회로 간주했던 반면, 다른 이들은 ICIDH가 갱신된 우생학 운동의 첫번째 물결을 나타낸다고 느꼈다.[42] 그럼에도 불구하고 ICIDH의 한 가지 가치 있는 부산물은, 환경적 차원을 장애에 대한 연구의 계획 속에 포함시킨 모델이 구축되었다는 것이다.[43] 결국 미국 의학회Institute of Medicine[44]가 1997년에 발간한 재활 과학 및 공학 분야의 한 중요한 보고서에서도 장애 연구의 환경적 요소들이 두드러지게 다루어졌다. 이렇듯 보건의료의 성과를 평가하는 데 있어서 개인 내적인 변수뿐만 아니라 환경적 변수도 포함한 측정법을 받아들이려는 조짐이 조금씩 더 나타나긴 했다. 그렇지만 대다수의 의료재활 전문가들은 개인의 기능에 대한 임상적 평가와 보다 직접적인 방식으로 연관된 '삶의 질'과 같은 개념을 조작화하려는, 힘들지만 대개는 무익한 시도에 참여하기를 선호했다. '삶의 질' 척도에 대한 내용을 담고 있는 글들을 검토해 보면 당혹스러운 모순들이 드러난다. 그렇지만 비교적 짧은

---

41 WHO, *International Classification of Impairments, Disabilities and Handicaps*, p.183.
42 Pfeiffer, "The ICIDH and the Need for Its Revision".
43 P.Fougeyrollas, L. Noreau, H. Bergero, R. Cloutier, S. A. Dion and G. St-Michel, "Social Consequences of Long-term Impairments and Disabilities: Conceptual Approach and Assessment of Handicap", *International Journal of Rehabilitation* 21(2), 1988, pp.127~141.
44 전미과학학술원의 헌장에 따라 1970년에 설립된 비영리·비정부 기구로, 2015년 7월부터는 그 명칭이 전미의학학술원(National Academy of Medicine)으로 변경되었다.──옮긴이

기간 내에 '건강 관련 삶의 질'Health-Related Quality of Life, HRQOL 측정법에 대한 연구와 출간물은 넘쳐날 만큼 늘어났다. 이러한 개념화의 대부분은 WHO 삶의 질 척도 그룹WHOQOL Group, 유럽연합 삶의 질 척도 그룹EuroQOL Group, 건강수명 네트워크Réseau Espérance de Vie En Santé[Network on Health Expectancy], REVES와 같은 국제적인 학자 집단들, 그리고 그 밖의 공식적 기구들뿐만 아니라 비공식적 기구들에 의해서도 촉진되었다. 스탠리 조엘 라이저Stanley Joel Reiser는 누군가를 소위 '환자'로 인식하는 것에서의 이해관계와 '삶의 질'의 평가에서의 이해관계가 결국 한곳으로 수렴된다는 것에 주목했다.[45]

소위 삶의 질 측정법 확산의 또 다른 주요 추동력은 아이러니하게도 사회과학 내에서의 흐름으로부터 나왔다. 장기간 지속되어 온 불만에 의해 빈민가 폭동이 극적으로 발발하는 것을 목격했던 1960년대의 저명한 연구자들은, 재정 정책을 위한 기반으로서 매우 성공적으로 사용되어 왔던 경제지표와 유사하게 '사회지표'에 대한 데이터를 수집하기 위해서 정기 설문조사의 수행 가능성을 꿈꾸기 시작했다. '자가 평가 척도'self-anchoring scale에 대한 해들리 캔트릴Hadley Cantril의 연구에서 응답자들은 그들이 영위할 수 있는 삶의 최상(꼭대기)에서 최악(바닥)까지를 나타내는 10단계 표에 자신의 위치를 표시하도록 요청을 받았다.[46] 그리고 사회과학자들은 캔트릴의 연구에 의지하여 정기 설문조사에서 장기적으로 쓰일 수 있는 척도를 만들어 내고자 했다.[47] 고용 및 가

---

45 Stanley Joel Reiser, "The Era of the Patient: Using the Experience of Illness in Shaping the Missions of Health Care", *The Journal of the American Medical Association* 269(8), 1993, pp. 1012~1017.

46 Hadley Cantril, *The Pattern of Human Concerns*, New Brunswick, NJ: Rutgers University Press, 1965.

정생활과 더불어, 건강은 동서를 막론하고 세 가지 주된 인간의 관심사 중 하나로 일관되게 간주되었다. 그렇지만 아마도 '사회지표' 운동의 주요 약점은, 그러한 지표를 도시의 폭동과 같은 복잡한 현상들에 결정론적인 방식으로 적용하는 것의 곤란함, 그리고 경제 예측에 대해서만큼 사회문제들에도 기꺼이 투자할 자금원을 찾는 것에서의 무능력함 양자 모두였다고 할 수 있을 것이다.

그러나 소위 건강 관련 삶의 질 측정법은 확산 일로에 놓여 있는 듯했다. 생의학자들은 의료 비용의 상승을 종식시키고자 하는 관료들의 요구를 만족시키면서, 동시에 그러한 척도의 창안자들에게 개인적 보상을 제공할 수 있도록 동료 전문가들 사이에서 합의를 이끌어 내기를 원했다. 이를 위해 보건의료의 성과에 대한 종합지표를 발견해 내려고 정신없이 서두르다 보니, 스스로를 주체하지 못하고 비틀거리는 것처럼 보였다. 장애 연구에서 그러한 척도들의 활용이 지닌 부절적성은, 장애인들이 자신의 삶의 질을 대다수 비장애인보다 높게 평가하는 경향이 있음을 보여 주는 증거들에서 잘 드러난다.[48] 그 자신이 중증의 장애를 지녔던 한 심리치료사는 거의 혼수 상태에 있는 그녀의 클라이언트들 중 많은 이들이 "피부에 닿는 시트의 감각적 접촉"으로부터 기쁨을 느끼고 있다고 보고했다. 그렇지만 대부분의 건강 관련 삶의 질 평가들은 보건의료의 성과에 있어 유의미한 차이의 측정을 인체 내 신체기관의 상태에 한정하는 임상적 정의에 기반을 두었다. 이러한 측정법 내에

---

47 Angus Campbell, Philip E. Converse and Willard L. Rodgers, *The Quality of American Life: Perceptions, Evaluations, and Satisfactions*, New York: Russell Sage Foundation, 1976.

48 Gary L. Albrecht and Patrick J. Devlieger, "The Disability Paradox: High Quality of Life Against All Odds", *Social Science and Medicine* 48, 1999, pp.977~988.

는 '삶의 질'이란 생리학적 특성을 직접적이고 무매개적으로 반영한다는, 그러므로 손상을 지닌 사람들은 육체적 손상을 지니고 있지 않은 개인들보다 더 낮은 삶의 질을 경험할 수밖에 없다는 온당치 못한 무언의 가정이 내재해 있다. 의료 전문가라면 으레 ICIDH의 소위 핸디캡이라는 차원과 관련된 논의를 잘 알고 있으리라 생각되었지만, 실제로 이러한 학자들은 자신들의 연구를 몸의 생리학적 경계 너머로 확장시키거나, 다른 학문적 전통을 지닌 연구자들을 의료 연구라는 배타적 분야 내로 받아들이기를 꺼렸다. 그 결과, 사회적 또는 환경적 측정법은 하나의 보충물로서 수용되지도, 임상적 또는 생의학적 모델에 덧붙여지지도 않았다.

보건학의 거의 모든 분과들 내에서 계속된 임상적 접근에 대한 의존은 삶의 질 연구의 진전에 추가적인 제약을 부과했다. '유니버설 디자인'universal design[49]의 확립된 기준들이나 장애인을 위한 접근 가능한 환경은 결코 '의료적 모델'에 추가되지 않았다. 자신의 신체기관의 상태가 개선될 수 없음을 실제로 알고 있는 많은 장애인들에게 있어서는, 그리고 그러한 손상들이 '교정'되거나 치료될 수 없음을 깨닫고 있는 보건의료 종사자들에게 있어서도, 주변 환경을 좀더 접근 가능하게 만드는 변화들이 이동성, 전동휠체어 등의 운행 능력, 지역사회 참여, 가족·이웃·동료와의 사회적 상호작용 기회를 포함한 삶의 주요 측면들을 개선하는 유일하게 실현 가능한 수단을 의미할 것이다. 접근 가능한 환경

---

49 '보편적 설계'라고 옮겨지기도 하며, 연령, 성별, 국적과 언어, 문화적 배경, 장애의 유무 등과 같은 개인의 차이와 상관없이 모든 이들이 처음부터 평등하게 접근하고 이용할 수 있도록 제품, 물리적 환경, 서비스, 제도를 설계하는 것을 말한다. '만인을 위한 디자인'(Design for All)도 같은 의미로 쓰인다.—옮긴이

과 공공 또는 개인 교통수단이 부재하다면, 많은 장애인들은 시설이나 자신의 거처와 '골방'에서 기약 없이 살아가야만 하며, 그곳에서 그들은 다른 사람들과 상호작용할 수 있는 어떠한 실질적 기회도 없이 사실상 감금 상태에 놓이게 된다. 장애인들은 휠체어 때문에 얽매여 있는 것이 아니라, 많은 경우에 요양원, 거주시설, 집이나 방에 감금되어 있는 것이다. 그들은 때때로 단지 건축이나 의사소통의 장벽이 '여기에서 저기로 가는 것을' 가로막기 때문에, 자신에게 필요한 보건 및 사회 서비스들로부터 빈번히 차단당한다. '건강 관련 삶의 질' 분석으로부터 환경의 접근 가능성을 배제해 버리는 임상적 관점의 완고한 고수는, 연구자들이 많은 중요한 이슈들을 탐색하는 것을 가로막아 왔다. 인간의 사망률 감소에 있어서 가장 중요한 진전들은 명백히 임상적 변화보다는 오히려 환경적 변화들로부터 비롯되었다. 19세기의 도시들에서 채택되었던 개선된 공중보건 및 관련 정책들을 통해서 말이다. 그렇지만 조직화된 의료집단이 20세기에 점점 더 많은 권력을 획득해 감에 따라, 건강 문제에서의 주요 강조점은 수많은 사람들에게 영향을 미치는 공공 정책에 대한 분석으로부터 개인들을 대상으로 하는 임상 기법의 개선으로 전환되었다. 그 결과, 건강 관련 연구에서의 주요 분석 단위 또한 이에 대응하여 정부의 관할구역과 같은 집합적 실체로부터 독립된 개인으로 이동해 갔다.

이러한 경향은 공중보건에 대한 정부 정책의 영향을 엄밀히 검토할 수 있는 적절한 측정법의 발전이 억제되는 유감스러운 결과로 이어졌다. 정부 정책 및 프로그램에 대한 분석은 보건 서비스의 연구 내에 충분히 또는 사실상 통합되지 않아 왔다. 하다못해, 이러한 연구 문헌은 정치 지도자들에게 공중보건을 개선할 수 있는 최선의 수단에 관한 명확한 안내도 제공하지 못했다. 이러한 공백은 장애인들에게 해로운 영향을 미쳤다. 특히 정부 정책의 영향에 대한 연구의 부재는 다수의 결정적 질문들에 대해 답할 수 있는 연구자들의 능력을 저해했다. 예를 들어, 접근 가능한 공공 편의시설을 규정한 법령을 엄격히 집행하는 지역 사회의 장애인 주민들은, 그러한 법령들을 충분히 이행하고 있지 않은 곳에 살고 있는 장애인들과 비교하여 증대된 사회적 상호작용과 참여를 누리고 있는가? 그러한 조사는 분명히 공중보건에 대한 '평가' 기능의 일부를 가지고 있는 듯 보인다. 그러한 법이 가져올 사회적 고립과 감금의 감축은 아마도 개인의 건강이나 수명에 긍정적 효과를 지니지 않을까?

한편 '건강 관련 삶의 질'을 조사하는 전통적 방법의 활용은 또한 두 가지 다른 난제에 직면해 왔다. 우선 '건강'이란 무엇인가? 그리고 '질'이란 또 무엇인가? 당연하게도 첫번째 이슈는 WHO의 건강 정의에 관한 논쟁을 부활시켰다. WHO는 건강을 단순히 질병의 부재라기보다는 완전한 신체적·정신적·사회적 웰빙의 상태로 정의했는데, 이러한 정식화는 너무나 이상적인 것으로 빈번히 공격을 받았다. 지난 수년간, 보다 실제적인 건강의 의미를 밝히는 연구에 자신의 작업을 전적으로 바쳐 온 탁월한 학자들이 있었다고는 하지만, 그런 이들은 극소수에 불과했다. 대다수의 이론가들과 관련 종사자들은 정규분포곡선상의 정상 범위나 어떤 '정상성' 개념에 근접해 있지 못함을 나타내는, 그러한 개인적 결핍과 필요에 의해 건강이 정의되는 것을 기꺼이 받아들이는 듯했다. 그러한 개념화는 급성 건강 문제들이 지배적이었던 시기에는 무리 없이 잘 작동되는 것처럼 보였는데, 그때에는 어떤 징후나 증상에 대한 의료 전문가의 주관적 평가가 곧 필요를 나타냈고, 치료가 바람직한 성과였다. 물론 이러한 패러다임 내에서, 장애인은 종래의 평범한 기술에 의해서는 도움을 받을 수 없는, 관례적 표준으로부터 미달된 결핍을 지닌 사람, 또는 정규분포곡선상의 '외부자'로 대개 인식되었다. 지배적인 건강의 관심사가 점차 급성으로부터 만성 건강 문제로 이동해 감에 따라, '치료'는 더 이상 실현 가능한 성과를 표상하지 못했다. 그들 자신의 장애 경험 대부분에 대해 호의적인 태도들을 표현해 왔던 시민불복종행동 참여자들 또한, 설령 '치료'가 자신에게 제공될 수 있다고 하더라도 그것을 거부할 것이라고 진술했다.[50] '급성'으로부터 '만성' 건강 문제로의 두드러진 변화는, 연구자들이 [클라이언트의] '필요'와 [의료 전문가가] 실행 가능한 목표로서의 '성과' 양자 모두를 재규정해야만 함을 의미했다.

만성 건강 문제를 지니고 있는 사람들은 그로부터 파생되는 2차적인 문제들을 다루기 위해 보건의료 기관을 찾기는 하지만, 영속되는 손상 그 자체로 인한 의료적 치료는 거의 '필요'로 하지 않는다. 의사들이 장애인에게 해줄 수 있는 것이란 대개 평범한 건강 문제를 치료해 주거나 기능적 능력의 증진과 감퇴를 점검해 주는 것 정도이다. 이러한 상황이 갖는 함의의 온전한 인식은 통상적인 의료적 목표의 어떤 중요한 재규정을 요청하게 된다. 오랜 기간 동안, 그러한 의료적 목표들은 발병률과 사망률의 밀접한 관계에, 즉 발병률을 낮추는 데에 초점을 맞춰 왔다. 그렇지만 현대에, 어떤 만성 건강 문제가 초래하는 제약들은 제거될 수 없다. 만성 건강 문제를 지니고 있는 사람들이 살아남을 수 있다 하더라

---

50 Hahn and Beaulaurier, "Attitudes toward Disabilities: A Research Note on Activists with Disabilities".

도, '정상적인' 기능으로의 완전한 회복은 대개 실현 가능한 전망이 아니다. 따라서 이러한 추세들로부터 발생하는 듯 보이는 결정적인 질문은 다음과 같이 진술될 수 있을 것 같다. 만성 건강 문제들에서 '치료'가 의료적 중재의 적절한 목표가 아니라면, 장애인은 의료 전문가로부터 어떤 것을 합당하게 기대할 수 있는가? 의료 전문가들은 스스로에게 무엇을 기대해야만 하는가? 그들의 성과는 어떻게 측정될 수 있는가? 성공이나 실패에 대한 기준은 무엇인가?

그러한 질문에 대한 가능성 있는 몇 가지 답변들은 아직 광범위한 대중적 논의가 이루어지는 수준에까지는 이르지 못했다. 어떤 장애인들은 더 이상의 손상을 예방하기 위하여 전문가들의 행위에 엄격한 평가가 적용되어야 한다고 역설했고, 또 어떤 이들은 의사들과 학자들이 수명의 연장이라는 목표에만 전적으로 집중하기 위하여 손상의 '교정'이라는 목표는 포기되어야 한다고 제안하기까지 했다. 대다수의 비장애인들은 장애를 일으킬 수 있는 사건이 발생했을 때 의료 전문가에게 진찰을 받아야만 한다고, 즉 어쨌든 이러한 활동을 실질적으로 할 수 있는 다른 서비스 제공자는 거의 존재하지 않는다고 여전히 믿고 있는 듯하다. 그리고 이러한 직무의 수행과 관련된 규범이나 기준에 대한 요구는 거의 불가피한 것처럼 보인다.

보다 더 근본적으로는, '삶의 질'에 대한 기준이 처음 도출되었던 이론적 틀을 혁신해야 할 긴급한 필요성이 존재하는 것 같다. 공리주의라는 원리의 기본 수칙들은 당연하게도 '최대 다수의 최대 행복'과 같은 친숙한 격언들을 따랐다. 정의상 거의 대부분의 장애인은 오랜 기간 동안 소수자로 남겨질 수밖에 없기 때문에, 장애인이 그러한 공리주의적 논리에 기반을 둔 판단의 적용으로부터 이득을 볼 것 같지는 않다. 공리주의는 평등이라는 기준보다는 오히려 자유 개념에 기반을 둔, 개인주의적 선택이라는 법률적 맥락에 가장 잘 어울리는 듯 보인다. 더구나 대개 선택이란 얼마간 가치의 차이를 지닌 사람들이나 재화들 사이에서의 트레이드 오프trade-off[51]를 의미한다. 따라서 최대 다수의 최대 이익을 낳고자 하는 보건의료적 관행들은, 통상 전체 인구 중 평균으로부터 표준편차 범위 내에 있는 '정상적인' 비장애인 집단에게 우선적으로 의료 비용에 대한 보상을 제공하리라 예상될 수 있다.

아마도 한층 더 근본적인 지점일 텐데, 공리주의적 개념들은 장애 시민의 필요와 이익에 대한 경시를 정당화하는 결과를 낳는, '비용-편익' 또는 '비용-가치' 산정을 위한 기반으로 채택되어 왔다. 가장 명확한 예는 장애보정손실연수Disability Adjusted Life Years, DALY[52]라는 개념일 것이다. 세계은행이 후원을 한 프로젝트로부터 탄생한 이러한 공식은 사망률(즉 죽음)과 발병률(즉 어떤 종류의 '질병에 걸린 상태') 지수들을 '건강'이라는 단일한 척도에 결합시켜 내고 있는 듯 보인다. 장애는 건강한 삶을 손상시키는 부정적 요인이자 개인뿐 아니라 사회에도 상당한 '부담'을 부과하는 좋지 않은 건강의 한 형태로만 전적으로 규정되고 있다. 이러한 개념의 오류 중 일부는 장애, 병sickness이나 질환illness, 질병disease,[53] 손상이라는 개념들에 관한 혼동을 반영하고 있는 듯하다.

---

51 2개의 목표나 대상 가운데 어느 하나를 얻으려고 하면 다른 하나가 희생될 수밖에 없는 관계, 또는 그러한 조건 속에서 어느 한쪽을 희생시키는 것을 말한다. —옮긴이

52 WHO가 질병의 전반적인 부담을 계측하기 위해 세계은행의 후원과 하버드대학교 보건대학원의 연구를 통해 개발한 지표로, 조기사망손실연수(Years of Life Lost due to premature mortality, YLL)와 (장애로 인해 상실된 건강생활연수를 집계한) 장애생활연수(Years Lived with Disability, YLD)를 합해서 산출된다. 예컨대 기대수명이 80세인 60세의 한 남성이 고혈압으로 10년을 고생하다 70세에 사망했다면, 장애보정손실연수는 조기사망손실연수 10년과 장애생활연수 5년(장애 정도를 50%로 산정했을 때)의 합인 15년이 된다. 특정 질병에 대한 이 같은 장애보정손실연수의 수치가 높을수록 그 질병의 부담이 크다는 것을 의미한다. —옮긴이

장애는 대개 진단적 분류를 나타내는 용어인 질병도 아니고, 보통 완전한 회복이 예상될 수 있는 급성 건강 문제를 의미하는 병도 아니다. 또한 그것은 전적으로 몸의 손상으로부터 연유하는 것도 아니다. 사실 장애는 1차적으로 장애를 만들어 내는 환경의 효과에 의해 야기된다. 장애는 부분적으로 어떤 만성적인 또는 영속되는 몸의 이상일 수 있다. 그러나 환경적 배치를 변경할 수 없는 경우는 드물기 때문에, 특히 건축 및 의사소통 환경에서의 개선을 통해 장애는 완화되거나 나아질 수 있다. 건강이라는 용어가 지닌 평범한 의미 내에서라면, 중증의 장애를 지니면서 동시에 완전히 '건강한' 삶을 누리는 것은 전적으로 가능한 일이다. 장애보정손실연수는 하나의 진부한 관념이라고 할 수 있다. 그리고 이러한 측정법은 또한 점점 더 많은 장애인들이 장애를 다양한 가치 있는 관점을 이끌어 낼 수 있는 경험으로서뿐만 아니라, 개인적·정치적 정체성의 긍정적 원천으로 간주하기 시작하게 된 시대와 전혀 조화되지 않는 것처럼 보인다.[54]

그리고 아마 가장 중요한 지점일 텐데, 장애보정손실연수는 장애인들의 삶과 행복에 커다란 위험을 부과하고 있다. 에리크 노르Erik Nord가 결론을 내렸던 것처럼, 이러한 위험은 "삶의 질 접근법에서의 공리주의적 사고로부터 전해진 유산인데, 그러한 접근법 내에서……장애인들의 삶에 대한 평등한 가치 평가는 중요한 사회적 관심사로 인식되

---

53 서구의 (의료)사회학에서는 일반적으로 '질병'을 의학적으로 진단된 생물학적 이상으로, '질환'을 질병 증상에 대한 주체적 경험으로, 그리고 '병'을 아픈 사람들에게 기대되는 사회적 역할의 차원으로 구분한다. 물론 학자들에 따라서는 이러한 구분법에 대해 이견을 보이기도 하며, 쓰이는 맥락에 따라 그 경계가 흐려지기도 한다는 점은 유념할 필요가 있다. —옮긴이

54 N. Groce, M. Chamie and A. Me, "Measuring the Quality of Life: Rethinking the World Bank's Disability Adjusted Life Years", *International Rehabilitation Research Review* 4, 1999, pp. 12~16; Hahn 1997a.

지 않았다".[55] 장애보정손실연수의 광범위한 활용과 증가되고 있는 의료 비용은, 우생학 운동의 부활, 보건의료배당제, 안락사의 합법화를 포함하여, 생명을 위협하는 수많은 계획들을 조장할 수 있다. '건강한 삶'을 '장애 없이 살아가는 것'으로 간주하는 사고들에 의해 조성된 대기 속에서 많은 장애인들이 숨을 쉬고 있으며, 그러한 대기에는 음습하고 유혹적인 죽음의 기운이 스며들어 있다. 다수의 장애인들은 비장애인들에게서 나타나는 퍼터널리즘적 태도들이 사회적으로 용납될 수 없는 적대와 혐오의 감정을 실제로는 숨기고 있을 수 있다는, 그리고 그것이 발현된다면 장애인들을 제거하고픈 억눌린 욕망과 연결될 수도 있다는 공포를 사적인 자리에서 표현해 왔다. 여성들은 여성으로서의 삶을 단지 남성적 삶의 가치의 일부분으로 평가하는 척도의 만연에 대해 당연하게도 위협감을 느꼈고, 이를 분명히 제기했다. 그러나 아직은 충분히 밝혀지지 않은 어떤 이유, 장애학계의 예비 학자들에게도 무시하기 힘든 압박으로 다가왔던 어떤 이유 때문이었는지, 일반 장애대중은 장애보정손실연수라는 공식이 장애인에게 적용되었을 때 여성과 유사한 반응을 나타내지 않았다. 비록 세계은행은 어떤 특정한 나라의 장애보정손실연수 수치가 차관의 상환 연장이나 담보권 행사에 관한 결정의 근거로 활용되지는 않을 것이라고 주장했지만, 다른 기관들이 그 통계 수치를 이러한 방식으로 사용하는 것을 막을 어떤 수단도 존재하지 않았다. 많은 국가들이 건강하고 생산적인 노동력이 존재한다는 인상을 전달하기 위하여, 더 적은 서비스가 더 적은 장애시민을 의미한다는 믿음

55 Erik Nord, *Cost-Value Analysis in Health Care: Making Sense out of QALYs*, New York: Cambridge University Press, 1999, p. 123.

속에서 장애인에 대한 사회 서비스를 축소하게 될지도 모른다. 그것이 비용은 줄이고 장애보정손실연수 수치는 높여 줄 테니 말이다. 현대 미국 정책에 이러한 개념이 적용된 하나의 예는 「미국장애인법」에 사실상 위배되는 여론조사를 실시해서 차별적 우선순위를 설정하고, 이에 기초한 보건의료배당제에 의해 연방의 메디케이드 기준으로부터 면제를 받으려 했던 오리건Oregon 주의 노력에서 발견될 수 있다.[56] 종국에는 여타의 정치 지도자들도 장애보정손실연수와 같은 의학적 사유를 들먹이고픈 유혹에 저항하기가 힘들다는 것을 발견하게 될지도 모른다. 불가능하지는 않겠지만 말이다. 실제로 이러한 의학적 사유는 수백만의 장애인을 절멸시키기 위하여 홀로코스트Holocaust 시기 동안에 활용된 바 있다.

장애 운동의 목표를 향한 진전을 측정할 수 있는 대안적 방법을 마련해야 할 긴급한 필요성이 분명히 존재한다. 미국에서의 경험은 「재활법」 제504조나 「미국장애인법」과 같은 법률들 내에 구현되어 있는 공민권의 원리들이, 장애에 대한 구시대적인 기능적 이해에 의존하고 있는

---

56 US Department of Health and Human Services, Press release, 3 August, 1992. [메디케이드(Medicaid)는 medical과 aid의 합성어로 65세 미만의 저소득층과 장애인을 대상으로 하는 의료부조 제도를 말한다. 65세 이상의 노인을 주 대상으로 하며 장애인의 일부가 포함되는 건강보험인 메디케어(Medicare)와 더불어 미국 공공의료 보장 제도의 근간을 형성한다. 이러한 메디케이드는 기본적으로 주정부 관할 프로그램이며, 예산은 연방정부와 주정부가 일정 비율을 분담하는 매칭펀드(matching fund)의 형식을 취한다. 그리고 주정부가 연방정부의 기금을 받기 위해서는 「사회보장법」에서 정하고 있는 기준, 즉 서비스의 대상 및 종류에 대한 요건을 충족해야만 한다. 단, 같은 법에서 그러한 법적 요건으로부터 추가 면제(waiver)를 받을 수 있는 길 역시 열어 두고 있다. 오리건주의 경우에는 장애인 등 소수의 특정 집단이 지나치게 많은 의료 예산을 소모하고 있다는 판단 아래, 메디케이드의 적용을 받는 대상은 늘리는 대신 한 개인에게 제공되는 서비스의 양은 제한함으로써 확대되는 의료 비용의 지출을 줄이고자 했다. 그리고 이러한 조건으로 메디케이드 기준 면제를 신청했는데, 그 과정에서 장애인의 삶이 비장애인의 삶보다 가치가 떨어진다는 논리를 펴는 등 많은 논란을 불러일으켰던 바 있다.—옮긴이]

법원들에 의해 무력화되어 왔음을 입증했다. 그러한 구시대적 이해가 이러한 법률들에 수반되었던 열망을 장애인들이 실현하는 것을 가로막아 왔던 것이다. 더욱이 '삶의 질' 측정법 내에 묻어 들어가 있는 공리주의적 가정들은 장애인들의 불리한 처지——심지어 생명을 위협하는 위험 요소들까지도——를 강화시켜 왔다. 따라서 장애권 운동의 이해관계와 상반되는 것으로 드러났던 개념들을 대체하려는 목표와 이의 실현을 위한 전략의 연구에 향후 최우선순위가 부여되어야만 한다. 실제로 어떤 새로운 의제와 우선순위들이 부재하다면, 장애권 운동은 허둥대다 목적의식을 상실할 수도 있는 위험성이 존재한다.

권한강화: 대안적 해결책

사회 변화를 위한 최근의 가장 대중적인 전략들 중 하나는 권한강화라는 개념을 중심으로 형성되고 있다. 다른 가치들은 거의 배제한 채 자유와 자유로운 선택의 원리만을 강조하는 유사-공리주의적인 개념들과 달리, 권한강화는 최소한 평등에 대한 기준을 고려할 수 있는 어떤 기회를 내포하고 있는 듯하다. 권한강화의 기본적 목표는 사회에서 상대적으로 권력이 박탈된 집단의 영향력을 증대시키는 것이다. 장애인들은 그들을 둘러싼 환경에 의해 두드러지게 불리한 조건에 놓여 왔던 집단이기 때문에, 권한강화란 그들도 종국적으로는 비장애인이 전통적으로 누려 왔던 혜택에 상응하는 수준까지 올라갈 수 있어야 한다는 것을 의미했다. 따라서 권한강화라는 의제의 첫번째 단계는 '공평한 기회의 장'을 만들기만 한다면 성취되는 것일지도 모른다. 이러한 과업 중 일부는, 비장애인들에게 보다 많은 특권을 부여하고 장애인들에게는 이에 상응하는 불리한 조건을 부과하는, 소위 당연시되는 환경을 다시금 고려할 수 있는 사회적 기준들을 요구하게 될 것이다.[57] 장애 운동은 이러한 최초의 목표를 성취하고 나서야, 자원의 분배에 관한 결정에 온전히 참여할 수가 있다.

그렇지만 평등한 권리를 위한 장애인들의 투쟁이 제로섬 게임인지 아닌지에 대해서는 여전히 상당한 논쟁이 벌어지고 있다. 어떤 관점에서는, 인구의 다른 집단들에게 이미 할당되어 있던 이익을 침해하지 않고도 장애를 지닌 미국인들과 같은 소수자들의 이해관계도 수용할 수 있을 만큼 자원은 풍부한 듯 보일 수 있다. 그에 반해서, 어떤 분석가들은 장애시민의 요구를 인정하는 것이 자원의 재분배를 수반하게 될 것이라고, 그리고 이는 전통적으로 특권을 누려 왔던 집단들로부터 일정한 권리를 박탈할 것을 정치지도자들에게 요구하게 될 것이라고 주장할지 모른다. 후자의 전망은 분명히 전자의 시나리오보다 더 많은 정치적 어려움이 따른다. 주요 이해관계자들이 장애인들에 대해 아마도 동정적이거나 퍼터널리즘적인 태도를 보일 때조차, 권력을 지닌 집단들이 이타적인 동기로 자신들의 전통적 이익을 자진해서 내주지는 않으려 할 가능성이 여전히 높기 때문이다.

장애인들은 적어도 수명이 현존하는 한도 너머로 연장될 때까지는 [즉 고령화로 인한 장애인구가 급증할 때까지는] 소수자로 남아 있을 운명인 듯 보이는데, 이 때문에 다수결의 원칙에 기반을 둔 정치 제도의 한계 내에서는 그들의 열망 역시 완전히 실현할 수는 없을 것 같다. 분명

57 Harlan Hahn, "Accommodations and the ADA: Biased Reasoning or Unreasonable Bias?", *Berkeley Journal of Employment and Labor Law* 21(1), 2000, pp. 169~192.

히 장애인들이 그들의 영향력을 높이기 위해 추구할 수 있는 몇몇 전략이 존재한다. 아마도 이러한 전략들 중 가장 중요한 것의 하나는 장애를 수치심이나 열등감에 의해 둘러싸인 특성이 아닌 정체성의 긍정적 원천으로 재규정하려는 노력일 것이다. 장애인이라는 정체성을 지닌 유권자를 확대하는 이러한 방식은 물론 자유선거 내에서 표가 공정하게 산정되고, 유권자의 판단이 정부 대표자들의 선발에 일정한 영향력을 발휘하며, 정치 제도들이 재계 엘리트들의 행동을 제어할 수 있다는 불안정한 전제에 의지한다. 많은 미국인들은 이러한 모든 신화가 2000년 대통령 선거에 의해 산산이 부서졌다고 믿고 있다.[58] 그러나 민주주의 체제라 부를 수 있는 국가 내에서, 정치는 평범한 사람들이 자신의 삶에 영향을 미치는 정책들의 형성을 모색할 수 있는 유일하게 가능한 수단으로 유지되고 있는 것 같다. 한편 소외된 시민들의 정치적 동원은 실현 가능한 선택지로서 아직은 등장하지 못한 듯 보인다. 덧붙여 장애권 운동의 지도자들은 경제 체제에서의 전면적인 변화를 통해 장애인들의 지위를 개선할 수 있는 가능성을 항상 염두에 두고 있었음에 틀림없다. 자본주의는 의심할 바 없이 장애인에 대한 억압의 근본 원인이며, 인간 행위에 대한 자본주의적 통제의 압박을 감축하는 조치라면 어떤 것이라도 장애권 운동에 있어 마땅히 하나의 성취로 간주되어야만 할 것이다.

　그렇지만 장애인의 권한강화를 확보하는 가장 효과적인 수단 가

---

58 2000년 미국 대통령 선거는 공화당의 조지 부시(George W. Bush)와 민주당의 앨 고어(Al Gore)의 대결로 치러졌는데, 플로리다 주에서는 재검표까지 할 정도로 각축이 치열했고 총 득표수에서는 고어가 부시를 543,895표 앞섰다. 하지만 각 주별로 승자가 그 주의 모든 선거인단을 갖는 승자독식(winner-take-all)이라는 미국의 독특한 선거 제도(메인 주와 네브래스카 주만이 득표수에 따른 비례 배분 방식을 취함)로 인해, 538명의 선거인단 중 결국 271명의 선거인단을 확보한 조지 부시가 당선되었다. 이 때문에 미국의 선거 제도가 과연 공정한 것인지에 대해 커다란 논쟁이 발생하기도 했다.─옮긴이

운데 하나는 아마도 의사결정 과정에서 영속적인 효력을 발휘할 수 있는 제도적 변경일 것이다. 미국에서 몇몇 지방 정부는 비례대표제와 같은 장치를 통하여 인종적·민족적 소수자들의 입법적 힘을 증대시키고자 시도했다. 비례대표제는 투표에 대한 가중치의 부여를, 그리고 때로는 규정된 숫자의 1순위 선택을 받은 승리자들이 선출되고 난 후, 2순위나 3순위 선택에 기반을 둔 득표수의 재산정을 허용했다. 또 다른 지역들에서는 누적투표제cumulative voting를 실험했는데, 이 제도는 유권자들의 선호도가 지닌 영향력을 극대화하기 위하여, 유권자가 표를 후보자들에게 다양한 조합으로 분산할 수 있도록[59] 허용했다.[60] 그러나 이러한 조치들은 그 결과가 드러난 후에 빈번히 철회되었으며, 희망했던 성과를 좀처럼 성취하지 못했다. 장애인들의 분투가 한 국가나 지구적 수준의 정치 제도 및 경제 제도에 대해 지속적인 효과를 갖지 못한다면, 장애인들은 임시적이고 끊임없이 변동하는 승패의 득점표를 넘어서는 확대된 영향력을 결코 발휘할 수 없을지 모른다. 장애인들에 대한 반감은 전 세계 대다수 문화의 특유하면서도 뿌리 깊은 특성인 것처럼 보인다. 따라서 장애 운동의 투쟁은 단지 현존하는 정치적 과정의 한도 내에서만 수행될 수는 없다. 그러한 투쟁은 또한 사회의 구조에 그들의 영향력을 각인시키는 것을 추구해야만 한다. 덧붙여, 그리고 아마도 가장 중요한 지점일 텐데, 장애인들의 권한강화는 영속적인 과정이 될 수밖에 없을 것이다. 지역사회 조직화와 관련된 초기 활동에 의해 존속되어 온

---

59 예컨대 5명의 후보자가 나온 선거에서 1명의 유권자에게 5표를 부여했을 경우, 유권자는 이 5표를 전부 동일 후보자에게 줄 수도 있고 복수의 후보자에게 선택적으로 나누어 줄 수도 있다. ─옮긴이

60 Lani Guinier, *The Tyranny of the Majority: Fundamental Fairness in Representative Democracy*, New York: Free Press, 1994.

사회사업의 유산 내에서, 권한강화는 어떤 지속적이고 일관된 효과를 의도하면서 클라이언트의 이웃이나 동네에 일시적으로 개입하는 것과 동일시되었다. 아이러니하게도, 권력, 소수자의 권리, 다수결의 원칙이라는 이슈와 관련된 학문 영역이라 생각되는 정치학은, 권한강화라는 개념에 상대적으로 거의 관심을 보이지 않았다. 루퍼스 브라우닝Rufus P. Browning, 데일 마셜Dale Rogers Marshall, 데이비스 탭David H. Tabb에 의해 수행된 연구는 해당 지역의 소수민족 집단들이 종종 그들의 정치적 목표를 집권연합governing coalition을 통해 충족시킬 수 있음을 시사하고 있다.[61] 그러나 또 다른 연구는 소수자 집단 후보자의 고위 공직 당선 이후, 사회적 약자 집단들의 권한강화는 상대적으로 짧은 생명력을 지닐 수 있을 뿐임을 보여 준다.[62]

아마도 장애인들이 정부의 의사결정에 참여할 수 있는 최대의 기회를 부여받아 온 주요 나라는 우간다와 남아프리카공화국일 것이다. 서구사회의 입법자들은 통상 개발도상국에서 생겨난 장점을 수용하기를 꺼려할지 모르겠지만, 장애인을 포함한 사회적 약자 집단의 대표자에게 지방의회의 의석을 할당했던 정당한 이유에 더 큰 관심이 기울여져야만 할 것이다. 민주정부는 단지 다수결의 원칙에만 관심을 가져서는 안 된다. 민주정부는 또한 정신적·신체적 장애인들, 전과자들, 정치의 과정으로부터 거의 영속적으로 배제되어 온 그 밖의 사람들이 그들의 필요와 이해관계에 대한 공식적 인정을 확보할 수 있도록 하는 메커니

---

61 Rufus P.Browning, Dale Rogers Marshall and David H.Tabb, *Protest is not Enough: The Struggle of Blacks and Hispanics for Equality in Urban Politics*, Berkeley: University of California Press, 1984.
62 Franklin D. Gillam, Jr. and Karen M. Kaufmann, "Is There an Empowerment Life Cycle?", *Urban Affairs Review* 33, 1998, pp.741~766.

즘을 찾아내야만 한다. 어떤 시민이 대표자 선출에 참여할 수 있는가에 관한 결정뿐만 아니라 그러한 자리를 맡고자 하는 공직자의 자격과 같은 정치적 제안의 세부 내용은, 정부들이 그 같은 계획의 원칙을 공개적으로 지지한 후에야 사회적으로 협상이 이루어질 수 있었다. 지방의회에서의 발언권을 추구하면서 장애인들이 동정이나 자선을 구하고자 하는 것은 아닐 터이다. 그것이 아니라, 장애인들은 한 사회의 비장애인들과 동등한 기반 위에서 정치적 의사결정의 온전한 참여자가 되기를 추구하고 있는 것이다. 결론적으로 미국은 최소한 사회적 약자 집단이나 주변화된 집단들을 대표할 수 있는 안정된 의석을 적극적으로 고려해야만 한다. 번번이 경시되어 온 다양성과 통합에 대한 약속을 이행하기 위한 노력으로서 말이다.

나가며

다른 소수자들과 마찬가지로, 장애인들은 사회적·경제적·정치적 구조들 내로의 완전한 통합을 향해 멀고도 곡절 많은 길을 걸어왔다. 장애인들은 일을 하고자 한다면 길고도 무의미해 보이는 재활 프로그램을 완수해야 한다는 이야기를 들어 왔다. 하지만 그러한 프로그램을 이수하고 난 후, 그들은 일을 하지 **않는** 자들을 위한 공적 급여를 받았다. 19세기와 20세기 초에 만들어진 많은 장애 정책은 공화당 의원들의 당선을 지원하기 위한 것이었다. 그들은 전쟁이 끝나고 거의 20년이 지난 후, 노령과 장애 간의 그럴듯한 연결고리를 상정하여 [1879년 「미지불급여법」을 제정함으로써] 남북전쟁 퇴역 군인들의 충성심을 강화하고자 했다. 유사한 맥락에서, 노동계와 재계 간의 갈등에도 불구하고 노동자들을 조악한 기계의 위험과 사고에 대한 잠재적 책임——고용주 책임에 관한 법적 원칙의 변화로부터 발생되는——으로부터 보호하기 위한 산업재해 보상 법률을 기꺼이 지지했다. 물론 재활 대책들은 제1차 세계대전 이후, 부분적으로는 장애를 입은 실직 상태의 퇴역 군인들이 도시의 거리에서 구걸을 하는 난감한 상황을 피하기 위해 도입되었다. 그렇지만 그 이후에도, 고용주들이 일자리를 구하는 장애인들을 선별하기——그리고 거부하기——위하여, 입사 원서상의 장애 관련 질문들이나 면접에서 확인된 가시적 증거들을 활용하는 차별적 관행은 계속해서 용인되었다. 그리고 장애인들의 실업률은 지속적으로 거의 2/3 수준을 유지했다. 단지 제2차 세계대전 기간 동안, 대다수의 젊은 비장애인 남성들이 군 복무 중에 있었을 때에만, 장애인들은 보통 의료적 요건의 예외적 면제를 통하여 노동력에 편입되었다. 전쟁이 끝난 후, 장애를 지닌 퇴역 군인들은 그들의 손상을 '교정'하기 위하여 의료적 재활을 제공받았다. 그리고 직업재활을 받았던, 장애를 지닌 민간인들은 정신과 의사들과 관료들로부터, 그들이 일자리를 찾을 수 없는 것은 심리적 '적응'의 부족 탓이라는 말을 들어야 했다. 게다가 의회는 최종적으로 '실질적 소득활동에 참여할 수 없는' 것으로 선언된 장애인들에게만 보충적 소득보장 Supplement Security Income, SSI과 사회보장 장애보험Social Security Disability Insurance, SSDI[63]급여를 제공하는 사회복지 정책들을 입법화했다.

공민권이라는 해결책으로의 비교적 급작스러운 전환은, 거의 막판

---

63 보충적 소득보장은 빈곤선 이하에 있는 노인, 장애인, 아동이 있는 가정을 대상으로 하는 공공부조 제도이다. 반면에 사회보장 장애보험은 연방 차원의 공적 연금 제도인 노령·유족·장애보험(Old-Age, Survivors and Disability Insurance, OASDI)의 일부분으로, 미국에서는 이 양자가 장애인에 대한 소득보장 제도의 근간을 이룬다. ——옮긴이

에 추가조항으로 삽입된 1973년 「재활법」 제504조의 채택과 더불어 시작되었다. 그리고 아마도 더욱 중요한 것은, 그 법률의 시행규정에 몇몇 관료가 서명하려 하지 않은 것이, 미국에서 장애 운동의 탄생에 상당한 기여를 했던 일련의 연좌 농성과 항의 운동을 촉발했다는 사실일 것이다. 그러한 법률들의 효력을 약화시키기 위한 끊임없는 사법적 시도들의 징후는, 최초의 대법원 판례를 통해 드러났다. 그 판례에서 청각장애를 지닌 여학생은 한 커뮤니티칼리지의 간호학과 프로그램에 참여하는 것이 거부되었다. 그녀의 입학이 그 교육 과정의 '근본적 변경'을 초래할 수 있다는 이유로 말이다. 그러한 징후와 예고에도 불구하고, 의회는 「장애인교육법」Individuals with Disabilities Education Act, IDEA, 「공민권법 회복법」Civil Rights Restoration Act, CRRA[64], 「미국장애인법」을 포함하여, 장애인 차별에 대해 한층 더 엄격한 금지를 담은 법률을 계속해서 통과시켰다. 그렇지만 이에 이어진 소송에서, 법원은 미연방 수정헌법 제14조의 '평등한 보호'equal protection 조항하에서 장애인이 차별에 대해 강력한 옹호를 받을 권리를 부여받는 것은 아니라고 판결했다. 농학생은 교실 안에서 음성언어로 말해지는 내용을 배울 수 없음에도 불구하고, 교사에 의해 방치되고 있을 뿐인 그 학생은 '적절한' 교육을 받고 있는 것이 되어 버렸다. 이제 시설 내에 있는 장애인들은 '득활'得活, habilitation[65]이나 다른 최소한의 형태의 훈련을 요구할 수 없을지도 모른다. 발달장애인을 위한 권리장전도 결국 실질적으로는 '권리장전'이 되지 못했다. 고소인들은 '다른 조건이라면 자격을 지닌' 장애인에 대한

---

64 1964년 「공민권법」의 효력을 회복시키고 강화하기 위해 1988년에 제정되었다. 연방기금을 수령하는 기관은 단지 그러한 기금을 받는 특정한 프로그램이나 활동에서만이 아니라 모든 영역에서 「공민권법」을 준수해야만 함을 명시하고 있다.—옮긴이

차별을 금지하고 있는 법령들의 사법적 해석에 의해 번번이 딜레마에 빠지게 되었는데, 왜냐하면 그들이 '다른 조건이라면 자격을 지닌' 경우 해당 법률하에서 장애인으로 인정받을 수 없는 것처럼 보였기 때문이다. 마찬가지로 다수의 항소 법원은 에이즈를 가진 것으로 의심되는 사원들을 해고한 고용주들에게 「미국장애인법」을 적용하기를 거부했다. 단지 그들이 에이즈 증상을 나타내지 않았다는 이유로 말이다. 이러한 결과들 중 다수는 「미국장애인법」의 장애 정의를 기능에만 근거에 해석하는 사법적 이해에서 기인한다고 할 수 있다. 비록 「미국장애인법」의 장애 정의 조항은 장애를 지닌 것으로 '간주되는' 자 또는 장애의 '이력'을 지닌 자에 대한 차별 또한 금지하고 있지만,[66] 법원들은 기능적 손상에 대한 의학적 증거를 장애의 법률적 인정에 있어서 하나의 필수적인 전제 조건으로 간주해 왔다. 이와 같은 보수적 법률 해석에 대한 이

---

65 의학에서 'habilitation'이라는 용어는 기본적으로 'debilitation'과 반대되는 개념으로, 전자가 '기능 발달'을 의미한다면 후자는 (질병이나 부상 등으로 인한) '기능 저하'를 의미한다. 즉 기능이 저하된 상태를 정상적인 기능 발달의 상태로 다시(re-) 되돌리는 일련의 과정이 바로 재활(rehabilitation)인 것이다. 그런데 장애계에서는 재활이라는 용어 자체가 장애인의 몸을 '비정상적인 상태'로 보고 이를 '정상적인 상태'로 복구한다는 것을 의미하기 때문에, 그것이 근본적으로 비장애중심주의(ableism)의 관점에 근거를 하고 있다고 비판한다. 그래서 'rehabilitation'에서의 're-'를 거부하고 그냥 'habilitation'이라는 용어를 사용할 것을 제안해 왔다. 다시 말해서 'habilitation'은 'rehabilitation'이 지닌 사회적·정치적 함의를 비판하고, 이 용어 자체를 거부하는 대안적 용어로서의 위상을 지니게 되었음에 주의할 필요가 있다. 이러한 장애계의 적극적인 문제 제기로 인해 2006년 12월에 제정된 「UN장애인권리협약」(UN Convention on the Rights of Persons with Disabilities, UNCRPD)에서도 'habilitation'이라는 용어가 'rehabilitation'과 병렬적으로 함께 사용되고 있다. 결국 'habilitation'이 지닌 이러한 정치적 함의를 살리기 위해서는 새로운 역어의 발명이 필요한데, 한국 정부의 공식 문서에서는 '가활'(加活)이라는 조어도 사용되고 있지만, 여기서는 일단 대구대학교 조한진 교수가 제안한 '득활'(得活)을 사용하기로 한다. 양쪽 모두 '예전에 지니고 있지 않던 기능을 갖게 됨'을 의미하지만, 전자의 용어가 여전히 그러한 기능을 부여해 주는 전문가의 활동에 방점이 찍혀 있다고 판단되기 때문이다.──옮긴이

66 「미국장애인법」에서 '장애'라는 용어는 어떤 개인과 관련하여 다음을 의미한다. Ⓐ 해당 개인의 주요 일상 활동 중 하나 이상을 상당히 제약하는 신체적 또는 정신적 손상, Ⓑ 그러한 손상의 기록, 또는 Ⓒ 그러한 손상을 지닌 것으로 간주됨.──옮긴이

유 중 적어도 일부분은, 장애인의 가시적이거나 꼬리표가 붙여진 특성이 어떤 차별과 편견을 야기하는지에 대한 데이터의 부재 탓으로 돌릴 수 있을 것이다. 가시성과 꼬리표의 부여는 연구의 목적에 맞게 조작될 수 있으며, 이러한 속성들에 관한 정보를 수집하기는 어렵지 않을 것이다. 그러나 정부도 민간 재단도 그러한 설문조사에 자금을 제공하는 데 큰 관심을 보이지 않았다. 반복해서 말하자면, 공공 정책들은 이를 뒷받침하는 데 필요한 연구 결과들의 입수 가능성과 그러한 연구들을 안내하는 이론 내지 개념의 지향들을 따라 추적될 수 있다.

20세기 후반에 등장한 '삶의 질'이라는 유사-공리주의 개념에 대한 강력하고도 대중적인 관심은, 보건의료의 비용 및 성과를 측정하는 것에 대한 관심을 증가시키는 것에 더해, 장애인에 대한 삶의 질 접근법이 갖는 효과를 비교적 상세히 분석하도록 촉진했다. 예를 들어, 이러한 관점 안에는 장애인을 정규분포곡선에 의해 규정된 표준으로부터의 '외부자들' 또는 일탈자들로 취급하는 경향을 갖는 다수결주의의 가정이 얄팍하게 숨겨져 있다. 아마 보다 더 중요한 것은, 공리주의가 장애나 만성 건강 문제와 관련된 측정법에 있어서는 부적절한 원천으로 보인다는 사실일 것이다. 급성질환의 징후나 증상이 곧 의학적 치료에 대한 클라이언트의 필요를 나타냈던 시대로부터 벗어나게 되면서, 보건의료의 성과를 측정하는 것에 내재한 어려움은 만성 건강 문제들의 확산에 의해 한층 더 커지게 되었다. 만성 건강 문제들이란 사실상 그러한 '치료'가 존재하지 않으며 해당 상태가 영속됨을 의미했기 때문이다. 아마도 '삶의 질' 측정법의 가장 위험한 측면은 '비용-편익' 또는 '비용-가치' 산정에 그것이 활용된다는 점일 텐데, 그러한 비용-편익 산정 내에서 장애인의 가치는 비장애인과 비교하여 의도적으로 감축된다. '삶의 질'에 대한 과도한 강조의 또 다른 결과는 소위 장애보정손실연수의 창안이라는 형태로 나타났는데, 그것은 개인의 수명으로부터 장애를 지닌 채 살아간 연수를 차감함으로써 '건강'을 측정하고자 했다. 그러한 개념들은 장애인들 사이에서 우생학의 부활 가능성, 안락사, 보건의료 배당제에 대한 커다란 공포를 불러일으켰다.

현존하는 개념화가 지닌 이러한 결함은 장애인의 지위를 평가하는 앞선 방법들을 대체하기 위한 새로운 연구를 자극했다. 이러한 연구에 있어서, '권한강화'의 원리가 이전의 척도에 대한 훌륭한 잠재적 대체물로 제안되었다. 다른 가치들은 거의 배제하고 선택만을 강조하는 공리주의적 개념들과 달리, 권한강화는 평등이라는 이슈를 검토할 수 있는 어떤 기회를 포함하고 있다. 실제로 권한강화란 보통 특권을 누리는 집단과의 관계 속에서 사회적 약자 집단의 사회적·경제적·정치적 영향력 증대로 특징지어질 수 있다. 그러나 사회사업과 같은 분야에서 권한강화는 지속적인 효과를 낳는다고 가정되는 일시적 개입들에만 초점을 맞추는 경향을 지녀 왔다. 다른 한편, 비례대표제, 누적투표제, '게리맨더링'gerrymandering[67]에 대한 실험은 그 창시자들이 바랐던 성과를 좀처럼 산출하지 못했다. 그러나 의사결정 과정에서 영속적인 효력을 갖는 제도적 변경 없이 장애인들이 그들의 열망을 충족시킬 수 있는 가망은 희박하다. 우간다와 남아프리카공화국에서 장애인들이 보여 준 높은 수준의 정치 참여는, 지방 의회에서의 지정된 의석을 통해 장애인이

---

67 특정 정당이나 특정 후보자에게 유리하도록 자의적으로 부자연스럽게 선거구를 정하는 일을 말한다. 1812년 미국의 매사추세츠 주지사인 엘브리지 게리(Elbridge Gerry)가 수정한 선거구의 모양이 전설상의 괴물 샐러맨더(salamander)와 비슷하자, 반대당에서 게리의 이름을 붙여 '게리맨더'라고 야유한 데서 유래한다. ─옮긴이

나 여타 사회적 약자 집단의 대표를 확보하는 것과 같은 새로운 제도들의 논의를 위한 토대를 제공할 수 있을 것이다. 삶의 질과 같은 이전의 접근법들에서 확인된 한계와 아직 시도된 바 없는 방안들이 보여 주고 있는 가능성 양자 모두는, 혁신된 접근법의 틀 내에서 장애인들의 미래에 관해 활발한 논의가 이루어져야 할 필요성을 입증해 주고 있다.

10장 / 지구화와 장애

크리스 홀든·피터 베리스퍼드

우리의 목표는 그 어느 누구도 뒤에 버려두고 가지 않는 지구적 경제를
건설하는 것이다. 클린턴 대통령, 워릭대학교 연설, 2000년 12월 14일

부자와 가난한 자 사이의 격차는 클린턴의 대통령 재임 기간 8년 동안 더
크게 벌어졌다.……그가 대통령이 되었던 시점보다 현재 1억 명이나 더
많은 민중들이 절대빈곤의 상태에 놓여 있다.
배리 코츠(세계개발운동 이사), 영국 채널4 뉴스 인터뷰, 2000년 12월 14일

들어가며

극히 짧은 기간 동안에, '지구화'라는 개념은 국내 및 국제 정치와 정책
의 영역에서 핵심 이슈가 되었다. 지구화는 또한 사회과학의 영역에서
도 논쟁의 중심 주제가 되었다. '지구화'는 이렇듯 다수의 영역에서 논
쟁의 핵심적인 주제가 되었으며, 몇몇 영역에서는 현시대의 사회 변화
를 이해하기 위한 중심적인 설명 패러다임이 되었다. 이 장에서는 지구
화에 대한 사회과학 내에서의 논쟁이 장애인과 어떤 관련성이 있는지,
장애인과 관련된 정책들에 어떤 식으로 영향을 미치고 있는지, 장애인
및 장애인단체들에 대해 갖는 함의는 무엇인지를 논의한다. 우리는 지
구화의 정치경제적 측면, 그리고 세계시장에서의 변화가 복지국가에
미치는 영향에 대한 사회 정책 분야 내에서의 논쟁에 초점을 맞출 것
이다.

지금까지 장애인들과 관련해서는, 혹은 장애인들에 의해서는 지
구화에 대해 상대적으로 제한된 논의만이 이루어져 왔다. 우리가 다른

곳에서 주장했던 것처럼, 지구화에 대한 담론과 장애인에 대한 담론을 서로 관련지으려는 시도는 거의 존재하지 않았다.[1] 그러나 우리가 살펴보게 될 것처럼, 지구화는 명백히 장애인들의 삶에 강력한 영향을 미친다. 장애에 대해 점점 더 지구화된 대응이 이루어지고 있으며,[2] 장애인 및 장애인단체들은 지구화가 드러내는 철저히 경제주의적인 방식에 도전을 하게 될 것이다. 또한 장애인들이 20세기에는 산업자본주의에 대한 분석을 통해 장애를 이해했던 것처럼, 21세기에는 지구화를 포함한 '탈산업' 자본주의에 대한 분석이 장애에 대한 이해를 돕게 될 것이다.

이 장은 지구화와 연동된 경제적 변화들은 무엇인지, 그리고 정치경제학 문헌 내에서 이러한 변화의 의미에 대해 어떤 상이한 입장들이 취해지고 있는지를 간략히 요약하는 것으로 시작한다. 우리는 이러한 내용을 자본주의 초기의 경제적 발전, 그리고 그것이 장애에 미친 전 지구적인 영향이라는 맥락에서 살펴본다. 그다음 지구화와 연동된 변화들이 복지국가에 미친 효과라고 주장되는 것들에 대한 논의로 나아가며, 특히 장애인에게 이러한 논쟁이 어떤 유의미성을 갖는지를 고찰한다. 마지막으로 서비스의 민간 공급과 그러한 민간 공급의 국제화가 증대되면서, 노인과 장애인에 대한 장기요양long-term care의 본질이 어떻게 변화하고 있는지를 논의할 것이다.

---

1 Beresford and Holden, "We have Choices: Globalisation and Welfare User Movements", pp.973~989.

2 Emma Stone ed., *Disability and Development: Learning from Action and Research on Disability in the Majority World*, Leeds: Disability Press, 1999, pp.7~9.

지구화의 정치경제학

'지구화'는 이제 익숙한 용어가 되었다. 지구화의 정치경제적 양상은 세계경제의 통합이 증대되는 것과 연관을 맺고 있다. 이러한 통합의 증대는 국제무역(이는 전후 대부분 기간 동안 세계 산출량보다 높은 비율로 성장해 왔다), 해외직접투자(이는 1980년대 이래 무역보다도 한층 더 높은 비율로 성장해 왔다), 세계적 금융자본의 흐름(통화·주식·복합금융상품에서의 국제 거래는 전례를 찾아볼 수 없는 수준까지 성장했다)을 통해 명확히 드러난다. 그렇지만 논평가들은 이러한 새로운 사태의 의미에 대해 서로 다른 해석을 내놓고 있다. 다양한 필자들이 취하고 있는 상이한 입장을 데이비드 헬드David Held 등은 초지구화론자hyperglobalizer, 회의론자sceptic, 변환론자transformationalist라는 세 가지 범주로 분류했다.[3]

초지구화론자들은 자본의 증가된 이동성이 진정한 단일 세계시장에 의한 국민경제의 대체로 이어지고 있음을 주장하며, 경제적 통합의 규모를 강조하는 경향이 있다. 다국적 또는 '초국적' 기업들은 쉽게 지구를 가로질러 이동할 수 있으며, 이러한 과정에서 가장 효율적인 투자처를 찾아내고 국제적 분업을 창출해 낸다. 이러한 기업들은 국민국가에 아무런 충성심도 갖고 있지 않으며, 국민국가의 통제에 종속되지도 않는다. 초지구화론자들은 규제를 벗어난 자본주의의 승리를 축복하는 신자유주의자이거나, 아니면 이러한 족쇄 풀린 자본주의로부터 초래된

---

3 David Held, Anthony McGrew, David Goldblatt and Jonathan Perraton, *Global Transformations: Politics, Economics and Culture*, Cambridge: Polity, 1999.

착취와 불평등에 대항하는 맑스주의자일 수 있다. 오마에 겐이치Kenichi Ohmae와 같은 신자유주의자들에게 있어, 지구화는 국민국가를 사실상 불필요한 것으로, 구시대의 유물로 만들고 있다.[4]

그렇지만 회의론자들은 초지구화론자의 가정들 중 대다수에 의문을 제기한다. 첫째, 회의론자들은 세계경제의 최근 변화들이 국경을 무력화하는 진정한 '지구적' 경제global economy로의 질적인 전환이라기보다는 국제화의 심화를 나타낼 뿐이라고 주장한다. 예를 들어, 빈프리트 라위흐로크Winfried Ruigrok와 로프 판 튈더르Rob van Tulder는 세계적인 대기업의 다수는 현저한 해외 판매량에도 불구하고 명백한 국가적 기반을 유지하고 있음을 설득력 있게 입증한다.[5] 둘째, 회의론자들은 현시대 세계경제의 국제화 정도가 1870년대부터 제1차 세계대전까지의 고전적 금본위제 시기보다 덜하지도 더하지도 않은 수준일 뿐이라고 주장한다.[6] 셋째, 회의론자들은 국제적 투자의 양상이 고르게 분포된 형태를 띠지 않으며, 그 대부분은 선진 자본주의 경제로부터 흘러나와 또 다른 선진 자본주의 경제로 유입되고 있음을 지적한다. 더욱이 이러한 투자의 대부분은 세계가 미국, 유럽, 일본을 중심으로 한 3개의 주요 블록으로 분할되는 것과 더불어, 그러한 지역적 기반 속에서 이루어지고 있다.[7] 마지막으로 회의론자들은 특히 사회 정책에 대한 주요 논쟁

---

4 Kenichi Ohmae, *The Borderless World: Power and Strategy in the Interlinked Economy*, New York: Harper Collins, 1990.
5 Winfried Ruigrok and Rob van Tulder, *The Logic of International Restructuring*, London: Routledge, 1995.
6 Paul Q. Hirst and Grahame Thompson, *Globalisation in Question* 2nd edn., Cambridge: Polity, 1999.
7 Hirst and Thompson, *Globalisation in Question*; Ruigrok and van Tulder, *The Logic of International Restructuring*.

에 있어, 국민국가가 무력화되었다거나 무의미한 것이 되었다는 관념을 거부한다.

변환론자들은 현시대의 지구화 과정이 전례가 없었던 것이라는 사실은 받아들이지만, 이러한 과정들이 모순적이며 '변경 가능한' 것이라고 주장한다.[8] 변환론자들은 지구화에 대한 목적론적 관념을 거부한다. 그것이 신자유주의자들의 유토피아적인 것이든, 일부 맑스주의자들의 디스토피아적인 것이든 말이다. 오히려 지구화는 다른 힘들을 반영하고 있으며 경합적인 것으로 파악된다. "오늘날의 지구화는 국가 엘리트들의 다양하고 자의식적인 정치적·경제적 기획, 그리고 흔히 서로 상충되는 세계질서의 전망을 추구하는 초국적인 사회적 힘들을 반영하고 있다."[9] 변환론자들에게 있어, 지구화는 국민국가들에게 고려해야 하고 적응해야만 하는 새로운 도전을 던져 주고 있다. 그렇지만 국가들 자체가 상황을 앞서 주도하며 지구화의 과정을 형성해 내고 있기 때문에, 지구화가 국민국가들로부터 권력을 박탈하는 것은 아니다. 요컨대 국가 권력은 축소되기보다는 변환된 것이다. 헬드 등에 따르면, 선진 자본주의 국가들은

지구화된 동시에 지역화된 네트워크들과 시스템들의 교차점에서 그들의 권력·역할·기능이 재절합되고, 재편성되고, 재삽입됨에 따라, 심대한 변환을 겪고 있다. 국가권력의 상실·축소·침식이라는 은유는 이러한 재구성과 변환을 잘못 표현할 수 있다.…… 왜냐하면 지구화가 경제

---

8 Held, McGrew, Goldblatt and Perraton, *Global Transformations*.
9 ibid., p.430.

적 영역에서 국가-시장 관계의 재구성을 발생시키고 있는 동안, 선진 자본주의 국가들과 다국적 기구들 자체가 바로 그 과정에 깊숙이 연루되어 있기 때문이다.[10]

이 장에서는 세계시장이 더욱 통합되고 있음을 받아들이지만, '지구화'를 완전히 실현된 종착점이 아니라 경합적인 과정 또는 여러 과정들의 병존으로 바라본다는 점에서 '변환론적' 접근법을 채택한다. 그뿐만 아니라, 국민국가들은 새로운 환경에 적응을 해야 하겠지만, 권력을 상실한다기보다는 그들의 권력이 변환되고 있을 뿐이다. 실제로 가장 강력한 자본주의 국가들은 지구화의 과정을 만들어 내고 있는 능동적 행위자들이다. 이는 사회 정책에 있어서 국가가 뒷전으로 물러나고 있는 것이 아니라, 국가의 개입 형태가 몇몇 영역에서 변화하고 있음을 의미한다.

장애: 산업화로부터 지구화로

우리의 초점은 20세기 말과 21세기 초의 지구화에 있다. 그러나 지구화를 이보다 앞선 시기의 경제적 발전이라는 맥락 내에 놓아 볼 필요가 있다. 장애인 운동은 19세기의 산업화가 장애에 대한 근대의 지배적인 이해를 생성해 낸 방식을 분석해 왔다. 마이클 올리버가 썼던 것처럼,

> 자본주의 사회의 출현 이전에 장애인들의 운명이 어떤 것이었든지 간에 ……자본주의의 도래와 더불어 장애인들은 경제적·사회적 배제를

---

10 ibid., p.440.

겪었다. 이러한 배제의 결과로 인해, 장애는 특정한 형태로 생산되었다. 즉 의학적 치료를 필요로 하는 개인적 문제로 말이다. 노인들(그리고 아마도 광인과 빈민들)도 유사한 운명을 겪어야 했다.[11]

장애인 논평가들의 산업화에 대한 비평은 손상의 생성과 장애의 사회적 구성에 있어 산업화의 역할을 강조했다.[12] 저임금 및 노동시장으로부터의 배제와 연계된 빈곤뿐만 아니라, 산업화로 인한 환경오염, 유해하고 위험한 작업 조건, 산업재해 등이 손상과 만성질환을 생성해 내는 핵심 요인이 되어 왔던 것이다. 산업화 이래로 서구사회에서 장애는 빈곤과 불가분의 관계에 있었다. 이는 자본주의 경제 체제 내에서 장애인들의 비고용disemployment[13]과 중심적으로 관련된다. 1995년의 사회개발에 관한 UN세계정상회담United Nations World Summit on Social Development에 제출된 성명서에서 세계농인연맹World Federation of the Deaf의 사무총장 리사 코피넌Liisa Kaupinen은 국제장애인연맹을 대표하여 다음과 같이 말했다. "장애인은 대다수 사회에서 빈민 중의 빈민으로 존재하고 있다.……장애인 3명 중 2명이 직장이 없는 상태인 것으로 추정

11 Oliver, *Understanding Disability*, p.127.

12 Abberley, "Work, Utopia and Impairment"; Paul Abberley, "The Limits of Classical Social Theory in the Analysis and Transformation of Disablement(Can This Really be the End; To be Stuck inside of Mobile with the Memphis Blues Again?)", eds. Len Barton and Michael Oliver, *Disability Studies: Past, Present and Future*, Leeds: Disability Press, 1997, pp.25~44; Victor Finkelstein, "Disability and the Helper/Helped Relationship: An Historical View", eds. Ann Brechin, Penny Liddiard and John Swain, *Handicap in a Social World*, London: Hodder and Stoughton, 1981, pp.59~63.

13 일반적으로 'disemployment'는 '해고'로 옮겨지는데, 이러한 해고는 고용의 상태에 있었음을 전제로 한다. 그러나 장애인들의 다수는 고용의 대상에서 아예 제외되는 비경제활동인구로 취급된다는 점에서, 또한 역사적으로도 불인정(不認定) 노동자로 취급되었다는 점에서 여기서는 '비고용'이라는 번역어를 선택하였다.─옮긴이

된다. 사회적 배제와 고립은 장애인에게 있어서 일상의 경험인 것이다."[14]

장애인의 대다수가 '개발도상'국가에서 살고 있다는 것은 일반적으로 인정되고 있는 사실이다.[15] 개발도상국 내에서 손상을 지닌 사람들은 빈곤한 상태에 처할 공산이 더 크다.[16] 장애평등의식을위한행동 Disability Awareness in Action은 "개발도상국 내에 살고 있는 장애인들의 실업률이 극단적으로 높다는 사실은 그들이 살기 위해 구걸로 내몰리고 있다는 것을 의미한다"고 말한다.[17]

장애와 손상에 대한 서구 산업사회의 개념화는 특정한 역사·문화·전통·환경을 무시한 채, 또는 선택의 여지없이 세계의 나머지 부분에도 빠르게 적용되었고 남반구 사회들에도 강요되었다.[18] 마이클 올리버가 말했듯이, 산업화된 사회들은 장애라는 특정한 범주를 생성해 냈던 것처럼 장애에 대한 서비스 산업도 만들어 냈다(그러고 나서 그것을 개발도상국에 수출했다). 이러한 산업은 의료화된 개별적 장애모델에 기반을 두었으며, 의료화된 '재활', 분리, 배제, 장애인의 시설 수용과 결합되었다.[19]

---

14 Lisa Kaupinen, "Statement on behalf of the World Federation of the Deaf, the World Blind Union, the International League of Societies for Persons with Mental Handicap, Rehabilitation International and Disabled People's International", *Disability Awareness in Action Newsletter*, 25 March, 2, 1995.

15 Peter Beresford, "Poverty and Disabled People: Challenging Dominant Debates and Policies", *Disability and Society* 11(4), 1996, pp.553~567.

16 Stone ed., *Disability and Development*, p.4.

17 Disability Awareness in Action, "Employment special", *Disability Awareness in Action Newsletter*, 27 May, 1995, p.1.

18 Coleridge, Disability, *Liberation and Development*; Benedicte Ingstad and Susan Reynolds Whyte eds., *Disability and Culture*, Berkeley: University of California Press, 1995[베네딕테 잉스타·수잔 레이놀스 휘테 엮음, 『우리가 아는 장애는 없다: 장애에 대한 문화인류학적 접근』, 김도현 옮김, 그린비, 2011]; Stone ed., *Disability and Development*.

19 Oliver, *Understanding Disability*, p.127.

우리는 지구화가 19세기의 산업화와 마찬가지로, 장애와 손상의 사회적 구성에서 계속해서 중심적 역할을 하게 되리라 예상할 수 있다. 비록 지구화가 초래하는 지배적 패러다임이 과거의 그것과 다르긴 하겠지만 말이다. 우리는 또한 자본·노동시장·고용조건의 탈규제화와 같은 지구화의 핵심적 특징들 다수가 초기의 산업화와 유사한 효과를 발휘하게 될 것임을 예상할 수 있다.[20] 지속되는 사회적 배제, 그리고 빈곤과 장애의 결합이라는 측면에서 말이다. 장애를 만들어 내는 물리적·사회적 구조의 철폐는 지구화된 경제의 요구들 내에서 결코 우선순위를 차지할 것 같지 않다.

그렇지만 초기의 산업화와 지구화 간의 중요한 차이점은 확인될 수 있다. 19세기 영국에서 발생했던 산업화의 과정이 현재 개발도상국 내에서 일어나고 있다. 이러한 개발을 이끌고 있는 기업들의 다수는 선진국에 기반을 둔 다국적기업이다. 자본의 증가된 이동성은 비숙련·반숙련 제조업 분야에서 자본이 개발도상국으로 옮겨 가는 것으로 이어지고 있다. 19세기에 서구 산업경제가 수반했던, 손상을 생성하고 장애를 만들어 내는 조건들이 지금 제3세계에서 지구화에 의해 반복되고 있는 것이다.

지구화, 사회 정책, 장애인

사회 정책 분야 내에서의 논쟁은 더 폭넓은 정치경제학 문헌 내에서의 논쟁을 반영해 왔다. 어떤 필자들은 자율적으로 사회 정책과 경제 정책을 수립할 수 있는 국민국가의 능력에 지구화가 심대하고 불가항력적인 영향을 미치는 것으로 보는 반면, 다른 필자들은 이러한 입장에 대해 회의적이다. 가장 일반적인 견해는 자본의 국제적 이동성 증가가 각국 정부들로 하여금 투자 유치를 위해 서로 경쟁하도록 추동한다는 것이다. 그리하여 정부들은 낮은 물가 상승률, 낮은 과세, 낮은 공공 지출, 유연한 노동시장, 민영화와 같은 정책을 따르도록——즉 자본의 축적을 위해 편의를 제공하는 것을 제외하고는 경제적·사회적 개입을 최소화하도록——강제된다. 라메쉬 미쉬라Ramesh Mishra는 이러한 견해를 매우 잘 요약하고 있다.

> 간단히 말해서, 지구화는 자본에게 '퇴장'이라는 선택권을 제공함으로써 노동뿐만 아니라 정부에 대한 자본의 교섭력을 엄청나게 강화시켰다.……요컨대 화폐자본과 투자자본은 정부 정책이 마음에 들지 않는다면 퇴장함으로써 반대 의사를 표현할 수 있다.……지구화는 완전 고용, 높은 수준의 공공 지출, 누진 과세라는 고전적 사회민주주의 전략에 실질적으로 조종弔鐘을 울리고 있는 것이다.[21]

미쉬라나 그러한 입장을 지닌 사람들의 의견이 옳다면, 복지국가에 대한 그와 같은 제약이 장애인에게 가져올 결과는 심대한 것이다. 장애인에게 있어서 복지국가의 본질이 종종 억압적인 형태를 띤다 하더라도,[22] 집단적인 사회적 책임과 위험의 공동부담risk pooling을 기반으

---

20 이를 '자유주의' 시대로부터 소위 복지국가의 시기를 거쳐 신'자유주의' 시대로의 복귀라는 관점으로 이해하면 저자의 의도를 파악하기 좀더 쉬울 듯하다. 즉 저자는 산업화 시대의 자유주의와 지구화 시대의 신자유주의가 갖는 유사성과 차이점이라는 맥락에서 장애 문제를 고찰하고자 하는 것이다.——옮긴이

21 Ramesh Mishra, *Globalization and the Welfare State*, Cheltenham: Edward Elgar, 1999[라메쉬 미쉬라, 『지구적 사회 정책을 향하여: 세계화와 복지국가의 위기』, 이혁구 옮김, 성균관대학교출판부, 2002], p.6.

로 재원이 조달되는 다양한 지원 서비스의 제공은 장애인의 평등한 사회 참여를 위한 필수요건이다. 또한 보다 최근에는, 장애인을 포함한 사회적 돌봄 서비스 이용자들의 주체적 개입이 이루어지고 지원의 새로운 형태 및 이를 조직하고 통제하는 새로운 방식이 창안되었기 때문에, 공동의 대비를 통해 평등의 성취를 이룰 수 있는 좀더 진전된 전망들이 나타나기도 했다. 장애를 만들어 내는 사회적 장벽을 제거하려면 사회는 단지 이윤의 극대화가 아닌 다른 목표를 가져야만 한다. 그렇지만 많은 필자들은 다국적기업이 어딘가에 투자를 결정하면서, 낮은 세금이나 값싼 노동력이 아니라 그 이상의 것을 추구하고 있음을 지적한다. 다국적기업은 발전된 기반 시설과 숙련된 노동력, 혹은 단지 상품을 팔기 위한 새로운 시장을 찾는 것일 수도 있는 것이다. 대부분의 해외 직접투자가 선진 자본주의 국가들로 유입되고 있다는 사실은, 기업들이 해외에 투자를 할 때 주로 값싼 노동력을 추구한다는 믿음을 약화시킨다. 게다가 국민국가들 사이의 경쟁은 다자간 협정을 통해 이를 규제할 정치적 의지가 있는 경우에 한해서만 통제될 수 있다.

어쨌든 다수의 필자들은 다양한 복지국가들이 지구화의 도전에 맞닥뜨려 매우 상이한 방식으로 대응하고 있음을 지적했다.[23] 예를 들어 고스타 에스핑-안데르센Gøsta Esping-Andersen은 "비교연구를 통해 얻

22 Oliver and Barnes, *Disabled People and Social Policy*.

23 Gøsta Esping-Andersen, "After the Golden Age", ed. Gøsta Esping-Andersen, *Welfare State in Transition: National Adaptations in Global Economies*, London: Sage, 1996[고스타 에스핑 앤더슨, 『변화하는 복지국가』, 한국사회복지학연구회 옮김, 인간과 복지, 1999], pp.1~31; Gøsta Esping-Andersen, "Positive-sum Solutions in a World of Trade-offs?", ed. Gøsta Esping-Andersen, *Welfare State in Transition: National Adaptations in Global Economies*, London: Sage, 1996, pp.256~267; Robert Owen Keohane and Helen V. Milner eds., *Internationalization and Domestic Politics*, Cambridge: Cambridge University Press, 1996, p.14; Held, McGrew, *Goldblatt and Perraton, Global Transformations*, p.13.

어진 가장 유력한 결론 중의 하나는 이해 대변interest representation과 정치적 합의 형성의 정치적·제도적 기제가 복지, 고용, 성장 목표의 관리라는 측면에서 대단히 중요하다는 것이다"라고 주장한다.[24] 요컨대 전후 서구 복지국가들이 유사한 목표를 내걸기는 했지만, 이러한 목표를 어떤 방식으로 추구했는가에 있어서는 차이를 지닌다. 마찬가지로 그 동일한 복지국가들은 지구화와 연동된 변화하는 조건에 어떻게 적응하기를 추구하는가에 따라, 실제로 매우 상이한 행보를 보인다. 에스핑-안데르센이 지적한 것처럼, "이러한 복지국가들 각각의 대응은 비용과 편익을 결코 파레토 최적Pareto optimal[25]이라고만은 할 수 없는 방식으로 결합시켜 내고 있다".[26]

그렇지만 에스핑-안데르센도 지구화가 복지국가에 부과하는 비용 때문에 그러한 복지국가들이 일련의 특정한 정책적 선택지를, 즉 "트레이드 오프의 세계 내에서 포지티브섬positive-sum 해결책"[27]을 지향하게 됨을 논한다.[28] 이러한 포지티브섬 해결책은 우선적인 사회 정책 수단

---

24 Esping-Andersen, "After the Golden Age", p.6.
25 이탈리아 경제학자 빌프레도 파레토(Vilfredo Pareto, 1848~1923)의 주장에서 유래한 개념으로, 자원의 배분에 있어서 다른 사람이 불리해지지 않고는 어느 누구도 유리해질 수 없는 상황, 즉 더 이상 개선의 여지가 없기 때문에 자원 배분이 가장 효율적으로 이루어졌다고 간주되는 상태를 가리킨다. 그러나 이 개념에 따르면 부유층의 기득권을 줄여 빈곤층의 삶을 개선하는 것은 누군가가 불리해졌기 때문에 파레토 최적의 원칙을 지키지 않는 것이 된다. 즉 파레토 최적은 소득의 재분배라는 문제를 다룰 수 없는 매우 개인주의적인 접근방식이라고 할 수 있다.——옮긴이
26 Esping-Andersen, "Positive-sum Solutions in a World of Trade-offs?", p.258.
27 누군가가 이익을 보면 반드시 누군가는 손해를 보아 전체적인 손익은 제로가 되는 것이 흔히 말하는 제로섬 게임이다. 한편 이익 전체가 줄어 서로가 손해를 볼 수밖에 없는 것이 네거티브섬(Negative-sum) 게임이며, 이익 전체가 늘어나 남에게 손해를 입히지 않고도 이익을 볼 수 있는 것이 포지티브섬(Positive-sum) 게임이다. 신자유주의자들은 복지국가의 정책이 누군가의 것을 빼앗아 다른 사람에게 주는 제로섬 게임이라고 비판한다. 결국 여기서 말하는 "트레이드-오프의 세계 내에서 포지티브섬 해결책"이란 분배의 평등을 위한 기존의 복지 정책을 희생시키면서, 전체 파이를 키우는 성장 위주의 정책을 추구하는 것을 말한다.——옮긴이
28 Esping-Andersen, "Positive-sum Solutions in a World of Trade-offs?".

으로서 [재취업의 잠재력을 높일 수 있는] 교육에 대한 강조를 수반한다. 이는 포지티브섬 해결책 추진자들의 주장을 따르자면, 보다 높은 수준의 고용 유지와 부합하는 사회 정책은 노동 유연성을 촉진하는 것이기 때문이다. 즉 이미 고용되어 있는 사람들에게 더 많은 보호를 제공하는 정책은 그 반대 효과로, 최종적인 일자리 수를 감소시키고 임금 고용의 '내부'에 있는 사람들과 그 외부에 있는 사람들 간의 분할을 만들어 내는 경향이 있다는 것이다. 그러나 기술 습득과 '평생학습'에 기초한 교육 정책이 겸비된다면, 유연화된 노동시장은 기회의 평등을 촉진할 수 있다고 본다. 비숙련 노동자의 과잉을 제거하고, 열악한 저임금의 일자리가 평생 지속되는 덫이 아니라 단지 임시방편이거나 처음에 지나쳐 가는 일자리가 되는 것을 보장함으로써 말이다. 이는 신노동당의 정책과 부합하는데, 바로 신노동당의 정책이 노동시장 참여율의 증가와 교육 개혁을 통한 기술 수준의 향상에 기반을 두고 있다.[29] 이러한 정책들은 또한 로버트 라이시Robert B. Reich의 생각에 영향을 받아 왔는데, 그는 미국이나 영국과 같은 나라의 노동자들이 국제적 이동성을 지닌 자본의 투자를 끌어들이기 위해 서로 경쟁해야만 한다고 주장한다.[30] 낮은 임금보다는 높은 기술 수준에 기초한 경쟁을 통해서만이, 그러한 나라의 노동자들은 자신의 생활 수준 유지를 기대할 수 있다는 것이다. [국가가 제공하는 급여를 통해 생활하는 것이 아니라] 노동시장에 참여하는 것 역시 신노동당에게는 사회적 배제와 맞서 싸우기 위한 수단으로 간

29 Chris Holden, "Globalization, Social Exclusion and Labour's New Work Ethic", *Critical Social Policy* 19(4), 1999, pp. 529~538.

30 Robert B. Reich, *The Work of Nations: Preparing Ourselves for 21st Century Capitalism*, London: Simon and Schuster, 1991.

주되며, 이에 따라 다양한 유형의 '뉴딜'New Deal[31]이 제공되고 있다. 노동시장 참여의 확대라는 신노동당의 정책은, 노동력 공급을 증가시키고, 기술 수준을 향상시키고, 그리하여 노동시장의 효율성을 향상시킨다는 신노동당의 교육 정책과 이처럼 아주 잘 들어맞는다.

이러한 정책에 대해서는 다수의 비판가들이 존재한다. 빌 조던Bill Jordan은 권리에 의무를 부여하는 것(즉 '호혜주의')에 대한 새로운 강조가, (복지급여에 제한 조건을 두는 것을 통해 노동시장 참여를 증대시킬 수 있는 추동력을 수반하면서) 어떻게 노동시장 부양과 연계되어 왔는지를 지적했다.[32] 조던은 새로운 '클린턴/블레어주의'에 대해, 그것이 효율성과 사회적 정의 그 어느 것도 제공하지 못하고 있다는 점에 근거하여 일관된 비판을 전개한다. 그는 현대 산업경제 내에서 노동의 증가분은 '사회적 재생산을 위한 생산성 낮은 과업'의 형태를 취하기 때문에, 교육에 대한 강조는 단지 해결책의 일부분에 불과하다고 주장한다.[33] 그러한 노동은 과학기술의 변화나 효율성의 향상에 큰 영향을 받지는 않는다는 것이다. 노동 윤리를 사회 정책의 중심에 두는 것은, 그것이 전통적인

---

31 블레어의 신노동당 정부가 1988년부터 시행한 노동연계복지 프로그램이다. 청년 실업자(18~24세), 성년 장기실업자(25세 이상), 한부모, 장애인, 50세 이상 장년 등 5개 집단을 기본 대상으로 시작되었으며, 2001년 이후에는 수급자의 배우자, 자영업자 등으로까지 확대되었다. 이 중 가장 집중적인 예산 투입이 이루어지고 있는 청년 뉴딜 프로그램은 6개월 이상 구직 수당(Jobseeker's Allowance)을 받았음에도 직업을 구하지 못한 청년 실업자를 대상으로 하며, 1차적으로 '게이트웨이'(Gateway)라고 이름 붙여진 프로그램을 통해 최장 4개월 동안 집중적인 직장 탐색과 직업기술평가 등을 받게 된다. 그리고 이를 통해서도 일자리를 구하지 못하면 '유연 옵션 단계'(Flexible Option Period)로 넘어가 ① 정부보조 일자리 취업, ② 최장 1년간 전일제 교육 또는 훈련 참여, ③ 6개월간 자원봉사 단체 참여, ④ 6개월간 환경보호 사업단에서 활동 등 네 가지 옵션 중 하나에 의무적으로 참여해야만 수당을 계속해서 받을 수 있다. ─옮긴이

32 Bill Jordan, *The New Politics of Welfare: Social Justice in a Global Context*, London: Sage, 1998.

33 Jordan, *The New Politics of Welfare*, p.67.

산업들 내에서 더 이상 일자리를 찾을 수 없는 사람들에 대한 '비난적인 태도'로 이어지거나, 또는 큰 대가가 수반되는 사회적 분열, 징벌적 정책, 신뢰 및 협력의 붕괴로 이어질 경우, 오히려 역효과만 낳을 수 있다. 그러한 정책들은 결국 강제 노동과 '구빈원의 야만성'이라는 방향으로 나아간다.[34]

　　이러한 논의는 장애인과 여러 측면에서 관련성을 지닌다. 교육에 대한 강조가 이루어지고 있지만, 이는 완전하고도 평등한 통합교육의 필요성에 대한 온전한 인정과 아직 함께 가지 못하고 있다. 모든 장애아동의 통합교육, 그리고 장애성인의 추가교육further education[35] 및 고등교육에 대한 평등한 접근은 여전히 먼 훗날의 목표처럼 보인다. 고용 기회의 증가에 대한 신노동당의 강조는 많은 장애인들에게 환영을 받아 왔다고 할 수 있다. 장애인들은 지속적으로 노동에 대한 욕망을 표현해 왔고, 노동시장에서의 평등을 위해 캠페인을 벌여 왔으며, 고용을 보장되고 보호되어야 할 하나의 권리로 여겨 왔다.[36] 노동시장으로부터 장애인을 배제하는 것은 장애인에 대한 억압의 주요 원천 중 하나였다. 앞에서 논했던 것처럼, 실제로 산업자본주의의 발전은 장애인을 노동세계로부터, 그리하여 평등한 사회 참여로부터 배제하는 경향을 띠어 왔다. 장애인은 영국과 같은 서구사회에서 가장 높은 실업률을 지닌 집단 중의 하나이다. 정신보건 서비스의 이용자도 장애인들 사이에서 가장 높은 비율로 나타나고 있다.[37]

---

34 Jordan, *The New Politics of Welfare*, p.67.

35 영국에서 중등교육을 마친 학생들을 위한 4년제 정규 대학교 이외의 교육을 말하며, 이러한 추가교육 기관으로는 테크니컬 칼리지(technical college), 공업학교, 상업학교, 농업학교 등이 있다. ─옮긴이

36 Oliver and Barnes, *Disabled People and Social Policy*.

그러나 노동에 참여한다고 하더라도, 장애인들은 대개 가장 저임금의 일자리들에 배치되어 왔다.[38] 노동불능급여/폐질급여incapacity benefit/invalidity benefit를 신청하는 사람들의 증가는 1980년 이후 실업의 확대에 뒤이어 장애인들이 노동시장으로부터 축출된 결과라는 증거가 존재한다. 리처드 베르투Richard Berthoud에 따르면, "노동력의 공급이 수요보다 빠르게 증가했기 때문에, 고용주들은 장애인과 같은 주변적 노동자들을 배제하면서 직원의 채용에 있어 보다 선별적일 수 있게 되었다".[39] 신노동당 정책은 실제로 노동력 공급을 한층 더 증가시킨다. 이는 활용할 수 있는 더 넓은 노동력 풀을 지니게 된 고용주들에게는 효율적이었을지 모른다. 그렇지만 더 많은 장애인들을 노동시장에 진입시키고자 한다면, 특히 그들을 단지 가장 저임금의 일자리로 밀어 넣자는 것이 아니라면, 신노동당이 제시해 왔던 정책을 넘어서는 종합적인 지원 정책이 마련될 필요가 있다. 게다가 장애인들이 부적절한 방식으로 고용을 강요받게 될 것이라는 자각은 많은 장애인들에게 커다란 근심의 근원이 되고 있다. 장애인이 할 수 없는 것뿐만 아니라 그들이 할 수 있는 것에 초점을 맞추고 있는[40] '총괄적 직무능력 검사'all work test라는 신노동당의 개혁 정책(이 검사를 통과하는 것은 노동불능급여 신청을 위한 조건이다)은 많은 이들에게 환영을 받았다. 그러나 장애인들은

37 Lisa Bird, *The Fundamental Facts: All the Latest Facts and Figures on Mental Illness*, London: Mental Health Foundation, 1999; Mind/BBC, *Mental Health Factfile*, London: Mind, January 2000.

38 Oliver and Barnes, *Disabled People and Social Policy*.

39 Richard Berthoud, *Disability Benefits: A Review of Issues and Options for Reform*, York: Joseph Rowntree Foundation, 1998, p.12.

40 Department of Social Security, *A New Contract for Welfare: Support for Disabled People*, London: Stationery Office, 1998.

구직에 대한 지원의 제공이 유효하고 형평성을 지니려면, 복지급여 적격성 평가와는 분리되어야 함을 지적해 왔다. 지구화에 대한 '초지구화론적' 접근법에 의거하여 노동을 바라보는 편협한 견해는 장애인 운동의 해방적 이상을 억압적이고 통제적인 의무로 변환시켜 버린다. '일할 수 있는 자에게는 노동을, 일할 수 없는 자에게는 안전망을'이라는 영국 정부의 슬로건은 많은 장애인들이 직면해 있는 현실을 과도하게 단순화하고 경시해 버린다. 진실은 다수의 서비스 이용자들이 양자 모두――노동과 복지 지원――를 필요로 한다는 것이다. 요컨대 복지에서 노동으로의 전환welfare to work이라는 통합주의적 수사법이 많은 장애인들에게는, 탈규제화된 노동시장 내에 순응하게 하려는 압력에 기반을 둔 하나의 **동화** 정책으로 경험될 뿐이다.

지구화에 근거한 정책들과 경쟁력의 증대에 대한 요구는 장애인들에게 다수의 중요한 결과를 초래했다. 그러나 우리가 논했던 것처럼, 지구화가 정부들로 하여금 일정한 종류의 정책을 채택하도록 강제한다는 인식에는 의문의 여지가 많다. 이러한 맥락에서, '지구화'는 일련의 정책을 정당화하는 하나의 강력한 관념, 즉 이데올로기로 간주될 수 있을지도 모른다. 마이클 모런Michael Moran과 브루스 우드Bruce Wood는 다음과 같이 말한다. "외부적 제약 요인들을 구성해 내는 것은 ……특정 국가의 엘리트들이 국가 기관들로서는 거의 또는 전혀 통제할 수 없는 힘들에 의한 거의 불가피한 결과로 그들의 정책적 선택을 제시하는 것을 가능하게 한다."[41] 그렇지만 장애인 운동은 확립된 관념이 도전받을

---

41 Michael Moran and Bruce Wood, "The Globalization of Health Care Policy", ed. Philip Gummett, *Globalization and Public Policy*, Cheltenham: Edward Elgar, 1996, p.140.

수 있다는 것을 보여 주었다. 그리고 '대안은 없다'There Is No Alternative, TINA는 주장에도 불구하고, 정치적 행동을 통해 민중의 권리와 요구를 중심 의제로 만들 수 있음을 입증했다.[42] 더욱이 장애인들은 국내뿐만 아니라 국제적인 기반 위에서 스스로를 조직했다. 장애인들은 세계무역기구World Trade Organization, WTO, 국제통화기금International Monetary Fund, IMF, 세계은행의 회의에 모여든 반자본주의 시위대의 동원을 보며 이를 자신들의 운동에 반영했다. 이러한 동원은 다양하고 대개는 통일되지 않은 이해관계들의 동맹을 하나로 모아냈다. 그럼에도 불구하고 이러한 동원은 지구화에 관해, 그리고 세계경제에 가장 강력한 영향력을 행사하는 정부들의 정책에 관해 대중적 논쟁을 만들어 내는 데 성공했다.

지구화, 사회적 돌봄, 장애인

위에서 우리는 흔히 이야기되듯 국가가 철수하고 있는 것은 아니지만, 그 개입의 형태는 몇몇 영역에서 변화하고 있음을 논했다. 사회 정책 및 경제 정책으로서 교육이 부상한 것은 그 한 예이다. 그렇지만 지난 20년 동안 영국에서 국가 개입의 형태가 가장 극적으로 변화한 하나의 영역은 사회적 돌봄의 공급과 이를 뒷받침하는 이데올로기라고 할 수 있다. EU의 여타 국가들에서도 또한 이에 상응하는 변화들이 존재해 왔다. 영국에서 이러한 변화는 주로 장기요양 서비스 영역에서 사회보장기금의 활용이 증가된 데 뒤이어, 1980년대에 이러한 서비스들이 민간 공급의

---

42 Beresford and Holden, "We have Choices: Globalisation and Welfare User Movements".

형태로 전환되면서 발생하였다.[43] 이는 1993년 이후 지역사회 돌봄[44]의 개혁을 위해 제공된 '특별전환 보조금'의 85%는 독립 부문independent sector에 쓰여야 한다는 보수당 정부의 강요에 의해 더욱 심화되었다.[45] 그렇지만 국가 공급으로부터 민간 공급으로의 전환이 국가 개입의 종료를 나타내지는 않았다. 오히려 국가 개입의 형태는 보조금의 제공 및 이를 통한 규제로 전환되었다. 최근에는 민간 부문에서 사회적 돌봄의 공급이 소수에게 더욱 집중되는 것과 함께, 국가에 의해 기금이 제공되고 규제되는 이러한 민간 공급으로의 전환은 국제화를 촉진하고 있다.

1998년이 되자 독립 부문은 전체 거주홈residential (care) home 및 요양홈nursing (care) home 정원의 88%를 제공했다.[46] 독립 부문에서 (소규모의 거주홈을 포함하여) 24,800개의 거주홈이 보유한 정원은 347,000명, 5,800개의 요양홈이 보유한 정원은 193,900명에 이르렀던 것이다. 이 중 다수는 노인을 위한 것이었지만, 또한 상당수는 학습적 장애, 신체적 손상, 정신질환을 가진 여타 성인을 대상으로 하고 있었다. 기업

43 J. Bradshaw, "Financing Private Care for the Elderly", eds. Sally Baldwin, Gillian Parker and Robert Walker, *Social Security and Community Care*, Aldershot: Avebury, 1988; Charlene Harrington and Allyson M. Pollock, "Decentralisation and Privatisation of Long-term Care in UK and USA", *Lancet* 351, 13 June, 1998, pp.1805~1808.
44 '지역사회 돌봄'(community care)은 '시설 보호'(institutional care)와 대비되는 개념으로, 격리된 시설이 아닌 지역사회와 가정을 기반으로 클라이언트에게 돌봄 서비스를 비롯한 각종 지원 서비스를 제공하는 것을 말한다. '지역사회 기반 재활'(Community-based rehabilitation, CBR)과 유사한 맥락을 지니고 있으며, 장애인 자립생활 운동의 확장과 더불어 유럽과 미국에서 일반화되었다.──옮긴이
45 P. Edwards and D. Kenny, *Community Care Trends 1997: The Impact of Funding on Local Authorities*, London: Local Government Management Board, 1997. ['독립 부문'의 의미에 대해서는 6장의 각주 35를 참조하라.──옮긴이]
46 Department of Health, *Community Care Statistics: Residential Personal Social Services for Adults*, England, London: Government Statistical Service, 1998. [케어홈과 케어홈의 주요 형태인 거주홈 및 요양홈에 대한 설명은 1장의 각주 37을 참조하라.──옮긴이]

의 침투는 거주홈보다는 요양홈에서 더 크게 나타났는데, 부분적으로 이는 요양홈이 보통 거주홈보다 더 대규모로 운영되기 때문이다. 따라서 요양홈은 해당 서비스의 전달에 있어 규모의 경제를 받아들일 여지가 있었고, 대기업 공급자들은 일정한 공급량을 확보하면서 그러한 요양홈 서비스를 자신들의 규모의 경제에 추가시킬 수 있었다. 시장 분석 기관인 랭앤뷔슨Laing & Buisson이 지속적인 기록을 시작한 1988년에서 1997년 사이에, 메이저 공급자들은 영리 케어홈care home 시장에서 그들의 몫을 2배 이상 늘렸다. '메이저 공급자'에 대한 랭앤뷔슨의 정의에는 3개 이상의 케어홈을 거느린 모든 기관이 포함된다. 한편 케어홈 영역에서는 합병의 과정이 뚜렷이 존재해 왔다. 1996년에는 처음으로 영리 메이저 공급자들의 수가 약간 감소했다. 보다 유의미하게는, 1996년과 1997년에 영국 주식시장에 상장된 관련 회사들의 수가 일련의 인수합병의 결과로 급격히 감소했는데, 이는 곧 집중이 증가함을 나타낸다.[47] 1998년 말을 기준으로 영리 메이저 공급자는 288개가 존재한다.[48] 그렇지만 상위 10개의 운영자들이 전체 영리 케어홈 정원의 13.8%를 소유하거나 임대하고 있었으며, 상위 3개의 운영자들이 7.9%를 소유하거나 임대하고 있었다.[49] 정부는 1980년대 동안에 일정한 한도도 정하지 않은 사회보장기금의 제공과 특별전환 보조금에 부과된 조건을 통해 사회적 돌봄의 영역에서 독립 부문의 지배가 등장하도록 촉진했고, 이어서 다시 지방 당국의 예산을 제한함으로써 시장 내에서의 집중을 용이하게 만들었다. 이는 현재의 긴축된 재정 환경을 가장 잘 견뎌 낼 수 있는 것

---

47 Laing and Buisson, *Review of Private Healthcare*, London: Laing and Buisson, 1997, p.A186.
48 *Community Care Market News*, March 1999.
49 Laing and Buisson, *Health Market Review*, London: Laing and Buisson, 1999-2000, p.176.

이 바로 대기업이기 때문이다. 그들이 지닌 상당한 크기의 규모의 경제를 활용함으로써 말이다.

그에 따라 소규모의 케어홈들은 대단히 극심한 재정난에 시달리게 된다. 예를 들어, 개빈 앤드루스Gavin Andrews와 데이비드 필립스David Phillips는 자신들의 연구가 초점을 맞추었던 데번Devon 주에서, 1994년에 수익을 내지 못하거나 적자를 내면서 운영된 곳 중 70%가 등록된 정원이 15인 이하인 케어홈이었음을 확인했다.[50] 많은 케어홈 소유주들이 거주홈 부문에서 사업을 하는 것에 환멸을 느꼈으며, 그들 중 3분의 1 이상이 가능하다면 자신의 시설을 매각하고 싶다고 응답했다. 소규모 케어홈을 반드시 소기업들이 소유하고 있는 것은 아니지만 대체로 그러한 상황에 있는데, 이는 부분적으로 대기업들이 규모의 경제를 활용하기 위하여 시설을 증축했기 때문이다. 헬렌 바틀릿Helen Bartlett과 스테파니 버닙Stephanie Burnip의 견해를 따르자면, 케어홈의 질을 개선하기 위한 과정에서 "현재와 같은 방식으로 가면 소규모 케어홈의 감소는 불가피해 보인다".[51] 그러나 앤드루스와 필립스가 지적한 것처럼 "아이러니하게도, 지역사회 돌봄이라는 철학과 잘 어울리는 것은 덜 '시설 같은' 소규모 케어홈이다".[52]

사회적 돌봄의 영역에서 민간 공급으로의 전환은 국제화를 용이하게 했는데, 이는 마이클 포터Michael Porter가 지적한 것처럼 "드문 예외

---

50 Gavin Andrews and David Phillips, "Markets and Private Residential Homes: Promoting Efficiency or Chaos", *Generations Review* 8(3), 1998, p.10.

51 Helen Bartlett and Stephanie Burnip, "Improving Care in Nursing and Residential Homes", *Generations Review* 9(1), 1999, p.10.

52 Andrews and Phillips, "Markets and Private Residential Homes: Promoting Efficiency or Chaos", p.10.

는 있지만, 정부 소유의 서비스 기관은 지구적으로 경쟁하지 않기"때문이다.[53] 해외 직접투자는 최근 제조업보다 서비스 영역에서 더욱 급속하게 증가했다.[54] 이는 영국과 같은 선진 자본주의 경제들에서 서비스 영역의 중요성이 증가되었음을 반영할 뿐만 아니라,[55] 해외로 확장하고자 할 때 무역보다는 해외 직접투자를 하기 위해 서비스 관련 기업들이 선호되고 있음을 반영한다. 국경을 가로지르는 서비스의 판매는 대개 해외 직접투자의 형태를 취하는데, 이는 대다수의 서비스들이 생산되는 것과 동시에 소비되어야 하므로 소비자에 대한 물리적 근접성을 필요로 하기 때문이다.[56] 예를 들어, 의사가 수술을 집도하기 위해 외국으로 출장을 간다면 이는 무역으로 간주될 수도 있을 것이다. 그러나 보건의료 기업들이 자신의 서비스를 보다 안정적으로 해외에 제공하기를 바란다면, 그 기업은 자신의 병원을 직접 설립하고 운영하는 데 투자해야만 한다. 다국적기업은 영국의 보건의료 시장에, 시장이 처음 개방된 1970년대부터 진출해 왔다.[57] 이러한 다국적 보건의료 기업들의 다수는 미국에 기반을 두고 있는데, 이는 미국 내 민간 공급의 보다 오래된 전통과 그에 따라 획득된 더 큰 전문성을 반영한다고 할 수 있다.

　이러한 흐름은 미국 기업들이 사세 확장을 위한 기회로 활용해 왔

53 Michael Porter, *The Competitive Advantage of Nations*, London: Macmillan, 1990, p.247.

54 Hirst and Thompson, *Globalisation in Question*; John M. Stopford and Susan Strange, Rival States, *Rival Firms: Competition for World Market Shares*, Cambridge: Cambridge University Press, 1991, p.87.

55 P.W. Daniels, *Service Industries in the World Economy*, Oxford: Blackwell, 1993.

56 Bernand Hoekman and Carlos A. Primo Braga, "Protection and Trade in Services: A Survey", *Open Economies Review* 8(3), 1997, p.286.

57 John Mohan, "The Internationalization and Commercialization of Health Care in Britain", *Environment and Planning* A 23, 1991, pp.853~867.

던 영국의 사회적 돌봄 시장 내에서 최근 구체적인 결과로 나타나고 있다. 영국에서 두번째로 큰 장기요양 사업체인 애슈본Ashbourne은 미국의 선 헬스케어Sun Healthcare가 소유하고 있으며, 선 헬스케어는 독일, 스페인, 호주에도 또한 관련 사업체를 소유하고 있다. 선 헬스케어는 1990년대 후반기에 해외에서의 사업을 지속적으로 확장했다. 1998년 말에 선 헬스케어는 총 11,700명 이상의 정원을 지닌 186개의 시설을 미국 밖에서 운영했는데, 이는 1997년보다 12%가 증가한 수치다.[58] 1999년 2월을 기준으로, 그 회사는 전 세계적으로 80,720명의 전일제 및 시간제 종업원을 고용하고 있다.[59] 추산을 해보면, 이 중 10,532명이 미국 밖에서 일을 하고 있다. 선 헬스케어의 연례보고서는 미국 밖에서 경영의 기회를 찾게 되는 주요 유인으로 해외의 "우호적인 시장 상황 및 규제 환경"을 정확하게 지적하고 있다.[60] 선 헬스케어는 영국 기업인 엑셀러Exceler, 아프타Apta, 애슈본을 매수하면서 1994년 영국 시장에 진입했고, 그 회사들을 합병하여 영국 제2의 서비스 공급자로 만들어 놓았다. 그렇지만 선 헬스케어는 기업의 확장을 위한 자금 대출과 보건의료 서비스에 대한 미국 국가배상 제도의 변화로부터 초래된 상당한 문제들을 겪어야 했으며, 1999년에 법정관리에 해당하는 '11장 보호관리'chapter 11 protection에 들어갔다.[61]

다른 미국 기업들 또한 영국 시장에 진출했다. 예를 들어, 전미의료

58 Sun Healthcare, *Sun Healthcare Group Inc. Annual Report*, Albuquerque, NM: Sun Healthcare, 1998, p. 12.
59 ibid., form 10k, 5.
60 Sun Healthcare, *Sun Healthcare Group Inc. Annual Report*, Albuquerque, NM: Sun Healthcare, 1996, p. 11.
61 Sun Healthcare Group, press release, 26 October, 1999.

원American National Medical Enterprise, NME(나중에 테닛 헬스케어 코퍼레이션Tenet Healthcare Corporation으로 이름을 바꿈)은 1996년에 철수하기 전까지는 웨스트민스터 헬스케어Westminster Health Care 설립 초기부터 대주주의 위치를 점하고 있었다. 웨스트민스터 헬스케어는 또한 실버홈retirement home[62]의 운영이나 보건의료 자산의 관리에서 미국 회사들과 제휴관계를 구축했다. 웨스트민스터 헬스케어의 가장 최근 소유주인 캔터베리Canterbury의 뒤에는 미국 투자은행인 골드먼 삭스Goldman Sachs와 미국 사모투자회사[63]인 웰시·카슨·앤더슨&스토Welsh, Carson, Anderson&Stowe가 있었다.[64] 캔터베리의 최고 경영자인 차이 파텔Chai Patel은 『지역사회 돌봄 시장 뉴스』Community Care Market News와의 인터뷰에서 캔터베리 그룹이 유럽으로의 확장과 관련한 다수의 안들을 적극적으로 고려하고 있다고 말했다. "그룹의 활동 전반을 독일, 프랑스, 스페인에서 펼칠 수 있는 다수의 잠재적 기회들을 포함해서 말이다."[65] 이둔 헬스케어Idun Healthcare는 1999년의 한 차례 실패 후 영국 회사 타마리스Tamaris를 인수했는데,[66] 이둔 헬스케어는 미국에 기반을 둔 부동산투자신탁 회사 오메가 월드와이드Omega Worldwide의 자회사였다.

---

62 'retirement home'은 아파트형의 독립적인 생활공간과 식사·레크리에이션·모임·보건의료·호스피스 서비스를 누릴 수 있는 각종 부대시설을 갖춘, 노인을 대상으로 하는 공동 주거시설을 말한다. 일정액의 임대료를 내고 생활하는 경우가 많지만 분양을 받기도 한다. 우리나라에서 흔히 쓰이는 용어로는 실버타운과 가장 유사하다고 할 수 있으며, 이러한 맥락에서 '실버홈'으로 옮겼다. ─옮긴이

63 주로 연기금·보험·은행 등 기관 투자자들을 대상으로 대규모 자금을 끌어들여 기업 인수합병에 전문으로 투자하는 사모투자펀드(private equity fund)를 하나의 독립적인 회사 형태로 설립한 것을 말한다. ─옮긴이

64 *Community Care Market News*, March 1999.

65 *Community Care Market News*, May 1999.

66 *Community Care Market News*, November 1999; *Community Care Market News*, March 2000.

그렇지만 영국 기업들 또한 국제화하기 시작했다. 영국의 [대표적인 민간 건강보험 서비스 조직이자] 장기요양 서비스 최대 공급자인 영국공제조합연합British United Provident Association, BUPA은 최근 보험 분야와 직접 서비스 제공 양쪽 모두에서 해외로 상당한 확장을 했다. BUPA는 190여 개국에 살고 있는 115개의 서로 다른 국적을 지닌 400만 명의 보험 가입자가 있다.[67] 이들 중 다수는 영국이나 해외에 거주하는 영국인들이지만, 어쨌든 총 보험 가입자 중 100만 명은 영국 이외의 지역에서 살고 있다. 1997년에 BUPA는 스페인, 아일랜드, 태국, 홍콩, 사우디아라비아를 포함하여 영국 이외의 7개 나라에서 직영점을 운영했다.[68] 『BUPA 연례보고서』*BUPA Annual Review*는 1997년에 자조직이 "국제적 진출이라는 야심찬 목표"를 달성했으며, "보다 종합적인 국제적 보건의료 기업"이 되었다고 명시했다.[69] 1999년에 BUPA는 인도에 1차 진료 및 진단 클리닉을 열었다. 그리고 BUPA의 스페인 직영점인 산티타스Santitas는 최근 케어홈 사업에 진출했다.[70]

공제조합provident society이라는 BUPA의 지위는 법적으로 따지자면 비영리 조직임을 의미한다. 그렇지만 BUPA는 시장 내에서 여타 영리기업과 마찬가지의 방식으로 운영된다고 볼 수 있다. BUPA는 다른 기업들과 경쟁하고, 이러한 경쟁을 비용-효과적인 방식으로 수행해야만 했으며, 또한 설립 이후부터 시장점유율을 확대하기 위해 노력해 왔다.[71] 1979년에서 1981년 사이에 조직의 광고 예산이 2배로 늘어난 것은

---

67 http://www.bupa-intl.com/about2.html
68 BUPA, *BUPA Annual Review*, London: BUPA, 1997, p.3.
69 ibid., p.8.
70 *Community Care Market News*, July 2000.

"보다 팽창적이고 마케팅 중심적인 전략의 증거"로 간주될 수 있으며,[72] 이러한 추세는 지속되고 있다. 1979년 이후 영국 보건의료 시장 내에서 영리 조직의 증가는 경쟁을 강화시켰고,[73] 이는 BUPA로 하여금 영리 목적의 경쟁 조직들이 지닌 전략적 사고를 채택하도록 강제했다. 1980년 대 말부터 은행, 주택금융조합, 보험회사들이 시장에 진입함에 따라, 건강보험 영역에서의 경쟁도 강화되었다. 1996년에 BUPA의 건강보험 시장점유율은 46%까지 하락했다.[74] 개인부담환자플랜Private Patients Plan, PPP[75]이 경쟁에 필요한 자본을 조달하기 위해 상호보험회사[76]를 주식회사로 전환하기로 결정했던 반면,[77] BUPA는 점점 더 보건의료 서비스의 여타 영역으로 사업을 확장했다. 그렇지만 급성 환자에 대한 병원 진료의 영역에서 국민보건서비스National Health Service, NHS[78]의 확고한 지

---

71 Alan Maynard and Alan Williams, "Privatisation and the National Health Service", eds. Julian Le Grand and Ray V. F. Robinson, *Privatisation and the Welfare State*, London: George Allen & Unwin, 1984, p.107.

72 Ben Griffith and Geoff Rayner, *Commercial Medicine in London*, London: Greater London Council Industry and Employment Branch, 1985, p.15.

73 Elim Papadakis and Peter Taylor-Gooby, *The Private Provision of Public Welfare: State, Market and Community*, Brighton: Wheatsheaf, 1987, p.68.

74 Laing and Buisson, *Review of Private Healthcare*, London: Laing and Buisson, 1996.

75 개인부담환자플랜은 영국공제조합연합(BUPA), 서부공제보험(Western Provident Assurance, WPS)과 더불어 영국의 대표적인 3대 민간의료보험 조직 중 하나이다.――옮긴이

76 보험을 하고자 하는 것을 목적으로 다수인이 결합하여 직접 단체를 결성하고, 그 구성원 상호 간에 보험을 하는 비영리법인을 말한다. 영리보험과 달리 이러한 상호보험회사에서는 가입자(구성원)가 서로에 대해 보험자/피보험자를 겸하게 된다. 즉 PPP도 원래는 BUPA와 마찬가지로 이러한 상호보험회사 형태의 비영리법인이었던 것이다.――옮긴이

77 Margaret May and Edward Brusdon, "Commercial and Occupational Welfare", eds. Robert M. Page and Richard Silburn, *British Social Welfare in the Twentieth Century*, Basingstoke: Macmillan, 1999, p.285.

78 국민보건서비스는 영국에서 1946년부터 시작된 전 국민을 대상으로 한 준(準)무상 보건의료 서비스 제도이다. 우리나라의 국민건강보험과는 달리 서비스를 제공 받는 데 있어 보험료의 갹출을 따지지 않으며, 처음에는 무상으로 출발했으나 이후 재정상의 이유로 소액의 일부 부담제를 채택했다.――옮긴이

배는 BUPA가 사회적 돌봄의 영역으로 이동하도록, 그리고 해외로 진출하도록 영향을 미쳤다. 다른 장기요양 서비스 공급자들과 마찬가지로, BUPA 역시 케어홈 사업으로의 확장에 필요한 자금을 마련하기 위해 상당한 액수를 차입해야 했다.[79] 비록 BUPA는 공제조합의 지위를 지니고 있었기 때문에, 주주들로부터 단기간에 이윤 획득의 성과를 입증하라는 압력을 받지는 않았지만 말이다.

더욱이 이러한 방식의 발전은 어떤 일정한 맥락 내에서 진행되었는데, 예를 들자면 현재의 지구화된 경제 속에서 영국에서는 자원활동 부문 단체나 자선단체들의 성격이 점점 더 다른 거대 조직의 특성을 닮아가고 있었던 것이다. 이는 부분적으로 정부가 자신의 의제를 밀고 나가기 위해 자원활동 부문 단체들을 점점 더 많이 활용했던 것과 관련된다. 자원활동 부문 단체들은 대개 정부와 정부 기관들에 의해 선호되는 서비스 공급자라고 할 수 있는데, 이는 그러한 단체들이 정부의 정책을 실행하면서도 대중들 사이에서 정부 기관보다 더 많은 정당성을 담보할 수 있기 때문이다. 이렇게 일부 자원활동 부문 단체들의 점점 더 강해지는 반관반민의 지위는 초국가적인 수준에서도 또한 나타난다. 세계은행이나 IMF와 같은 기구들이 국제비정부기구들에게 전례 없는 영향력을 부여해 주고 있는 것이다.[80] 그리하여 개발도상국의 사회·경제 정책들을 실질적으로 좌우하는 IMF와 세계은행의 역할은 대형 국제비정부기구들에 의해 도전받기보다는, 오히려 종종 그러한 기구들에 의해 보완되는 양상을 보여 왔다. 이는 그러한 자원활동 부문 단체들의 증가된

---

79 *Community Care Market News*, February 2000.
80 Economist, "The Non-governmental Order", *Economist*, 11 December, 1999, pp. 22~24.

전문화 및 경영자화managerialization──대규모의 '돌봄 서비스' 공급자가 되는 것을 포함하여──와 연결되어 있다. 영국에서 이에 대한 하나의 예는 레너드 체셔 재단Leonard Cheshire Foundation[81]이라고 할 수 있다. 이 조직은 재가요양, 주간보호, 거주홈 서비스 등에서 1만 명 이상의 국내 서비스 이용자를 확보하고 있으며, 이에 상응하는 사업을 국제적으로 벌이고 있다. BUPA처럼 그러한 조직들은 점점 더 영리기업과 유사한 기반 위에서 운영되고 있지만, 증권거래소 상장을 추진하기보다는 그들의 '잉여금'을 조직에 재투자하고 있다. 특히 기반 시설, 로비, 인지도 상승을 위한 활동에 말이다. 국제화된 영리기업들이 도입한 강화된 경쟁과 혁신은 그러한 재투자의 경향을 더욱 심화시키게 되는데, 자원활동 부문 단체들도 (개별적으로 그리고 하나의 서비스 공급 부문으로서) 시장점유율을 유지하고 확대하기 위해 애쓰고 있기 때문이다.

존 모한John Mohan은 전체 시장점유율이라는 견지에서 보았을 때, 보건의료 영역에서 다국적기업의 영향력은 제한적인 것처럼 보이며, 이는 사회적 돌봄의 영역에서도 또한 마찬가지일 것이라고 지적한다.[82] 그렇지만 지속되는 국가 재정 지원의 제한과 향후 규제 제도의 변화에 의해 부과될 더 높은 비용이 소규모 공급자들을 계속해서 밀어냄에 따라,[83] 국제화는 사회적 돌봄의 영역에서도 증가할 가능성이 높다. 2000년 말이 되자, 소규모 공급자들이 부동산 가격의 상승을 틈타서 새롭게

---

81 이 재단은 영국뿐만 아니라 전 세계에 걸쳐 현지 재단을 두고 장기요양 관련 서비스를 제공하며, 다양한 보건·복지·교육·자원봉사 사업을 펼치고 있다. 영국의 공군 장교인 레너드 체셔에 의해 1948년 설립된 체셔 요양홈 재단(The Cheshire Foundation Homes for the Sick)을 모태로 하며, 1976년 이래로 오랫동안 레너드 체셔 재단이란 이름으로 운영되었고, 2007년부터는 명칭을 레너드 체셔 디스어빌리티(Leonard Cheshire Disability)로 변경하였다. ──옮긴이

82 Mohan, "The Internationalization and Commercialization of Health Care in Britain", p.864.

변화된 규제 제도가 시행되기 이전에 사업을 그만두려 함에 따라, 몇몇 지역에서는 사회적 돌봄 영역의 과잉공급 현상이 역전되고 있다는 징후들이 나타났다.[84] 그뿐만 아니라 BUPA가 다국적 보건의료 기업으로 전환한 것에서 입증되듯이, 시장에서 다국적 개입이 가져오는 질적 효과는 최소한 그러한 개입의 규모만큼이나 중요하다. 모한이 논하고 있는 것처럼, 다국적기업은 노동의 조직화 방식에서뿐만 아니라 마케팅과 예산 기법이라는 측면에서도 선도자였다.[85] 그처럼 다국적기업은 대개 국내 공급자들보다 (비록 필요의 충족에 있어서는 반드시 더 효과적이었던 것은 아니지만) 비용-효과적이었고, 시장 전반의 경쟁 수준을 높여 놓았다. 이는 모든 서비스 공급자들에게 영향을 미쳤는데, 왜냐하면 그 공급자가 영리기업이든, 공제조합이든, 자선단체이든 시장을 점유하고 그 점유율을 유지하려 한다면, 그들은 점점 더 영리기업의 기준에 따라 운영되어야만 했기 때문이다.

이러한 변화가 서비스 이용자들에게 미치는 영향은 다양하다. 첫째, 공급의 집중과 외국 기업의 진입을 특징으로 하는 인수합병 과정은 케어홈 거주인들의 삶을 극심한 혼란으로 몰아넣을 수 있다. 소유권의 변화는 새로운 기업이 소유한 케어홈 내에서 운영 체제의 변화와 직원 이직률의 급속한 상승으로 이어질 수 있으며, 어떤 경우에는 케어홈의 폐쇄에 따라 거주인들은 다른 곳으로 옮겨 가야 할지 모른다. 이 모든

83 Department of Health, *Modernising Social Service*, London: DoH, 1998; Department of Health, *Fit For the Future? National Required Standards for Residential and Nursing Homes for Older People Consultation Document* (including regulatory impact statement), London: DoH, 1999; Department of Health, *Regulatory Impact Appraisal Modernising Social Service*, London: DoH, 1999.

84 *Community Care Market News*, August 2000.

85 Mohan, "The Internationalization and Commercialization of Health Care in Britain".

것이 거주인들의 권리·건강·안녕에 부정적인 영향을 미치게 되며, 특히 고령자들은 최악의 경우 죽음으로 이어지게 될 수도 있다. 좀더 나은 서비스 공급자는 거주인들이 받게 될 서비스의 변화에 대해 상담은 해주겠지만, 거주인들은 소유권의 변화에 대해 어떠한 통제력도 갖지 못한다. 둘째, 대기업들은 서비스의 질이라는 이슈를 브랜드화와 표준화에 기반을 두고 접근한다. 그들의 목표는 어디에 위치해 있든 그들이 소유한 케어홈 전반에 걸쳐 동일한 기준의 고품질 서비스를 제공하는 것이라 할 수 있다. 따라서 서비스의 질은 서비스 과정의 표준화를 통해 통제되며, 그러한 표준화가 노동자들이 완수해야 할 과업을 규정한다. 그러므로 복지 노동자들의 개별적인 판단은 더욱더 '테일러주의적' 노동 통제 체계에 종속된다. 이것이 어떤 면에서는 고품질의 돌봄 서비스를 생산할 수도 있지만, 그것은 또한 돌봄 서비스를 규격화한다. 국제화된 기업들은 또한 그들의 질 관리 체계를 만들어 내는 데 더 많은 전문 지식을 활용할 수 있을지는 모른다. 그렇지만 어떤 장애인 필자들은 장애인 대부분이 강요당해 온 의존적 지위를 뒷받침하는 퍼터널리즘 이데올로기의 일부로서 '돌봄'이라는 개념 자체를 비판했음을 상기할 필요가 있다.[86] 게다가 대기업들에 의한 서비스 공급의 증가는 서비스 구매 대행 기관이 활용할 수 있는 선택권의 정도를 축소시킬 것이고, 특히 지방의 경우에는 집중화 과정의 결과로 독점이 등장할 수 있다. 이러한 상황은 대다수 '지역사회' 및 사회적 '돌봄'의 제공이 지닌 논쟁적 본질을 다시 들추어 내면서, 어떤 종류의 서비스가 장애인·아동·노인에게 제공되어야만 하는가에 관한 논쟁을 격화시키는 데 봉사할 뿐이다.

---

86 Oliver and Barnes, *Disabled People and Social Policy*.

나가며

세계경제 통합의 증대는 분명히 사회 정책과 장애인에 대한 다수의 중요한 이슈들을 제기하고 있다. 세계시장과 그 안에서 활동하는 국제화된 기업들이 어떤 정부도 거스를 수 없는 불가항력의 힘을 구성해 낸다는 관념은, 복지 예산의 제한을 정당화하는 강력한 무기로 활용되어 왔다. 그것은 또한 특정한 정부 정책의 발전과 정부 지출의 우선순위, 그리고 특히 노동시장의 효율성과 교육에 대한 강조에 영향을 미쳤다. 노동시장 참여의 확대를 통해 노동력 공급을 증가시키는 것이 정부의 관심사가 되면서, 이는 장애인에 대해서도 노동으로의 '통합'이라는 이데올로기를 촉진하고 있다. 이러한 상황은 핀켈스타인[87]과 여타 저자들이 장애인을 사실상 노동력으로부터 축출했으며 사회적으로 주변화시켰다고 말했던 자본주의 초기 단계와는 대조된다. 그러나 노동력 공급의 증가가 일자리에 대한 경쟁을 두드러지게 강화시킴에 따라, 적절한 지원이 없다면 장애인은 계속해서 불균형적으로 저임금의 단순직에만 밀어넣어질 것이다. 그뿐만 아니라, 유급 고용에 대한 정부의 끊임없는 강조는 복지급여를 통해 생활하고 있는 이들을 더욱 주변화시킬 위험성을 안고 있다.[88]

그렇지만 지구화가 단순히 정책 형성의 차원에서만 장애인과 관련되어 있는 것은 아니다. 사회적 돌봄 공급자들의 국제화는 다른 사회 서비스들의 증대된 국제화, 그리고 보다 일반적으로 세계경제의 증대된

---

87 Finkelstein, "Disability and the Helper/Helped Relationship: An Historical View".
88 S. Riddell, "Disabled People's Rights", *SPA News, Newsletter of the Social Policy Association*, May/June, 29, 2001.

국제화가 반영된 결과이다. 지구화가 가져온 아이러니 중 하나는 그 자신이 만들어 놓은 피해와 혼란의 효과를 통해 장애를 재강화시켰다는 것이다. 그리고 그러한 피해와 혼란의 효과는 또한 이를 통해 생성된 필요를 충족시키기 위한 국제화된 사회적 돌봄 산업을 낳았다. 이러한 모든 새로운 상황은 정부와 다른 국내 행위자들——장애인 및 여타 집단의 정치 운동을 포함한——의 중요성을 감소시켰다기보다는 오히려 강화시켰다. 이러한 상황은 장애인과 장애인 운동들이 정부와의 관계에 있어서 그들의 요구와 이를 쟁취하기 위한 전략을 발전시켜야 할 지속적인 필요성을 강조하고 있는 것이다. 그러나 이는 또한 국내적으로뿐만 아니라 국제적으로 행동해야 할 중요성을, 그리고 다국적기업과의 관계에 있어서 행동 및 변화의 전략을 제출하고 발전시켜야 할 중요성을 시사하고 있다.

정부와 이러한 다국적기업 간에 새로운 관계가 전개되고 있다. 정치인들, 공무원들, 다국적기업의 경영진들 사이에 복잡하고도 새로운 관계가 등장하고 있으며, 여기에는 그들 사이의 중요한 교류와 연계가 수반되어 있다. 이는 장애인과 여타 사회적 돌봄 서비스 이용자에 대한 책임성과 관련하여 새롭고도 어려운 문제들을 제기한다. 우선 경제적 압력의 증대는 장애인에게 자립적으로 살아갈 수 있는 충분하고도 적절한 개별적 지원을 보장하는 대신, 표준화된 저급 거주시설로의 수용이 확대되는 것으로 이어질지 모른다는 우려스러운 문제들이 존재하고 있다. 차별적이고 억압적인 노동시장의 틀 내에서 장애인에게 고용이 강조되는 것 또한, 장애인이 더욱더 일할 수 있는 자와 일할 수 없는 자의 구분에 기초하여 범주화될 것이라는, 다시 말해 전자는 '받아들일' 수 있고 '통합'될 수 있는 자로 간주되고, 후자는 '의존적'이고 '사회적으로 배제'되는 것으로 정형화될 것이라는 커다란 문제를 제기한다. 그러한 경제적 압력은 유전자 기술의 발전 및 이에 대한 관심의 부활, 그리고 유전적 예측 및 유전공학의 새로운 가능성에 대한 인식과 결합되어, 후자의 범주에 포함된 장애인들의 인권 및 공민권에 대한 근본적 공격으로 이어지게 될지 모른다. 우리는 '일할 수 있는 자에게는 노동을, 일할 수 없는 자에게는 안전망을'이라는 정부의 슬로건에 따라, 장애인에 대한 태도의 양극화가 증가하는 것을 목도하게 될지도 모른다. 그리고 이는 다시 지구화된 노동시장에 적응할 수 있는 자에 대한 더 큰 '관용'과, 그럴 수 없다고 인식되는 자에 대한 불관용의 강화로 전환될지 모른다. 장애인의 단체와 정신보건 서비스 이용자/생존자users/survivors 단체는 후자의 그룹을 감축하거나 근절하기 위한 유전적 해결책에 대한 강조가 증대하지 않을까 우려하고 있다.

이러한 상황은 장애인 그리고 장애인의 단체들에게 있어서 지구화에 대한 그들 자신의 비판을 발전시키는 것을 한층 더 중요한 과업으로 만들고 있는데, 이는 그러한 비판의 발전이 장애에 대한 더 진전된 이해뿐만 아니라 그러한 이해를 동시대적으로 표현할 수 있는 새로운 전략의 발전에 대한 기반이 되기 때문이다. 지구화는 인간의 통제 바깥에 있는 힘이 아니다(비록 몇몇 정부는 이러한 가정을 부추기고 있지만 말이다). 오히려 그것은 인간관계의 양상──우리 모두가 그것의 형성에 저마다 이해관계를 지니고 있는──의 새로운 국면 중 일부일 뿐이다.

11장 / 변화하는 세계 속에서의 장애, 시민권, 권리

마샤 리우

> 희생자들과 공동체들이 겪은 고통에 대한 최선의 보상──그리고 그들
> 의 노력에 대한 최상의 인정──은 우리 사회를 그들이 얻고자 투쟁했던
> 인권이 생생히 실현되는 곳으로 변환시켜 내는 것이다.
> 넬슨 만델라, 『시빌라이제이션 매거진』, 1999년 6월

> 그때 같을 수 있는 권리……와 다를 수 있는 권리……는 서로 대립되
> 지 않는다는 생각이 떠올랐다. 오히려 반대로, 기본적인 시민적·정치적·
> 법적·경제적·사회적 권리라는 측면에서 같을 수 있는 권리가 문화·생활
> 양식·개인적 우선사항이라는 영역에서 선택권을 부여함으로써, 다름의
> 표현에 대한 토대를 제공하는 것이었다. 다시 말해서, 다름이 불평등·종
> 속·불의·주변화를 지속하기 위한 목적으로 사용되는 것이 아니라면 양
> 자의 권리는 대립되지 않는다. 알비 삭스,[1] 『21세기의 인권』

1996년에 [이브Eve 사건에서] 캐나다 대법원은 의료적 불가피성 때문이
아니라면, 개인의 동의 없이 누구에게도 합법적으로 불임수술을 시행
할 수 없다고 판결했다. 캐나다에는 장애인을 대신하여 제3자(부모, 최
근친자, 공인수탁자public trustee나 시설 책임자)가 비치료적 불임수술에
동의하는 것을 허용하는 법이 존재하지 않는다.

　이 판례는 인권과 평등이 장애인에게 무엇을 의미하는가에 대한 법
적·사회적 한도를 정하는 것을 가능하게 했던 일련의 소송 사건들 중
최초의 것이었다. 다른 나라들에서의 유사한 소송 사건들은 장애에 대
해 캐나다의 판례와 대조적인 견해를 제시하며, 또한 인권이 실제로 무

1　넬슨 만델라에 의해 1994년에 임명된, 남아프리카공화국 헌법재판소의 재판관이다.──옮긴이

엇을 의미하는가, 자선과 권리 박탈이라는 관념이 얼마나 광범위하게 장애에 덧붙여져 있는가에 대해 개괄적인 상황을 파악할 수 있게 해준다. 그리고 이러한 소송 사건들은 어느 경우에 장애인이 권리를 행사할 수 있는지, 그리고 어느 경우에는 통상적인 규칙·규범·기준·관습들이 시민권의 동등한 혜택을 다른 사람들처럼 장애인에게도 부여할 것을 요구하지 않는지에 관한 경계를 설정한다. 이 글이 다루려는 내용은 주요 이슈들 —— 불임수술, 수화 통역 등 —— 과 관련된 소송 사건 자체는 아니다. 오히려 이 글은 법률, 사회 이론, 장애 간의 상호작용에 대한 사례 연구라고 할 수 있다. 권리의 촉진, 시민권의 부여, 퍼터널리즘적 보호 간의 긴장이 이러한 소송 사건의 기저에 놓여 있는 것이다.[2]

이브 사건에서 캐나다 법원은 국친사상國親思想, parens patriae[3]에 근거한 권한을, 그리고 책임의 자선적이고 퍼터널리즘적인 영역을 제한했다. 그리고 아이를 낳을 권리 ——즉 출산권——는 기본적인 것이라고, 취약한 이들을 보호할 국가의 의무나 장애에 근거하여 기본적 권리를 제한하는 국가의 권한은 이에 의해 다시 제한된다고 주장했다. 그렇지만 동일한 시기에 영국에서 상원은 이브 사건에서의 판결을 인정치 않았으며, 지적장애를 지닌 17살 소녀 B의 유사한 상황에 대해 '최선의 이익'이라는 판단 기준을 적용했다.[4] 상원은 불임수술이 그녀에게 최선

---

2 Marcia H. Rioux, "Sterilization and Mental Handicap: A Right Issue", *Journal of Leisurability* 17, 1990, pp.3~11.

3 국가는 모든 국민의 보호자이고, 따라서 보호자가 없거나 보호자가 있더라도 제대로 된 보호를 제공할 수 없는 경우에는 국가가 보호의 책임을 갖는다는 사상으로, 주로 영미법계에서 소년법이나 후견인 제도와 관련한 법률의 원칙이 되고 있다. ——옮긴이

4 영국에서는 전통적으로 상원이 최고 법원으로서의 기능을 담당해 왔으며, 상원 의장이 국새(國璽)를 보관하는 최고직 판사인 대법관(Lord Chancellor) 직을 맡아 왔다. 2003년 6월 발표된 사법제도 개혁안에 따라 2009년 10월에 대법원이 정식으로 발족하였으나, 대법원의 대법관 12명은 초대직에 한하여 상원의원들로 구성되었다. ——옮긴이

의 이익이 되는 것이라 단정했고, 후견 신청에 대한 사실심[5] 판사의 승인을 지지했으며, 수술이 시행되도록 허가했다. 그 법원은 재생산권right to reproduce이란, 단지 어떤 개인이 자율권을 행사할 수 있는 경우에만 가치를 지닌다고 판결했다. 그들의 관점에서는 재생산권이 해당 사건의 소녀와는 무관했고, 특정한 경우에는 해롭기까지 할 수 있었으며, 어떤 상황이 그러한 경우에 해당하는지를 결정하는 것은 법원의 특권이었다. 그들은 지적장애를 바로 그러한 경우로 간주했다.

영국의 대법관인 헤일샴 상원의원Lord Hailsham은 국친사상적 관할권에 대한 캐나다 법원 판결문에서의 이야기들이 그에게 "극히 도움이 되기는" 했지만, 다음과 같은 사실을 확인했다고 진술했다.

비치료적인 목적을 위한 불임수술이 결코 허가되어선 안 된다는 그의[캐나다 대법원을 대표해서 판결문을 쓴 라포레스트LaForest 판사의] 결론은 전혀 설득력이 없으며, 후견 대상자들에게 있어서 가장 먼저 그리고 가장 중요하게 고려되어야 할 복지의 원칙과 완전히 상반된다.……성교와 출산 간의 인과관계, 임신의 본질, 출산에 수반되는 것을 알 수 없는, 그리고 모성을 형성하거나 아이를 돌볼 수 없는 어떤 개인에 대해 재생산의 '기본적 권리'를 이야기하는 것이 나에게는 전적으로 현실과 유리된 것처럼 보인다. (『B 사건에 관하여』, 1987)

---

5 소송 사건에서, 법률 문제뿐만 아니라 사실 문제까지도 심리하고 판단하는 심급을 사실심이라 하며, 법률 문제만을 판단하는 심급을 법률심이라고 한다. 한국에서는 일반적으로 제1심(지방법원)과 제2심(지방법원 항소부 및 고등법원)이 사실심이며, 제3심(대법원)이 법률심이다. 그러나 예외가 인정되므로 사실심과 법률심의 구별이 심급의 구별과 반드시 일치하지는 않는다. —옮긴이

라포레스트 판사는 캐나다 법원을 대표하여 다음과 같이 썼다.

개인의 동의 없는 비치료적 불임수술로부터 초래될 어떤 사람의 권리에 대한 중대한 침해와 일정한 신체적 손상은, 그 수술로부터 발생할 수 있는 매우 의심스러운 이점들과 비교되었을 때, 그러한 수술이 해당 개인을 위한 것이라고 결코 확실히 단정될 수 없다는 사실을 나에게 납득시켰다. 그러므로 국친사상적 관할권하에서 비치료적인 목적을 위한 불임수술이 결코 허가되어서는 안 된다.

브리지 상원의원Lord Bridge은 [권리의 침해나 신체적 손상의 발생이라는] 사실 여부를 두고 이브 사건의 판결문을 논박하지는 않았지만, 캐나다 법원에 의해 제안된 권리의 본질에 대해서는 비판적이었다. 그의 비판은 단정적이면서 동시에 문제의 또 다른 측면을 드러내 준다.

실례가 될 수 있겠지만, 나에게는 이러한 포괄적인 일반화가 전혀 도움이 되지 않는 것처럼 보인다. 그 법원이 그녀에게 최선의 이익이 되더라도 피후견인의 불임수술을 결코 허가할 수 없다고 말한 것은 명백히 잘못된 것이다. 만일 '비치료적인' 것에 반대되는 것으로서 '치료적인' 것이라면 수술을 허가할 수 있다고 말하는 것은, 그 수술이 피후견인에게 최선의 이익인가 아닌가라는 진정한 이슈로부터 주의를 딴 데로 돌리게 한다. 그리고 '치료적인' 것과 '비치료적인' 것 사이에 어디에서 경계선이 그어져야 하는가에 관한 논쟁으로 이슈를 전환시킨다.

그는 캐나다 대법원이 권리에 대해 분석한 내용을 기각하면서, 이러한 분석의 맥락 내에 존재하는 권리의 무의미함에, 그리고 잠재적으로 초래될 수 있는 해악에 초점을 맞추었다. 그는 다음과 같이 진술하면서 캐나다 대법원의 주장을 일축했다.

『이브 사건에 관하여』 5쪽에서 캐나다 대법원은 …… '아이를 낳을 중요한 권리'에 대해 언급한다. [이] 소송사건에서 애석한 사실은 …… 피후견인에게 고통을 안겨 주고 있는 정신적·신체적 핸디캡이 사실상 그녀로 하여금 그러한 권리를 행사하거나 누릴 수 없도록 만든다는 것이다. …… 그 사실을 인도적으로, 동정심을 갖고서, 객관적으로 검토한 누군가가 어떻게 다른 결론에 이를 수 있는지를 나로서는 이해하기 어렵다.

올리버 상원의원Lord Oliver은 이브 사건의 판결문을 해당 여성의 최선의 이익이 주된 관심사가 되어야 한다는 생각에 도전하는 것으로 해석했다. 그는 다음과 같이 적고 있다.

그의(라포레스트 판사의) 결론은 국친사상적 관할권하에서 비치료적인 목적을 위한 불임수술이 결코 허가되어서는 안 된다는 것이다. 만일 그 결론 내에서 '비치료적인'이라는 표현이, 그러한 관할권하에 있는 개인에게 닥칠 장래의 해악으로부터 필수적인 보호를 위해 취해져야 할 조치의 배제를 의도한 것이라면, 나는 정중하게 …… 그 표현에 반대한다. 왜냐하면 그것이 나에게는 해당 관할권 행사에 대한 유일하고도 가장 중요한 기준, 즉 피후견인의 복지와 이익을 부정하는 것처럼 보이기 때문이다.

캐나다 대법원 판례에 대한 영국 상원의 비판은 권리와 시민권이 장애와 관련될 때 과연 무엇을 의미하는가를 이해하는 데 있어서 중요하다. 양국의 법원은 장애인의 불임수술이라는 문제를 전혀 다른 관점에서 다루었고, 이는 완전히 상이한 판결로 이어졌다. 캐나다의 법원은 그 문제를 권리와 평등의 관점으로부터 접근했다. 반면 영국의 법원은 그것을 복지 이슈로 개념화했으며, 법원의 적법한 판결과 후견 신청의 승인에 대한 기반으로서 '최선의 이익'이라는 법적 개념 내에서 해답을 찾아냈다.

캐나다 법원이 보호되어야 한다고 주장했던 권리는 아이를 낳을 수 있는 자연권이었다. 이러한 권리가 그 법원의 판결에서는 개인의 동의 없이 불임수술이 시행될 수 있도록 하는 권한보다 우선했던 것이다. 그들의 주장은 불임수술 자체가 비치료적 본질을 지닌다는 견지에서 구성된다. 즉 그들의 주장은 비치료적인 의료적 처치에 관한 통상적인 법적 담론과 부합된다. 이에 반해서 영국 법원은 그러한 권리 자체를 의문시했다. 그들은 출산권이 그것을 실제로 행사할 수 있는 능력에 의존하는, 하나의 제한된 권리라고 주장했다. 만일 그들이 말하는 바대로 출산권이 단지 그것의 행사 능력을 타당하게 입증할 수 있는 사람에게만 한정되는 것이라면, 그들은 당연히 그 권리의 기반이 되는 필수요건의 충족 여부를 결정할 수 있는 권위를 지닌 관계 당국에 의해 출산권이 박탈 가능하다고 주장할 수 있다.

캐나다 법원은 불임수술이 결정되는 맥락을 인식하고 있었다. 그것은 일정한 가치 기준의 문제임이 판결문 내에 아래와 같이 적시되어 있었던 것이다.

'정신적 무능력자'를 대상으로 한 불임수술의 신청에 최대한 조심스럽게 접근해야 하는 또 다른 이유들이 존재한다. 우선 그러한 결정은 우리 사회의 역사가 우리의 통찰력을 흐리게 하면서 많은 이들로 하여금 정신적 장애인을 얼마간 인간에 미달하는 존재로 인식하게끔 조장했던 영역들 내에서의 가치 기준을 내포하고 있다. 이러한 태도는 그 영향력이 미국뿐만 아니라 이 나라에서도 감지되는, 이제는 신빙성을 잃은 우생학 이론들에 의해 조성되고 부추겨져 왔다.

그렇기 때문에 그들은 어떤 권리가 그것을 행사하는 사람의 능력에 의존한다는 개념——관습적으로 그 외에 다른 방식으로는 이해되지 않았던 어떤 조건——을 의문시했다. 그러나 설령 어떤 권리를 그것의 행사 능력에 의존하게 하는 것이 정당하다 할지라도, 그 권리를 행사할 수 없는 선험적으로 명백한 계층이 존재한다는 가정에 기초하여 권리가 제한되는 경우라면, 이는 권리적 관점에서 정당화될 수 없다. 이 사건의 경우에, 이렇게 가정된 계층은 학습적 장애를 지닌 여성이었다. 여타의 시민들이 유사하게 미리 상정된/설정된 기준에 따라 그러한 권리를 행사할 수 있음을 증명할 수 없는 것으로 예견된다고 해서 권리를 제한한다면, 그 또한 당연히 정당화될 수 없을 것이다. 장애를 갖고 있지 않은 여성의 경우에는 "성교와 출산 간의 인과관계, 임신의 본질, 출산에 수반되는 것"을 이해하고, "모성을 형성하거나 아이를 돌볼 수 있어야 한다"는 요건 같은 게 존재하지 않는 것이다.

'피후견인의 복지와 이익' 그리고 '해당 여성의 최선의 이익'이라는 복지의 원칙은 캐나다 법원이 판단하기에는 논쟁의 여지가 많은 원칙이었다. 캐나다 법원은 '해당 여성의 최선의 이익'이 그 여성의 출산권이라는 측면에서, 그리고 국친사상에 근거한 권한의 한도 내에서 국가가 개입할 권한에 대하여 출산권을 어떻게 보호할 것인가라는 측면에서 인식되어야 한다고 주장했다. '최선의 이익'이라는 판단 기준이 비치료적인 의료적 처치에 요구되는 보다 엄격한 동의 절차를 대체할 수 있다는 영국 법원의 주장은 의료법 내 법리학의 오랜 역사를 무력화했다. 그리고 학습적 장애라는 꼬리표가 의료적 처치를 받는 개인에 대한 전통적인 법적 보호보다 우선적 고려사항이 될 수 있도록 하였다.

많은 국가들에서, 관습과 법률은 기본적 권리의 박탈에 대항하기에는 너무 취약하거나 무능력한 이들을 보호하는 위상을 지녀 왔다. 그러나 그러한 '보호'의 과정에서, 관습과 법률은 때때로 장애인들을 비장애 인구에게는 당연한 권리로 간주되는 재화·용역 및 기회에 대한 자격을 지녔음을 증명해야 하는 입장에 놓이게 한다. 그 결과 많은 장애인들에게 권리는 획득해야 할 특혜가 되고 만다. 권리를 '자선적 특혜'[6]로서 부여하는 이러한 법률 모델은 박애와 동정을 강조하고, 전문 지식인과 전문가의 의사결정을 통하여 통제가 실행되도록 했다. 권리를 부정하는 것에 대한 이론적 근거는 대개 해당 개인의 최선의 이익이라는 관점에서 논해졌다. 이러한 상황은 권리의 자격에 대한 근거와 관련하여 몇 가지 근본적인 질문을 제기한다. 그리고 당연히 권리를 행사할 수 있는 사람은 누구인지, 그리고 그러한 권리를 행사할 수 있는 선택권을 부여받기 위해 충족시켜야만 하는 기준은 무엇인지를 결정하기 위하여, 법률

6 Marcia H. Rioux, "Exchanging Charity for Rights: The Challenge for the Next Decade", *British Institute of Learning Disabilities* 89, 1993, pp.1~8; Marcia H. Rioux, "Towards a Concept of Equality of Well-being: Overcoming the Social and Legal Construction of Inequality", *Canadian Journal of Law and Jurisprudence*, 1994, pp.127~147.

적 권한이 전문가에게 주어진다. 장애인의 경우라면, 그러한 결정은 특정 장애에 관한 '전문가'의 지식에 맡겨지게 될 것이다.

장애에 관한 법률과 법리학은 그 특성상, 장애인에 대한 과거의 차별적인 대응의 인식을 포함하여, 사회적 사실들의 고려에 대한 인식틀을 설정한다. 그러므로 소송 사건과 그에 대한 논쟁 — 예를 들어, 서로 대조되는 이브 사건과 B 사건에서처럼 — 은 장애인에 대한 인권 및 시민권의 의미와 현실을 명확히 하는 데 집중할 수 있도록 돕는다. 그러한 소송 사건과 논쟁은 적어도 몇몇 지역과 일부 법조계에서는, 권리의 행사에 대한 유일 기준으로서 손상을 넘어 나아가기 위한 시도가 존재함을 시사한다.

다른 나라들의 법원과 입법부 또한 권리를 어떻게 실행시킬 수 있는지, 장애가 고려의 일부분이 되었을 때 인권과 시민권이란 무엇을 의미하는지에 대해 고심하고 있다. 장애인으로 식별되지 않은 장애인이나 비장애인에 대해서는 이러한 이슈들의 해법이 장애인과 동일한 방식으로 다루어질 사안은 아니라고 이야기되어 왔다. 바로 이곳이 경계지대margin에서의 문제가 인권과 시민권의 행사에 있어서 중심적인 것이 되는 지점이며, 장애에 근거하여 어떻게 권리가 침해되고 시민권의 행사가 제한되는지 명확해지는 장소이다.

호주에서 있었던 유사한 소송 사건에서(『매리언Marion 사건』, 1992), 법원은 불임수술이 의료적 이슈 그 자체에 관한 것은 아니며, 오히려 젠더의 이슈이고 장애 차별의 문제라는 것을 인정했다.[7] 법원은 매

---

7 S. Brady, J. Britton and S. Grover, *A Report Commissioned by the Sex Discrimination Commissioner and the Disability Discrimination Commissioner at the Human Rights and Equal Opportunity Commission*, Sydney, 2001.

리언 사건에서 친권親權의 범위가 특수한 의료적 시술에까지 미치는 것은 아니며, 아동의 불임수술은 모든 경우에 있어서 사법적인 또는 준사법적인 허가를 필요로 한다고 판결했다.

그 법원은 이러한 유형의 의사결정에서 높은 수준의 책임이 요구됨을 분명히 하기는 했다. 그렇지만 의사결정을 위해 가장 중요한 원칙으로 '해당 아동의 최선의 이익'을 언급하면서, 그 이슈를 아동의 신체 보전권과 가족의 이해관계 및 아동복지적 접근 간에 균형을 잡는 문제로 표현했다. 이 소송 사건에서 사회적 이슈와 도덕적 이슈 간의 균형이라는 관점은 영국 법원의 판결 및 캐나다 법원의 판결 양자 모두와 구별된다고 할 수 있다.

그에 따른 결과는 언제 불임수술이 정당화될 수 있는가의 결정에 대한 개별적인 사례별 접근법이었다. 불임수술에 대한 법원의 허가 요건은 "지적장애인의 돌봄에 대한 서로 다른 경험을 지닌 이들로부터, 그리고 불임수술의 장기적인 사회적·심리적 영향에 대한 경험을 지닌 이들로부터 의견 청취를 의무화한다"(『매리언 사건』, 1992, 259쪽).

고등법원은 불임수술을 허가하는 법원이 따라야 할 지침을 규정했다. 그 지침은 다음과 같다.

- 법원이 불임수술을 허가할 것인지를 고려하는 데 있어 쟁점은, 특정 아동이 처한 제반 상황 내에서 그 수술이 해당 아동의 최선의 이익 안에 있는가이다. (『매리언 사건』, 1992, 259쪽)
- 불임수술은 "어쩔 수 없는 어떤 정당한 사유가 확인되거나 입증되지" 않는 한 결코 허가되어선 안 된다. (『매리언 사건』, 1992, 268쪽)
- 불임수술이 어떤 아동의 최선의 이익 내에 있다는 견해에 이르기 위

해서는, 법원은 불임수술이 "최후의 수단"으로 취해진 조치임을, 다시 말해서 "대안적이고 덜 외과적인 시술들이 모두 실패했거나, 또는 다른 어떤 시술이나 처치도 시행될 수 없다는 것이 분명함을" 확신해야 한다. (『매리언 사건』, 1992, 259~260쪽)

상당 정도, 호주 고등법원은 과거의 차별적 관행에 내재된 정책들이 장애와 결부되어 있었음을 인정했으며, 불임수술을 20세기 초반 우생학 운동의 역사를 포함하는 광범위한 맥락 내에서 파악하였다. 신체 보전이라는 근본 원칙은 다른 이들과 마찬가지로 장애인에게도 동등한 중요성을 갖는 것으로 인정되었으며, 그에 따라 장애인의 동등한 가치와 시민으로서의 자격 역시 본질적으로 인정되었다. 호주 고등법원은 가족의 프라이버시와 자율성이라는 전통적 관념을 지키기 위하여, 아동의 신체 보전권과 가족의 이해관계 간에 균형을 잡고자 했다.

그렇지만 호주 고등법원은 여전히 아동의 최선의 이익을 의사결정에 있어서 최우선의 원칙으로 판단했다. "어떤 논평가들은 [이러한 판단이] 불임수술 문제에서의 의사결정에 있어 기본적 인권에 기초한 접근을 뒷받침하는 것으로 간주했고, 반면에 다른 이들은 퍼터널리즘적인 아동복지적 접근을 뒷받침하는 것으로 여겼다."[8] 어쨌든 이러한 입장이 아동에게 영향을 미치는 구체적 결과에 있어 불일치의 가능성을 지닌다는 것에서는 전반적 합의가 존재한다.

8 Brady, Britton and Grover, *A Report Commissioned by the Sex Discrimination Commissioner and the Disability Discrimination Commissioner at the Human Rights and Equal Opportunity Commission*, p.7.

시민권

이러한 소송 사건들은 시민권과 이에 수반되는 권리라는 개념이 장애인의 경우 어떻게 적용되어 왔는가를 이해할 수 있는 하나의 경로를 제공한다. 시민권은 한 사회 내에서의 완전한 멤버십과 통합에 대한 조건을 결정한다. 시민권의 의미는 해당 공동체의 정의定義[즉 그 공동체가 한정되는 범위]와 통합 및 배제의 조건들——즉 누가 어떠한 조건 아래서 공동체에 속하게 되는가——을 암시한다. 따라서 시민권에 대한 요구는 멤버십——누가 포함되고 누가 배제되는가의 결정——에 대한 요구로 간주될 수 있다. 시민권의 경계를 설정하는 것은 곧 시민의 권리와 책임이 무엇인지, 그리고 국가 책임과 개인 책임 양자의 요소들은 무엇인지 그 틀을 설정하는 것이다. 역사적으로 시민권의 경계는 어떤 국가와의 관계를 공유하고 있는 개인들 간의 관계를, 그리고 개인과 국가 간의 관계를 결정했다.[9] 비록 시민권에 대한 많은 정의들이 공통성을 지니고 있기는 하지만, 보편적으로 합의된 시민권의 개념은 존재하지 않는다. 이 글의 목적에 있어서 하나의 유용한 정의는, 시민권을 권리와 책임, 접근권, 소속이라는 세 가지 보완적 차원들을 따라 형성되는 역동적인 관계로 제시한 것이다.[10] 윌 킴리카Will Kymlicka와 웨인 노먼 Wayne Norman은 권리와 소속이라는 두 가지 차원의 접근법을 사용했다.[11] 토머스 마셜Thomas H. Marshall은 개인들에게 부여되는 공민권civil

9 Jane Jenson and Martin Papillon, *The Changing Boundaries of Citizenship: A Review and a Research Agenda*, Ottawa: The Canadian Policy Research Networks, 2001.
10 Jane Jenson and Susan Phillips, "Regime Shift: New Citizenship Practices in Canada", *International Journal of Canadian Studies* 14, 1996, pp.111~136.

rights(언론·이동·종교·결사의 자유, 계약을 맺을 권리, 적법 절차에 대한 권리)과 정치권political rights(선거권과 피선거권)에 더하여, 시민권은 또한 개인들에게 사회적·경제적 안전을 권리로 누릴 수 있는 지위를 부여한다는 관념을 도입했다.[12] "사회적 시민권은 사회의 제도들 내에 통합되고, 기본적 필요를 충족시키고, 필요할 때 돌봄을 받고, 능력을 발전시키고, 사회에 기여할 수 있는 개인의 권리를 인정해 주는 하나의 지위로서 제시되었다."[13] 이러한 사회권social rights은 교육권, 주거와 보건 서비스에 대한 접근권, 소득보장과 같은 권리들을 포함한다.

시민권은 국가가 개인들을 대하는 방식에서의 평등뿐만 아니라, 시민들 간의 평등을 상정한다. 시민들은 권리에 있어서 평등하다고 간주된다. 요컨대 국가는 권리와 책임이 모든 시민에게 동등하게 적용될 수 있도록 만듦으로써 평등을 보장한다. 그런데 사회권을 보장한다는 것은 형식적 평등(평등한 대우) 이상의 것을 요구한다. 그것은 실제적 평등 — 즉 결과의 평등 — 을 요구한다.[14] 시민권의 구성 요소로서 권리와 책임은, 그러한 권리와 책임이 실현되는 것을 보장할 수 있는 어떤 수단을 반드시 수반해야 한다. 그것들이 공허한 권리가 되지 않게 하고자 한다면 말이다. 사회의 제도들, 즉 정치 제도들과 학교·노동시장·보건의료와 같은 사회 제도들 양자는 그러한 권리의 실현을 보장할 수 있

---

11 Will Kymlicka and Wayne Norman, "Return of the Citizen: A Survey of Recent Work on Citizenship Theory", ed. Ronald Beiner, *Theorizing Citizenship*, Albany, NY: State University of New York, 1995, p. 283.

12 Thomas H. Marshall, "Citizenship and Social Class", ed. Thomas H. Marshall, *Sociology at th Crossroads and Other Essays*, London: Heinemann, 1963.

13 Roeher Institute, *Social Well-being: A Paradigm for Reform*, Toronto: Roeher Institute, 1993.

14 Rioux, "Towards a Concept of Equality of Well-being: Overcoming the Social and Legal Construction of Inequality".

어야만 한다.

시민은 또한 참여할 수 있는 권리와 능력 양자를 지녀야만 한다. 장애인은 양쪽 모두가 결여되기 쉽다. 타고난 능력을 상정하고, 보호라는 명분 아래 퍼터널리즘이라는 법적 개념을 활용하는 법률적 구조의 결과로 인해 장애인은 권리가 결여된다. 장애인에게는 권리가 자선으로 대체되어 있는 것이다.[15] 획일적인 설계로부터 연유하는 법적·사회적·물리적 장벽, 그리고 국가 및 지역사회가 장애인에게 제공하는 지원의 결핍으로 인해 참여할 수 있는 능력 역시 제한된다.

시민권의 세번째 구성 요소인 소속이라는 요소는 통상적으로

특정한 정치적 공동체의 일원임을 가리키며, 그 결과 그 공동체의 경제생활과 사회생활에 참여하고, 필요 시에는 공동체의 지원을 누리게 된다. 시민권은 그러한 정치적 공동체에 참여하고 공동체로부터 혜택을 얻을 수 있는 자격을 지닌 이들에게 명확한 인정과 지위를 부여하면서, 소속의 경계를 규정한다. 고대 그리스 시대부터, 시민이라는 지위는 공동체의 일원인 이들을 확인해 주었다. 이방인이거나 혜택을 누릴 자격이 없다고 간주되었기 때문에 공동체로부터 배제된 사람들로부터 그들을 구분해 주면서 말이다.[16]

장애인이라는 지위는 어느 곳에서나 거의 보편적으로, 누가 혜택을

---

15 S. Herr, "Rights into Action: Implementing the Human Rights of the Mentally Handicapped", *Catholic University Law Review* 26, 1977, pp. 203~318; Rioux, "Exchanging Charity for Rights: The Challenge for the Next Decade".

16 Jenson and Papillon, *The Changing Boundaries of Citizenship: A Review and a Research Agenda*, pp. 11~12.

누릴 자격이 있는가라는 윤리적 논거에 기반을 둔 시민권을 사람들로 부터 박탈하는 근거로 활용되어 왔다. 장애인이 보다 광범위하게 이용할 수 있었던 것은 시민권에 대한 요구보다는, 자해나 타인들로부터 가해지는 위해危害로부터의 보호와 어떤 서비스들에 대한 요구였다. 이것이 서구의 산업화된 국가들에서는 분명한 사실이었으며, 그곳에서 '원조를 받을 만한 빈민'이라는 지위는 얼마간의 자격 부여로 연결되었지만, 시민권이라는 지위의 행사로까지는 이어지지 않았다. 많은 소송 사건들에서, 서비스들에 대한 권리는 인정되지만, 여전히 시민권에 대한 권리는 인정되지 않고 있다. 영국 법원은 『B 사건에 관하여』에서의 결론에서 이러한 논리를 따르고 있었다. 그 이슈가 불임수술이라는 조치를 취하는 것이 최선의 이익이 되는 여성의 보호에 관한 것이기 때문에, 지적장애를 지닌 여성의 불임수술을 당하지 않을 권리를 고려할 필요는 없다고 주장했을 때 특히 말이다.

통합은 인구의 균질화를 말하는 것이 아니다. 그것은 분별적인 권리를 인정하는 것이며, 성취되어야 할 시민권과 권리를 위하여 차이가 수용되어야만 함을 인정하는 것이다.[17] 이 글에서도 또한 그러한 의미로 통합이라는 단어가 사용된다. 불임수술 소송 사건들은 시민권과 이에 수반되는 권리가 장애인에게 제한되어 왔던 방식들을 시사한다. 첫째, 경제적 지구화는 시민권과 여기에 수반된 권리를 제한하는 데 영향을 미쳐 왔다. 둘째, 권리는 규범적 기준과 관행에 의존하게 되었다. 이러

---

17 Martha Minow, *Making All the Difference: Inclusion, Exclusion and American Law*, Ithaca, NY: Cornell University Press, 1990; A. Sachs, "Human Rights in the Twenty First Century: Real Dichotomies, False Antagonism", eds. T. A Cromwell et al., *Human Rights in the 21st Century*, Ottawa: Canadian Institute for the Administration of Justice, 1996.

한 두번째 지점에 있어서, 온전한 시민권뿐만 아니라 어떤 제한된 형식의 시민권마저도 수반되지 않는 새로운 법적 지위가 등장해 왔다. 이와 같은 상황은 권리가 형식적 평등이나 동등한 대우에만 의존할 때, 또는 어떤 개인이 권리에 대한 자격을 부여받기에 앞서, 그러한 권리를 '책임 있게' 행사할 수 있는 능력의 기준치를 증명하는 것이 요구되는 곳에서 발생한다.

지구화

시민권이 담보하는 사회적 유대, 그리고 권리의 실질적인 행사가 지구화의 결과로 인해 도전받고 있음을 주장하는 문헌이 점차 증가하고 있다. 전 세계 자본주의의 구조적 재조정의 결과로 국가들이 점점 더 자율성과 자치성을 잃어 감에 따라,[18] 국제 통화 제도와 지구적 환율 정책, 국가에 대한 개인의 관계는 훨씬 더 불명확해지고 있다. 국가 정책들이 경제 및 민주주의의 발전에 있어서 덜 중심적이게 되면서, 시민권의 경계들과 현존하는 권리들은 더 이상 반드시 국가의 영향력 내에 있는 것으로 여겨지지지 않는다.

경제적 유효성과 효율성, 그리고 통화 위기의 관리가 국가적 우선 순위가 되어 감에 따라, 빈곤의 충격, 교육의 결핍, 경제적으로 기여할 수 없는 사람들의 사회적 고립과 방치를 사적 영역의 문제로 돌리는 것에 대한 광범위한 수용이 존재해 왔다. 그리고 이러한 상황은 장애인

---

18 Esping-Andersen, *Politics against Markets the Social Democratic Road to Power*; Inge Kaul, Isabelle Grunberg and Marc A. Stern, *Global Public Goods: International Co-operation in the 21st Century*, New York: United Nations Development Program, 1999.

에게 상당한 영향을 미쳤다. 이러한 맥락 속에서 점점 더, 장애 역시 사적 영역의 문제로 돌려지고 있다는 증거가 늘어나고 있다.[19] 축소되고 있는 공적 영역은 해당 국가의 사회생활·경제생활·정치생활에 참여하고 시민권과 권리를 행사하는 데 있어 어떤 어려움을 지니거나 제도적 개혁을 필요로 하는 사람들을 배제한다. 장애 이슈를 사적 영역의 문제로 돌리는 데 활용했던 바로 그 경제적 근거는 자본의 지구화에 있어서뿐만 아니라, 조직을 축소하고, 분권화를 실행하고, 채무 재조정debt restructuring[20]과 자유화의 문제를 다루려는 정부들에게도 정치적으로나 기능적으로 모두 유용한 것이 되어 왔다.

동시에 "공적 영역은 시장 기제를 공적 활동에 도입하기 위하여 그 방향이 재조정되어 왔다. 공적 영역은 또한 그 목표에 있어서도 변화를 겪었는데, 그렇게 변화된 목표는 이제 더 이상 공평함과 사회 정의의 가치들을 포괄하는 사회정치적 전망에 헌신하는 것이 아니다".[21] 효율성과 수익성이라는 더욱 협소한 전망들이 이전의 목표들을 대체해 버렸다. 그렇게 국가는 시민의 기본적 필요를 충족시켜야 할 자신의 책임을 독단적으로 내버렸다. 적자의 감축이 사회 정의와 기본적 권리보다 더

19 Marcia H. Rioux and Ezra Zubrow, "Social Disability and the Public Good", ed. Daniel Drache, *The Market and the Public Domain?: Global Governance and the Asymmetry of Power*, London: Routledge, 2001, pp.148~171.

20 새로운 채무 증서를 발행하여 기존에 발행된 채무 증서와 교환함으로써 채무의 만기를 연기하고 당장의 이자 지급 규모를 감소시키는 것을 말한다. 이러한 채무 재조정은 재정 상태가 나아지리라는 전제하에 채권자들의 동의를 얻어 이루어진다. —옮긴이

21 Dolly Arora, "Reorganisation of Institutional Space: State, Market and Public Domain", Conference on beyond the Post Washington Consensus: Governance and the Public Domain in Contrasting Economies—the Cases of India and Canada, Organised by the Institute for Studies in Industrial Development, Delhi, Roberts Centre for Canadian Studies, 2001, p. 23; Robert Kuttner, *The Economic Illusion: False Choices between Prosperity and Social Justice*, Boston: Houghton Mifflin, 1984.

큰 공공선公共善이라고 주장되는 것이다.[22] 이러한 책략 내에서는 개별적 자족이 하나의 가치 있는 경제적·문화적 상품으로서 득세한다. 그 결과 사회적 복리는 사실상 공익의 영역으로부터 사익의 영역으로 전환되어 버렸고, 사회적 활동들 ——건강, 교육, 주거, 직업, 고용보장 ——도 사적 영역의 문제로 돌려지면서 활동의 규범으로서 이윤적 동기를 받아들였다. 또한 이러한 변화를 정당화하기 위한 노력들이 계속해서 이루어지고 있다. 기본적 인권의 담론과 효율성 및 수익성의 담론을 흔히 호환적으로 활용하면서, 전자를 후자로 대체하는 것을 목표로 하는 정책들을 통해서 말이다. 이러한 관점에서는, 사회적 관심사들이 시장이나 국가의 경제적 과정을 방해해서는 안 된다.

이러한 변화가 효율성 자체는 증대시킬 것이다. 그러나 이러한 효율성이 만든 성과에 사회 구성원들이 접근할 수 있는가의 문제는 중요하게 고려되지 않는다. 접근권은 사회적 관심사가 아니라 개별적 문제로 규정된다.…… 많은 사회 문제들이 개별적 해결책이 요구되는 개별적 문제로 간단히 일축되고 마는 것이다. 실업은 기능 습득의 문제가 되고, 고용보장은 기능 향상의 문제로 치환되며, 보건과 교육은 더더욱 개인의 의식 개조라는 주제로 돌려지고 만다. 그에 따라 사회가 직면해 있는 문제들의 구조적 내용은 시장 기회market opportunities를 제외한 다른 모든 것들과는 무관한 것으로 취급된다. 이슈들의 재정의가 시장에 대한 정당성을 생성해 내자, 시장은 그 자체로 중요한 사회적 관심사가 되었다. 시장은 사회문제들에 답을 주리라 기대되지만, 이를테면 그것은

---

22 Kuttner, *The Economic Illusion: False Choices between Prosperity and Social Justice.*

이슈들의 시장적인 정의를 통해서, 문제의 개별화를 통해서일 뿐이다.[23]

건강은 시장 지향적 접근의 증대와 더불어 단순히 하나의 사업거리로 전환되기만 한 것이 아니다. 시장 지향의 과정 속에 내재된 것은 건강이 권리로서의 지위를 상실하는 것이다. 자유화의 가장 충격적인 영향은, 기본적 권리들조차 부정되는 것을 통하여 바로 이렇게 시민권의 의미 자체가 부정되는 것이다.[24]

1990년대의 경제 자유화와 개혁 프로그램은 실패했다.[25] 특히 경제 및 사회 정책을 통합적으로 바라보지 않았다는 점에서 말이다. 그리고 바로 이러한 점이 많은 문제들을 사회적 관심사라기보다는 개인적 문제로 재정의하게 만든 경향, 그리하여 사회적 관심사를 다루어야 할 국가의 책임조차 부정하게 했던 경향을 설명해 준다. 이는 장애인들에게 있어서 권리와 시민권의 행사에 중요한 영향을 미쳤으며, 그들은 경제 정책 지상주의에 의해 한층 더 공고화된 배제의 역사를 지니게 되었다.

권리가 존재하지 않는 시민들

권리란 단지 그것을 행사할 수 있는 능력을 증명할 수 있는 정도까지만 주어지는 것이라는 논거에 의해, 권리와 시민권이 장애인에게는 대개

23 Arora, "Reorganisation of Institutional Space: State, Market and Public Domain", p. 29.
24 ibid., p. 32.
25 Daniel Drache ed., *The Market and the Public Domain?: Global Governance and the Asymmetry of Power*, London: Routledge, 2001.

제한되어 왔다. 1970년대에 특별히 장애인을 위해 만들어진 UN 문서들은 권리를 '가능한 정도까지'로 제한한다는 조항을 포함시킴으로써 권리의 완전한 행사를 제한했다. 그 조항은 해당 권리를 행사할 수 있는 개인의 능력과 그러한 권리의 행사를 위해 지원을 제공할 수 있는 국가의 능력 양자 모두에 적용되었다. 구체적으로 「정신지체인의 권리 선언」 Declaration on the Rights of Mentally Retarded Persons(1971)과 「장애인의 권리 선언」Declaration on the Rights of Disabled Persons(1975)을 보라. 이것이 바로 정확히 『B 사건에 관하여』에서 드러나고 있는 영국 법원의 논거였던 것이다. 손상이 장애 그 자체의 소재지가 되어 장애가 하나의 영구적인 지위로 간주될 때, 그러한 권리의 제한에 대한 강력한 논거가 존재하게 된다. 그러나 장애가 사회적 구성물로 인식된다면, 즉 개인적 손상으로부터 기인하는 기능상의 무능력이 아니라 사회적 관계의 결과로 인정된다면, 시민권과 권리의 제한에 대한 논거는 유지될 수 없다.

평등은 관심의 초점이 '질환'이나 '손상'뿐만 아니라 활동과 참여에도 맞춰지는 것을 필요로 한다. [장애인들이] 존엄감과 존중심을 가지고 대해지지 않는 한, 그들을 통합할 수 있는 편의를 구체화하기 위하여 사회의 구조적 특징들이 변경될 희망은 거의 존재하지 않는다.[26]

구호를 받는 개인들에 대한 이러한 유형의 배제의 역사는, 예를 들

---

26 Melinda Jones and Lee Ann Basser Marks, "Valuing People through Law Whatever Happened to Marion?", eds. Melinda Jones and Lee Ann Basser Marks, *Law in Context* 17(2), special issue: Explorations on law and disability in Australia, Sydney: Federation Press, 2000, p.153.

자면 영국 「구빈법」하에서도 발견될 수 있는데, 그 법은 빈민을 시민권으로부터 배제했다.

> 「구빈법」은 빈민의 요구를 시민의 권리의 필수적인 일부로서가 아니라, 그러한 권리에 대한 대체물로서 다루었다. 즉 그 요구자들이 단어가 지닌 말뜻 그대로의 의미에서 시민이기를 중단했을 때에만 충족될 수 있는 요구로서 말이다. 빈민들은 구빈원에 억류됨으로써 개인의 자유라는 공민권을 실제로 박탈당했으며, 그로 인해 그들이 지녀야 했을 모든 정치권 또한 법률에 의해 박탈당했다.[27]

완전한 시민권은 자활할 수 있는 능력과 완전한 책임성을 요구했다. 영국 「구빈법」에서의 '빈민 구제' 대상자나 캐나다 및 미국과 같은 여타 국가들의 수급권자 자격에는 일정한 변화가 있어 왔지만, 많은 나라들에서 복지 관련 법률과 장애급여는 여전히 장애인들에게 그들이 영구적으로 일할 수 없음을 증명할 것을 요구한다(노동권의 제한). 또한 장애급여의 수급 조건으로서 지정된 주거 공간에서 살아갈 것과 그러한 국가급여를 제공하는 중개 기관을 통하여 일정한 사회 프로그램을 이수할 것을 요구한다(개인의 생활양식 선택권과 자기결정권의 제한). 장애급여의 지급 여부를 결정하는 방법으로서 자산 조사는 드문 일이 아니며, 그러한 자산 조사는 재산을 소유하고 시민권상의 여타 급여들을 받을 자격을 제한한다. 그 결과 장애가 고려되는 맥락에 따라 시민권상의 사회권이 장애인에게는 제한되어 왔다.

---

27 Marshall, "Citizenship and Social Class", p.88.

교육, 보건의료, 주거, 소득 지원과 같은 공적 서비스의 제공은 좀처럼 인권의 증진이라는 견지에서 사고되지 않았다. 제2차 세계대전 이후로 산업화된 민주주의 나라들에서는, 시민권에 속하는 하나의 권리로서 국민최저생활기준이라는 개념이 복지국가의 중요한 토대가 되어 오긴 했다. 그렇지만 장애인은 바로 그 장애인이라는 지위 때문에, (장애인에게는 별도의 서비스 체계가 확립됨에 따라) 다른 이들에게 제공되었던 이러한 서비스들 자체에 접근할 수 없거나, 또는 동일한 수준의 서비스들에 접근할 수 없었다. 장애인은 보편적 서비스의 지원 계획 내에 포함되지 않았으며, 서비스를 제공받는다 하더라도 권리가 존재하는 시민들의 합법적 경계 바깥에서 제공받았다. 그리하여 장애인에 대한 서비스는 시민들을 부양해야 할 국가적 임무의 일부로서가 아니라 자선적 혜택으로서 제공되었다. 통제되지 않는 무리한 재정 지출 요구가 경제 성장을 위협한다는 논리는 정부에 의해 서비스 제공을 재평가하는 기반으로, 어떤 경우에는 장애 자체를 재정의하는 기반으로 활용되었다. 또한 정부가 그러한 서비스들에 현행 수준의 공공 지출을 할 수 있는 능력이 없다는 것은 서비스 대상을 축소하는 논거로 활용되었다.

'비용 삭감론자들'cost-cutters은 사회적 시민권 개념이 자격이라는 요소를 포함하는 것이라고 주장했다.[28] 국가의 역할을 제한하고자 하는 이들 역시 마찬가지의 주장을 했다. 그들이 보기에 국가는 시민들로 하여금 혜택은 받지만 기여하지는 않도록, 노동력으로부터 이탈하도록, 기꺼이 사회부조에 의지해 살아가도록 조장하고 있었던 것이다. '비용

---

28 Michael Mendelson, "Social Policy in Real Time", ed. Leslie Bella, *Rethinking Social Welfare: People, Policy and Practice*, Newfoundland: Dicks and Company Ltd., 1993.

삭감론자들'은 책임이라는 개념을 시민권 내에 재도입하는 것이 반드시 필요하다고 주장한다. 이는 사회적 불이익을 점점 더 사적 영역의 문제로 돌리는 것으로 이어졌다. 이러한 주장이 불임수술에 관한 영국과 호주 법원 양자의 논법과, 장애인을 권리가 존재하지 않는 시민들로 변환시켜 내는 메커니즘의 근간을 이루고 있는 것이다.

그렇지만 경제적 배제와 빈곤이 시민권을 행사할 수 있는 개인의 능력에 악영향을 미친다는 인식이 점점 증대해 왔다. 그리하여 몇몇 나라에서는, 장애인들이 그들의 시민권을 행사하기 위해 필요한 지원들을 제공하고자 세금 지출이 요구되는 정책들을 시행해 왔다. 예를 들어, 「미국장애인법」(1990)은 장애인들도 접근 가능한 사회를 만드는 데 그러한 세금 지출을 강제한다. 여러 나라들에서의 인권법 또한 사회적으로 불리한 조건에 처해 왔던 사람들에게 보상을 제공할 수 있는, 그리고 그러한 시민들의 사회 참여를 가능하게 하기 위해 세금 지출이 수반되는 결정을 내릴 수 있는 조항을 두고 있다. 이러한 발전은 시민권상의 권리들을 행사할 수 있는 능력, 그리고 사회적 책임을 질 수 있는 능력 양자 모두를 향상시킨다.

시민권에서 사회 정책이 갖는 중요성에 대한 최근의 성찰은, 영국 수상 토니 블레어의 저서 『새로운 영국: 활기찬 국가를 위한 나의 비전』의 다음과 같은 진술을 통해 확인될 수 있다. "사람들은 생존의 시장에서 경쟁하는 고립된 경제적 행위자들이 아니다. 그들은 공동체의 시민들이다. 우리는 사회적 존재이다. 우리는 서로에 대한 그리고 우리 자신에 대한 개인의 책임이라는 도덕적 힘을 발전시켜야 한다."[29] 시민권상

29 Tony Blair, *New Britain: My Vision of a Young Country*, London: Fourth Estate, 1996, p.1.

의 완전한 권리들에 접근하는 데 있어서 배제와 빈곤이 지닌 중대성은 적어도 이론적으로는 인식되고 있다. 비록 장애인을 포함한 대부분의 주변화된 집단들에게 있어, 그러한 배제와 빈곤의 문제가 아직까지는 충분히 개선되지 않고 있지만 말이다.

어떤 권리의 행사와 관련하여 사람들을 시민이 아닌 존재로 선고할 수 있는 사회적·법적·정치적 기제가 존재할 때, 시민권상의 권리들이 지닌 허구성이 드러난다. 경제적 이유이든 다른 어떤 이유이든 간에, 실질적인 접근성이 특정 집단에 대한 참여의 수준을 제한할 때, 그러한 허구성이 또한 드러난다. 자신의 시민권을 행사할 수 있기를 기대하고 있는 장애인들은 이러한 양자의 상황 모두에 직면해 있다.

사회권을 지구화하기

지구화의 경향과 권리가 존재하지 않는 시민 계층에 대한 법률적-사회적 인정 양자는 장애인의 시민권 행사에 영향을 미쳐 왔다. 그 결과 보통 다른 이들에게는 부여되는 시민권과 권리들이 장애인에 대해서는 부정되었다. 이러한 상황은 장애인의 참여를 가능하게 하려는 모든 구조 조정의 시도들에 대한 점잖은 무시와 체계적 부정을 통해, 그리고 무능력에 대한 규범적·법률적 가정들——결국 자선적 원조로 이어지게 되는——의 지속을 통해 발생해 왔다.

시민권 제한을 초래하는 이러한 접근 방식에 대한 하나의 대안은, 입증될 수 있는 권리 침해의 범위와 정도에 관한, 그리고 이러한 권리 침해가 사회적·경제적 발전에 미치는 영향에 관한 개념들을 도입하는 것이다. 이러한 개념들이 도입된다면, 현재의 위기란 경제적 위기가 아니며, 사회 정의의 위기, 평등의 위기, 공정함의 위기이다. 이러한 개념의 도입은 왜 어떤 사람들은 그렇게 많이 소유하고 어떤 이들은 그렇게 적게 소유하는지, 왜 권력은 단지 극소수 사람들이 장악하고 있는지, 왜 일자리는 피부색이나 인종, 장애 여부에 의해 결정되는지, 왜 배움은 사람들을 경제적 주체나 기여자로만 평가하는 과목들에 집중되는지 등의 질문에 이르게 된다. 이러한 질문들이 제기되었을 때, 사회적 지속 가능성이라는 문제가 경제적·환경적 지속 가능성이라는 이슈와 마찬가지로 중요하다는 것이 명백해진다.

1948년에 UN이 제정한 「세계인권선언」Universal Declaration on Human Rights에서 인권의 한도 내에 사회권을 포함시킨 것은 하나의 중요한 발전이었다. 마이클 이그나티에프Michael Ignatieff는『권리 혁명』 *The Rights Revolution*에서 다음과 같이 평가했다.

> [「세계인권선언」은 ─ 옮긴이] 국가주권national sovereignty과 개인의 권리 간의 균형 관계를 바꾸어 놓았다. 그 선언과 더불어, 국가가 악행에 관여했을 때는 개인의 권리가 국가의 권리보다 우위에 놓이게 되었다. 이는 그동안 발생해 왔던 모든 변화들 중 가장 혁명적인 것이라 할 수 있다.……한 해 한 해가 지나갈수록, 우리는 주권의 정당성이 시민들의 기본적 인권에 대한 적절한 보호를 조건으로 하는 새로운 체제에 좀더 가까이 다가서고 있다.[30]

「세계인권선언」은 사회권──인간의 존엄성과 공동체 내에 통합되

---

30 Michael Ignatieff, *The Rights Revolution*, Toronto: House of Anansi Press, 2000, p.49.

어 있다는 느낌을 보장할 수 있는, 기본적 최저생활기준에 대한 모든 개인의 권리[31]——의 지구화를 인정하는 데 있어서 그 출발점을 제공했다. 「세계인권선언」의 비준과 이행 체계가 임의적이라는 사실에도 불구하고, 그것은 분명히 지구적인 사회헌장이다. 「세계인권선언」은 국가의 사회 정책을, 사회권의 확립을 목표로 한 일련의 국제 규범 및 기준, 계획, 개발에 초점을 맞추도록 한다. 여기서 사회적·경제적 정책이 갖는 잠재력은 인적 자본의 활성화 및 그에 따른 경제 성장에 기여할 수 있는 사회적 투자로 인식된다.

2개의 주요한 UN의 규약, 「시민적·정치적 권리에 관한 국제규약」 International Covenant on Civil and Political Rights, ICCPR과 「경제적·사회적·문화적 권리에 관한 국제규약」International Covenant on Economic, Social and Cultural Rights, ICESCR은 전 세계적인 인권의 진전을 위한 인식틀을 확립했는데, 이는 각 국민국가 내에서 일단의 보편적 규범들을 구체적으로 제도화하는 것을 목표로 했다. 이러한 2개의 규약은 1966년에 UN에 의해 채택되었다. 그 규약들이 발효되기 위한 최소 기준인 35개국의 비준을 받는 데는 또 다시 10년이 걸렸다. 그 규약의 준수 여부에 대한 감독 체계가 구축된 것은 1980년대 말이 되어서였다. 1999년이 되자 UN의 회원국들 중 약 3/4(185개국 중 141개국)이 ICESCR을 비준했다. 지구적 사회권이라는 개념은 인간이라면 반드시 권리로서 충족되어야 할 어떤 근본적인 기본적 필요가 존재한다는 관념을 전제한다.

---

31 Ramesh Mishra, "Globalizing social rights", Conference on beyond the Post Washington Consensus: Governance and the Public Domain in Contrasting Economies—the Cases of India and Canada, Organised by the Institute for Studies in Industrial Development, Delhi, Roberts Centre for Canadian Studies, 2001.

ICESCR의 채택 및 비준과 더불어 전 세계는 사회권의 공고화를 향해 나아가기 시작했다. 그렇지만 ICESCR의 이행은 한 국가의 물질적 부에 대한 고려를 수반한다. 그 규약의 보편적 효력은 개별 국민국가의 경제적 조건에 달려 있다. 요컨대 그 규약은 국가들이 열거된 권리들을 '점진적으로', 그리고 '가용 자원의 최대 한도까지'만 실현하게 될 것이라는 점을 인정한다. 이는 비록 개별 국가들의 경제적 발전 간에 존재하는 현저한 불균형을 인정하는 것 때문이기는 하지만, 그 규약은 그러한 점진성과 최대 한도의 산정이 이루어지는 방법을 확정할 수 있는 어떠한 메커니즘도 제시하지 않는다.

UN의 경제사회이사회Economic and Social Council, ECOSOC에 의해 임명된 전문가위원회expert committee는 ICESCR의 준수 여부를 감독한다. 일반 논평 No. 5(1994)에서, 전문가위원회는 "적어도 그 권리들 각각에 대한 필수적인 최소 수준의 충족을 보장하기" 위하여 ICESCR하에서 지켜져야 할 핵심적 의무들을 명시했으며, 이러한 의무의 이행이 비준국들에게 부과되었다. 이러한 핵심적 의무들에는 필수적인 식량, 필수적인 1차보건의료primary health care, PHC,[32] 기본적인 주거지와 주택, 기본적인 교육이 포함된다. 그러나 그 일반 논평 내에서는 '필수적인' 그리고 '기본적인'이라는 말이 의미하는 바를 명확히 하고 있지 않다.

---

32 과학기술의 진보와 함께 의학도 놀라운 발전을 이루어 냈지만, 다른 한편으로는 세계 인구의 절대 다수가 기본적인 현대 의료의 혜택을 받을 수 없고 음료수와 식량조차 충분히 얻지 못하는 등 문제점이 지적되면서 제기된 보건의료 영역에서의 실천적 이념과 활동을 말한다. WHO는 이러한 흐름 속에서 1차보건의료 보급·추진 운동을 벌이게 되며, 1978년 카자흐스탄 알마아타에서 WHO와 유니세프(UNICEF)가 개최한 1차보건의료 국제회의에서는 '2000년까지 모든 이들에게 건강을'이라는 슬로건하에 알마아타 선언(Alma-Ata declaration)을 채택하게 된다. 알마아타 선언은 1차보건의료의 조건으로서 ① 과학적이고 실제적인 방법과 기술의 추진 ② 개발의 정도에 따라 가능한 범위 안에서의 비용 부담 ③ 주민의 자주적 참가 등 세 가지를 강조하고 있다.—옮긴이

어떤 나라가 이러한 최소한의 핵심적 의무라도 지키기 위하여 합당하게 투자할 수 있는 것을 산정해 내는 방식도, 경제 선진국들에게 요구되는 가용 자원과 재정 지출의 정도를 결정하는 방식도 마련되지 않았다. 어떤 유형의 '자원의 제약'이 존재할 때, 그 규약의 이행 시 좀더 완화된 기준을 부여할 수 있는가라는 문제 또한 답변되지 않은 채 남아 있다.

이와 같은 제약들에도 불구하고, 이러한 국제조약 문서들은 사회권을 시민적·정치적 자유라는 전통적인 자유권과 동등한 위치에 올려놓았으며, 하나의 규범적 기준을 제시하여 모든 국가들이 이러한 실체적 권리들에 대한 그들의 책무를 이행하도록 하였다. 장애를 포함하여 어떠한 범주에 근거한 차별 없이 말이다. 이러한 문서들은 국민국가들의 사회 정책을 적어도 명목상으로는 국제 규범과 모니터링에 종속시킨다. 장애의 경우에 있어 이는 각별한 중요성을 지닌다. 왜냐하면 장애를 단지 해당 개인의 고유한 생물학적·의료적 이상으로부터 기인하는 제한된 상태로 상정하는 전통적 견해들은, 권리와 시민권에 대한 제한을 포함하여 차별의 문제를 개별화하기 때문이다. 이러한 장애 차별 문제의 개별화는 여러 국가들에 걸쳐 나타나는 현상이다. 개별 국가들의 사회 정책은 일반적으로 개인적인 병리 상태로서의 장애 개념에 기반을 두고 있으며,[33] 장애인의 무능력을 학문적으로 합리화하는 것에 의해 정당성을 획득한다. 장애 영역에서 국제 비정부기구들의 원조 활동뿐만 아니라 양자간·다자간 원조가 지닌 커다란 중요성은, 개발도상국 내에서도 원조 기금이 지원되는 특정 유형의 프로그램들에 의해 서구의 전

---

33 Oliver, *The Politics of Disablement*; Marcia H. Rioux, "Disability: The Place of Judgement in a World of Fact", *Journal of Intellectual Disability Research* 41, 1997, pp.102~111; Barnes, "Disability Studies: New or Not So New Direction?".

통적인 장애 개념을 공고히 하는 것으로 귀결되었다. 어떤 경우들에 있어서, 이러한 원조는 제한된 시민권과 사회권이라는 개념을 뒷받침했다. 권리 모델보다는 오히려 자선과 사회개발 모델에 기초한 서비스와 시설들을 발전시킴으로써 말이다. 따라서 장애인의 인권과 시민권을 촉진하는 것은 국제 규범들의 옹호를 필요로 한다.

　장애인의 권리와 시민권 제한을 뒷받침하는 학문과 경제의 지구화가 공고해지면서, 사회권의 지구화에 대한 요구도 한층 더 뚜렷해졌다. 어떤 이들은 이러한 상황이 국민신분nationhood이 아니라 인격 personhood에 기초한 지구적 시민권의 개시를 앞당긴다고 주장한다.[34] 장애인들은 지금까지 장애인의 지위를 고정된, 변치 않는, 개별적인, 생의학에 기초한 것으로 규정하는 장애 정의에 속박되어 있었다. 그리고 또한 현행의 경제 환경 내에서 장애인의 권리와 시민권을 공고히 하는 것은 너무나 많은 비용이 소요된다고 정부들이 주장할 수 있도록 뒷받침하는, 그러한 학문적 개념들의 영향력에 속박되어 있었다. 이와 같은 정의와 개념들의 영향력에 속박되어 있었던 장애인들에게 있어서, 사회권의 지구화라는 상황은 중요한 함의를 갖는다. 그렇지만 이러한 얘기가 개인들이 반드시 지구적 권리에만 호소하고, 국가기구들 내에 존재하는 시민권의 혜택에는 의지하지 않게 된다는 것은 아니다. 학문이 지구화된다고 해도, 국가적 수준에서 강제될 수 있는 일련의 인권의 제도화가 반드시 존재해야만 한다. 그것이 국제 규범들의 수용에 대한, 그리고 그러한 규범 및 기준들의 국제적 모니터링에 대한 논거가 된다. 경

---

34 Jenson and Papillon, *The Changing Boundaries of Citizenship: A Review and a Research Agenda.*

제적·학문적 지구화가 어떤 계층들을 불균형적으로 불리하게 만든다면, 사회권 또한 지구화되고 모니터링 되어야만 한다고 주장하는 것이 합당하다.

정부들이 자원을 할당하는 방식은 시민권과 권리, 그리고 국가의 역할에 대한 그들의 해석을 반영한다. 사회권──즉 부여된 권리로서의 최저생활기준──의 발전과 보호는 사회 정의에 있어서 근본적인 것이다. 사회적 지구화는 어떤 새로운 개념이라기보다는, 오히려 경제적 지구화에 직면하여 갱신된 활력 및 명확함을 가지고 추구될 필요가 있는 개념이다. 장애인은 결코 사회권의 주류 내에 포함되지 않아 왔다. 전통적으로 장애인 관련 이슈들은 사회개발·자선·시혜의 문제로, 또는 그들에게 최선의 이익이 무엇인지 결정하는 문제로 치부되어 왔다. 그리고 경제적 자유화 및 지구화는, 어떤 이들에 대한 자유의 부정과 사회 참여의 제한을 통하여 그들이 배제되는 정도를 더 두드러지게 만들었다. 민주주의 내에서 정부가 자신의 시민들에게 약속했던 그러한 기본적 자유들은 장애시민들에 대해서도 또한 보장되어야만 한다.

제프 머서

들어가며

1960년대와 1970년대에 등장한 장애 이해의 대안적 개념들은 개인의 손상보다는 '장애를 만들어 내는 사회'가 일상의 사회생활로부터 장애인을 배제시키는 방식에 우리의 관심을 돌리게 했다. 1980년대 말이 되자, 장애인들은 사회적 장벽이라는 개념이 현행의 장애 연구에 대한 비판으로까지 확장될 수 있다고 주장했다. 이는 급진적이고 사회정치적인 장애모델을 보완하는 새로운 해방적 연구 패러다임의 발생으로 귀결되었다.

이 장에서는 특히 영국의 문헌들을 참조하여 해방적 장애 연구의 등장에 있어 핵심적인 이슈들을 검토할 것이다. 논의는 사회 연구의 경합하는 패러다임들을 약술하는 것으로 시작한다. 그리고 장애 연구 수행에 대한 급진적 접근법의 규정적 특징을 평가하고 있는 필자들에게 비판이론가들이 끼친 형성적 영향력을 조명한다. 그다음에는 이론을 정립하는 것에서 장애 연구의 결과물을 이해하는 것으로 넘어갈 때 제기되는 이슈들과, 인식론의 문제뿐만 아니라 방법론의 문제에 주의를 기울여야 할 필요성에 집중할 것이다. 이러한 논의들을 통해서 이 글은 최근에 표현된 바 있는 비관적인 우려와는 반대로, '훌륭하고'도 공공연히 당파적이며 해방적인 연구가 '현실적인 목표'──연구만으로 무언가를 성취할 수 있을 것이라는 '불가능한 꿈' 때문에 위축되어서는 안 될──임을 주장하고자 한다.[1]

기생적 인간들

지배적 관점은 장애를 '바람직하지 않은 차이'나 개인의 기능적 제약과 동일시한다. 따라서 장애 문제의 '해결책'도 주로 의료 전문직이나 관련 전문직이 제공하는 재활에서 찾는다. 그러한 지배적 관점은 장애인을 2등 시민의 지위──주류 사회로부터의 광범위한 배제와 거주시설 내의 격리된 삶으로 특징지어지는──로 강등시키는 체제를 뒷받침했다. 장애에 대한 이와 같은 기성의 개별적 접근법에 대한 비판이 1960년대에 유럽과 북미에서 '부상했다'. 영국에서는 UPIAS가 대안적인 사회정치적 분석을 주장하는 이들의 전위 역할을 했다.[2] 이러한 분석은 '장애를 만들어 내는' 사회적·환경적 장벽이 손상을 지닌 사람들에게 미치는 영향을 정확히 지적했다. 그리고 그들의 삶을 통제하는 데 있어서 비장애인 '전문가들'의 역할을 좀더 구체적으로 정확히 짚어 냈다.

　이러한 비판을 주류 연구 전문가들의 활동에까지 확대해야 할 필

---

1 Michael Oliver, "Emancipatory Research: Realistic Goal or Impossible Dream?", eds. Colin Barnes and Geof Mercer, *Doing Disability Research*, Leeds: Disability Press, 1997, pp. 15~31.
2 UPIAS, *Fundamental Principles of Disability*.

요성이 1960년대에 잉글랜드 남부의 르코트 체셔홈Le Court Cheshire Home에서 생활하던 장애를 지닌 거주인들의 경험에 의해 부각되었다. 거주인들은 시설 경영진과의 분쟁 후, 체셔홈의 생활 환경을 조사하기 위해 태비스톡 연구소Tavistock Institute를 초청했다. 그렇지만 당시 체셔홈의 거주인이었고 이후 UPIAS 창설의 핵심 멤버가 되는 폴 헌트가 신랄하게 기록했던 것처럼, 연구 전문가들은 "절대로 우리 편이 아니다"라는 것이 곧 분명해졌다.[3] 대신에 그들은 장애에 대한 전통적·개별적 접근법을 추구하면서, '공정한' 그리고 '편견 없는' 사회과학자의 역할을 수행했다.[4] 그 연구소의 연구자들인 에릭 밀러Eric J. Miller와 제럴딘 그윈Geraldine V. Gwynne은 그들 자신을 2개의 화해할 수 없는 이해관계 사이에 갇힌 것으로 묘사했다.[5] 장애를 지닌 거주인들로서는, 입소자들에게 '사회적 죽음'과 다를 바 없는 시설 체제를 연구자들이 비판하지 않는 것을 어떻게 이해해야 할지 몰라 당황스러웠다.[6] 헌트는 억압자의 편을 들고, 그들 자신의 직업적이고 학문적인 이해관계만을 살피고, 거주인들로 하여금 이용당하고 배신당했다고 느끼도록 만든 그 연구자들을 '기생적 인간들'parasite people로 분류했다.[7] 이러한 결론은 보다 최근의 비판들 속에서도 반복되어 나타난다. 마이클 올리버는 "장애인들은 전문가의 연구를 그들의 경험에 대한 침해로, 그들의 필요와는 무관한 것으로, 그들의 물질적 환경과 삶의 질을 개선시키지 못하는 것으로

3 Paul Hunt, "Settling Accounts with the Parasite People: A Critique of 'A Life Apart' by E. J. Miller and G. V. Gwynne", *Disability Challenge* 1, May 1981, p.39.

4 ibid., p.39.

5 Eric J. Miller and Geraldine V. Gwynne, *A Life Apart*, London: Tavistock, 1972.

6 ibid., p.8.

7 Hunt, "Settling Accounts with the Parasite People: A Critique of 'A Life Apart' by E. J. Miller and G. V. Gwynne".

간주하게 되었다"고 말한다.[8] 헌트는 또한 연구자들에게 과학적 엄격함이 결여되어 있다고, 특히 '객관적 평가'에 참여하기를 거부했다고 비판했는데,[9] 이는 연구자들이 사회적 억압을 경험하는 이들의 편에 있지 않았음을 의미했다. 장애차별주의적인 전통적 연구에 대한 이러한 전면적 비판은, 장애 연구에 대한 새로운 방향을 모색하는 이후의 저술가들에게 있어서 하나의 준거점 역할을 했다.

패러다임 전쟁

1980년대에 사회과학 분야 내에서 연구 접근법을 주제로 한 문헌들은 경합하는 관점들 간의 깊은 분열을 강조했다.[10] 이러한 상황은 '패러다임 전쟁'이라는 개념과 연관되어 포착되었다. 그리하여 1990년대 초에 장애 연구에 대한 새로운 접근법이 분명하게 표현되었을 당시, 그러한 접근법은 실증주의, 해석적 접근, 비판이론이라는 주요 이론적 입장들과 결부된 서로 대조되는 지향과 가정들을 자신의 준거점으로 삼고 있었다.[11]

실증주의

20세기의 마지막 몇십 년 전까지는, **실증주의**(또는 그 개정판인 후기실증

---

8 Michael Oliver, "Changing the Social Relations of Research Production?", *Disability, Handicap and Society* 7(2), 1992, p. 105.

9 Hunt, "Settling Accounts with the Parasite People: A Critique of 'A Life Apart' by E. J. Miller and G. V. Gwynne", p. 40.

10 Norman Blaikie, *Approaches to Social Enquiry*, Cambridge: Polity, 1993.

11 Oliver, "Changing the Social Relations of Research Production?".

주의)가 사회 연구를 지배했다. 실증주의는 사회과학이 자연과학과 유사한 탐구 논리를 채택해야만 한다는 19세기와 20세기 초의 주장에 기반을 두고 있었다.[12] 이러한 기반으로부터 존재론(실재의 본질은 무엇인가?), 인식론(인식주체/연구자와 지식 간의 관계는 어떤 것인가?), 방법론(인식주체/연구자는 어떻게 사회세계에 관한 지식을 획득하는 일에 착수할 수 있는가?)의 중심적 질문들에 대한 답변이 제시되었다.[13]

실증주의의 초기 공식 입장은 광범위한 비판을 불러일으켰고, '내부의' 차이들 또한 드러내 보이면서 중요한 수정을 겪었다.[14] 그러나 실증주의적 존재론의 핵심에는, 비록 시대와 문화에 따라 가변적일 수는 있다고 하더라도, 사회세계와 자연계는 어떤 단일한 실재와 인식 가능한 양상 및 균일성을 내포하고 있다는 가정이 자리 잡고 있다. 이러한 가정은 (전적으로 그런 것은 아니지만) 일반적으로 사회현상들 간의 인과관계를 확립하기 위한 (수량화된 데이터와 관련 기법 및 가정을 활용하는) 양적 접근법과 연결되었다. 여기서 사용되는 가설연역적 hypothetico-deductive 방법론에는 뚜렷한 일련의 단계가 존재한다. 그러한 일련의 단계는 이론을 세우고, 이론으로부터 가설을 이끌어 내고, 개념을 조작하여 측정법을 개발하고, 데이터를 수집하고, 가설을 검증하고, 이론을 재평가하는 것으로 이루어진다. 또한 이러한 방법론 내에는 산출된 지식의 질을 판정할 수 있는 타당성·신뢰성·객관성의 기준에 대

---

12 Blaikie, *Approaches to Social Enquiry*; Mark J. Smith, *Social Science in Question*, London: Sage/Open University, 1998.

13 Egon G. Guba and Yvonna S. Lincoln, "Competing Paradigms in Qualitative Research", eds. Norman K. Denzin and Yvonna S. Lincoln, *The Handbook of Qualitative Research*, Thousand Oaks, CA: Sage, 1994, pp.105~117.

14 Blaikie, *Approaches to Social Enquiry*; Guba and Lincoln, "Competing Paradigms in Qualitative Research".

한 한층 더 강한 집착이 존재한다.[15] 실증주의적 인식론은, 비록 실제로 성취되기는 어려운 것이기는 하지만, 가치중립성과 객관성에 대한 믿음에 의해 담보된다.[16]

해석적 접근

실증주의와 대조적으로, (해석학과 현상학을 포괄하는) 해석적 패러다임은 자연과학과 사회과학 간의 뚜렷한 차이를 강조한다. 해석적 패러다임의 일관된 신념의 중심에는 실재가 사회적으로 구성되며, 실재가 드러나는 다양한 형태가 존재한다는 사고가 놓여 있다(존재론적 다원주의). 해석적 패러다임은 일상의 경험과 이해를 강조한다. 이론과 연구의 방향은 인과적 설명의 확립으로부터 특정 상황 속에서 사회적 행위가 어떻게 해석되는가를 탐구하는 것으로 전환된다.

각별한 중요성이 일반 대중들의 해석이 지닌 '진실성'에 부여된다. 지식은 '발견되는' 것이라기보다는 오히려 연구자와 연구 참여자 간의 상호작용(합의의 형성)을 통하여 '생산되고' 정제되는 것이다.[17] 강조점은 가설의 검증보다는 해석적(질적) 데이터에 주어진다. 개념의 귀납적 강화, 설정된 연구 질문[18] 및 이에 대한 개인들의 의견과 더불어 말이다.

15 Smith, *Social Science in Question*.

16 Martyn Hammersley, *Taking Sides in Social Research: Essays on Partisanship and Bias*, London: Routledge, 2000.

17 Thomas A. Schwandt, "Constructivist, Interpretivist Approach to Human Inquiry", eds. Norman K. Denzin and Yvonna S. Lincoln, *The Handbook of Qualitative Research*, Thousand Oaks, CA: Sage, 1994, pp.118~137.

18 '연구 질문'(research question)이란 해당 연구의 주제를 의문문의 형태로 명확화해서 제시하는 것으로, 자연과학이든 인문사회과학이든 어떤 연구에 착수할 때 이루어지는 첫 단계에 해당한다고 할 수 있다. 즉 어떤 연구가 수행되고 나면 그 연구는 처음에 제시된 질문에 적절한 답변을 제공할 수 있어야만 하는 것이다. —옮긴이

또한 강조점은 감정·태도·행위들 속에 표현된 정보들, 그리고 이러한 현상들에 관한 의미를 생산하고, 산출하고, 확인하는 과정에 연구자와 연구 대상자가 동료로서 참여하는 것에 주어진다.[19]

비판사회이론

실증주의적 사회 이론과 연구에 대해 해석적 접근과는 매우 상이한 방식의 반박 또한 이루어져 왔다. 그 요지는 실증주의적 사회 이론이 객관성에만 너무나 집착하게 된 나머지, 공고화된 권력관계를 폭로할 수 있는 '사회학적 상상력'의 비판적 잠재력이 훼손되었다는 것이다.[20] 비판사회이론의 핵심적 기여는, 그것이 외견상 '개인적 곤란'으로 보이는 많은 것들을 보다 넓은 사회구조와 과정들 내에 그 근원이 존재하는 '공적 이슈'로서 더 적절히 이해될 수 있도록 재해석해 냈다는 점이다. 더욱이 성공적인 지식 주장[21]은 특정한 사회적·역사적 맥락 내에서의 지배적 이해관계 및 사회적 관계와 연결되어 있었다.

비판사회이론에 있어 초기의 영향력 있는 인물로는 파울로 프레이리Paulo Freire를 들 수 있는데, 그는 라틴아메리카의 빈민대중들 사이에서 '해방을 위한 교육'을 추구하며 참여적 연구를 주창했다.[22] 그는 '의식

---

19 Yvonna S. Lincoln and Egon G. Guba, "Paradigmatic Controversies, Contradictions, and Emerging Confluences", eds. Norman K. Denzin and Yvonna S. Lincoln, *The Handbook of Qualitative Research* 2nd edn., Thousand Oaks, CA: Sage, 2000, pp. 163~188.

20 Charles Wright Mills, *The Sociological Imagination*, New York: Oxford University Press, 1959[C. 라이트 밀즈, 『사회학적 상상력』, 강희경·이해찬 옮김, 돌베개, 2004].

21 '지식 주장'(knowledge claim)이란 '나는 이러이러한 것을 안다' 혹은 '나는 그것이 이러하다는 것을 안다'는 주장을 말한다. ──옮긴이

22 Paulo Freire, *Pedagogy of the Oppressed*, Harmondsworth: Penguin, 1972[파울로 프레이리, 『페다고지』, 남경태 옮김, 그린비, 2009].

화'의 과정, 즉 일상적 현실과 상식적인 지식에 대한 비판적 성찰의 개요를 제시했다. 이러한 의식화는 사회 연구, 교육, 정치적 행동의 결과로서 이루어지는 자기이해를 통한 권한강화를 강조했다.[23] 그것은 또한 상호작용적 방법 또는 '대화법'을 역설했는데, 이러한 방법론은 대상에 대한 해석적 공감을 넘어 해방적 투쟁에 대한 연구자의 당파적 참여를 강조했다.

이러한 프락시스 지향성은 "역사적 행동에 대한 **능력**을 고양하기" 위한 수단으로서 연구자들이 사회 운동에 참여하는 것에서 전형적으로 나타난다.[24] 사회적으로 배제된 자들의 편에 서는 것은 이론·관행·행동의 상호작용 연구에 대한 기폭제 역할을 했다. 실증주의적 입장이 편파성을 연구 활동에 있어서 오염의 원천이라고 여겼던 것에 비해, 비판이론가들은 이론적 통찰을 생산하고 정치적 관행에 영향을 미칠 수 있는 능력을 강조했다. 이들은 또한 연구 지식의 생산에 있어서 '의식적 편파성'을 강조한 마리아 미즈Maria Mies의 글과 같은 여성주의적 저술들을 중시했다.[25]

1970년대부터 비판이론가들과 연구자들은 사회계급을 넘어선 사회적 억압의 외연을 인식하기 시작했다. 인종이나 젠더 등을 둘러싼 사회적 분할들을 포함해서 말이다. 그러자 다시 주류 사회 이론 또한 이에 대응하여, 다양한 형태의 사회적 불평등과 지배를 '조용히 유지하게 하

23 Peter Reason ed., *Human Inquiry in Action: Developments in New Paradigm Research*, London: Sage, 1988.
24 Alain Touraine, *The Voice and the Eye: An Analysis of Social Movements*, Cambridge: Cambridge University Press, 1981, p.145.
25 Maria Mies, "Towards a Methodology for Feminist Research", eds. Gloria Bowles and Renate Duelli Klein, *Theories of Women's Studies*, London: Routledge & Kegan Paul, 1983.

는' 자신의 역할을 연구 접근법과 밀접하게 결합해 냈다.[26] 게다가 권력과 지배에 대한 서로 대조적인 이론들의 급증은, 억압받는 집단들의 해방과 권한강화의 가능성에 관한 광범위한 논의를 촉진했다. 영향력을 지닌 주요 논의들로는, 종속된 집단들 사이에서의 자발적 동의의 생성과 헤게모니에 대한 그람시의 이론으로부터 담론과 권력/지식 관계에 대한 푸코주의자들의 강조까지가 포함된다. 여기서 권력이란 단순히 외부적 힘과의 대결에 관한 것이 아니다. 권력은 공공 감시 및 자기규제 체계의 발달과 더불어 보다 더 산재되고 은밀한 것이 되었다.[27] 이러한 통찰은 다시 해방/권한강화에 대한 연구의 재정식화로 이어졌는데, 여기서 해방/권한강화는 급격한 진전뿐만 아니라 소강 상태와 반전을 함께 수반하는 하나의 지난한 과정이자 어떠한 고정된 최종 상태도 지니지 않는 것으로 간주된다.

보다 최근에 비판이론 내에서의 논의들은 연구 패러다임에 대한 기성의 삼각 구도 너머로 나아가고 있다. 이본나 링컨Yvonna S. Lincoln과 에곤 구바Egon G. Guba는 참여적 접근법뿐만 아니라 후기구조주의/탈근대주의적 접근법을 추가시켰다.[28] 이러한 접근법들은 (이전에 경시되었던 집단들에 대해 주의를 기울이는) 다양한 인식론, (경험과 텍스트에서의) 새로운 표상 방법, 혁신적인 연구 방식(과 연구의 '질'이나 진실성을 측정하는 방법)을 제공한다.

26 Joe L. Kincheloe and Peter L. McLaren, "Rethinking Critical Theory and Qualitative Research", eds. Norman K. Denzin and Yvonna S. Lincoln, *The Handbook of Qualitative Research* 2nd edn., Thousand Oaks, CA: Sage, 2000, pp. 279~313.

27 Michel Foucault, *The Foucault Reader*, ed. Paul Rabinow, Harmondsworth: Penguin, 1984.

28 Lincoln and Guba, "Paradigmatic Controversies, Contradictions, and Emerging Confluences".

해방적 연구

새로운 해방적 장애 연구 패러다임이 그 자격을 확립하는 데 가장 큰 영향을 미쳤다고 할 수 있으며 또한 가장 폭넓게 인용되고 있는 한 글에서, 마이클 올리버는 그러한 패러다임을 비판이론의 지침 내에 확고히 위치시키고 있다.[29] 이러한 지침에는 장애를 '사회적 모델'의 관점에서 이론화하는 것과 더불어, 실증주의적 연구 모델과 (그 정도는 덜하지만) 해석적 연구 모델에 대한 반제국주의/반인종주의적, 여성주의적 비판이 포함된다. 그는 연구 접근법에서의 역사적 변천──실증주의적 접근에서 해석적 접근으로, 다시 비판-해방적 접근으로──이 연구 지식의 생산을 위한 상이한 종류의 논법들──도구적/기술적, 현실적practical, 비판적/해방적──에 의해 뒷받침됨을 주장함에 있어서, 위르겐 하버마스를 따른다.[30] 더 나아가 이러한 접근법과 논법은 특유의 정책 입안 형식들, 즉 공학/예측(실증주의적), 계몽(해석적), 투쟁(해방적)과 연계되어 있다. 마지막으로 그 각각은 장애에 대한 구별되는 관점들──개별적, 사회적, 정치적──과 연관된다. 비록 어떤 특정한 역사적 국면에서는, 이러한 관점들이 부분적으로 겹쳐져 나타날 수도 있지만 말이다. 이러한 기반 위에서 전통적 연구들은 장애에 대한 개인적 비극 접근법 personal tragedy approach을 강화하는 것으로 냉혹히 비판되는데, 그러한 접근법은 장애인들을 그들이 지닌 개인적인 병리 상태의 희생자로, 대개 주변 환경에 수동적인 존재로, '돌봄과 보호'를 필요로 하는 것으

---

29 Oliver, "Changing the Social Relations of Research Production?".
30 Jürgen Habermas, *Theory and Practice*, trans. John Viertel, London: Heinemann, 1974.

로 표상해 왔다.[31]

해방적 연구 방법은 사회적 억압을 드러내고 사회의 변혁을 위한 정치적 행동을 촉진하는 프락시스 지향적 연구에 적합하도록 구성되어 있다.[32] 폴 헌트의 '기생적 인간들'에 대한 규탄[33]에 공명하여, 다음과 같은 냉정한 선택의 개요가 제시된다. "연구자들은 장애인들과 연대하여 그들의 전문 지식과 기술을 억압에 맞선 장애인들의 투쟁에 사용하고자 하는가, 아니면 이러한 지식과 기술을 계속해서 장애인들이 억압적이라고 여기는 방식으로 사용하고자 하는가?"[34] 여기서 해방적 투쟁을 지지한다면, 그러한 입장은 다음의 특징들을 강조하는 장애 연구 모델로 이어지게 된다.

- 개별적 장애모델을 폐기하고 이를 사회적 장애모델 접근법으로 대체하는 것
- 장애인들의 정치적 투쟁을 촉진할 수 있도록 당파적 연구 접근법에 전념하는 것(그에 따라 연구자의 객관성과 중립성을 기각하는 것)
- 전통적인 연구자-피연구자의 위계 및 연구물 생산의 사회적 관계를 전복하는 것, 동시에 또한 연구물 생산의 물질적 관계에 도전하는 것
- 연구 방법론 및 방법의 선택에 있어 다원주의를 인정하는 것

---

31 Oliver, "Changing the Social Relations of Research Production?"; Rioux and Bach eds., *Disability is not Measles*.

32 Beth Humphries, "From Critical Thought to Emancipatory Action: Contradictory Research Goals?", *Sociological Research Online* 2(1), http://www.socresonline.org.uk/socresonline/2/1/3.html, 1997.

33 Hunt, "Settling Accounts with the Parasite People: A Critique of 'A Life Apart' by E. J. Miller and G. V. Gwynne".

34 Oliver, "Changing the Social Relations of Research Production?", p.102.

이러한 주요 특징들은 해방적 장애 연구를 지향한 초기의 필자들이 실증주의적·해석적 패러다임에 대한 급진적 대안으로서 어떻게 해방적 연구를 촉진했는지를 설명해 준다. 그들은 사회적 모델 접근법에 근원을 둔 정치적 변화 및 권한강화에 대한 기여를 그 무엇보다도 강조했다. 상대적으로 방법론적인 기준들은 경시되었다. 이에 따라 연구 방법의 선택은 부차적인 문제로 간주되었고, 다원주의에 대한 단순한 지지는 해방적 연구라는 광대한 포부가 일상적인 연구의 실행으로 옮겨질 때 제기되는 많은 어려운 이슈들의 세부적인 고려사항을 숙고하지 못했다.[35] 이는 여성주의 연구자들에 의해 집필된 연구 방법론을 주제로 한 문헌이 급증하고 있는 현실과 비판적으로 대비된다.[36] 패티 래더Patti Lather는 "해방의 정치라는 이름 아래 경험적 연구를 수행하는 우리들은, 우리의 연구 방법론을 우리의 이론적 관심사 및 정치적 개입과 연결짓는 방식을 밝혀내야만 한다"고 말한 바 있다.[37] 그러나 1990년대 중반의 장애 연구를 호의적으로 검토한다고 하더라도, "그러한 패러다임의 주창자들 중 누구도 아직까지 현장 연구의 맥락 내에서는 진정으로 해방적 연구를 성취했다고 주장하지 못한다"는 사실을 지적하지 않을 수 없다.[38]

---

35 Emma Stone and Mark Priestly, "Parasites, Pawns and Partners: Disability Research and the Role of Non-disabled Researchers", *British Journal of Sociology* 47(4), 1996, pp. 699~716.

36 이에 대한 예로는 Patti Lather, *Getting Smart: Feminist Research and Pedagogy with/in the Postmodern*, New York: Routledge, 1991; Liz Stanley and Sue Wise, *Breaking Out Again: Feminist Ontology and Epistemology*, London: Routledge, 1993; Mary Maynard, "Methods, Practice and Epistemology: The Debate about Feminism and Research", eds. Mary Maynard and June Purvis, *Researching Women's Lives from a Feminist Perspective*, London: Taylor and Francis, 1994, pp. 10~26을 보라.

37 Lather, *Getting Smart*, p. 172.

38 Stone and Priestly, "Parasites, Pawns and Partners: Disability Research and the Role of Non-disabled Researchers", p. 706.

사회적 모델 접근법

영국의 장애 문제 저술가들 사이에서는 "사회적 장애모델의 채택"이 곧 "연구물 생산의 존재론적·인식론적 기반"을 제공한다는 것이 정설이 되어 왔다.[39] 이는 개별적 접근법 또는 개인적 비극 접근법과 사회적 모델 접근법의 명확한 구분을 확고히 했다. 그러한 명확한 구분은 정부 부처들에 의해 장애인에게 제시되는 설문 문항들의 '변형' 속에서 생생하게 예증된다. 영국 인구센서스및실태조사청Office of Population Censuses and Surveys, OPCS의 설문 항목 중 하나는 다음과 같이 묻는다. "당신의 건강 문제나 장애가 현재 어떤 식으로든 일을 하는 데 지장을 주나요?" 이에 대한 사회적 모델의 대안적 질문은 다음과 같다. "물리적 환경이나 다른 사람들의 태도 때문에, 일할 때 어떤 문제가 있나요?"[40]

그렇지만 그렇게 수정된 질문들은 또한 초기 사회적 모델의 설명들이 지닌 구조주의적 성향을 보여 준다.[41] 이는 장애를 지닌 여성주의자들로부터 일정한 비판을 촉발시켰다. 즉 장애 연구가 '개인적인 것이 정치적인 것이다'라는 여성주의의 격언이 지닌 의미를 결합시켜 내고

---

39 Mark Priestley, "Who's Research? A Personal Audit", eds. Colin Barnes and Geof Mercer, *Doing Disability Research*, Leeds: Disability Press, 1997, p.91.

40 Oliver, *The Politics of Disablement*, pp.7~8.

41 Barnes, Mercer and Shakespeare, *Exploring Disability*. [여기서 구조주의(structuralism)는 그 의미를 새기는 데 있어서 약간의 주의가 요구된다. 현대 철학이나 사회 이론 내에서 구조주의라고 하면 그것은 소쉬르(Ferdinand de Saussure)의 언어학에서 그 기반이 확립되어, 레비스트로스(Claude Lévi-Strauss)의 인류학, 바르트(Roland Barthes)의 기호학, 라캉(Jacques Lacan)의 정신분석, 푸코(Michel Foucault)의 계보학적 사회사, 알튀세르(Louis Althusser)의 정치철학 등을 통해 발전된 이론적 흐름을 일컫는다. 그렇지만 장애학에서 사회적 장애모델이 종종 '구조주의'라고 지칭될 때, 이는 주체의 의식·경험·행위가 그가 속한 사회의 관계 및 구조에 의해 지배된다는 보다 일반적인 관점을 가리키며 그 이론적 기반은 맑스주의 사회학이라고 할 수 있다. 맑스주의를 넓은 의미에서 구조주의의 원류 가운데 하나로 볼 수 있다는 시각에 대해서는 우치다 타츠루, 『푸코, 바르트, 레비스트로스, 라캉 쉽게 읽기』, 이경덕 옮김, 갈라파고스, 2010, 29~35쪽을 참조하라.─옮긴이]

손상과 장애 **양자 모두**의 경험을 포괄하기 위해서는 그 존재론적 시야를 확장해야만 한다는 것이다.[42] 사회적 모델은 또한 장애인구 내에 존재하는 억압 경험들에서의 차이를 무시하거나 경시한다는 이유로 비판을 받기도 했다. 보다 많은 학문 분야들과 이론적 관점들이 이러한 논쟁에 참여하게 됨에 따라, 장애 연구의 한정 요소[즉 무엇까지를 고려하여 연구를 수행해야 하는가의 문제]는 점점 더 이질적이고 경합적인 것이 되었다. 그 중에서도 특히, 후기구조주의적인 설명들은 최근 들어 해방이라는 문제를 중심으로 유의미한 경합적 담론을 제시하고 있다.

초기의 연구 문헌들은 장애인들의 경험과 지식 주장——적어도 사회적 모델 접근법의 영향 속에서 형성된 경우라면 ——을 '진실성을 지닌' 것으로 간주하는 '관점'에 기울어져 있었다. 그렇지만 이후에 초점은 점점 더 장애인들 사이에 존재하는 억압 경험의 차이로, 특히 연령·젠더·인종에 기초한 차이들로 이동해 갔다. 그리고 이는 동질성을 지닌 '특권적' 인식주체의 범주에 대한 관념을 사실상 무너뜨렸다. 주목의 지점은 장애인구 내에 존재하는 경합하는 담론들, 목소리들, 경험들로 전환되었다.[43] 이러한 흐름은 다양한 장애인의 목소리와 지금까지는 침묵되어 왔던 삶의 이야기를 경청할 것을 강조하는 후기구조주의자들에 의해 강화되어 왔다. 그것은 또한 정체성들 및 경험들의 유동성을 고려하는 가운데 훨씬 더 많은 분석의 여지를 허용했다. 그리고 이는 장애 연구의 수행에 뚜렷한 영향을 미쳤다.

---

42 Jenny Morris, "Personal and Political: A Feminist Perspective on Researching Physical Disability", *Disability, Handicap and Society* 7(2), 1992, pp. 157~166.

43 Mairian Corker, "New Disability Discourse, the Principle of Optimisation and Social Change", eds. Mairian Corker, Sally French, *Disability Discourse*, Buckingham: Open University Press, 1999, 192~209.

사회적 모델은 상이한 손상을 지닌 집단들의 공통성을 과대시한 다는 이유로 한층 더 비판을 받아 왔다. 농인, 학습적 장애인, 정신보건 제도 이용자/생존자 모두가 사회적 모델의 포괄성에 대해 의문을 제기 했다. 이러한 상황은 대조적인 인식론들과 장애인구 내에서의 경합하 는 '지식 주장들'에 관심을 집중시켰다. 피터 베리스퍼드Peter Beresford 와 얀 월크래프트Jan Wallcraft는 정신보건 제도 생존자들에 대한 연구 를 검토하면서, 그러한 '생존자들'과 장애 문제 저술가들의 설명 사이 에 존재하는 편차뿐만 아니라, 억압적인 정신의학 제도를 직접 경험한 사람들 사이에서도 분명히 표현되는 대조적인 관점들 역시 예증해 보 이고 있다.[44] (이와 연관되지만 거의 탐구되지 않은 하나의 이슈는, '비장 애'인들과 더불어, 그리고 타인을 장애화하는 그들의 경험과 더불어 장애 연구를 수행하기 위해서는 어떤 연구 전략이 선택되어야 하는가에 대한 문제이다.)

그렇기는 하지만, 장애 경험의 다양성을 사회적 모델 내로 결합시 켜 내자는 주장은 여전히 매우 논쟁적인 상태로 남아 있다. 영국에서 사 회적 장벽 접근법의 주요 설계자 중 한 명인 빅터 핀켈스타인은 경험에 대한 집착에 반대하는데, 이는 경험에 대한 집착이 손상 및 개인주의적 인 관심사에 대한 집착과 공통분모를 지니기 때문이다. 또한 주체적인 경험이 비판적 인식 및 이해와 반드시 같은 것은 아니며, 경험적 연구들 은 너무나 자주 권력관계 및 더 넓은 맥락적 요인들을 경시하곤 한다. 한 여성주의 비평가가 주장했듯이,

---

44 Peter Beresford and Jan Wallcraft, "Psychiatric System Survivors and Emancipatory Research: Issues, Overlaps and Differences", eds. Colin Barnes and Geof Mercer, *Doing Disability Research*, Leeds: Disability Press, 1997.

경험은 매개의 과정을 거치지 않은 것인 양 묘사된다. 내뱉어진 말들의 출처와 옮겨진 방식, 수반된 권력관계, 출판 계약의 내용, 편집 및 선별 과정은 고려되지 않은 채, 마치 그러한 말들이 그대로 페이지 위에 옮겨진 것처럼 말이다. 즉 연구자들은 어떤 사람들의 경험이 기록으로 제시되었을 때 그들의 정체성을 자명한 것으로 받아들인다.……그러나 우리의 경험은 사회적·역사적·문화적·경제적·정치적 과정의 일부이다.[45]

대신에 핀켈스타인은 사회적 모델과 장애 연구를 "장애를 만들어 내는 사회의 내부적 작용"에 대한 비판적 분석과 결합시키는데,[46] 이러한 분석은 전문가 및 서비스 제공자의 관점에서 설정된 의제에 놓여 있는 함정을 피해 가도록 한다. 이는 지역사회 돌봄의 정책적 개혁 내부에서 해방적 목표를 추구하려는 연구들에 대한 그의 비판을 분명히 나타내기는 하지만, 그러한 비판의 수행은 현실적인 사회적 장벽에 대한 연구의 초점을 약화시키는 위험을 감수해야 한다.

다른 방향에서 보자면, 장애 이론가들은 또한 장애의 이론화와 실천에 있어서 상이한 국가적 맥락 및 의제들의 타당성을 받아들이는 것이 너무나 더디다는 비난을 받아 왔다. 사회적 모델에 기반을 둔 연구가 서구 산업자본주의 사회 밖에서는 부적절하다는 주장은 그에 대한 구체적인 사례를 제시한다. 예를 들어, 에마 스톤Emma Stone은 중국에서 해방적 장애 연구를 위한 현지 조사의 수행에 상당한 어려움이 존재함을 보고하고 있는데, 왜냐하면 그러한 연구가 제국주의의 도구로 인식

---

45 Beverley Skeggs, "Introduction", ed. Beverley Skeggs, *Feminist Cultural Theory: Process and Production*, Manchester: Manchester University Press, 1995, p.15.

46 Victor Finkelstein, "Doing Disability Research", *Disability and Society* 14(6), 1999, p.861.

되었으며 중국인의 경험 및 문화와 조화되지 않았기 때문이다.[47] 스톤은 사회적 모델의 관점을 옹호하고 그곳 장애인들의 인식 및 경험을 어느 정도 무시할 것인가, 아니면 해당 연구 프로젝트를 지켜 내기 위해 일정하게 타협할 것인가라는 냉정한 선택 사이에서 갈등을 겪었다.

사회적 모델의 창시자들은 그것이 장애에 대한 종합 이론임을 주장하지는 않았다. 그렇지만 사회적 모델 접근법을 중심에 두고 벌어진 최근의 이론적 논쟁은 장애 연구의 수행에 중요하고도 광범위한 영향을 미쳤다.

당파성과 정치적 변화에 대한 기여

많은 문헌에서 인용되기도 했던 "우리는 누구의 편에 서 있는가?"라는 하워드 베커Howard Becker의 물음은,[48] 장애 연구의 필연적인 당파성을 강조하기 위해 폭넓게 언급되어 왔다. 그러한 당파성은 실증주의자들이 중시하는 중립성과 객관성이라는 '신화'의 기각을 통해 강화되었다. 학자들이 자신의 전문가적 지위를 지키기 위해서 그들 스스로 주장했던 독립성을 빈번히 포기해 왔는지 아닌지는 여전히 논쟁 중에 있는 문제라 할 수 있다. 비록 그 여부는 연구자들이 작업을 하는 데 있어 존재하는 제도적·구조적 제약이라는 측면과 견주어 판단될 필요가 있겠지만 말이다.[49] 한편 주류 연구자들에 의해 정교화된 반대 입장은 당파적 접근이 "단지 자기가 찾고자 하는 것만을 발견하게 하는 과도한 주관

47 Emma Stone, "From the Research Notes of a Foreign Devil: Disability Research in China", eds. Colin Barnes and Geof Mercer, *Doing Disability Research*, Leeds: Disability Press, 1997.
48 Howard Becker, "Whose Side are We On?", *Social Problems* 14, 1967, pp.239~247.

성"을 불러올 우려가 있다는 것이다.[50]

해방적 연구자들에게 있어, 마리아 미즈에 의해 주창된 '의식적 편파성'[51]은 불평등한 사회 내에서의 장애인들의 체험과 공명함에 틀림없다. 당파적 장애 연구는 그러한 의식적 편파성을 통해 정치적 "성취" 및 권한강화를 위한,[52] 또는 "변화를 위한 적절한 노선을 탐색하고 확인한다."[53] 이는 어떤 연구를 판단하는 데 있어 그 성과를 중심적 이슈로 승격시킨다. 실제로 올리버는 서비스 공급이라는 문제에 미치는 명백한 영향력이 부재하다는 바로 그 이유로, 자신이 관여했던 연구——『암흑 속에 빠져들다: 척수장애의 경험』*Walking into Darkness: The Experience of Spinal Cord Injury*[54]——를 평가절하하기도 했다.

그렇지만 지방 및 국가 정책 입안자들이 연구 결과와 권고 사항을 수용하거나 무시하거나 거부하는 이유는 다양하며, 이는 연구 참여자들은 말할 것도 없고 연구자들의 통제 범위 내에도 있지 않다. 여성주의 저술가들 역시 다음과 같은 주장, 즉 "변혁의 정치와 직접적으로 연계될 수 없는 연구들은 여성주의적이라고 할 수 없다. 이러한 입장은 자신의 연구가 가져올 수 있는 어떤 변화의 정도와 방향에 대해 연구자가 어디

---

49 Colin Barnes, "Disability and the Myth of the Independent Research", *Disability and Society* 11(1), 1996, pp.107~110; Tom Shakespeare, "Rules of Engagement: Doing Disability research", *Disability and Society* 11(1), 1996, pp.115~120; Stone and Priestly, "Parasites, Pawns and Partners: Disability Research and the Role of Non-disabled Researchers"; Gerry Zarb, "Researching Disabling Barriers", eds. Colin Barnes and Geof Mercer, *Doing Disability Research*, Leeds: Disability Press, 1997, pp.49~66.

50 Lather, Getting Smart, p.52.

51 Mies, "Towards a Methodology for Feminist Research".

52 Oliver, "Emancipatory Research: Realistic Goal or Impossible Dream?".

53 Finkelstein, "Doing Disability Research", p.862.

54 Oliver, Zarb, Silver, Moore and Salisbury, *Walking into Darkness: The Experience of Spinal Cord Injury*.

까지 제어하고 있는가에 관한 문제를 제기한다"라는 의견은 받아들이지 않는다.[55] 더욱이 연구란 시간이 흐르면서 변동될 수 있는 어떤 판단에 따라 서로 상이한 수준에서 '성공'하거나 또는 '실패'할 수 있으며, 의도하지 않은 영향을 미칠 수도 있다. 대부분의 경우에, 어떤 보증된 '성과들'은 있을 수 없다. 아마도 최종 연구 보고서를 제외한다면 말이다.

연구에 참여한 장애인들이나 보다 넓은 장애인 대중에게 어떤 이득이 발생했는지 아닌지를 밝히려는 시도들도 동일한 어려움에 둘러싸여 있다. 장애 연구를 판단하는 데 있어서의 기준은 그것이 "개별적인 자기 주장, 향상된 활동성, 유력감有力感이라는 심리적 경험"의 측면에서 장애인의 자기권한강화를 촉진했는지 아닌지가 아니다.[56] 또한 해방적 연구는 단지 그것이 모든 사회적 장벽의 철폐로 이어지고, 그리하여 손상을 지닌 사람들이 장애를 만들어 내는 사회로부터 해방되었을 때에만 "성공적인" 것도 아닌데, 아마도 이러한 식의 성공이란 "해방적 사건이 벌어지고 난 후에" 그 연구의 영향에 대한 훨씬 더 장기적인 평가를 기다려야만 판단될 수 있을 것이다.[57] 오히려 권한강화와 해방이라는 개념은 호환적으로 사용될 수 있으며, 사회적 장벽의 폭로, 장애에 대한 인식의 변화, 정치적 행동의 산출이라는 측면에서 규정될 수 있다. 하지만 그러할 때조차, 권한강화/해방은 연구자가 제공하는 것 안에 있지 않다. "그렇다면 해방적 연구에 있어서의 이슈는 연구 자체가 어떻게 대중의 권한을 강화할 수 있는가가 아니라, 일단 대중이 스스로의 권한을 강화

55 Maynard, "Methods, Practice and Epistemology: The Debate about Feminism and Research", p.17.

56 Lather, *Getting Smart*, p.3.

57 Oliver, "Emancipatory Research: Realistic Goal or Impossible Dream?", p.25.

하기로 결단하였을 경우, 바로 그때 정확히 어떤 연구가 이러한 과정을 촉진할 수 있는가이다."[58] 그러나 이러한 식의 연구와는 대조적으로, 장애 문제 저술가들은 상당수의 (장애인 및 비장애인) 연구자들이 자신의 연구 활동으로부터 (장애학에 관하여 가르치고 글을 쓰는 이들도 마찬가지로) 직업적으로 물질적으로 이득을 보아 왔음을 주저 없이 주장했다. 실제로 그러한 주장을 담은 문헌은 장애 연구자들이 그들의 작업에 있어 최고 수혜자였음——핀켈스타인이 '올리버의 조롱'Oliver's gibe이라고 적절히 명명한 것[59]——을 '고백'하는 내용으로 가득 차 있다. 이러한 연구 활동은 혁신된 연구의 실행을 촉진하는 데 거의 아무런 역할도 하지 못했다.

빈번히 언급되는 하나의 예외는 영국장애인단체협의회British Council of Organisation of Disabled People, BCODP가 지원한 장애인의 사회적 배제에 대한 연구 프로젝트이다.[60] 그것이 지닌 해방적 연구로서의 적격성은 사회적 모델 접근법에 기초한 정치적 변화에 대한 기여, 그리고 장애인에 의해 통제되는 단체의 대표자들로 구성된 자문단을 통하여 장애인에 대한 책임성을 확보한 것에 의거한다. 한층 더 강조되어야 하는 것은 그 연구 결과가 광범위하게 보급되어 캠페인과 입법 조치를 촉진했다는 것이다. 접근 가능한 다양한 형식으로 내용물을 생산하고 보급하는 일에 우선순위를 부여하는 것은 실제로 해방적 장애 연구에 있어 하나의 특징이 되었다.

정치적 변화 및 성취에 대한 강조는 억압자와 피억압자가 누구인

---

58 Oliver, "Changing the Social Relations of Research Production?", p.111.
59 Finkelstein, "Doing Disability Research", p.863.
60 Barnes, *Disabled People in Britain and Discrimination*.

지, 그리고 그들 각각의 성취가 무엇인지를 쉽게 확인해 주는 연구 '대차대조표'를 구성해 낸다. 하지만 구체적인 사회적 맥락 속에서 그러한 계산은 대개 논쟁적이다. 연구란 승자들/패자들 사이에서 누군가의 성취/손실이 다른 이들의 그것보다 더 커야만 하는 것과 같은, '승자'와 '패자'가 반드시 존재하는 제로섬 경쟁은 아니다. 더욱이 억압자와 피억압자는 다양한 사회적 맥락 속에서 언제나 용이하게 구분되는 것도, 안정적인 범주인 것도 아니다. 장애인에게 이득이 되는 것이 다른 피억압 집단의 이익을 진척시키지 않을 수도 있다. 연구 참여자들 사이에서 그들의 최선의 이익이 어디에 존재하는지에 대해 언제나 합의가 이루어지는 것도 아니다. 또한 연구 참여자들의 삶을 변화시키는 것에서의 실패가 반드시 보다 광범위한 영향력의 결여로 이어지는 것도 아니다. 더 나아가 장애인들은 서로 간의 억압 속에 연루되어 있거나 반동적인 관점을 옹호할 수도 있다. 예를 들어, 그들의 연령·인종·젠더에 기반해서 말이다.

연구가 성취할 수 있는 것은 또한 사회적·역사적 맥락에 의존한다. 연구자들은 일정한 제도적·구조적 제약 내에서 작업을 하며, 때로는 상대적으로 작은 변화가 중요성을 지니기도 한다. 확실한 것은, 만일 장애 연구가 오로지 어떤 거창한 정치적 프로젝트로만 간주된다면, 그것은 가능성 있는 많은 소규모 연구의 조명을 포함하여 긍정적 영향력을 지닐 수 있는 다수의 기회들을 놓치게 될 것이라는 점이다.

연구물 생산의 사회적·물질적 관계

해방적 장애 연구에 대한 초기의 서술들은, 연구물 생산의 사회적·물질적 관계와 관련하여 연구자들이 그들 자신의 위치를 설정하는 방식에 초점을 맞추었다.[61] 연구물 생산의 '물질적 관계'란 대학을 포함하는 연구 수행 기관뿐만 아니라, 외부 기금 제공 기관에 대한 의존에도 적용된다.[62] 기금 제공자들이 행하는 전형적인 기대와 제약은 전통적인 연구의 위계 및 가치 평가를 강화한다.[63]

그렇기는 하지만, 장애 문제 저술가들은 공고화된 사회적 관계를 역전시키는 데 전념했다. 실제로 장애 연구의 변혁적 잠재력은 장애인들이 "해당 연구의 목표, 방법, 활용을 결정하는 데 능동적으로 관여하는 것"으로 간주될 수 있다.[64] 따라서 연구자들은 그들의 전통적인 자율권을 포기하고 "연구 대상자가 선택한 방식대로 그들의 지식과 기술을 활용하기 위하여, 어떻게 그러한 지식과 기술을 연구 대상자의 처분에 맡길 수 있는가를 배워야"만 한다.[65] 전통적인 위계를 허물면서 장애인 연구 참여자들에 대한 연구자의 책임성을 구축하려는 포부는 '통제'의 본질에 대한, 그리고 그것이 어떻게 '측정'될 수 있는가에 관한 문제를 제기한다.

1 연구가 무엇을 다루고 그것이 어떻게 수행될 것인가를 누가 결정하는가?

61 Oliver, "Changing the Social Relations of Research Production?"; Gerry Zarb, "On the Road to Damascus: First Steps towards Changing the Relations of Research Production", *Disability, Handicap and Society* 7(2), 1992, pp.125~138.

62 Margaret Lloyd, Michael Preston-Shoot, Bogusia Temple and Robert Wuu, "Whose Project is It Anyway? Sharing and Shaping the Research and Development Agenda", *Disability and Society* 11(3), 1996, pp.301~315; Oliver, "Emancipatory Research: Realistic Goal or Impossible Dream?".

63 Michele Moore, Sarah Beazley and June Maelzer, *Researching Disability Issues*, Buckingham: Open University Press, 1998.

64 Zarb, "Researching Disabling Barriers", p.52.

65 Oliver, "Changing the Social Relations of Research Production?", p.111.

2 장애인들을 연구 과정에 참여시키는 데에 우리 연구자들은 어느 정도까지 관여할 것인가?

3 장애인들이 연구를 비판하고 앞으로의 방향에 영향을 미치는 데 있어 어떤 기회들이 존재하는가?

4 연구의 결과물은 어떻게 활용되는가?[66]

　　장애인들에 의해 '약한' 통제가 이루어지는 경우에서부터 '강한' 통제가 이루어지는 경우까지 하나의 연속체가 그려질 수 있을 것 같다. 장애인 연구 참여자들이 완전한 통제권을 갖는 사례가 드물기는 하지만, 정신보건 제도 생존자 집단들이 관계된 몇몇 조사 연구에서는 이러한 완전한 통제에 대한 요구가 있어 왔다.[67] 다른 경우들에 있어서는, 그 의도 자체가 '공동연구자/공동대상자'co-researcher/co-subject에 대한 강조를 통해 연구자와 피연구자 간의 구분을 허무는 것이 되어 왔다.[68] 이는 어느 한편이 다른 한편을 지배함이 없는 성찰적 대화를 가리킨다고 할 수 있다.[69] 어떤 이들은 참여 방식에 대한 선택권이 현재의 정치적·경제적 맥락 내에서는 가장 현실적인 것이라 믿고 있다.[70]

　　그렇지만 영국의 장애 이론가들은 참여적 연구 자체에 대해서도,

---

66 Zarb, "On the Road to Damascus: First Steps towards Changing the Relations of Research Production", p. 128.

67 Judi Chamberlin, *On Our Own: Patient-Controlled Alternatives to the Mental Health System*, London: MIND, 1988.

68 Reason ed., *Human Inquiry in Action*, p. 1.

69 Lloyd, Preston-Shoot, Temple and Wuu, "Whose Project is it anyway? Sharing and Shaping the Research and Development Agenda".

70 L. Ward, "Funding for Change: Translating Emancipatory Disability Research from Theory to Practice", eds. Colin Barnes and Geof Mercer, *Doing Disability Research*, Leeds: Disability Press, 1997, pp. 32~48; Zarb, "Researching Disabling Barriers".

그리고 장애인들에 의한 완전한 통제에 미달하는 상황에서 그러한 참여적 연구가 이루어진다고 볼 수 있는가의 문제에 대해서도 상반된 견해를 드러낸다. 특히 마이클 올리버는 이러한 논의 전반에 대해 부정적인데, 그는 참여적 연구가 체제의 규칙에 의해 작동되고, 기성의 가치나 구조에 도전하기보다는 조직의 효율성을 향상시키는 데 맞추어질 수 있다고 본다.[71] 그러나 이는 참여적 (행동) 연구에도 여러 갈래들이 존재한다는 사실, 그리고 몇몇 변형된 형태의 참여적 연구들은 "지식 생산, 교육, 단체행동, 피억압 대중의 권한강화 간의 필수적인 관련성"을 밝히는 데 기여했다는 점을 경시하고 있다.[72] 이러한 급진적 형태의 참여적 연구는 해방신학, 제3세계 지역사회개발 프로그램, 비판사회이론의 신맑스주의적 형태들에 의지한다.[73] 그것은 권력관계의 폭로와 해방적 행동의 발전에 있어서, 사회적 약자 집단들에 대한 적극적이고 당파적인 지지를 강조한다.[74] 이러한 관점으로부터 우리에게 요구되는 것은 "장애인들의 권한강화를 촉진하기 위한, 연구자 집단과 장애인들 사이의 실행 가능한 '대화'"이다.[75]

실제로 참여적 접근법들은 (아마도 상이한 학문적 그리고/또는 이론적 관점에 서 있을) 연구자들 및 연구 참여자들 간의 공통의 지반을 찾는

---

71 Oliver, "Changing the Social Relations of Research Production?".

72 Errol Cocks and Judith Cockram, "The Participatory Research Paradigm and Intellectual Disability", *Mental Handicap Research* 8, 1995, p.31.

73 Gary Woodill, *Independent Living and Participation in Research: A Critical Analysis*, Toronto: Centre for Independent Living in Toronto, 1992.

74 Stephen Kemmis and Robin McTaggart, "Participatory Action Research", eds. Norman K. Denzin and Yvonna S. Lincoln, *The Handbook of Qualitative Research* 2nd edn., Thousand Oaks, CA: Sage, 2000, pp.567~605.

75 Colin Barnes, "Qualitative Research: Valuable or Irrelevant?", *Disability, Handicap and Society* 11(1), 1992, p.122.

데 존재하는 개념적·실제적 어려움을 극복하려는 많은 교훈적인 시도들을 포함하고 있다.[76] 이러한 시도들은 해방적 장애 연구가 직면해 있는 핵심적 딜레마들 중 몇 가지 지점에 대해 얼마간의 방책을 제시한다. 예를 들어, 평범한 대중들의 개념 및 이론과 학문적 개념 및 이론은 어떻게 융합될 수 있는가? 장애인들이 장애에 대한 개인주의적 설명을 고집한다면 어떻게 되는가?[77] 요컨대 연구자와 피연구자들 간의 구조적 제약과 불평등은 쉽사리 제거되지 않으며, 신뢰 관계를 구축하는 것은 대개 해결하기 어려운 문제로 남아 있다.[78] 장애 연구 문헌들 또한 연구팀 내에 존재하는 권력관계와 위계를 인정하는 데 있어서는 몹시 말을 아껴 왔다.

비록 정치적 의식이 있다고 하더라도, 모든 장애인이 연구물 생산을 통제할 수 있는 시간적 여유가 있는 것은 아니며, 그런 성향을 지니고 있는 것도 아니다. 존 스웨인은 '특수교육적 요구'를 지닌 학생들을 위해 새로이 개교한 한 칼리지에서 14~18세 청소년들을 대상으로 연구를 수행했다.[79] 그는 이 장애 연구 프로젝트에 학생들을 참여시키는 과정에서 일정한 어려움에 부딪혔는데, 이에 대한 그의 서술은 하나의 생생한 실례를 제공한다. 그는 '연구 전문가들'을 믿고 따르려는 성향이 있는 장애인 연구 참여자들의 훨씬 더 일반적인 모습에 대해, 특히 연

---

76 Kemmis and McTaggart, "Participatory Action Research".

77 Colin Barnes and Geof Mercer eds., *Doing Disability Research*, Leeds: Disability Press, 1997; Moore, Beazley and Maelzer, *Researching Disability Issues*.

78 Lloyd, Preston-Shoot, Temple and Wuu, "Whose Project is It Anyway? Sharing and Shaping the Research and Development Agenda".

79 John Swain, "Constructing Participatory Research: In Principle and in Practice", eds. Peter Clough and Len Barton, *Making Difficulties: Research and the Construction of Special Educational Needs*, London: Paul Chapman Publishing Ltd, 1995, pp. 75~93.

구 질문을 고안하고, 데이터를 수집·분석하고, 연구물을 보급하는 것과 같이 전문적 문제로서 인식되는 영역에서의 이러한 모습에 대해, 자신의 경험을 바탕으로 상세히 서술한다. "해방적 연구라면 연구물 생산의 사회적 관계가 **전환**되어야 한다는 생각에 대해 상당한 저항이 존재했다."[80] 프리스틀리의 연구에서는, '독립적인' 전문가라는 그의 범주화가 연구물의 보급 과정에서뿐만 아니라 장애인단체들이 서비스 이용자들로부터 견해를 수집하는 데에도 실제로 유의미하게 활용되었다. 장애인 연구 참여자들은 "상호 간에 유익한 성과를 지향하는 실용적인 협력 관계"를 구축하는 데 더 많은 비중을 두었다.[81]

참여적 연구는 장애 연구의 주요 기금 제공자인 조지프 라운트리 재단Joseph Rowntree Foundation, JRF의 중재에 의해 많은 후원을 받았다. 현재 그 재단은 기금이 제공되는 프로젝트에 대해 사회적 모델 내에 위치해 있을 것, 유의미하고 적절한 이용자 참여를 포함할 것, 장애인의 삶을 개선시킬 수 있는 분명한 잠재력을 지닐 것을 요구하고 있다. 주목할 만한 예로는 장애인을 위한 지역사회 지원에 대한 제니 모리스의 연구,[82] 그리고 게리 자브Gerry Zarb와 패멀라 너대시Pamela Nadash의 영향력 있는 작업[83]을 기반으로 한 직접지불제도에 대한 일련의 연구들이 있다. 가장 최근에는 전국복권공동기금National Lottery's Community Fund이 이용자 주도의 장애 연구 계획에 우선권을 부여하는 주요 기금 제공

---

80 Priestley, "Who's Research? A personal Audit", p. 104.

81 ibid., pp. 104~105.

82 Jenny Morris, *Independent Lives? Community Care and Disabled People*, Basingstoke: Macmillan, 1993.

83 Gerry Zarb and Pamela Nadash, *Cashing in on Independence: Comparing the Costs and Benefits of Cash and Services*, Derby: British Council of Disabled People, 1994.

자가 되었다. 그렇기는 하지만, 서비스 제공자에 대한 연구들은 비장애인 전문가들이 장애인들을 공동 연구자로서 받아들이는 데 상당한 거부감을 표시하고 있음을 보여 준다.[84]

또 다른 비판적 주장은 장애 이론의 개척자들이 연구의 맥락과 참여자들의 다양성을 경시했다는 것이다. 이러한 주장은 학습적 장애인과 함께 수행된 연구들에서 광범위하게 제기되었는데, 어떤 면에서 보자면 협력적 접근법을 발전시키려는 상상력이 가장 풍부한 시도들 중 일부는 그러한 연구들에서 이루어져 왔다.[85] 학문 기관들 내에 학습적 장애를 지닌 연구자들의 부재 또한 이러한 주장이 제기된 중요한 한 요인이었다. 그렇지만 연구자들이 어떻게 학습적 장애인의 '편에 설 것인가'라는 문제에 많은 관심이 기울여져 왔으며,[86] 이는 다수의 창의적인 접근 방법들을 생산해 냈다. 흔히 '권리옹호' 모델을 채택하는 것에서부터, 학습적 장애인에게 연구 조언자의 역할을 부여하는 것, 그리고 연구자들의 일정한 지원과 더불어 학습적 장애인 스스로 자신의 연구를 수행하는 것에 이르기까지 말이다.[87]

---

84 Moore, Beazley and Maelzer, *Researching Disability Issues*.

85 Ward, "Funding for Change: Translating Emancipatory Disability Research from Theory to Practice"; Anne L. Chappell, "Emergence of Participatory Methodology in Learning Difficulty Fesearch: Understanding the Context", *British Journal of Learning Disabilities* 28, 2000, pp.38~43.

86 Dan Goodley and Michele Moore, "Doing Disability Research: Activist Lives and the Academy", *Disability and Society* 15(6), 2000, pp.861~882.

87 People First, *Outside Not Inside... Yet*, London: People First London Boroughs, 1994; Pat L. Sample, "Beginnings: Participatory Action Research and Adults with Developmental Disabilities", *Disability and Society* 11(3), 1996, pp.317~322; Justine March, Betty Steingold, Susan Justice and Paula Mitchell, "Follow the Yellow Brick Road! People with Learning Difficulties as Co-researchers", *British Journal of Learning Difficulties* 25, 1997, pp.77~80; Ward, "Funding for Change: Translating Emancipatory Disability Research from Theory to Practice"; Kirsten Stalker, "Some Ethical and Methodological Issues in Research

해방적 연구의 목표는 연구 참여자들이 자신의 삶을 보다 온전히 통제할 수 있도록 하는 것이다. 정도의 차이는 있겠지만 말이다. 커스틴 스토커Kirsten Stalker는 "자신을 표현할 수 있는 권리와 타당한 의견을 지니고" 있으며 "자신의 삶·경험·감정·견해에 대한 최고의 권위자"인 신뢰할 수 있는 정보 제공자로서 학습적 장애인을 인정할 것을 지향하는, 그와 같은 학습적 장애인에 대한 연구가 최근 10년 동안 어떻게 상당 정도 진척했는지를 한층 더 잘 확인해 주고 있다.[88] 그럼에도 불구하고, 학습적 장애인이 자신의 삶을 완전히 통제하는 것에 대한 장벽은 여전히 남아 있다. 자신의 삶이 일상적으로 타인에 의해 통제되어 왔던 연구 참여자들 사이에서는 묵종의 경향이 존재한다. 이러한 상황은 모든 연구 참여자들이 연구 과정에서 '참여의 규칙'을 이해하고 이에 동의하는지에 관한 기본적인 방법론적·윤리적 질문을 제기한다. 그러나 아직은 이러한 질문이 유효한 단계에도 이르지 못했다고 할 수 있는데, 왜냐하면 공공 서비스 기관이나 의료윤리위원회와 같은 외부 단체가 학습적 장애라는 꼬리표를 지닌 이들과 같은 클라이언트 집단을 대신하여 연구 참여에 관한 결정을 내리고 있기 때문이다.[89] 이와 유사한 무능력에 대한 가정은 장애아동에 대한 연구에서도 마찬가지로 적용되어 왔다.[90]

with People with Learning Difficulties", *Disability and Society* 13(1), 1998, pp.5~19; Jackie Rodgers, "Trying to Get it Right: Undertaking Research Involving People with Learning Difficulties", *Disability and Society* 14(4), 1999, pp.317~322.

88 Stalker, "Some Ethical and Methodological Issues in Research with People with Learning Difficulties", p.5.

89 Rodgers, "Trying to Get it Right: Undertaking Research Involving People with Learning Difficulties".

90 Ward, "Funding for Change: Translating Emancipatory Disability Research from Theory to Practice".

또 하나의 중요한 제언은 연구자들이 상이한 수준의 참여를 감안할 필요가 있다는 것이다. 다양한 분야의 이슈들에 걸쳐, 그리고 구체적인 집단들 내에서 말이다. 얀 웜슬리Jan Walmsley는 데이터 분석이나 이론 생산보다는 서비스의 개선에 초점이 맞추어진 상황에서 협동이 이루어지기가 더 용이하다고 말한다.[91] 또 다른 관심사는 연구를 보다 접근하기 쉽도록 만드는 것의 중요성이다. 감각 손상을 지닌 사람들을 위한 점자, 확대 인쇄, 카세트 플레이어는 좀더 널리 보급되어 있는 반면, 인지적 손상을 지닌 사람들을 위한 이에 상응하는 지원은 훨씬 더 협소하게만 인정되어 왔다.[92]

장애를 지닌 연구자의 채용에는 극복해야 할 추가적인 장벽들이 존재한다.[93] 접근 불가능한 건축 환경과 교통 체계라는 환경 속에서, 연구기관은 반드시 개별 연구자들이 필요로 하는 지원에 대해 한층 더 세심한 편의를 제공하고 있어야만 한다. 어떤 손상은 그 상태가 어떻게 진행될지 예측하기 어렵기 때문에, 이것이 연구 프로젝트의 관리에 또 다른 어려움을 부가하기도 한다. 그러나 기금 제공 기관들은 장애 연구에 좀더 많은 시간과 자원을 할당하는 데 있어, 그러한 제약들을 고려할 만큼 민감하지는 않다.

해방적 연구라는 이슈에서 연구자의 역할에 대한 견해의 차이는 2

---

91 Jan Walmsley, "Normalisation, Emancipatory Disability and Inclusive Research in Learning Disability", *Disability and Society* 16(2), 2001, pp. 187~205.

92 Ward, "Funding for Change: Translating Emancipatory Disability Research from Theory to Practice"; Goodley and Moore, "Doing Disability Research: Activist Lives and the Academy".

93 Michael Oliver and Colin Barnes, "All We are Saying is Give Disabled Researchers a Chance", *Disability and Society* 12(5), 1997, pp. 811~813; Zarb, "Researching Disabling Barriers".

개의 매우 대조적인 관점에 의해 설명될 수 있을 듯하다. 톰 셰익스피어는 자신의 작업이 "해방적 연구"로 간주되는지 아닌지에 대해 "나는 정말로 개의치 않는다"고 주장한다. 그리고 "어떤 정설을 따르려고 노력하기보다는 자신의 개인적이고 윤리적인 기준"을 따를 뿐이라고 공언한다.[94] "조언과 피드백"을 환영하기는 하지만, 그는 "내 연구물의 발행인과 나의 양심 이외에는 다른 어느 누구에 대해서도 책임지기를" 원치 않는다는 것이다.[95] 이와 대조적으로, 빅터 핀켈스타인은 연구물 생산의 사회적 관계에 대한 근본적인 변화가 이루어지지 않는다면, "장애를 만들어 내는" 여타 전문가들의 역할을 이어받는 새로운 유형의 장애 연구 "전문가"가 등장할 것이라고 경고한다.[96]

방법론과 방법의 문제

이러한 논의에서, '방법'method이 설문조사나 참여관찰과 같은 데이터의 수집과 그러한 데이터의 분석을 위한 구체적인 기술을 의미한다면, '방법론'methodology은 연구가 어떻게 수행되어야 하는가에 관한 이론을 가리킨다.[97] 해방적 장애 연구에 대한 초기의 작업들은 방법과 방법론을 뭉뚱그려 양자 모두를 부수적이고 기술적인 문제로 다루는 경향이 있었다. 여기서 강조되는 반론은 "방법론이 중요하다"는 것이고,[98] 방법론에 대한 것이든 방법에 대한 것이든 간에 다원주의에 대한 모호한

94 Tom Shakespeare, "Researching Disabled Sexuality", eds. Colin Barnes and Geof Mercer, *Doing Disability Research*, Leeds: Disability Press, 1997, p.185.

95 ibid., p.186.

96 Finkelstein, "Doing Disability Research".

97 Sandra G. Harding, "Introduction: Is There a Feminist Method?", ed. Sandra G. Harding, *Feminism and Methodology: Social Science Issues*, Milton Keynes: Open University Press, 1987, p.1~14.

약속 이상이 필요하다는 것이다.

사회 연구를 평가하기 위해 제시된 방법론적 기준들은 ('상대주의'로의 후퇴가 아니라면) 패러다임들 간에 상당히 차이가 있다. 구바와 링컨에 따르자면, 실증주의에서는 다음과 같은 기준들이 강조된다.

> 내적 타당성(연구 결과와 실재의 동형성同形性), 외적 타당성(일반화 가능성), 신뢰성(안정성이라는 의미에서), 객관성(거리를 둔 중립적 관찰자)……(반면에 해석적 패러다임 내에 있는 이들이 강조하는 것은)……신빙성(내적 타당성에 상응함), 전이성轉移性(외적 타당성에 상응함), 의존 가능성(신뢰성에 상응함), 확인 가능성(객관성에 상응함)에 대한 믿을 수 있는 기준.[99]

좀 더 최근에, 동일한 저자들은 해석적 접근과 후기구조주의적 접근 양자 모두가 보여 주는 '진실성'의 성취에 대한 관심에 주목하여 이를 또 하나의 기준으로 추가했다.[100]

이러한 기준이 지닌 전반적인 의도는 연구의 설계에서부터 데이터 수집을 거쳐 분석과 제언에 이르기까지, 연구가 어떻게 전개되는지를 투명하게 만드는 것이다. 그리고 그 목적은 연구 참여자와 그 밖의 사람들에게 연구의 전체 과정을 보다 책임성 있고 이해할 수 있을 만한 것으

---

98 Liz Stanley, "Methodology Matters!", eds. Victoria Robinson and Diane Richardson, *Introducing Women's Studies: Feminist Theory and Practice*, London: Macmillan, 1997, pp. 198~219.

99 Guba and Lincoln, "Competing Paradigms in Qualitative Research", p. 114.

100 Lincoln and Guba, "Paradigmatic Controversies, Contradictions, and Emerging Confluences".

로 만들어 주는 투명하고 설득력 있는 연구 내러티브라고 할 수 있다.[101] 그렇지만 주류 연구에 의해 촉진된 형식적인 '질 관리' 검사의 적용은, 장애 연구가 이루어진 특정한 정황들을 좀처럼 인정하지 않는 장애차별주의적인 가정들을 대개 숨겨 왔다.[102]

대개의 경우, 장애 연구는 참여적 확인validation에 집중해 왔다. 즉 연구질문, 데이터 수집, 결과물 보급의 타당성을 확인하는 과정에서 장애인이 참여하는 것에 말이다. 검증verification을 위해 현지 조사 데이터를 응답자들이 다시 보도록 해야 한다는 것은 하나의 핵심적 요건으로 널리 인정되는 반면, 데이터 수집 및 분석 과정 전체를 집단화하는 것은 (아마도 소규모의 자문단에 대한 경우를 예외로 한다면) 아주 드물게만 이루어진다. 특히 완전한 참여를 실행하는 것은 그것이 지닌 유효성을 입증하려면 추가적인 시간과 자원을 필요로 한다. 캠벨과 올리버의 장애 정치에 대한 연구의 경우, 심층 면담을 제공했던 30명의 핵심 활동가 중 단지 2명만이 면담 기록을 '확인'해 달라는 또는 원고 초안을 읽어 달라는 제안에 응했다.[103] 올리버는 "우리는 그러한 연구를 완전한 집단적 생산물로 만들 수 있는 시간과 에너지도, 자금도 지니고 있지 않다"는 것을 솔직히 인정한다.[104] 이러한 시간·에너지·자금에서의 선택권이 존재한다면, 이는 연구 의제, 어쩌면 기금의 조달, 그리고 거주시설들이 승인

---

101 Mies, "Towards a Methodology for Feminist Research"; Stanley and Wise, *Breaking Out Again: Feminist Ontology and Epistemology*; Maynard, "Methods, Practice and Epistemology: The Debate about Feminism and Research".

102 Sample, "Beginnings: Participatory Action Research and Adults with Developmental Disabilities"; Stalker, "Some Ethical and Methodological Issues in Research with People with Learning Difficulties".

103 Campbell and Oliver, *Disability Politics*.

104 Oliver, "Emancipatory Research: Realistic Goal or Impossible Dream?", p. 19.

하기를 꺼리는 어떤 것에서의 상당한 변화로 귀결될 수도 있을 것이다.

사회 연구의 평가와 관련된 또 다른 기준은 연구 방법의 타당성이 연구 참여자와 맺어지는 관계의 질 내에도 반영되어야 한다는 여성주의적 주장이라고 할 수 있다. 친밀함, 개방성, 연구 참여자와의 전반적으로 친밀한 교감이라는 요소가 하나의 기준으로서 확고한 지위를 획득했다. 연구자들은 장애인 연구 참여자들이 어떤 방식으로 그들의 견해가 진지하게 받아들여지고 있다는 공감을 표현했는지, 또 그들의 '실제' 느낌을 표현하도록 고무되었는지를 기록한다.[105] 그렇지만 그러한 기록의 발표는 '질 보증'에 대한 막연한 지표일 뿐이다. 그리고 연구 데이터의 '질'을 높이기 위해서, '사적인' 생각이나 관계를 드러내고자 하는 어떤 개인의 자발적 의지를 이용하는 것이 맞는가라는 윤리적 이슈 또한 존재한다. 이는 연구자들이 연구의 과정에 직간접적으로 영향을 미치는 방식에 있어서 훨씬 더 큰 민감성이 필요함을 시사한다.[106] 사실 방법론상의 목표와 정치적 목표 사이에서 균형을 잡는 문제는 장애 관련 문헌에서 아주 드물게만 다루어지고 있다.

장애 연구자들 또한 장애아동과 학습적 장애인에 대한 혁신된 연구를 포함하여,[107] 새로운 접근법을 데이터의 수집·처리·분석에 결합시키고자 하는 자발적 의지를 표명해 왔다.[108] 장애를 질적으로 연구하는 연

105 Barnes and Mercer eds., *Doing Disability Research*.

106 Lloyd, Preston-Shoot, Temple and Wuu, "Whose Project is it Anyway? Sharing and Shaping the Research and Development Agenda"; John M. Davis, "Disability Studies as Ethnographic Research and Text: Research Strategies and Roles for Promoting Change?", *Disability and Society* 15(2), 2000, pp.191~206.

107 Ward, "Funding for Change: Translating Emancipatory Disability Research from Theory to Practice".

108 Barnes and Mercer eds., *Doing Disability Research*.

구자들은 특히 장애인을 면담자나 그에 상응하는 역할로 선발하는 것의 중요성을 강조했는데,[109] 그러나 이에 부응하는 과정이 연령·민족성·사회계급·손상유형을 포괄하기 위하여 어느 범위까지 확장되어야 하는가에 관한 논의는 거의 이루어지지 않았다.

누군가가 손상을 지녔다고 해서 자동적으로 다른 장애인에 대해 친밀감을 갖는 것도, 장애 연구의 수행에 함께하고자 하는 의향을 보이는 것도 아니다. 연구자와 피연구자 사이의 문화적 격차는 손상만큼이나 계급, 교육, 고용, 전반적인 삶의 경험과 같은 사회지표들과도 밀접한 관계가 있다.[110]

비장애인 연구자들을 채용하는 것의 장점이 무엇인가가 논쟁의 대상이 되고 있기는 하지만, 누군가가 험프리처럼,[111] 장애인 연구 참여자들 사이에서 당연시되는 생각과 관행은 상세한 해체를 필요로 하기 때문에, 연구 지식이 비장애인 연구자들의 참여에 의해 (그들이 사회적 모델이라는 기준선에서 시작하는 경우라면) 향상될 수 있는 것이라고 주장하는 일은 드물다.

연구 참여자들을 단지 소규모의 자문위원회에 포함시키는 것을 넘어, 데이터의 처리 및 분석 자체를 집단화하는 데 참여시키려는 시도들

109 Ayesha Vernon, "Reflexivity: The Dilemmas of Researching from the Inside", eds. Colin Barnes and Geof Mercer, *Doing Disability Research*, Leeds: Disability Press, 1997, pp. 158~176.
110 Barnes, "Qualitative Research: Valuable or Irrelevant?", pp. 121~122.
111 Humphrey, "Researching Disability Politics, or Some Problems with the Social Model in Practice".

또한 거의 존재하지 않았다. 이에 대한 예외들은 주로 소규모나 면담에 기반을 둔 연구에 한정되어 있는 반면, 지속되고 있는 전반적인 인상은 연구 참여자들이 연구자의 전문 지식을 믿고 따르려 한다는 것이다.[112] 보다 일반적으로 말하자면, 분과 학문적이고 이론적인 시각들은 연구 참여자와 연구자 간의 분할을 심화시킨다. 연구자들이 '듣는' 것과 그것이 해석되는 방식에 영향을 미침으로써 말이다. 이러한 선별적 청취와 해석에는 사람들이 말했던 또는 '실제로 의도했던' 것을 추론하고, 선정하고, 추출하고, 달리 표현하는 것을 통해, 일반 대중의 설명을 재현하고 재확립하는 데 연구자들이 어느 범위까지 개입할 것인가에 관한 판단이 포함되어 있다.[113]

처음에 해방적 연구의 주창자들은 다양한 양적·질적 연구 방법들의 우열에 관해 반신반의하는 입장을 표명했다. 올리버의 경우 "나는 면담, 설문지, 참여관찰, 기록 분석 등이 해방적 연구와 양립할 수 있는지 없는지를 확신할 수 없다"고 말한다.[114] 이후 대다수의 연구자들은 좀더 질적인 절차와 데이터를 활용함으로써 사회 연구 내에 존재했던 일반적인 양적 연구의 경향과 우열을 다투었다. 이는 질적 방법이 지닌 상호주체성과 비위계적 관계에 대한 강조와 비교해 보았을 때, 양적 방법은 본래적으로 연구 참여자를 착취하는 성격이 강하고 덜 '진실한' 데이터를 산출해 낸다는 근거 위에서 정당화되었다. 큰 조소의 대상이 되었던

---

112 Vernon, "Reflexivity: The Dilemmas of Researching from the Inside".

113 Tom Shakespeare, Kath Gillespie-Sells and Dominic Davies, *The Sexual Politics of Disability: Untold Desires*, London: Cassell, 1996; Vernon, "Reflexivity: The Dilemmas of Researching from the Inside"; Corker, "New Disability Discourse, the Principle of Optimisation and Social Change".

114 Oliver, "Emancipatory Research: Realistic Goal or Impossible Dream?", p.21.

밀러와 그윈의 거주홈 생활에 대한 연구[115]를 포함하여 비록 얼마간의 주목할 만한 반례反例가 존재하기는 했지만, 수량화된 방법에 대해 전반적으로 부정적인 태도가 우세했다. 그러한 태도는 OPCS의 설문조사에 대한 비판자들에 의해 강력하게 표현되었는데, 그들은 우편 설문지와 구조화된 면담에 대한 의존이 연구 전문가와 장애를 지닌 일반 응답자 간의 광범위한 격차를 강화했다고 비난했다.[116]

그럼에도 불구하고, 주류적 방식의 양적 연구는 장애를 만들어 내는 장벽들의 규모를 드러내기 위하여 해방적 연구자들에 의해 광범위하게 이용되어 왔다.[117] 여성주의 내에서조차, 경험적 연구들이 여성의 사회적 억압을 입증하는 데 있어 양적 연구들보다 훨씬 적은 기여를 했을 뿐이라는 주장들이 점증해 왔다.[118] 마찬가지로 '질적 방법으로의 전환'이 오히려 연구자들로 하여금 '참여자 중심적'으로 구조화된 면담 및 설문조사——장애를 만들어 내는 장벽과 태도들에 대한 저항을 촉진할 수 있는——의 고안을 단념하게 한다는 이유로 비난을 받아 왔다.[119] 덧붙여, 표본 추출, 데이터 처리, 개념의 구성, 해석과 같은 구체적인 방법론적 이슈들은 별다른 논쟁을 생산해 내지도 않았다.

---

115 Miller and Gwynne, *A Life Apart*.

116 Oliver, *The Politics of Disablement*; Paul Abberley, "Counting us Out: A Discussion of the OPCS Disability Surveys", *Disability, Handicap and Society* 7(2), 1992, pp.139~156.

117 Barnes, *Disabled People in Britain and Discrimination*.

118 Ann Oakley, *Experiments in Knowing: Gender and Method in the Social Science*, Cambridge: Polity, 2000.

119 Liz Kelly, Sheila Burton and Linda Regan, "Researching Women's Lives or Studying Women's Oppression? Reflections on what Constitutes Feminist Research", eds. Mary Maynard and June Purvis, *Researching Women's Lives from a Feminist Perspective*, London: Taylor and Francis 1994, pp.27~48; Maynard, "Methods, Practice and Epistemology: The Debate about Feminism and Research".

미셸 무어Michele Moore와 그녀의 동료들이 실증하는 바처럼, 장애 연구의 수행 과정은 다수의 예기치 않은 이슈들을 드러냈다.[120] 가장 중요한 것 중 하나는 객관성과 공정성에 대한 가정이 여전히 상당 정도 만연해 있는 반면, 해방적 장애 연구의 반론은 여전히 잘 알려지지 않거나 논쟁적인 상태로 남아 있다는 것이다. 게다가 장애 연구 관련 논쟁들은 또한 연구가 수행되는 매우 상이한 현장들과 맥락들 ─ 적은 표본의 장애인 자원자들에 대한 개인적 면담에서부터, 장애인과 비장애인이 함께 참여하는 많은 단체들을 대상으로 한 대규모 연구에 이르기까지 ─ 에 대해 미미한 인식만을 보여 주고 있다.

나가며

해방적 패러다임은 장애 연구 수행에 대한 하나의 고유한 접근법으로 채택되어 왔다. 이러한 해방적 패러다임은 사회적 장애모델 내에 그 존재론적·인식론적 소재를 두는 것, 이를 기반으로 장애인의 사회적 배제에 대한 도전 속에서 당파적 접근법에 전념하는 것, 장애인 및 장애인단체들에 대한 폭넓은 책임성을 갖는 것을 포함한다. 그렇지만 이러한 내용들 각각은 현재 장애 문제를 다루는 데 관여하고 있는 점점 더 다양해진 이론적 전통들로부터 비판을 불러왔으며, 동시에 이러한 광범위한 원칙들을 실제 연구의 실행으로 옮겨내는 것이 용이한가와 관련된 여러 이슈들이 제기되어 왔다.

데이터의 수집·처리·분석에 대한 구체적 방법의 적절함 및 장점의

---

120 Moore, Beazley and Maelzer, *Researching Disability Issues.*

문제를 포함하는 방법론적 이슈들에 대해, 장애 연구 문헌들 내에서는 두드러진 침묵이 존재해 왔다. 장애 연구의 경우에는 도처에 "결국 나는 진정으로 '해방적인' 작업을 성취했다고 주장할 수는 없다"는 포기 선언이 가득한 반면,[121] 이에 상응하는 구체적인 방법론상의 자백(또는 선언)은 매우 드물다.

해방적 장애 연구에 대한 최종적 판단에는, 그것이 '불가능한 꿈'으로 드러나고 있다는 우려도 포함되어 있다.[122] 장애 연구는 장애인의 권한강화를 촉진할 수 있는 능력이라는 측면에서 판단되어야만 한다. 분명히 그러한 연구란 합의된 일련의 인식론적·방법론적 지침과 기준을 지니고 있어, 손쉽게 선택하기만 하면 되는 문제가 아니다. 또한 장애를 만들어 내는 사회적 장벽으로 가득 찬 세계는 개별적인 해방적 연구 프로젝트들에 쉽사리 굴복하지도 않을 것이다. 그러나 그러한 해방적 연구는 장애를 만들어 내는 사회적 장벽에 도전하는 데 중요한 역할을 담당한다. 특히 그 방법론에 있어서 부끄러움 없이 엄격하고 투명하며, 그 목표에 있어서 당파적일 때 말이다.

---

121 Priestley, "Who's Research? A Personal Audit", p. 105.
122 Oliver, "Emancipatory Research: Realistic Goal or Impossible Dream?".

13장 / 장애, 대학, 통합 사회

콜린 반스·마이클 올리버·렌 바턴

들어가며

이 책의 1장에서 우리는 새롭게 등장한 장애인 운동과 대학 간의 지속적인 접촉이, 20세기의 후반에 영국과 미국에서 장애학 발전의 활성화를 도왔던 방식을 기술했다. 뒤이은 장들은 이렇듯 상대적으로 새로운 탐구 분야인 장애학 지식의 현황에 대하여 (특히 사회학이 미친 영향력을 강조하면서) 광범위한 개관을 제공했다. 이 마지막 장에서 우리는 이러한 지식 생산의 특정 형태가 장애에 대한 우리의 이해에 어떻게 계속해서 기여를 할 수 있는지, 그리고 그러한 기여를 통해 장애인을 주류사회로 한층 더 통합하기 위한 노력을 어떻게 도울 수 있는지 설명하기 위해, 장애인 운동과 대학 간의 관계를 분석적으로 검토한다.

21세기의 장애학과 대학

정치적 행동주의와 대학 간의 관계를 대체적으로 살펴보면, 대학이 자신의 역사 대부분의 시기 동안에 급진적인 사회적·정치적 변화를 위한 힘으로 존재했다기보다는 침묵하는 보수주의적 공간이었다는 것은 명백하다. 그렇지만 대학이 일정한 시기에 특정한 상황하에서는 혁명적인 사회적 힘——고삐가 풀렸을 때 급진적인 정치적·문화적 변화에 대한 잠재력을 발휘할 수 있는——을 싹틔우고 양성하는 데 핵심적인 역할을 했다는 것을 잊기 쉽다. 이러한 예들에는 1840년대와 1960년대의 유럽 대학과 혁명 운동들, 1960년대와 1970년대의 미국 대학과 공민권 운동 및 베트남전쟁 반대 캠페인 등이 포함된다. 또한 대학은 1989년 6월 4일의 천안문 광장 대학살에서 절정에 달한, 1980년대 중국의 문화혁명에서도 핵심적인 역할을 수행했다.

이러한 예들에도 불구하고, 전반적으로 대학이 자신의 역사 대부분의 시기 동안에 급진적인 정치적 힘으로 존재했다기보다는 반동적이었다는 사실에는 변함이 없다. 그렇지만 21세기로 넘어가면서, 대학의 역할이나 구조에서뿐만 아니라 지식 생산의 본질 그 자체에 있어 광범위한 변화를 우리가 목도하고 있다는 주장이 제기되어 왔다. 제라드 델란티Gerard Delanty에 따르면,

탈산업사회에서 오늘날 발생하고 있는 것은 몇십 년 전까지 유지되어 왔던 권위의 구조 및 사회의 인지구조에서만의 위기가 아니다. 지식 그 자체로까지 민주주의가 확장된 결과, 지식의 구성 그 자체에서도 위기가 발생하고 있다.[1]

---

1 Gerard Delanty, *Challenging Knowledge: The University in the Knowledge Society*, Buckingham: Open University Press, 2001, p.2.

이 책의 몇몇 기고자가 분명히 하고 있는 것처럼, 장애학의 발전에 있어서 중심적인 원동력은 자신의 경험을 적절하게 결합시켜 낸 장애인들의 주장이었다. 이는 장애에 관한 학문적 지식의 생산으로까지 민주주의가 확장된 것으로 해석될 수 있을 것이다. 그에 따라 "대중교육의 시대에 대학은 인종 평등, 인권, 여성주의, 사회민주주의와 같은 민주적·진보적 가치들의 표현을 위한 주요 장소가 되어 왔다".[2] 실제로 20세기 말에는 신사회운동이 등장했는데, 특히 여성 운동이 두드러졌고, 소수민족 집단, 게이와 레즈비언, 그리고 최근에는 장애인 대중이 이러한 운동에 합류했으며, 그들 집단의 핵심 지식인들이 종종 대학과 같은 학문 기관으로 진출했고 계속해서 진출하고 있다.

더욱이 당시 새롭고 급진적인 것으로 보였던 사상들을 생산하는 데 참여했던 사람들 중 다수는 대학에서 작업을 했다. 우리가 이 책을 통해 보았던 것처럼 이는 장애학의 경우에도 정확히 마찬가지라고 할 수 있으며, 이러한 과정에서 장애인들의 일상적 투쟁과 장애인·비장애인 학자들에 의해 생산된 학문적 성과 간의 융합이 존재해 왔다. 이러한 협력 관계의 결과는 다음의 두 가지였다. 첫째, 장애학은 장애화에 대한 직접 경험에 기반을 두고, 독자적인 학문 분야로 발전했다. 둘째, 장애인들과 장애학 간의 연계가 지속적으로 유지되어 왔다.

그렇지만 장애 운동이 세력을 확대하고 장애학 역시 본격적인 탐구 분야로서 좀더 대중화되어 감에 따라, 이러한 연계의 정확한 본질은 점점 더 불명확해지고 있다. 다시 한번, 델란티는 이러한 지점을 지식 생산의 문제와 전반적으로 관련짓는다. [신사회운동의 흐름을 반영한] "신

2 ibid., p.9.

정치new politics의 도래 …… 와 더불어 대학은, 역사적으로 형성된 규범 뿐만 아니라 분과 학문에 기반을 둔 지식의 의미 그 자체에 중대한 영향을 미쳐 왔던, 문화적 정체성에 대한 투쟁 및 다양한 사회적 대립의 주요 장소가 되었다."[3] 그러한 충돌 속에서 장애학은 의학·사회학·심리학과 같은 전통적인 분과 학문에 도전했다. 그와 같은 학문들이 장애에 관해 생산해 왔던 지식의 정당성을 문제 삼으면서 말이다. 그뿐만 아니라, 장애의 집단적 경험에 대한 밀착된 이해의 생산자이자 변혁 주체로서의 장애 운동과, 손상과 장애에 관한 모든 형태의 지식 생산자이자 결정자로서의 대학 간의 관계 또한 엄밀한 검토하에 놓이게 되었다. 이제 우리가 다시 살펴보려 하는 것은 바로 장애 운동과 대학 간의 관계이다.

장애 운동과 대학

대학과 장애 운동 간의 관계를 개념화하는 데 있어서, 세 가지 상이한 접근법을 확인해 볼 수 있다. 첫번째는 우리가 '내부에서 외부로의'inside-out 접근법[4]이라고 부르는 것으로, 이는 여성 운동으로부터 연유하며, 개인적인 것이 정치적인 것이라는 주장에 기반을 둔다.[5] 이 접근법은 현상에 대한 직접 경험이 그 현상에 대한 이해를 용이하게 하는 데 있어서 뿐만 아니라, 적절한 정치적 대응을 발전시키는 데 있어서도 가장 중요하다고 주장한다. 보다 극단적인 몇몇 형태들에서는, 오직 직접 경험을

---

3 Delanty, *Challenging Knowledge: The University in the Knowledge Society*, p.4.
4 이후의 내용에서 맥락적으로 확인이 되기는 하겠지만, 여기서 'in'이 개인의 주관적 경험세계를 의미한다면, 'out'은 주체 외부의 객관적 물질세계를 의미한다. —옮긴이
5 Morris, *Pride Against Prejudice*.

가진 사람만이 그 문제에 대해 발언할 자격이 있다고 주장되기도 한다. 즉 오직 여성만이 여성의 경험에 대해 말할 수 있고, 오직 흑인만이 흑인의 경험에 대해 말할 수 있으며, 오직 장애인만이 장애의 경험에 대해 말할 수 있다는 것이다.

그리하여 우리는 영국의 장애인 운동 내에서, 몇몇 단체가 개인회원이나 급여를 받는 직원 양쪽 모두 오직 장애인만으로 구성되는 경우를 보기도 한다. 다른 단체들은 비장애인 협력자들에 대해서, 그들의 역할이 요청되기 때문에 다소간 상이한 입장을 취한다. 어떤 단체는 비장애인을 회원으로 받아들이지는 않지만 직원으로는 채용을 하고자 하며, 또 어떤 단체는 장애인의 통제력이 유지되는 한에서는 단체의 모든 영역에서 비장애인을 받아들이고자 한다.[6] 요컨대 경험과 운동 간의 관계가 어떻게 구성되어야 하는가에 대해 하나의 보편적인 입장은 존재하지 않는다. 이는 장애학이 대학 내에서 가르쳐지고 연구되는 방식에 있어서도 마찬가지이다. 경험과 학문 간의 관계는 다양한 대학들, 개인들, 관련 단체들 사이에서 상이하게 구성된다.[7]

'내부에서 외부로의' 관점에는 다수의 문제가 존재한다. 우선 그 관점은 관련 단체의 주변화로 귀결될 수 있는 배타적 입장을 취할 수 있다. 대다수의 단체들은 이를 인식하고 있으며, 따라서 그들 내부에 분리주의적 요소나 세력이 있을 수 있지만, 그럼에도 불구하고 세계의 나머

---

6 Hannah Morgan, Colin Barnes and Geof Mercer, *Creating Independent Future: An Evaluation of Services led by Disabled People*, Stage Two Report, Leeds: Disability Press, 2001.
7 Pfeiffer and Yoshida, "Teaching Disability Studies in Canada and the USA"; Gordon and Rosenblum, "Bringing Disability into the Sociological Frame: A Comparison of Disability with Race, Sex and Sexual Orientation Statuses"; Albrecht, Seelman and Bury eds, *Handbook of Disability Studies*.

지 부분과 관계를 구축하고자 시도한다. 게다가 위에서 언급된 것처럼, '내부에서 외부로의' 접근법은 집단적 통찰에 기반을 둔 의미 있는 분석의 생산을 거의 불가능한 것으로 만들면서, 결국 경험이라는 것을 완전히 개별적인 수준으로 환원해 버린다. 마지막으로, 직접 경험에만 배타적으로 기반을 둔 입장들은 대개 특별 변론special pleading[8]이라는 인상을 줄 수 있다. 그러한 특별 변론은 '일단의 진실한 고백들'로 특징지어져 왔던, 경험에 기반을 둔 특정한 종류의 작업에 이르게 된다. 즉 "구조적으로 장애를 만들어 내는 사회에 대해 진지하게 정치적으로 분석하기보다는 그들 자신에 관한 글쓰기에 열중하는 이들"의 작업 말이다.[9]

두번째 접근법은 '외부에서 내부로의'outside-in 입장이다. 이러한 접근법은 몇몇 장애인 당사자 단체로부터 발생했는데, 부분적으로는 앞에서 지적했듯 직접 경험이 때때로 과도하게 특권화되고 지나치게 감상적으로까지 다루어지는 방식 때문이었다. 이러한 문제는 최근 빅터 핀켈스타인에 의해 예리하게 다시 한번 지적된 바 있다.

'객관적 물질세계의' 장애를 만들어 내는 실제적 장벽들을 제거하는 데 새롭게 초점을 맞춤으로써 고취된 정치적·문화적 전망은 점점 더 약화되어 왔으며, 장애를 만들어 내는 세계의 주관적 경험에 대한 사색적이고 추상적인 관심 속으로 침잠해 들어가고 있다.[10]

8 '특별 변론'이란 자기중심적으로 이중 잣대를 적용하는 것을 말한다. 즉 어떤 것이 예외로 취급되어야 함을 주장하기는 하지만 그 근거에 타당성이 없는 경우를 특별 변론이라고 할 수 있다.—옮긴이
9 Colin Barnes, "The Rejected Body: A Review", *Disability and Society* 13, 1998, p.146.
10 Victor Finkelstein, "Outside 'Inside Out'", *Coalition*, April 1996, p.34.

이러한 '외부에서 내부로의' 입장은 직접 경험의 중요성을 부정하지 않지만, 직접 경험 그 자체만으로는 불충분함을 지적한다. 이러한 맥락에서 핀켈스타인은 장애를 만들어 내는 장벽에 대한 직접 경험(내부)이 중요하기는 하지만, 그것은 왜 이러한 장벽들이 존재하는지, 그리고 그것들을 어떻게 뿌리 뽑을 수 있는지에 대한 정치적 분석(외부)과 결합되어야만 한다고 주장한다. 이것이 대학과 장애 운동 간의 관계가 그토록 중요한 바로 그 이유이기도 하다. 운동이 직접 경험을 제공할 수 있는 반면, 대학은 일관성 있고 학문적인 정치적 분석을 제공할 수 있다. 따라서 문제가 되는 것은 그러한 관계가 형성되어야 하는가 아닌가가 아니라, 어떻게 그러한 관계를 형성하고 지속할 수 있는가라고 할 수 있다.

그러나 이러한 접근법에도 역시 몇 가지 난점이 존재한다. 예를 들어 캐럴 토머스는 이러한 시각이 여성 운동 그룹과 같은 그룹들의 성취를 감안하는 데 실패하고 있다고 최근 주장했는데,[11] 여성 운동은 그 활동의 대부분을 '개인적인 것이 정치적인 것이다'라는 관점에 뿌리박고 있다. 그뿐만 아니라 그녀는 이러한 '외부에서 내부로의' 접근법이 21세기의 탈근대 세계에서는 더 이상 유지될 수 없는 사적 영역과 공적 영역의 잘못된 분리에 기초하여 구조화되어 있다고 말한다. 마지막으로 그녀는 이러한 문제에 대한 해결책이 구체적인 상황 속에 스스로를 기입해 넣는 것 ─ 즉 주관적 경험(내부)과 보다 넓은 세계 내에서의 객관적 행위(외부) 간의 관계에 대해 솔직해지는 것 ─ 이라고 제안한다.

세번째는 '외부에서 외부로의'outside-out 접근법으로, 이는 학자들

---

11 Thomas, *Female Forms*.

을 포함하여 모든 유형의 대다수 공인된 전문가들에 의해 선호되는 것이다. 이러한 접근법은 그 기원을 19세기에 발달한 하나의 세계관으로서의 실증주의에 두고 있다. 여기서 핵심적인 것은 사회세계가 앞서 논의된 두 가지 접근법이 시사하는 것처럼 개인적 경험을 기반으로 해서가 아니라, 오직 합리적 사고와 자연과학 원리의 적용을 통해서만 올바로 이해될 수 있다는 주장이다.[12] '외부에서 외부로의' 접근법은 대학이 존재해 왔던 기간 내내 그것을 지탱시켜 왔던 입장이라고 할 수 있다. 그 결과 대부분의 대학들은 스스로를 거의 전적으로 객관적인 지식의 추구에만 몰두하는 조직으로 구성해 냈다. 그렇지만 최근에 이러한 접근법은 점점 더 많은 공격을 받게 되었다. 이에 응답하여, 많은 학문 기관들과 학과들이 이제는 직접 경험을 자신의 작업 속에 결합시켜 내기 위해 노력하고 있다.[13]

그럼에도 불구하고, 많은 측면에서 이러한 노력과 시도들은 무엇이 의미 있는 지식으로 간주되어야 하는가에 대한 궁극적인 결정자로서의 대학의 지위를 여전히 정당화하고 지속시키려 한다. 말하자면 비판도 피하면서 구래의 기득권도 잃지 않으려 노력하는 것이다. 이에 대한 전형적인 예는 마틴 해머슬리Martyn Hammersley의 최근 작업이라고 할 수 있는데, 그는 다른 두 가지 입장에 기반을 둔 연구에 대해 상세한 평가를 제시하기는 하지만, 궁극적으로는 객관적인 연구 절차의 운용을 통해 지식을 생산하는 것이 학문 연구자의 역할이라고 말한다.[14] 또 다른

---

12 Anthony Giddens, *Sociology* 4th edn., Cambridge: Polity, 2001.

13 Carole Truman, Donna M. Mertens and Beth Humphries eds., *Research and Inequality*, London: UCL Press, 2000.

14 Martyn Hammersley, *The Politics of Social Research*, London: Sage, 1995; Hammersley, *Taking Sides in Social Research*.

예는 앨런 다이슨Alan Dyson에게서 찾을 수 있는데, 그는 스스로를 실증주의자라기보다는 전문 지식인이라 칭하고 있다. 최근 그는 대학이 내부자적 입장과 외부자적 입장 간의 "합리적 논쟁의 촉진자이자 유지자"로서의 역할을 지닌다고 주장했다.[15]

이러한 '외부에서 외부로의' 시각 또한 다수의 난점을 발생시킨다. 특히 이러한 시각은 대학이 정확히 자신의 역사 대부분의 시기 동안에 채택해 온 입장이다. 이러한 접근법은 우리가 이미 지적했듯이 반동적이고 보수적인 성격을 지닌다. 상황이 이러하다면, 직접 경험을 진지하게 사고하기를 추구할 때에도, 많은 학자들과 연구자들은 언제나 그들이 해왔던 대로 연구를 수행할 ── 즉 덜 급진적인 형태로 다른 이들의 작업·사고·경험을 식민화하고 재생산할 ── 위험이 크다는 점을 지적해야만 할 것이다. 이러한 이유로, '외부에서 외부로의' 입장에 기반을 두고 장애인 및 장애인단체들과 대학 간에 유의미한 작업이나 생산적인 관계를 만들어 내려는 시도는 극도로 신중하게 이루어져야 한다.

장애학과 통합사회

앞에서의 분석에 근거하여, 우리는 '외부에서 외부로의' 입장이 견지하는 정통적 신념은 더 이상 유지될 수 없다고 말할 수 있을 것이다. 여기에는 몇 가지 이유가 존재한다. 우선 탈근대 세계에서 지식은 사회 전반에 걸쳐 더욱더 분산된 형태로 존재하게 되고, 대학은 더 이상 유용하거

---

15 Alan Dyson, "Professional Intellectuals from Powerful Groups: Wrong from the Start?", eds. Peter Clough and Len Barton, *Articulating with Difficulty: Research Voices in Inclusive Education*, London: Paul Chapman Publishing, 1999, pp.1~15.

나 의미 있는 것으로 간주되는 지식의 유일한 생산자가 아니며, 심지어 가장 중요한 생산자도 아니다.[16] 게다가 국가와 대학 간의 전통적인 공생 관계는 무너지고 있다. 이는 특히 시장의 힘이 학문 생활의 영역으로까지 서서히 잠식해 들어오는 것에서 명백히 드러난다. 마지막으로 신사회운동의 발흥과 함께, 우리는 지식에 있어서 무엇이 중요한지를 결정하는 대학의 권한에 대해 점진적인 도전이 이루어지는 것을 목도해 왔다. 이 모든 것은 "21세기에 대학의 중심적 과제란 공론장에서 핵심적 행위자가 되는 것, 그렇게 함으로써 지식의 민주화를 향상시키는 것임"을 의미한다.[17] 더욱이 "조직화된 근대성organized modernity의 시대에 대학은 사회적 시민권의 형성에서 중요한 역할을 했다. 오늘날 대학은 시민권의 과학기술적·문화적 형태를 발전시켜야 할 추가적 과제를 지니고 있다".[18]

위의 내용에 비추어 보자면 장애권의 시각에서는, 대학이 장애인의 사회적 시민권을 형성하는 데에도 실패했기 때문에, 장애인의 과학기술적·문화적 시민권을 육성하는 추가적 과제를 적절히 수행할 수 있는가에 대해 확신할 수는 없다고 주장될 수도 있을 것이다. 그렇지만 우리는 이러한 다소 비관적인 견해를 받아들이지 않는다. 이 책의 기고자들이 보여 주었던 것처럼, 장애 경험의 복잡성에 대한 우리의 지식과 이해는 장애인들과 대학 간의 협력 관계에 의해 크게 향상되어 왔다. 그러한 관계가 '외부에서 내부로의' 입장으로부터 구성된 것이든, '내부에서 외

---

16 Castells, *The Information Age: Economy, Society and Culture vol. 1: The Rise of the Network Society.*

17 Delanty, *Challenging Knowledge: The University in the Knowledge Society*, p.9.

18 ibid., p.10.

부로의' 입장으로부터 구성된 것이든 말이다. 마찬가지로 우리는 이러한 관계가 탈근대성이라는 변화하는 상황하에서도 번창하고 성장할 것인가에 대해 낙관적인 견해를 유지한다. 특히 그러한 관계가 근거하고 있는 상대적으로 굳건한 기반을 고려한다면 말이다. 따라서 우리는 장애의 본질과 관련된 지식 체계가 계속해서 성장하고, 이는 다시 장애인이 주류사회로 한층 더 통합되는 것을 돕게 되리라 기대할 수 있다. 물론 장애 운동 역시 세력을 확대할 필요가 있음은 두말할 나위도 없을 것이다.

대학과 탈근대성

대학과 장애인 공동체 간의 연계가 계속해서 상호 유익한 것이 되고자 한다면, 학자들 및 연구자들이 장애인 및 장애인단체들과 지속적인 기반 위에서 적극적으로 관계를 맺어야만 한다는 것은 거의 의심의 여지가 없다. 그러나 심화되고 있는 학문 생활 영역의 시장화는 풀뿌리 단체들과 장기적인 관계를 확립하고 유지하는 것이 점점 더 어려워짐을 의미한다. 실제로 대학 내에서 경제적 합리성의 증가된 영향력은 우려할 만한 중대 요인이다. 1990년대 중반 이래로 기업적 이해관계 및 사고방식에 그 뿌리를 두고 있는, 경제적 생존력, 재정적 타당성, 경쟁이라는 이슈에 대한 강조가 증대해 왔다. 이것이 평가 중심의 학습 및 학문의 직업교육화에 대한 강조가 심화되는 데 기여를 해왔다는 것은 거의 의심의 여지가 없다. 비판이론이나 정치적 분석에는 거의 관심을 갖지 않는 관리주의managerialism의 여러 형태들 또한 발전하고 있다. 로저 사이먼Roger Simon은 지구화 및 시장의 우선성이 학문 활동에 미친 영향에 대한 최근의 논의에서, 그러한 힘들이 비판적 사고의 형성이라는 대학생활의 본질 자체를 문제시하고 있다고 주장한다.[19] 우리가 지적인 노력의 변혁적 역량에 관해 여전히 이야기할 수 있다면, 그것은 무엇이 긴급하고 진지하게 다루어져야 할 필요가 있는지 정도일 것이다.

현재 급증하고 있는 제도화 과정 및 요구에 학문이 편입되어 갈 위험성이라는 측면에서, 이러한 현실은 장애학과 관련해서도 특별한 중요성을 지닌다. 이미 우리는 현재 사회학이라 통용되는 것들 대부분의 탈급진화를 보아 왔으며, 이제는 여성학이나 흑인학black studies과 같은 특정한 학문 분야의 변혁적 잠재력마저도 의문시되고 있다.[20] 따라서 장애학은 체제내화를 경계해야 한다. 그러한 체제내화가 이미 미국[21]과 영국[22]에서 장애 운동가들로부터 그 비판력의 상당 부분을 탈각시켰기 때문이다.

대다수의 대학에서 나타나고 있는 강화된 교수 활동, 연구, 행정 책임의 결합은 거의 대부분의 경우에 학자들과 연구자들이 '비학문적인' 활동——예를 들면, 지역 단체의 모임에 정기적으로 참석하는 것과 같은——에 적극적으로 참여할 수 있는 시간을 내지 못한다는 것을 의미한다. 게다가 역사적으로 학자들은 대개 장애인 운동 내에서 해결책을

19 Roger Simon, "The University: A Place to Think", eds. Henry A. Giroux and Kostas Myrsiades, *Beyond the Corporate University: Culture and Pedagogy in the New Millennium*, Oxford: Roman and Littlefield, 2001, pp.45~56.

20 bell hooks, *Feminist Theory: From Margin to Centre*, Boston: South End Press, 1984[벨 훅스, 『페미니즘: 주변에서 중심으로』, 윤은진 옮김, 모티브북, 2010]; Alison Sheldon, "Personal and Perplexing: Feminist Disability Politics Evaluated", *Disability and Society* 14(5), special issue: Theory and Experience, 1999, pp.643~658.

21 Linton, *Claiming Disability*.

22 GMCDP, *Coalition*, special Issue: Where Have all the Activist Gone?, Manchester: Great Manchester Coalition of Disabled People, August 2000.

제시하는 존재라기보다는 문제의 일부분으로 존재해 왔다. 따라서 많은 단체들은 학문적 활동의 관여에 비용을 댈 의향도 없었고, 또 자원도 없었다. 그러한 상황은 최근 학자들과 연구자들이 장애 이슈에 기울이고 있는 증대된 관심의 직접적인 결과로서, 장애인 및 장애인단체들 사이에서 나타난 점증하는 '연구 피로감' 때문에 더욱 악화되고 있다.[23]

그럼에도 불구하고 우리가 보기에 대학은 장래의 정치가들과 정책 입안자들을 위한 양성소로 계속해서 존재하게 될 것이다. 따라서 장애인의 시각이 대학 내에서 올바르게 표현되는 것은 여전히 중요하다. 장애학이 점점 더 주류화되면서, '외부에서 외부로의' 입장을 지닌 학자들로부터 점점 더 많은 관심이 기울여질 가능성도 높아진다. 다양한 이유로 그들 중 다수는 자신의 주요 역할을 반드시 문제가 되지도 않는 지점을 문제화하는 것으로 여김에도 불구하고 말이다. 이에 따라 장애학의 주창자들은 정규 대학교육을 받지 않은 사람들에게는 여러 면에서 거의 알아볼 수조차 없는 한층 더 복잡하고 지루해 보이는 논쟁 속으로 불가피하게 끌려들어 갔다. 이러한 상황은 많은 장애인에게 문제가 되는데, 왜냐하면 장애인의 교육에 대한 접근권은 매우 한정되어 있고, 특히 고등교육은 더욱 그러하기 때문이다.[24] 우리가 이미 주장했던 것처럼, 장애학의 의제가 장애인 및 장애인단체들의 이슈와 관심사를 반영하도록 보장하고자 한다면, 장애 운동과 대학 간의 관계가 계속해서 발전하는 것이 반드시 필요하다.

23 Hannah Morgan, Colin Barnes and Geof Mercer, *Creating Independent Future: An Evaluation of Services led by Disabled People, Stage Three Report*, Leeds: Disability Press, 2001.
24 Alan Hurst, *Higher Education and Disabilities: International Approaches*, Aldershot: Avebury Press, 1998.

물론 위에서 언급된 이 모든 상황을 '건전한' 것으로 여길 수 있을지도 모른다. 그것이 학문적 논쟁과 대화의 수준을 높이기 때문이다. 대학의 내부 및 외부 양쪽 모두에서 말이다. 그렇지만 이는 그렇게 대학의 내부 및 외부와 실질적으로 소통하고자 노력하는 우리와 같은 사람들에게 특별한 문제들을 제기한다. 12장에서 제프 머서에 의해 논의되었던 것처럼, 연구자들은 의제 형성에 대한 '해방적' 장애 연구의 요구와 대학의 요구 사이에서 균형을 맞추고자 할 때 발생하는 몇 가지 중요한 이슈들을 제기했다. 이러한 균형에 대한 고려는 자칫 학자들과 일반 대중 사이의 거리를 더욱 벌리는 것 이외에도, 장애학의 시각이 지닌 정치적 함의를 사실상 무력화할 수 있다. 여성학이 지난 20년 동안 영국과 미국의 대학 내에서 무력화되어 왔던 것과 거의 같은 방식으로 말이다.

대학 생활과 통상 연동되는 지위와 소득이 학자들로 하여금 그들의 견해를 실제보다 중요한 것으로 생각하도록 부추기는 부가적인 위험성을 지닌다는 사실 역시 유념할 필요가 있다. 이 지점에서, '아카데믹' academic이라는 단어의 정의 중 하나가 '아무런 실용성이 없는, 단지 이론적인 관심'임을 상기하는 것이 유용할 터이다. 만일 이것이 장애학이 되고자 하는 무엇이라면, 우리가 우리를 여기에 있게 한 이들——즉 장애인 및 장애인단체들——을 저버렸다는 것에는 의심의 여지가 없다.

개인적 소견

그럼에도 불구하고, 우리 역시 우리의 작업 속에서 장애인들과 대학 간의 관계를 구축하는 데 있어서 얼마나 실질적이었는지, 또는 계속해서 그러할 수 있는지는 확신할 수 없다. 학문적 작업은 대개 질과 영향력이라는 측면 양자 모두에서 불균등하다. 이미 이루어진 작업들 내에서 '해방적 원칙들'이 쉽게 입증 가능하다고 주장할 수 있는 것도 아니다. 우리는 이러한 원칙들을 우리가 지향하고 있고, 또 지향해야만 하는 이상으로 이해하며, 그러한 이상은 계속해서 진행되고 있는 참여의 과정 중에 변화를 겪고 있고, 또 변해야만 한다. 그렇지만 장애인들과의 건설적인 대화를 보장하고 유지하는 것에는, 개인적이고 집단적인 수준 모두에서 현재 진행형인 문제들이 존재한다. 그리고 우리의 상호작용이 호혜, 신뢰, 존중에 기반을 두고 있는 정도가 미약하다는 점은, 앞으로 훨씬 더 많은 것들이 이루어질 필요가 있음을 보여 준다. 장애인 학자들과 상호 유익한 관계를 맺는 것이 그 하나일 것이며, 풀뿌리 장애 운동가들이나 장애 이슈와 사안들에 거의 또는 아무런 관심이 없는 장애인들과 그러한 관계를 형성하는 것이 또 다른 하나일 터인데, 후자는 전자보다 훨씬 더 힘든 일이 될 것이다.

실로 우리가 지닌 가장 큰 어려움들 중 하나는 학자들과 일반 대중 양자 모두를 위한 저술 활동의 요구 및 긴장으로부터 발생하는 점증하는 딜레마와 관련된다. 그러한 딜레마에는 대중의 접근성, 저술의 가치와 목적, 또한 대학의 역할이 지닌 규제적 영향력이라는 이슈가 포함된다. 우리의 바로 그러한 처지, 직함, 동료 비평가들을 만족시켜야 한다는 점증하는 요구, 개인·학과·대학의 수준에서 지위 및 돈과 관련되는 저술 활동의 결과들은 우리 자신이 바로 우리가 비판하고자 했던 문제들에 대한 정당성 부여자legitimator가 될 수 있음을 의미한다. 이는 학문 공동체 내에서 분열을 초래하는 과정들이다.[25] 이 모든 것이 학문 공동체 및 비학문적 공동체의 대표자들 간에 형성되어 있는 취약한 관계를 더욱 악화시키는 효과를 낳을 수 있다.

아마도 이러한 주제에 대한 마무리는 한 장애여성 활동가의 말을 인용함으로써 대신하는 것이 적절할 것 같다. 페니 저먼Penny Germon 은 활동가와 학자에 관한 글에서 다음과 같이 말한다.

학문 및 연구의 의제가 지금까지 활동가들에게 유용했는지 그리고 얼마나 유용했는지는 상당 정도 우연성과 관련 개인들의 개인적 성실성에 맡겨져 왔던 것처럼 보인다. 그 결과 소통의 경로와 책임성이라는 문제는, 여전히 모호하며 탐구되지 않은 채 남아 있다. 학자들과 활동가들을 함께 묶어 낼 수 있는, 논쟁과 분석을 위한 의미 있는 구조를 발전시킬 필요가 있다. 그러한 구조는 광범위한 시각을 반영해야 하며, 폭넓은 운동들에 대해 개방적이고 책임성을 지닌 것이어야 한다. 필연적으로 이러한 필요성은 서로를 격려하고 지원하면서도, 동시에 또한 발전하고 배우고 도전하고 다툴 수 있는 기회를 제공하는 논쟁을 어떻게 가능하게 할 것인가에 대한 논의로 우리를 이끌고 간다. 이러한 논의는 결국 다양한 포럼의 생성, 다양한 매체의 활용, 지속적인 개발 작업에의 참여로 이어지게 될 것이다.[26]

이러한 만만치 않지만 바람직한 목표를 달성하기 위해서, 우리는 장애학의 시각이 장애 연구에 대한 '외부에서 내부로의' 접근법을 계속

25 이에 대한 예로는 Barnes, "Disability and the Myth of the Independent Research"; Michael Bury, "Disability and the Myth of the Independent Research: A Reply", *Disability and Society* 13(1), 1996, pp.145~146; Shakespeare, "Rules of Engagement: Doing Disability Research" 를 보라.
26 Penny Germon, "Activists and Academics: Part of the Same or a World Apart?", ed. Tom Shakespeare, *The Disability Reader: Social Science Perspectives*, London: Cassell, 1998, p.254.

해서 옹호하고 발전시켜야만 한다고 주장한다. 그렇게 하지 않는다면, 이는 거의 틀림없이 장애인 공동체와 대학 간의 미약한 연계마저 끊어 내는 결과를 초래할 것이다. 그리고 이는 관련된 모든 이들에게 비극이 될 수밖에 없다는 것이 우리의 확고한 생각이다.

맺음말

이 장에서 관심의 주된 초점은 장애학에 있었지만, 제기된 질문은 또한 탈근대 세계 내에서 사회학적 탐구의 상황·목적·성과에 대해, 그리고 그것이 수행되는 기관에 대해 중요한 함의를 갖는다. 손상의 유형·연령·성별·민족성·사회계급·성적지향과 무관하게 장애인의 완전한 참여가 가능한 만인통합사회all-inclusive society의 실현에 장애학과 사회학적 분석 양자가 계속해서 중요하고 의미 있는 역할을 수행하고자 한다면, 그러한 질문과 도전을 다루는 것이 필수적이라고 우리는 확신한다.

옮긴이 후기

이 책 『장애학의 오늘을 말하다』Disability Studies Today의 편저자들인 콜린 반스, 마이클 올리버, 렌 바턴은 영국 장애학의 1세대이자, 빅터 핀켈스타인과 더불어 사회적 장애모델의 4인방이라고 불릴 수 있는 학자들입니다. 콜린 반스는 영국 장애학의 근거지 역할을 수행하고 있는 리즈대학교의 장애학센터를 이끌어 왔고, 마이클 올리버는 1990년에 출간한 『장애화의 정치』The Politics of Disablement를 통해 사회적 장애모델을 정립한 것으로 인정받고 있으며, 렌 바턴은 영국에서 발간되는 국제적 장애학 저널인 『장애와 사회』Disability and Society의 편집장을 오랫동안 맡아 왔습니다. 따라서 이 책은 기본적으로 사회적 장애모델을 그 기저에 두고 있다고 볼 수도 있을 듯합니다.

그러나 읽어 본 분들은 아시겠지만, 이 책에 실린 글들이 모두 사회적 장애모델의 입장에서 쓰인 것은 아닙니다. 물론 편저자들이 쓴 서장과 종장, 그리고 장애학 전반의 내용을 논쟁과 비판의 형식을 통해 조망할 수 있게 해주는 3장과 5장, 해방적 장애 연구의 필요성을 방법론적 측면에서 강조하는 12장은 사회적 장애모델의 입장을 견지한다고 할 수 있습니다. 그렇지만 이 책에는 미국의 장애학과 장애 운동의 특성 및 흐름을 조망할 수 있도록 해주는 게리 알브레히트와 할런 한의 논문(2

장, 9장), 탈근대주의적 성격을 띠는 몸의 사회학의 입장에서 장애를 논하는 빌 휴스의 논문(4장), 사회학이 중심적 역할을 하고 있는 영국 장애학에서 역사학적 시각의 결핍을 지적하고 역사학적 연구의 의의를 보여 주는 앤 보세이의 논문(6장), 손상의 사회학을 적극적으로 주장하고 전통적인 역사유물론을 비판적으로 성찰한다는 점에서 사회적 모델론자 내에 독특한 위치를 점한다고 할 수 있는 폴 애벌리의 논문(7장), 사회적 장애모델과 올리버의 신사회운동론을 비판하는 필 리의 논문(8장), 그리고 신자유주의적 지구화라는 이슈를 다루는 논문(10, 11장) 등, 오히려 전통적인 사회적 장애모델의 비판 지점과 공백들을 사고할 수 있게 해주는 논문들이 많이 실려 있지요. 따라서 이 책은 사회적 장애모델을 넘어, 현대 장애학의 이론적 발전과 흐름, 그리고 쟁점들을 전반적으로 파악할 수 있도록 해줍니다.

개인적으로 저는 2007년에 처음 접했던 이 책을 통해서 얼마간 주먹구구식으로 읽어 왔던 장애학 관련 문헌들의 내용을 일정한 틀 속에서 정리해 낼 수 있었고, 저 자신의 고민과 사고를 진척시킬 수 있었으며, 이후의 공부 방향도 잡아낼 수 있었습니다. 따라서 장애학에 관심을 갖게 된 독자 여러분에게도 이 책은 저에게 그랬던 것만큼이나 많은 도움이 될 수 있지 않을까 기대해 봅니다.

* * *

『장애학의 오늘을 말하다』가 영국과 미국에서 처음 발간된 것이 2002년이니, 이 책은 15년이라는 시차를 두고 번역되어 우리나라의 독자들과 만나게 되는 셈입니다. 그렇게 상당한 시간이 흘렀음에도 불구하고 국역본의 제목을 비교적 원제에 충실하게 '장애학의 **오늘을** 말하다'라고 정한 것은, 이 책의 텍스트들이 지닌 현재성이 두 가지 차원에서 여전히 유효하다고 판단했기 때문입니다.

우선 이 책이 보여 주는 장애학 내의 이론적 지형과 논쟁의 구도가 갖는 현재성입니다. 1970년대 중반부터 구체적인 모습을 드러낸 장애학은 사실 처음부터 다양한 이론적 흐름과 입장들이 경합을 벌이고 있었습니다. 물론 초기에는, 특히 영국의 경우에는, 역사유물론적 통찰에 기반을 두었고 현장의 대중 투쟁과 역동적으로 결합되었던 사회적 장애모델이 두드러졌다고 할 수 있습니다. 그러나 1990년대에 들어서면서부터는 여성주의, (현상학과 해석학을 포괄하는) 해석적 접근, 사회적 구성주의, 탈근대주의 등을 이론적 자원으로 삼으면서, 문화적 차원과 개인의 구체적 경험에 근거하여 손상 및 장애를 이론화할 것을 주창하는 2세대 이론가들이 대거 등장합니다. 그리하여 대략 2000년을 전후한 시점이 되면, 장애학 내의 사회 이론적 논의의 틀과 구도는 어느 정도 완성된 모습을 갖추게 됩니다. 좀 거칠게 말하자면, 그 이후부터는 이렇게 갖추어진 뼈대에 조금씩 더 살이 붙여지고, 다양한 변주가 이루어지고, 또 새로운 이슈가 추가되고 있는 것으로 볼 수 있겠지요. 따라서 그러한 2000년 시점까지의 이론적 발전과 성과를 반영하고 있는 이 책은, 현대 장애학의 조감도를 그려내는 데 있어 충분히 동시대적인 시야를 제공한다고 할 수 있을 것입니다.

두번째는 이 책에서 핵심적으로 다루고 있는 노동, 장애 정치, 지구화, 해방적 장애 연구 등의 의제들이 갖는 현재성입니다. 우선 폴 애벌리가 다루고 있는 장애와 노동이라는 문제는, 노동이 '장애인'the disable-bodied이라는 범주의 역사적 출현과 직접적으로 연결되어 있었기에, 장애인 차별 철폐 또는 장애 해방이라는 과제를 숙명처럼 떠안고 있는 장애학에 있어서는 영원히 현재적 이슈일 수밖에 없을 것 같습니다. 장애 정치라는 영역 ——제도 정치에 중점이 주어지든, 현장 투쟁을 중심에 놓고 사고하든, 아니면 생활 정치에 방점이 찍히든——은 더 말할 나위도 없겠지요. 그리고 우리가 예견할 수 있는 상당 정도의 기간 동안, 신자유주의적 지구화는 아마도 우리가 살아가고 있는 시대를 규정하는 용어가 될 수밖에 없을 것 같습니다. 그렇다면 지구화라는 문제는 앞으로도 장애학이 더 풍부하게 다루어야 할 핵심 의제 중 하나라 할 것입니다. 해방적 장애 연구 역시, 장애학이 어쨌든 연구 활동을 본체로 하는 하나의 '학'學이고, 해방적 연구라는 것이 제프 머서의 말처럼 완성된 무엇이 아니라면, 장애학이 존재하는 한 끊임없는 재성찰이 요구되는 의제로 존재하겠지요.

그렇지만 어떤 텍스트가 아무리 최신의 이론·쟁점·성과를 반영한 내용으로 쓰였다 하더라도, 그것이 지닌 진정한 현재성은 텍스트를 읽는 독자와의 관계 속에서 형성될 수밖에 없을 것입니다. 즉, 어떤 텍스트를 축어적으로 읽고 이해하는 데 그친다면 그것은 그 텍스트가 쓰인 시점으로 '끌려 들어가는' 것이고, 따라서 쓰인 지점과 읽는 시점만큼의 시차時差를 지닐 수밖에 없습니다. 그러나 아무리 오래전에 쓰인 텍스트라 하더라도 그것을 새로운 시차視差를 통해서——때로는 저자의 의도와 무관하거나 그에 반하는 시각일지라도——지금 여기의 문제를 새로운 관점으로 해석하는 데 접목할 수 있다면, 즉 지금 이곳의 현장으로 '끌고 들어올' 수 있다면, 그 텍스트는 언제나 쇄신된 현재성을 지닐 수 있겠지요. 그리고 저 역시 당연히 이 책이 이러한 후자의 방식으로 읽힐 수 있기를 바랍니다. 그것이 '장애학 함께 읽기'를 넘어 '장애학 함께하기'에 부합하는 방식의 독해가 될 테니까요.

* * *

2011년에 그린비 장애학 컬렉션의 첫 권인 『우리가 아는 장애는 없다』
가 출간되고 난 후, 저는 장애계에서 발간되는 한 계간지와 장애학을 주
제로 인터뷰를 가질 기회가 있었습니다. 인터뷰는 제가 일하는 사무실
에서 멀지 않은 한 대형 서점에서 이루어졌는데, 인터뷰어와 함께 오신
사진작가분께서 지금까지 냈던 책을 들고 서가에서 사진을 한 컷 찍자
고 하시더군요. 조금 민망하기도 했고, 또 많이 팔리지도 않는 책들이
서점에 있을까 살짝 걱정도 되었지만, 그렇다고 거절을 할 일도 아니었
습니다. 그래서 책이 어디에 꽂혀 있는지 알아보려고 인터넷으로 검색
을 해보니, 『장애학 함께 읽기』도 『우리가 아는 장애는 없다』도 모두 '사
회복지' 코너에 자리를 잡고 있더군요. 그것을 확인하는 순간, 저는 일
단 책이 있는 건 다행이다 싶으면서도 왠지 좀 씁쓸한 양가적인 기분이
들었습니다. '장애'라는 말이 들어가면 모조리 '복지'의 영역으로 밀어
내 버리는 우리 사회의 통념과 관행이 몹시 부당하게 생각되었기 때문
입니다. 그리고 그건 당시 한국 사회에서 벌어지고 있던 일련의 사태에
서 느낀 감정과도 상통하는 어떤 것이었습니다.

　　그해 하반기는 아마도 우리 사회에서 장애와 관련된 이슈가 전 국
민적 관심사로 떠오른 극히 이례적인 시기가 아니었나 싶습니다. 독자
여러분께서도 기억을 하고 계시겠지만 영화 「도가니」가 예상치 못한 열
풍을 일으키면서, 광주인화학교에서 벌어졌던 성폭력 사건을 재조명
하게 만들었던 것이지요. 영화를 본 시민과 네티즌들의 분노는 해당 사
건의 재수사를 요청하는 온라인 서명 운동으로 이어졌고, 대중매체들
에서도 이 문제를 다루는 각종 기사와 프로그램들을 쏟아냈지요. 이러
한 대중의 반응과 여론에 당황한 관계 당국은 부랴부랴 각종 대책을 내

놓았고, 인화학교 및 인화원의 폐쇄와 해당 법인의 허가 취소 역시 결정되었습니다. 그리고 사회복지법인의 공익이사제 도입을 주요 내용으로 하는 「사회복지사업법」 개정안도 많은 우여곡절이 있었지만 국회에서 통과될 수 있었습니다.

장애계에 몸을 담고 있는 한 사람으로서 당시의 상황은, 즉 시설에서 벌어진 장애인 성폭력 사건에 대한 대중들의 공분과 뒤늦게나마 이루어졌던 사회적 대책의 마련은, 분명히 긍정적으로 여길 만한 것이었습니다. 그러나 한편 다행이다 싶으면서도, 저와 주변의 동료들은 또 왠지 모를 씁쓸함을, 어떤 양가적인 감정을 느꼈던 것 같습니다. 사실 「도가니」라는 영화를 통해 촉발된 대중의 반응은 장애인 주체나 저와 같은 내부적 연대자들에게 무언가 당황스럽게 느껴지는 부분이 존재했던 것이지요. 그건 일차적으로 당시의 「도가니」 열풍이 장애 문제에 대한 대중적 소통 및 공유의 가능성을 보여 주기도 했지만, 동시에 다소 역설적이게도, 그 극단적인 어려움 또한 재확인시켜 주었기 때문이었던 것 같습니다.

영화 「도가니」의 포스터에는 다음과 같은 문구가 적혀 있었습니다. "나는 이 사건을 세상에 알리기로 결심했다." 그 말처럼, 인화학교의 문제는 어떤 면에서 「도가니」라는 영화를 통해 세상에 온전히 알려졌다고도 할 수 있습니다. 그러나 그 사건은 이미 2005년에 세상에 폭로되면서 대책위가 구성되었고, 2006년 5월부터 2007년 1월까지 242일간에 걸친 천막농성이 진행되었으며, 영화의 원작인 소설 『도가니』는 인터넷 포털 사이트 다음Daum에 연재되는 동안 누적 조회수 1100만을 기록했을 뿐만 아니라, 2009년 6월에 출간된 단행본 역시 장기간 베스트셀러가 되었습니다. 그렇다면 이러한 특별한 경우——장애 이슈가 베스트셀러 작가에 의해 소설화되어 널리 읽히고, 다시 대중적 인지도가 있는 배우가 참여해 영화로 만들어지는 것과 같은 극히 예외적인 경우——가 아니라면, 장애인이 겪는 고통과 차별은 대중들에게 공유되고 공감될 수 없는 것인가, 그동안 끊임없이 외쳤던 장애인 주체들의 목소리는 과연 무엇이었을까, 라는 약간의 막막함을 느꼈던 것 같습니다. 인화학교 문제는 불행하게도 이 사회에서 장애인들이 겪고 있는 억압과 폭력의 전부가 아니니까요. 극단적인 한 단면인 동시에 빙산의 일각에 불과하니까요.

무언가 좀 복잡한 마음이 들었던 또 다른 이유는, 당시 이 땅의 위정자들이 반응했던 것이 장애인 주체들의 목소리라기보다는 소위 말하는 우리 사회의 '상식과 도덕'에 기초한 대중들의 분노였고, 그 분노를 잠재우는 데에만 급급했다는 점입니다. 그런데 많은 대중들이 공유하고 있을 그 상식과 도덕 내에는 장애인의 인권을 증진시킬 수 있는 요소도 없지 않겠지만, 장애인을 끊임없이 타자화시켜 왔던 '정상성'이라는 기준과 '보호'라는 이데올로기 또한 분명히 내포되어 있었다는 점입니다. 따라서 조금 냉정하게 말한다면, 저에겐 '분노'라는 우리 사회의 일면적인 반응이 조금 부당하게 느껴졌습니다. 왜냐하면 그러한 분노에는 우리의 상식과 도덕이 장애인의 '예외적인' 삶을 구성해 내고 승인하는 기반이 되어 왔음에 대한 성찰이 누락되어 있다고 느껴졌기 때문입니다.

인화학교 사건은 장애인에 대한 성폭력 문제에 초점을 맞추든, 시설 수용과 탈시설 문제에 초점을 맞추든, 농인聾人 사회와 농 문화에 대한 청인聽人 사회의 배타성에 초점을 맞추든, 불쌍히 여기고 분노하고 천인공노할 악한을 처벌하는 것만으로는 해결될 수는 없는, 지극히 정치적인 문제이자 권력관계의 문제입니다. 따라서 장애인이 우리들의 안전한 삶 바깥에서 보호받는 것이 아니라 동등한 사회의 구성원으로 살아가기 위해서는, 다름 아닌 우리 자신을 '포함한' 사회가 근본적으로 변해야만 함을 성찰할 수 있어야 할 것입니다. 이 책이 그처럼 장애 문제를 사회적이며 정치적인 맥락 내에 위치시킬 수 있는 시각을 확보해 준다면, 그리고 그러한 맥락 내에서 우리 사회가 변해 가야 할 방향을 모색하는 데 도움을 준다면, 그 나름의 충분한 의의를 지닌다고 말할 수 있지 않을까 생각해 봅니다.

* * *

틈틈이 시간을 내어 번역을 할 수밖에 없는 처지에 있다 보니, 이번 번역 작업은 애초의 생각보다도 더 길고 조금은 지난한 과정을 거쳐야만 했습니다. 많은 이들의 보이지 않는 힘과 지원이 없었더라면 그러한 과정을 무사히 끝마치고 이처럼 결실을 보기 어려웠을 거라 생각합니다. 영어로 된 텍스트는 읽을 엄두도 내지 못했던 저로 하여금 어떤 절실함과 결기를 가지고 번역 작업에 임하도록 추동시켜 준 노들장애인야학과 장애인언론 『비마이너』와 전국장애인차별철폐연대의 동지들에게, 척박한 한국의 상황에서 2015년 5월 한국장애학회를 출범시켜 내고 고군분투 중인 여러 선생님들께, 저의 부족한 글쓰기와 번역 작업을 언제나 지지하고 성원해 준 술동무들에게, 이번에도 너무나 꼼꼼하고 애정 어린 편집 작업을 통해 부족한 번역 원고를 이처럼 한 권의 책으로 재탄생시켜 준 그린비의 김미선 씨에게 우정과 연대의 인사를 전합니다. 그리고 그 누구보다도 이 책이 현행적 의의를 지닐 수 있도록 함께 읽어 주신 독자분들에게 감사의 인사를 드리고 싶습니다.

2017년 1월

옮긴이 김도현

본문에 쓰인 약어 목록

국제규약

ICESCR 「경제적·사회적·문화적 권리에 관한 국제규약」(International Covenant on Economic, Social and Cultural Rights)

개념어

ICF 국제기능·장애·건강분류(International Classification of Functioning, Disability and Health)

ICIDH 국제손상·장애·핸디캡분류(International Classification of Impairments, Disabilities and Handicaps)

ICIDH-2 국제손상·장애·핸디캡분류-2(International Classification of Impairments, Disabilities and Handicaps)

단체 및 기구

UN 국제연합(United Nations)

IMF 국제통화기금(International Monetary Fund)

NDCG 노팅엄자치구불구자길드(Nottingham District Cripples' Guild)

ADAPT 대중교통 접근권을 위한 미국장애인연대(Americans Disabled for Accessible Public Transportation)

APTA 미국대중교통협회(American Pubic Transit Association)

UPIAS 분리에저항하는신체장애인연합(Union of the Physically Impaired Against Segregation)

BUPA 영국공제조합연합(British United Provident Association)

OPCS (영국) 인구센서스및실태조사청(Office of Population Censuses and Surveys)

EU 유럽연합(European Union)

DIG 장애인소득보장그룹(Disablement Income Group)

참고문헌

Abberley, Paul, "Counting us Out: A Discussion of the OPCS Disability Surveys", *Disability, Handicap and Society* 7(2), 1992, pp. 139~156.

_____, "Disabled People and 'Normality'", eds. John Swain, Victor Finkelstein, Sally French and Michael Oliver, *Disabling Barriers Enabling Environments*, London: Sage, 1993, pp. 107~115.

_____, "Disabling Ideology in Health and Welfare the Case of Occupational Therapy", *Disability and Society* 10(2), 1995, pp. 221~232.

_____, "The Concept of Oppression and the Development of a Social Theory of Disability", *Disability, Handicap and Society* 2, 1987, pp. 5~20.

_____, "The Limits of Classical Social Theory in the Analysis and Transformation of Disablement(Can This Really be the End; To be Stuck inside of Mobile with the Memphis Blues Again?)", eds. Len Barton and Michael Oliver, *Disability Studies: Past, Present and Future*, Leeds: Disability Press, 1997, pp. 25~44.

_____, "Work, Utopia and Impairment", ed. Len Barton, *Disability and Society: Emerging Issues and Insights*, London: Longman, 1996, pp. 61~79.

Abbott, Andrew, *Department & Discipline: Chicago Sociology at One Hundred*, Chicago: University of Chicago Press, 1999.

Abu-Habib, Lina, *Gender and Disability: Women's Experience in the Middle East*, Oxford: OXFAM, 1997, p. 11.

Adam, Barbara, *Timewatch: The Social Analysis of Time*, Cambridge: Polity, 1995.

ADAPT, *Asian and Disabled: A Study into the Needs of Asian People with Disabilities in the Bradford Area*, West Yorkshire: Asian Disability Advisory Project Team, The Spastics Society and Barnardos, 1993.

Albrecht, Gary L., *The Disability Business: Rehabilitation in America*, Newbury Park, CA: Sage, 1992.

_____ ed., *The Sociology of Physical Disability and Rehabilitation*, Pittsburgh: University of Pittsburgh, 1976.

Albrecht, Gary L., Katherine D. Seelman and Michael Bury, *Handbook of Disability Studies*, Thousand Oaks, CA: Sage, 2001.

Albrecht, Gary L., Katherine D. Seelman and Michael Bury, "The Formation of Disability Studies", eds. Gary L. Albrecht, Katherine D. Seelman and Michael Bury, *Handbook of Disability Studies*, Thousand Oaks, CA: Sage, 2001, pp. 1~8.

Albrecht, Gary L. and Lois Verbrugge, "The Global Emergence of Disability", eds. Gary L. Albrecht, Ray Fitzpatrick and Susan C. Scrimshaw, *The Handbook of Social Studies in Health and Medicine*, Thousand Oaks, CA: Sage, 2000, pp. 293~307.

Albrecht, Gary L. and Michael Bury, "The Political Economy of the Disability Marketplace", eds. Gary L. Albrecht, Katherine D. Seelman and Michael Bury, *Handbook of Disability Studies*, Thousand Oaks, CA: Sage, 2001, pp. 585~608.

Albrecht, Gary L. and Patrick J. Devlieger, "The Disability Paradox: High Quality of Life Against All Odds", *Social Science and Medicine* 48, 1999, pp. 977~988.

Alcock, Peter, *Social Policy in Britain: Themes and Issues*, Houndmills: Macmillan, 1996.

Altman, Barbara M., "Disability Definitions, Models, Classification Schemes and Applications", eds. Gary L. Albrecht, Katherine D. Seelman and Michael Bury, *Handbook of Disability Studies*, Thousand Oaks, CA: Sage, 2001, p. 97~122.

Altman, Barbara and Sharon N. Barnartt eds., *Exploring the Scope of Social Sicence Research in Disability*, Stanford, CT: JAI Press, 2000.

Anderson, Joan, *A Record of Fifty Years Service to the Disabled by the Central Council for the Disabled*, London: Central Council for the Disabled, 1969.

Anderson, Robert and Michael Bury eds., *Living With Chronic Illness: The Experience of Patients and Their Families*, London: Unwin Hyman, 1988.

Andrews, Gavin and David Phillips, "Markets and Private Residential Homes: Promoting Efficiency or Chaos", *Generations Review* 8(3), 1998, p. 10.

Appleby, Yvon, "Out in the Margins", *Disability and Society* 9(1), 1994, pp. 19~32.

Ardigó, Achille, "Public Attitudes and Change in Health Care Systems: A Confrontation and a Puzzle", eds. Ole Borre and Elinor Scarbrough, *The Scope of Government*, Oxford: Oxford University Press, 1995, pp. 388~406.

Armstrong, David, *Political Anatomy of the Body: Medical Knowledge in Britain in the Twentieth Century*, Cambridge: Cambridge University Press, 1983, p. 9.

Arora, Dolly, "Reorganisation of Institutional Space: State, Market and Public

Domain", Conference on beyond the Post Washington Consensus: Governance and the Public Domain in Contrasting Economies—the Cases of India and Canada, Organised by the Institute for Studies in Industrial Development, Delhi, Roberts Centre for Canadian Studies, 2001, p. 23

_____, Institute for Studies in Industrial Development website(http://isid.org. in/book.html), p. 29.

Ayanian, John Z., Joel S. Weissman, Eric C. Schneider, Jack A. Ginsburg and Alan M. Zaslavsky, "Unmet Health Needs of Uninsured Adults in the United States", *Journal of the American Medical Association* 284, 2000, pp. 2061~2069.

Ayesha Vernon, "A Stranger in Many Camps: The Experience of Disabled Black and Ethnic Minority Women", ed. Jenny Morris, *Encounters with Strangers: Feminist and Disability*, London: Women's Press, 1996, pp. 48~68.

Azmi, S., E. Emerson, A. Caine and C. Hatton, *Improving Services for Asian People with Learning Difficulties and their Families*, Manchester: Hester Adrian Research Centre/The Mental Health Foundation, 1996.

Bagguley, Paul, "Social Change, the Middle Class and the Emergence of 'New Social Movements': A Critical Analysis", *Sociological Review* 40(1), 1992, pp. 26~48.

Banton, Michael and M. M. Hirsch, *Double Invisibility: Report on Research into the Needs of Black Disabled People in Coventry*, Coventry: Warwickshire County Council, 2000, p. 32.

Barnes, Colin, *Cabbage Syndrome: The Social Construction of Dependency*, London: Palmer Press, 1990.

_____, *Disabled People in Britain and Discrimination: A Case for Anti-Discrimination Legislation*, London: Hurst & Co., 1991.

_____, "A Working Social Model", *Critical Social Policy* 20(4), 2000, p. 443.

_____, "Disability and the Myth of the Independent Research", *Disability and Society* 11(1), 1996, pp. 107~110.

_____, "Disability Studies: New or Not so New Direction?", *Disability and Society* 14, 1999, pp. 577~580.

_____, "Foreword", Jane Campbell and Michael Oliver, *Disability Politics: Understanding Our Past, Changing Our Future*, London: Routledge, 1996, p.xii.

_____, "Qualitative Research: Valuable or Irrelevant?", *Disability, Handicap and Society* 11(1), 1992, p. 122.

_____, "Review of The Rejected Body by Susan Wendell", *Disability and Society* 13(1), 1998, pp. 145~146.

_____, "The Rejected Body: A Review", *Disability and Society* 13, 1998, p. 146.

_____, "Theories of Disability and the Origins of the Oppression of Disabled People in Western Society", ed. Len Barton, *Disability and Society: Emerging Issues and Insights*, London: Longman, 1996, pp. 43~61.

Barnes, Colin and Geof Mercer eds., *Doing Disability Research, Leeds: Disability Press*, 1997.

Barnes, Colin and Geof Mercer eds., *Exploring the Divide: Illness and Disability*, Leeds: Disability Press, 1996.

Barnes, Colin and Michael Oliver, "Disability Rights: Rhetoric and Reality in the UK", *Disability and Society* 10(1), 1995, p. 115.

Barnes, Colin, Geof Mercer and Tom Shakespeare, *Exploring Disability: A Sociological Introduction*, Cambridge: Polity, 1999.

Barns, Ian and Janice Dudley, Patricia Harris and Alan Petersen, "Introduction: Themes, Context and Perspectives", Alan Petersen, Ian Barns, Janice Dudley and Patricia Harris, *Poststructuralism, Citizenship and Social Policy*, London: Routledge, 1999, p. 8.

Bartholomew, Amy, and Margit Mayer, "Nomads of the Present: Melucci's Contribution to 'New Social Movement' theory", *Theory, Culture and Society* 9(4), 1992, pp. 141~159.

Bartlett, Helen and Stephanie Burnip, "Improving Care in Nursing and Residential Homes", *Generations Review* 9(1), 1999, p. 10.

Barton, Len ed., *Disability and Society: Emerging Issues and Insights*, London: Longman, 1996.

Barton, Len and Michael Oliver eds., *Disability Studies: Past, Present and Future*, Leeds: Disability Press, 1997. [렌 바턴·마이클 올리버 엮음, 『장애학: 과거·현재·미래』, 윤삼호 옮김, 대구DPI, 2006]

Bauman, Zygmunt, *Intimation of Postmodernity*, London: Routledge, 1992, p. ix.

_____, "No Way Back to Bliss: How to Cope with the Restless Chaos of Modernity", *Times Literary Supplement*, 24 January, 1997, pp. 4~5.

Baxter, Carol, "Confronting Colour Blindness: Developing Better Services for People with Learning Difficulties from Black and Ethnic Minority Communities", eds. Terry Philpot and Linda Ward, *Values and Visions: Changing Ideas in Services for People with Learning Difficulties*, Oxford: Butterworth-Heinemann, 1995.

Beck, Ulrich, *The Brave New World of Work*, Cambridge: Polity, 2000. [울리히 벡, 『아름답고 새로운 노동세계』, 홍윤기 옮김, 생각의 나무, 1999]

Becker, Howard S., Blanche Geer, Everett C. Hughes and Anselm L. Strauss, *Boys in White: Student Culture in Medical School*, Chicago: University of Chicago Press, 1961.

_____, "Whose Side are We On?", Social Problems 14, 1967, pp. 239~247.

Begum, Nasa, "Mirror, Mirror on the Wall", eds. Nasa Begum, Mildrette Hill and Andy Stevens, *Reflections: Views of Black Disabled People on their Lives and Community Care*, London: Central Council for Education and Training in Social Work, 1994, p. 35.

Bellars, John, "An Essay Towards the Improvement of Physick", ed. George Clarke, *John Bellers: His Life, Times and Writings*, London: Routledge & Kegan Paul, 1987, p. 204.

Bentley, Michael, *Modern Historiography: An Introduction*, London: Routledge, 1999.

Beresford, Peter, "Poverty and Disabled People: Challenging Dominant Debates and Policies", *Disability and Society* 11(4), 1996, pp. 553~567.

Beresford, Peter and Chris Holden, "We have Choices: Globalisation and Welfare User Movements", *Disability and Society* 15(7), 2000, pp. 973~989.

Beresford, Peter and Jan Wallcraft, "Psychiatric System Survivors and Emancipatory Research: Issues, Overlaps and Differences", eds. Colin Barnes and Geof Mercer, *Doing Disability Research*, Leeds: Disability Press, 1997.

Berger, Peter and Thomas Luckmann, *The Social Construction of Reality*, Garden City, NY: Doubleday, 1966.

Berthoud, Richard, *Disability Benefits: A Review of Issues and Options for Reform*, York: Joseph Rowntree Foundation, 1998, p. 12.

Bhavnani, Reena, *Black Women in the Labour Market: A Research Review*, Manchester: Equal Opportunities Commission, 1994, p. viii.

Bickenbach, Jerome Edmund, *Physical Disability and Social Policy*, Toronto: University of Toronto Press, 1993.

Bickenbach, Jerome E., Somnath Chatterji, E. M. Badley and T. B. Üstün, "Models of Disablement, Universalism, and the International of Impairments, Disabilities and Handicaps", *Social Science and Medicine* 48, 1999, pp. 1173~1187.

Bignall, Tracey and Jabeer Butt, *Between Ambition and Achievement: Young Black Disabled Peoples's Views and Experiences of Independence and Independent Living*, Bristol: Policy Press, 2000.

Bird, Lisa, *The Fundamental Facts: All the Latest Facts and Figures on Mental Illness*, London: Mental Health Foundation, 1999.

Blaikie, Norman, *Approaches to Social Enquiry*, Cambridge: Polity, 1993.

Blair, Tony, *New Britain: My Vision of a Young Country*, London: Fourth Estate, 1996, p. 1.

_____, *The Third Way*, London: Fabian Society, 1998.

Blaxter, Mildred, *The Meaning of Disability*, London: Heinemann, 1976.

Bloch, Ernst, *Natural Law and Human Dignity*, Cambridge, MA: MIT Press, 1986, p. 234.

Bloom, Samuel W., "The Institutionalization of Medical Sociology in the United States, 1920~1980", eds. Chloe E. Bird, Peter Conrad and Allen M. Fremont, *Handbook of Medical Sociology* 5th edn., Upper Saddle River, NJ: Prentice-Hall, 2000, pp. 11~32.

Blumer, Herbert, *Symbolic Interactionism: Perspective and Method*, Englewood Cliffs, NJ: Prentice-Hall, 1969.

Borsay, Anne, *Medicine and Charity in Georgian Bath: A Social History of the General Infirmary c. 1739~1830*, Aldershot: Ashgate, 1999.

_____, "Returning Patients to the Community: Disability, Medicine and Economic Rationality before the Industrial Revolution", *Disability and Society* 13(5), 1998, pp. 645~663.

Bourdieu, Pierre, *Distinction*, London: Routledge & Kegan Paul, 1984. [피에르 부르디외, 『구별짓기: 문화와 취향의 사회학』, 최종철 옮김, 새물결, 2005]

Bourke, Joanna, *Dismembering the Male: Men's Bodies, Britain and the Great War*, London: Reaktion Books, 1996.

Bowe, Frank, *Handicapping America: Barriers to Disabled People*, New York: Harper & Row, 1978.

Braddock, David L., and Susan L. Parish, "An Institutional History of Disability", eds. Gary L. Albrecht, Katherine D. Seelman and Michael Bury, *Handbook of Disability Studies*, Thousand Oaks, CA: Sage, 2001, pp. 11~68.

Bradley, Harriet, *Fractured Identities: Changing Patterns of Inequality*, Cambridge; Polity, 1996, p. 23.

Bradshaw, J., "Financing Private Care for the Elderly", eds. Sally Baldwin, Gillian Parker and Robert Walker, *Social Security and Community Care*, Aldershot: Avebury, 1988.

Brady, Britton and Grover, *A Report Commissioned by the Sex Discrimination Commissioner and the Disability Discrimination Commissioner at the Human Rights and Equal Opportunity Commission*, Sydney, 2001, p. 7.

Branfield, Fran, "The Disability Movement: A Movement of Disabled People a Response to Paul S. Duckett", *Disability and Society* 14(3), 1999, p. 401.

_____, "What are You Doing Here? 'Non-disabled' People and the Disability Movement: A Response to Robert F. Drake", *Disability and Society* 13(1), 1998, p. 143.

Brechin, Anne, Penny Liddiard and John Swain eds., *Handicap in a Social World*, Sevenoaks: Hodder and Stoughton with the Open University, 1981.

Bredberg, Elizabeth, "Writing Disability History: Problems, Perspectives and Sources", *Disability and Society* 14(2), 1999, pp. 189~202.

Brown, Colin, *Black and White in Britain: The Third PSI Survey*, Oxford: Heinemann, 1984.

Brown, Scott C., "Methodological Paradigms that Shape Disability Research", eds. Gary L. Albrecht, Katherine D. Seelman and Michael Bury, *Handbook of Disability Studies*, Thousand Oaks, CA: Sage, 2001, pp. 145~170.

Browning, Rufus P., Dale Rogers Marshall and David H. Tabb, *Protest is not Enough: The Struggle of Blacks and Hispanics for Equality in Urban Politics*, Berkeley: University of California Press, 1984.

BUPA, *BUPA Annual Review*, London: BUPA, 1997, p. 3.

Burchardt, Tania, *Enduring Economic ExclusionDisabled People, Income and Work*, York: Joseph Rowntree Foundation, 2000.

Burke, Peter, *History and Social Theory*, Cambridge: Polity, 1992, p. 120.

Burkitt, Ian, *Bodies of Though: Embodiment, Identity and Modernity*, London: Sage, 1999.

Burrow, John Wyon, *Evolution and Society: A Study in Victorian Social Theory*, Cambridge: Cambridge University Press, 1966.

Bury, Michael, *Health and Illness in a Changing Society*, London: Routledge, 1997.

_____, "A Comment on the ICIDH-2", *Disability and Society* 15(7), 2000, p. 1073.

_____, "Disability and the Myth of the Independent Research: A Reply", *Disability and Society* 13(1), 1996, pp. 145~146.

_____, "The Sociology of Chronic Illness: A Review of Research and Prospects", *Sociology of Health and Illness* 13(4), 1991, pp. 167~182.

Butler, Judith, *Bodies that Matter: On the Discursive Limits of 'Sex'*, London: Routledge, 1993, p. 10. [주디스 버틀러, 『의미를 체현하는 육체』, 김윤상 옮김, 인간사랑, 2003]

Butt, Jabeer and Kurshida Mirza, *Social Care and Black Communities*, London: Race Equality Unit, 1996, p. 24.

Butt, Jabeer, and L. Box, *Supportive Services, Effective Strangers: The Views of*

Black-Led Organisations and Social Care Agencies on the Future of Social Care for Black Communities, London: Race Equality Unit, 1997.

Califano, Jr., Joseph A., *Governing America: An Insider's Report from the White House and the Cabinet*, New York: Simon & Schuster, 1981, p. 260.

Campbell, Angus, Philip E. Converse and Willard L. Rodgers, *The Quality of American Life: Perceptions, Evaluations, and Satisfactions*, New York: Russell Sage Foundation, 1976.

Campbell, Jane and Michael Oliver, *Disability Politics: Understanding Our Past, Changing Our Future*, London: Routledge, 1996.

Canguilhem, Georges, *The Normal and the Pathological*, New York: Zone Books, 1991.

Cantril, Hadley, *The Pattern of Human Concerns*, New Brunswick, NJ: Rutgers University Press, 1965.

Castells, Manuel, *The Information Age: Economy, Society and Culture vol. 1: The Rise of the Network Society,* Molden, MA: Blackwell, 1996.

Chamberlin, Judi, *On Our Own: Patient-Controlled Alternatives to the Mental Health System*, London: MIND, 1988.

Chappell, Anne L., "Emergence of Participatory Methodology in Learning Difficulty Fesearch: Understanding the Context", *British Journal of Learning Disabilities* 28, 2000, pp. 38~43.

Chard, Jiri, Richard Lilford and Derek Gardiner, "Looking beyond the Next Patient: Sociology and Modern Health Care", *The Lancet* 353, 1999, pp. 486~498.

Charlton, James I., *Nothing About Us Without Us: Disability, Oppression and Empowerment*, Berkeley: University of California Press, 1998.

Cholmeley, J. A., *History of the Royal National Orthopeadic Hospital*, London: Chapman and Hall, 1895.

Cocks, Errol, and Judith Cockram, "The Participatory Research Paradigm and Intellectual Disability", *Mental Handicap Research* 8, 1995, p. 31.

Coleridge, Peter, Disability, *Liberation and Development*, Oxford: Oxfam, 1993.

Community Care Market News, March 1999.

Community Care Market News, May 1999.

Community Care Market News, November 1999.

Community Care Market News, February 2000.

Community Care Market News, March 2000.

Community Care Market News, July 2000.

Community Care Market News, August 2000.

Conrad, Peter, "Qualitative Research on Chronic Illness: A Commentary on Method and Conceptual Development", *Social Science and Medicine* 30(11), 1990, pp. 1257~1263.

Cooter, Roger, *Surgery and Society in Peace and War: Orthopeadics and the Organization of Modern Medicine 1880~1948*, Basingstoke: Macmillan, 1993, pp. 53~59.

Corbett, Jenny, "A Proud Label: Exploring the Relationship between Disability Politics and Gay Pride", *Disability and Society* 9(3), 1994, pp. 343~357.

Corker, Mairian, *Deaf and Disabled, or Deafness Disabled?*, Buckingham: Open University Press, 1998.

_____, "Differences, Conflations and Foundations: The Limits to Accurate Theoretical Representation of Disabled Peoples Experiences?", *Disability and Society* 14(5), 1999, pp. 627~642.

_____, "New Disability Discourse, the Principle of Optimisation and Social Change", eds. Mairian Corker, Sally French, *Disability Discourse*, Buckingham: Open University Press, 1999, 192~209.

Corker, Mairian and Sally French, *Disability Discourse*, Buckingham: Open University Press, 1999.

Crook, Stephen, "The End of Radical Social Theory? Radicalism, Modernism and Postmodernism", eds. Roy Boyne and Ali Rattansi, *Postmodernism and Society*, London: Macmillan, 1990, p. 59.

Crow, Liz, "Including All of Our Lives: Renewing the Social Model of Disability", eds. Colin Barnes and Geof Mercer, *Exploring the Divide: Illness and Disability*, Leeds: Disability Press, 1996, pp. 55~73.

Crowther, Margaret Anne, *The Workhouse System 1834~1929: The History of an English Social Institution*, London: Methuen, 1981.

Csordas, Thomas J., *Embodiment and Experience: The Existential Ground of Culture and Self*, Cambridge: Cambridge University Press, 1994. p. 6.

Cushlow, Fioan, "Guilded Help?", ed. Keith Laybourn, *Social Conditions, State and Community 1860-c. 1920*, Stroud: Sutton Publishing, 1997, pp. 29~44.

Daniels, P. W., *Service Industries in the World Economy*, Oxford: Blackwell, 1993.

Davis, John M., "Disability Studies as Ethnographic Research and Text: Research Strategies and Roles for Promoting Change?", *Disability and Society* 15(2), 2000, pp. 191~206.

Davis, Lennard J. ed. *The Disability Studies Reader*, New York and London: Routledge, 1997.

Dean, Hartley, "Citizenship", ed. Martin A. Powell, *New Labour, New Welfare*

State?: The 'Third Way' in British Social Policy*, Bristol: Policy Press, 1999, p. 213.

Delanty, Gerard, *Challenging Knowledge: The University in the Knowledge Society*, Buckingham: Open University Press, 2001, p. 2.

Department of Health, *Community Care Statistics: Residential Personal Social Services for Adults*, England, London: Government Statistical Service, 1998.

_____, *Fit For the Future? National Required Standards for Residential and Nursing Homes for Older People Consultation Document (including regulatory impact statement)*, London: DoH, 1999.

_____, *Modernising Social Service*, London: DoH, 1998.

_____, *Regulatory Impact Appraisal Modernising Social Service*, London: DoH, 1999.

Department of Social Security, *A New Contract for Welfare: Support for Disabled People*, London: Stationery Office, 1998.

Devlieger, Patrick J. and Gary L. Albrecht, "Your Experience in Not My Experience: The Concept and Experience of Disability on Chicago's near West Side", *Journal of Disability Policy Studies* 11, 2000, pp. 51~60.

Dewey, John, *The Collected Works of John Dewey* vol. 37, Carbondale: Southern Illinois University Press, 1968~1992.

Diane Driedger, *The Last Civil Rights Movement: Disabled Peoples International*, London: Hurst and Co. 1989.

DiMaggio, Paul, John Evans and Bethany Bryson, "Have Americans' Social Attitudes become More Polarized?", *American Journal of Sociology* 102, 1996, pp. 690~755.

Disability Awareness in Action, "Employment special", *Disability Awareness in Action Newsletter*, 27 May, 1995, p. 1.

Disabled Rights Task force, *From Exclusion to Inclusion*, London: Department for Education and Employment, 1999.

Doris Z. Fleischer and Freida Zames, *The Disability Rights Movement: From Charity to Confrontation*, Philadelphia: Temple University Press, 2001.

Doyal, Len and Lesley Doyal, "Western Scientific Medicine: A Philosophical and Political Prognosis", eds. Lynda Birke and Jonathan W. Silvertown, *More than the Parts: The Politics of Biology*, London: Pluto Press, 1984.

Doyal, Lesley, *The Political Economy of Health*, London: Pluto Press, 1979.

Drache, Daniel ed., *The Market and the Public Domain?: Global Governance and the Asymmetry of Power*, London: Routledge, 2001.

Drake, Robert E. and Robert F. Drake, *Understanding Disability Policy*, London:

Macmillan, 1999.

Drake, Robert F., *The Principles of Social Policy*, Basingstoke: Palgrave, 2001.

_____, "What am I Doing Here? 'Non-disabled' People and the Disability Movement", *Disability and Society* 12(4), 1997, pp. 643~645.

DuBois, William E. B., *The Souls of Black Folk*, Greenwich, CT: Fawcett, 1961.

Durkheim, Émile, *The Division of Labour in Society*, Glencoe, IL: Free Press, 1964. [에밀 뒤르켐, 『사회분업론』, 민문홍 옮김, 아카넷, 2012]

_____, "Individualism and the Intellectuals", trans. Steven Lukes, *Political Studies* 17, 1969, pp. 14~30.

Dwyer, Peter, *Welfare Rights and Responsibilities: Contesting Social Citizenship*, Bristol: Policy Press, 2000, p. 3.

Dyson, Alan, "Professional Intellectuals from Powerful Groups: Wrong from the Start?", eds. Peter Clough and Len Barton, *Articulating with Difficulty: Research Voices in Inclusive Education*, London: Paul Chapman Publishing, 1999, pp. 1~15.

Economist, "The Non-governmental Order", *Economist*, 11 December, 1999, pp. 22~24.

Edwards, P. and D. Kenny, *Community Care Trends 1997: The Impact of Funding on Local Authorities*, London: Local Government Management Board, 1997.

Engels, Friedrich, *The Condition of the Working Class in England in 1844*, Harmondsworth: Penguin, 1987, p. 180, 184.

Erik Nord, *Cost-Value Analysis in Health Care: Making Sense out of QALYs*, New York: Cambridge University Press, 1999, p. 123.

Erlanger, Howard S., and William Roth, "Disability Policy: The Parts and the Whole", *American Behavioral Scientist* 28(3), 1985, pp. 319~345.

Esping-Andersen, Gøsta, *Politics against Markets-the Social Democratic Road to Power*, Cambridge, MA: Harvard University Press, 1985. [고스타 에스핑 앤더슨, 『변화하는 복지국가』, 한국사회복지학연구회 옮김, 인간과 복지, 1999]

_____, "After the Golden Age", ed. Gøsta Esping-Andersen, *Welfare State in Transition: National Adaptations in Global Economies*, London: Sage, 1996, pp. 1~31.

_____, "Positive-sum Solutions in a World of Trade-offs?", ed. Gøsta Esping-Andersen, *Welfare State in Transition: National Adaptations in Global Economies*, London: Sage, 1996, pp. 256~267.

European Commission, *European Social Policy: A Way Forward for the Union*, Brussels: European Commission, 1994, pp. 51~52.

_____, "Towards a barrier free Europe for people with Disabilities", 12 May COM(2000) 284 final, Brussels, European Commission, 2000.

Evans, Eric J., _The Forging of the Modern State: Early Industrial Britain 1783~1870_, London: Longman, 1983.

Evans, Geoffrey, "Why is America Different? Explaining Cross-national Variation in Support for Welfare Distribution", _Working paper Series_ 36, _Centre for Research into Elections and Social Trends_, Oxford: Nuffield College, 1995, pp. 1~28.

Fagan, Tony and Phil Lee, "'New' Social Movements and Social Policy: A Case Study of the Disability Movement", eds. Michael Lavalette and Alan Pratt, _Social Policy: A Conceptual and Theoretical Introduction_, London: Sage, 1997, pp. 140~160.

Faris, Robert E. Lee and Henry Warren Dunham, _Mental Disorders in Urban Areas_, Chicago: University of Chicago Press, 1939.

Fawcett, Barbara, _Feminist Perspective on Disability_, Harlow: Prentice-Hall, 2000.

Featherstone, Mike, "Postmodernism and the Aestheticization of Everyday Life", eds. Scott Lash and Jonathan Friedman, _Modernity and Identity_, Oxford: Blackwell, 1992, pp. 104~112.

Feuer, Lewis Samuel ed., _Basic Writings on Politics and Philosophy: Karl Mark and Friedrich Engels_, Glasgow: Collins, 1969.

Fido, R. and M. Potts, "Using Oral Histories", eds. Dorothy Atkinson, Mark Jackson and Jan Walmsley, _Forgotten Lives: Exploring the History of Learning Disability_, Kidderminster: British Institute of Learning Disabilities, 1997, p. 45.

Finkelstein, Victor, _Attitudes and Disabled People: Issues for Discussion_, New York: World Rehabilitation Fund, 1980.

_____, "A Personal Journey into Disability Politics", www.leeds.ac.uk/ disability-studies/links.htm, 2001, p. 13.

_____, "Disability and the Helper/Helped Relationship: An Historical View", eds. Ann Brechin, Penny Liddiard and John Swain, _Handicap in a Social World_, London: Hodder and Stoughton, 1981, pp. 59~63.

_____, "Doing Disability Research", _Disability and Society_ 14(6), 1999, p. 861.

Finkelstein, Victor, "Emancipating Disability Studies" ed. Tom Shakespeare, _The Disability Reader: Social Science Perspectives_, London: Continuum, 1998, p. 41.

_____, "Outside 'Inside Out'", _Coalition_, April 1996, p. 34.

_____, "The Social Model of Disability Repossessed", _Coalition_, Greater

Manchester Coalition of Disabled People, February 2002, pp. 10~17.

First, People, *Outside Not Inside... Yet*, London: People First London Boroughs, 1994.

Forrester, Viviane, *The Economic Horror*, Cambridge: Polity, 1999. [비비안 포레스터, 『경제적 공포』, 김주경 옮김, 동문선, 1997]

Foster, Janet, and Julia Sheppard, *British Archives: A Guide to Archive Resources in the United Kingdom* 3rd edn., Basingstoke: Macmillan, 1995.

Foucault, Michel, *Discipline and Punish: The Birth the Prison*, trans. Alan Sheridan, Harmondsworth: Penguin, 1979. [미셸 푸코, 『감시와 처벌: 감옥의 역사』, 오생근 옮김, 나남출판, 2003]

_____, *Madness and Civilisation*, London: Tavistock, 1969. [미셸 푸코, 『광기의 역사』, 이규현 옮김, 나남출판, 2003]

_____, *Power/knowledge: Selected Interviews and Other Writings, 1972~1977*, ed. Colin Gordon, Brighton: Harvester Press, 1980.

_____, *The Birth of the Clinic: An Archeology of Medical Perception*, New York: Vantage Books, 1975. [미셸 푸코, 『임상의학의 탄생: 의학적 시선의 고고학』, 홍성민 옮김, 이매진, 1996]

_____, *The Foucault Reader*, ed. Paul Rabinow, Harmondsworth: Penguin, 1984.

_____, "Power and Sex", ed. Lawrence D. Kritzman, *Politics, Philosophy, Culture: interviews and other writings 1977~1984*, London: Routledge, 1998, p. 123.

Fougeyrollas, P., L. Noreau, H. Bergero, R. Cloutier, S. A. Dion and G. St-Michel, "Social Consequences of Long-term Impairments and Disabilities: Conceptual Approach and Assessment of Handicap", *International Journal of Rehabilitation* 21(2), 1988, pp. 127~141.

Freeden, Michael, "Eugenics and Progressive Thought: A Study in Ideological Affinity", *Historical Journal* 22(3), 1979, pp. 645~671.

Freedman, Sandra, *A Critical Review of the Concept of Equality in UK Anti-Discrimination Laws*, Cambridge: University of Cambridge Centre for Public Law, 1999.

Freire, Paulo, *Pedagogy of the Oppressed*, Harmondsworth: Penguin, 1972. [파울로 프레이리, 『페다고지』, 남경태 옮김, 그린비, 2009]

French, Sally, *Disabled People and Employment: A Study of the Working Lives of Visually Impaired Physiotherapists*, Aldershot: Ashgate, 2001.

_____, "Disability, Impairment or Something in Between?", eds. John Swain,

Victor Finkelstein, Sally French and Michael Oliver, *Disabling Barriers: Enabling Environments*, London: Sage, 1993, pp. 17~24.

French, Sally and Ayesha Vernon, "Health Care for People from Ethnic Minority Groups", ed. Sally French, *Physiotherapy: A Psychosocial Approach* 2nd edn., Oxford: Butterworth-Heinemann, 1997, p. 62.

Fujiura, Glenn T. and Violet Rutkowski-Kmitta, "Counting Disability", eds. Gary L. Albrecht, Katherine D. Seelman and Michael Bury, *Handbook of Disability Studies*, Thousand Oaks, CA: Sage, 2001, pp. 69~96.

Germon, Penny, "Activists and Academics: Part of the Same or a World Apart?", ed. Tom Shakespeare, *The Disability Reader: Social Science Perspectives*, London: Cassell, 1998, p. 254.

Giddens, Anthony, *Modernity and Self-Identity: Self and Society in the Late Modern Age*, Cambridge: Polity, 1991, p. 5.

_____, *Sociology* 4th edn., Cambridge: Polity, 2001.

_____, *The Consequences of Modernity*, Cambridge: Polity, 1991, p. 155.

_____, *The Constitution of Society: Outline of the Theory of Structuration*, Cambridge: Polity, 1984, pp. 212, 219, 358, 362.

_____, *The Third Way and Its Critics*, Cambridge: Polity, 2000.

_____, *The Third Way: The Renewal of Social Democracy*, Cambridge: Polity, 1998.

_____, *Where Now For New Labour?*, Cambridge: Polity, 2002.

Gillam, Jr., Franklin D. and Karen M. Kaufmann, "Is There an Empowerment Life Cycle?", *Urban Affairs Review* 33, 1998, pp. 741~766.

Gillespie-Sells, Kath, Mildrette Hill and Bree Robbins, *She Dances to Different Drums: Research into Disabled Women's Sexuality*, London: King's Fund, 1998, p. 57.

Girdlestone, Gathorne Robert, *The Care and Cure of Crippled Children*, Bristol and London: John Wright and Simpkin Marshall, 1924, p. 3.

Glassner, Barry, *Bodies: Overcoming the Tyranny of Perfection*, Los Angeles: Lowell House, 1992.

Gleeson, Brendan, *Geographies of Disability*, London: Routledge, 1999.

_____, "Disability Studies: A Historical Materialist View", *Disability and Society* 12(2), 1997, pp. 179~202.

GMCDP, *Coalition, special Issue: Where Have all the Activist Gone?*, Manchester: Great Manchester Coalition of Disabled People, August 2000.

Goffman, Erving, *Asylums: Essays on the Social Situation of Mental Patients and Other Inmates*, Chicago: Aldine, 1961.

_____, *Stigma: Notes on the Management of a Spoiled Identity*, Englewood Cliffs, NJ: Prentie-Hall, 1968. [어빙 고프먼, 『스티그마: 장애의 세계와 사회적응』, 윤선길·정기현 옮김, 한신대학교 출판부, 2009]

_____, *The Presentation of the Self in Everyday Life*, New York: Doubleday, 1959

Gooding, Caroline, *Disabling Laws, Enabling Acts: Disability Rights in Britain and America*, London: Pluto Press, 1994.

_____, "Disability Discrimination Act: From Statute to Practice", *Critical Social Policy* 20(4), 2000, p. 542.

Goodley, Dan, *Self-Advocacy in the Lives of People with Learning Difficulties*, Buckingham: Open University Press, 2000, p. 83.

Goodley, Dan, and Michele Moore, "Doing Disability Research: Activist Lives and the Academy", *Disability and Society* 15(6), 2000, pp. 861~882.

Gordon, Beth Omansky and Karen E. Rosenblum, "Bringing Disability into the Sociological Frame: A Comparison of Disability with Race, Sex and Sexual Orientation Statuses", *Disability and Society* 16(1), 2001, pp. 5~19.

Gramsci, Antonio, *Selections from the Prison Notebooks*, London: New Left Books, 1971. [안토니오 그람시, 『그람시의 옥중수고 1: 정치편』, 『그람시의 옥중수고 2: 철학·문학·역사편』, 이상훈 옮김, 거름, 1999]

Gray, Robert, *The Factory Question and Industrial England 1830~1860*, Cambridge: Cambridge University Press, 1996.

Greenhouse, Linda, "Justice Accept Two Cases to Clarity Protection for Disabled", *New York Times*, 17 April, 2001, p. A13.

Griffith, Ben, and Geoff Rayner, *Commercial Medicine in London*, London: Greater London Council Industry and Employment Branch, 1985, p. 15.

Groce, N., M. Chamie and A. Me, "Measuring the Quality of Life: Rethinking the World Bank's Disability Adjusted Life Years", *International Rehabilitation Research Review* 4, 1999, pp. 12~16.

Guba, Egon G., and Yvonna S. Lincoln, "Competing Paradigms in Qualitative Research", eds. Norman K. Denzin and Yvonna S. Lincoln, *The Handbook of Qualitative Research*, Thousand Oaks, CA: Sage, 1994, pp. 105~117.

Guinier, Lani, *The Tyranny of the Majority: Fundamental Fairness in Representative Democracy*, New York: Free Press, 1994.

Haack, Susan, *Evidence and Inquiry: Towards Reconstruction in Epistemology*, Oxford: Blackwell, 1993.

_____, "Pragmatism", eds. Nicholas Bunnin and E. P. Tsui-James, *The Blackwell Companion to Philosophy*, Oxford: Blackwell, 1996, p. 643.

Haber, Lawrence D. and Richard T. Smith, "Disability and Deviance: Normative Adaptations of Role Behavior", *American Sociological Review* 36, 1971, pp. 87~97.

Habermas, Jürgen, *The Theory of Communicate Action*(vol. 2), Cambridge: Polity, 1987. [위르겐 하버마스, 『의사소통행위이론 2: 기능주의적 이성 비판을 위하여』, 장춘익 옮김, 나남출판, 2006]

_____, *Theory and Practice*, trans. John Viertel, London: Heinemann, 1974.

_____, "New Social Movements", *Telos* 49, 1981, pp. 36~37.

Hahn, Harlan, *The Issue of Equality: European Perceptions of Employment Policy for Disabled Persons*, New York: World Rehabilitation Fund, 1984.

_____, "Accommodations and the ADA: Biased Reasoning or Unreasonable Bias?", *Berkeley Journal of Employment and Labor Law* 21(1), 2000, pp. 169~192.

_____, "Adapting the Environment to People with Disabilities: Constitutional Issues in Canada", *International Journal of Rehabilitation Research* 10(4), 1987, pp. 363~372.

_____, "Adjudication or Empowerment: Contrasting Experiences with a Social Model of Disability", ed. Len Barton, Disability, *Politics and the Struggle for Change*, London: David Fulton, 2001, ch. 6.

_____, "An Agenda for Citizens with Disabilities: Pursuing Identity and Empowerment", *Journal of Vocational Rehabilitation* 9(1), 1997, pp. 31~37.

_____, "Antidiscrimination Laws and Social Research on Disability: The Minority Group Perspective", *Behavioral Sciences and the Law* 9(1), 1996, pp. 1~19.

_____, "Changing Perception of Disability and the Future of Rehabilitation", eds. Leonard G. Perlman and Gary F. Austin, *Societal Influences on Rehabilitation Planning: A Blueprint for the Twenty-first Century*, Alexandria, VA: National Rehabilitation Association, 1985, pp. 53~64.

_____, "Disability and Rehabilitation Policy: Is Paternalistic Neglect Really Benign?", *Public Administration Review* 43, 1982, pp. 385~389.

_____, "Disability and the Problem of Discrimination", *American Behavioral Scientist* 28(3), 1985, pp. 293~318.

_____, "Equality and the Environment: The Interpretation of 'Resonable Accommodations' in the American with Disabilities Act", *Journal of Rehabilitation Administration* 17, 1993, pp. 101~106.

_____, "Paternalism and Public Policy", *Society* 20, 1983, pp. 36~46.

_____, "Public Support for Rehabilitation: The Analysis of U.S. Disability

Policy", *Disability, Handicap and Society* 1(2), 1986, pp. 121~137.

_____, "The Minority Group Model of Disability: Implications for Medical Sociology", eds. Richard W. Wertz and Jennie Jacobs Kronenfeld, *Research in the Sociology of Health Care* vol. 11, Greenwich, CT: JAI Press, 1994, pp. 3~24.

_____, "The Political Implications of Disability Definitions and Data", *Journal of Disability Policy Studies* 4(2), 1993, pp. 41~52.

_____, "The Politics of Physical Differences", *Journal of Social Issues* 44, 1988, pp. 39~43.

Hahn, Harlan and Richard L. Beaulaurier, "Attitudes toward Disabilities: A Research Note on Activists with Disabilities", *Journal of Disability Policy Studies* 12(1), 2001, pp. 40~46.

Hall, Stuart, "Cultural Identity and Diaspora", ed. Jonathan Rutherford, *Identity: Community, Culture and Difference*, London: Lawrence and Wishart, 1990, p. 25.

_____, "The Great Moving Nowhere Show", *Marxism Today*, November/ December 1998, p. 14.

Hall, Stuart and Martin Jacques, *New Times: the changing face of politics in the 1990s*, London: Lawrence and Wisehart, 1989.

Hammersley, Martyn, *Taking Sides in Social Research: Essays on Partisanship and Bias*, London: Routledge, 2000.

_____, *The Politics of Social Research*, London: Sage, 1995.

Hammond, John Lawrence and Barbara Bradby Hammond, *The Bleak Age*, West Drayton: Penguin, 1934.

Hancock, Philip, Bill Hughes, Elizabeth Jagger, Kevin Paterson, Rachel Russell, Emmanuelle Tulle-Winton and Melissa Tyler eds., *The Body, Culture and Society: An Introduction*, Buckingham: Open University Press, 2000, p. 17.

Hannington, Wal, *The Problems of the Distressed Areas*, London: Gollancz/Left Book Club, 1937, p. 78.

Harding, Sandra G., "Introduction: Is There a Feminist Method?", ed. Sandra G. Harding, *Feminism and Methodology: Social Science Issues*, Milton Keynes: Open University Press, 1987, p. 1~14.

Harlow, Carol, and Richard Rawlings, *Pressure through the Law*, London: Routledge, 1992, p. 298.

Harrington, Charlene and Allyson M. Pollock, "Decentralisation and Privatisation of Long-term Care in UK and USA", *Lancet* 351, 13 June, 1998, pp. 1805~1808.

Harris, Jose, "Between Civic Virtue and Social Darwinism: The Concept of the Residuum", eds. David Englander and Rosemary O'Day, *Retrieved Riches: Social Investigation in Britain 1840~1914*, Aldershot: Scolar Press, 1995, pp. 67~87.

Harris, Louis, *The ICD Survey of Disabled Americans: Bringing Disabled Americans into the Mainstream*, New York: Louis Harris and Associates, 1986, pp. 37~41, 114.

Harrison, Malcolm L., Housing, *'Race', Social Policy and Empowerment*, Aldershot: Avebury Press, 1995, pp. 20~21.

Hasler, Frances, "Developments in the Disabled Peoples's Movement", eds. John Swain, Victor Finkelstein, Sally French and Michael Oliver, *Disabling Barriers-Enabling Environments*, London: Sage, 1993, pp. 278~284.

Haug, Marie R. and Marvin B. Sussman, "Professional Autonomy and the Revolt of the Client", *Social Problems* 17(2), 1969, pp. 153~161.

Hayward, Mark D., Eileen M. Crimmins, Toni P. Miles and Yu Yang, "The Significance of Socioeconomic Status in Explaining the Racial Gap in Chronic Health Conditions", *American Sociological Review* 65, 2000, pp. 910~930.

Held, David, Anthony McGrew, David Goldblatt and Jonathan Perraton, *Global Transformations: Politics, Economics and Culture*, Cambridge: Polity, 1999.

Herr, S., "Rights into Action: Implementing the Human Rights of the Mentally Handicapped", *Catholic University Law Review* 26, 1977, pp. 203~318.

Hetherington, Kevin, *Expression of Identity: Space, Performance, Politics*, London: Sage, 1998, p. 21.

Higgins, Paul C., *Making Disability, Exploring the Social Transformation of Human Variation*, Springfield, IL: Charles C. Thomas, 1992.

Hilary Land and Hilary Rose, "Compulsory Altruism for Some or an Altruistic Society for All?", eds. Philip Bean, John Ferris and David K. Whynes, *In Defence of Welfare*, London: Macmillan, 1985.

Hill, Mildrette, "Race and Disability", ed. The Open University, *Disability Identity, Sexuality and Relationships: Readings*, K665Y course, Milton Keynes: The Open University, 1991, p. 6.

_____, "They are Not Our Brothers: The Disability Movement and the Black Disability Movement", eds. Nasa Begum, Mildrette Hill and Andy Stevens, *Reflections: Views of Black Disabled People on their Lives and Community Care*, London: Central Council for Education and Training in Social Work, 1994, p. 75.

Hill-Collins, Patricia, *Black Feminist Thought: Knowledge, Consciousness and the Politics of Empowerment*, Oxford: Unwin-Heinemann, 1990.

Hindess, Barry, "Citizenship in the Modern West", ed. Bryan S. Turner, *Citizenship and Social Theory*, London: Sage, 1993, p. 19.

Hirst, Paul Q. and Grahame Thompson, *Globalisation in Question* 2nd edn., Cambridge: Polity, 1999.

Hoekman, Bernand, and Carlos A. Primo Braga, "Protection and Trade in Services: A Survey", *Open Economies Review* 8(3), 1997, p. 286.

Holden, Chris, "Globalization, Social Exclusion and Labour's New Work Ethic", *Critical Social Policy* 19(4), 1999, pp. 529~538.

Honneth, Axel, *The Fragmented World of the Social: Essays in Social and Political Philosophy*, Albany, NY: SUNY Press, 1995. [악셀 호네트, 『인정투쟁: 사회적 갈등의 도덕적 형식론』, 문성훈·이현재 옮김, 사월의책, 2011]

_____, *The Struggle for Recognition: The Moral Grammar of Social Conflicts*, Cambridge: Polity, 1995.

hooks, bell, *Feminist Theory: From Margin to Centre*, Boston: South End Press, 1984. [벨 훅스, 『페미니즘: 주변에서 중심으로』, 윤은진 옮김, 모티브북, 2010]

Hughes, Bill, "Medicine and the Aesthetic Invalidation of Disabled People", *Disability and Society* 15(4), 2000, pp. 555~568.

_____, "The Constitution of Impairment: Modernity and Aesthetic of Oppression", *Disability and Society* 14(2), 1999, pp. 155~172.

Hughes, Bill and Kevin Paterson, "The Social Model of Disability and the Disappearing Body: Towards a Sociology of Impairment", *Disability and Society* 12(3), 1997, pp. 325~340.

Humphrey, Jill C., "Disabled People and the Politics of Difference", *Disability and Society* 14(2), 1999, pp. 173~188.

_____, "Researching Disability Politics, or Some Problems with the Social Model in Practice", *Disability and Society* 15(1), 2000, pp. 63~85.

Humphries, Beth, "From Critical Thought to Emancipatory Action: Contradictory Research Goals?", *Sociological Research Online* 2(1), http://www.socresonline. org.uk/ socresonline/2/1/3.html, 1997.

Humphries, Stephen and Pamela Gordon, *Out of Sight: The Experience of Disability 1900~1950*, Plymouth: Northcote House, 1992, pp. 80~81.

Hunt, Agnes G., "Baschurch and After: 1. The Birth of a Pioneer Hospital", *Cripples' Journal* 1(1), 1924, pp. 18~23.

_____, "Baschurch and After: 2. Fourteen Years On", *Cripples' Journal* 1(2),

1924, pp. 86~94.

_____, "Baschurch and After: 3. During the War", *Cripples' Journal* 1(3), 1924, pp. 180~185.

Hunt, Paul ed., *Stigma: The Experience of Disability*, London: Geoffrey Chapman, 1966.

_____, "Settling Accounts with the Parasite People: A Critique of 'A Life Apart' by E. J. Miller and G. V. Gwynne", *Disability Challenge* 1, May 1981, p. 39.

Hurst, Alan, *Higher Education and Disabilities: International Approaches*, Aldershot: Avebury Press, 1998.

Hurst, Rachel, "To Revise or Not to Revise?", *Disability and Society* 17(7), 2000, pp. 1083~1087.

IDF, *World Disability Report*, Geneva: International Disability Forum, 1998.

Ignatieff, Michael, *The Rights Revolution*, Toronto: House of Anansi Press, 2000, p. 49.

Imrie, Rob, *Disability and the City: International Perspective*, London: Paul Chapman Publishing, 1996, p. 81.

_____, "Disability and Discourses of Mobility and Movement", *Environment and Planning* 32, 2000, p. 1652.

_____, "Disabling Environments and the Geography of Access: Policies and Practices", *Disability and Society* 15, 2000, pp. 5~14.

Imrie, Rob and Marion Kumar, "Focusing on Disability and Access in the Built Environment", Disability and Society 13(3), 1998, pp. 357~374.

Inge Kaul, Isabelle Grunberg and Marc A. Stern, *Global Public Goods: International Co-operation in the 21st Century*, New York: United Nations Development Program, 1999.

Ingstad, Benedicte and Susan Reynolds Whyte eds., *Disability and Culture*, Berkeley: University of California Press, 1995. [베네딕테 잉스타·수잔 레이놀스 휘테 엮음, 『우리가 아는 장애는 없다: 장애에 대한 문화인류학적 접근』, 김도현 옮김, 그린비, 2011]

Institute, Roeher, *Social Well-being: A Paradigm for Reform*, Toronto: Roeher Institute, 1993.

James, William, *Pragmatism*, Cambridge, MA: Harvard University Press, 1907, p. 28.

Jenkins, Keith, *Re-thinking History*, London: Routledge, 1991.

Jenkins, Richard, *Social Identity*, London: Routledge, 1996.

Jenson and Papillon, The Canadian Policy Research Networks website(http://www.cprn.org).

Jenson, Jane and Susan Phillips, "Regime Shift: New Citizenship Practices in

Canada", *International Journal of Canadian Studies* 14, 1996, pp. 111~136.

Johnson, Victoria, "Mobilizing the Disabled", eds. Jo Freeman and Victoria Johnson, *Waves of Protest: Social Movements since the Sixties*, Lanham, MD: Rowman and Littlefield, 1999.

Johnstone, David, *An Introduction to Disability Studies*, London: David Fulton, 1998, ch. 6.

Jones, Lesley, Karl Atkin and Waqar I. U. Ahmad, "Supporting Asian Deaf Young People and Their Families: The Role of Professionals and Services", *Disability and Society* 16(1), 2001, p. 68.

Jones, Melinda and Lee Ann Basser Marks, "Valuing People through Law Whatever Happened to Marion?", eds. Melinda Jones and Lee Ann Basser Marks, *Law in Context* 17(2), special issue: Explorations on law and disability in Australia, Sydney: Federation Press, 2000, p. 153.

Jordan, Bill, *The New Politics of Welfare: Social Justice in a Global Context*, London: Sage, 1998.

Jordanova, Ludmilla, *History in Practice*, London: Arnold, 2000, pp. 68~70.

_____, "The Social Construction of Medical Knowledge", *Social History of Medicine* 8(3), 1995, pp. 361~381.

Katzmann, Robert A., *Institutional Disability: The Saga of Transportation Policy for the Disabled*, Washington, DC: Brookings Institution, 1986.

Kaupinen, Lisa, "Statement on behalf of the World Federation of the Deaf, the World Blind Union, the International League of Societies for Persons with Mental Handicap, Rehabilitation International and Disabled People's International", *Disability Awareness in Action Newsletter*, 25 March, 2, 1995.

Kelly, Liz, Sheila Burton and Linda Regan, "Researching Women's Lives or Studying Women's Oppression? Reflections on what Constitutes Feminist Research", eds. Mary Maynard and June Purvis, *Researching Women's Lives from a Feminist Perspective*, London: Taylor and Francis 1994, pp. 27~48.

Kelly, Michael P. and David Field, "Medical Sociology, Chronic Illness and the Body", *Sociology of Health and Illness* 18(2), 1996, pp. 241~257.

Kemmis, Stephen and Robin McTaggart, "Participatory Action Research", eds. Norman K. Denzin and Yvonna S. Lincoln, *The Handbook of Qualitative Research* 2nd edn., Thousand Oaks, CA: Sage, 2000, pp. 567~605.

Keohane, Robert Owen and Helen V. Milner eds., *Internationalization and Domestic Politics*, Cambridge: Cambridge University Press, 1996, p. 14.

Kidd, Alan J., State, *Society and the Poor in Nineteenth-Century England*, Basingstoke: Macmillan, 1999.

Kincheloe, Joe L., and Peter L. McLaren, "Rethinking Critical Theory and Qualitative Research", eds. Norman K. Denzin and Yvonna S. Lincoln, *The Handbook of Qualitative Research* 2nd edn., Thousand Oaks, CA: Sage, 2000, pp. 279~313.

Kleck, Robert, "Emotional Arousal in Interactions with Stigmatized Persons", *Psychological Reports* 19(3), 1966, p. 1226.

Kloppenberg, James A., "Pragmatism", eds. Richard Wightman Fox and James T. Kloppenberg, *A Companion to American Thought*, Oxford: Blackwell, 1998, p. 539.

Kuhn, Thomas Samuel, *The Structure of Scientific Revolutions*, Chicago: University of Chicago Press, 1970. [토머스 새뮤얼 쿤, 『과학혁명의 구조』, 김명자 옮김, 까치글방, 2002]

Kuttner, Robert, *The Economic Illusion: False Choices between Prosperity and Social Justice*, Boston: Houghton Mifflin, 1984.

Kymlicka, Will and Wayne Norman, "Return of the Citizen: A Survey of Recent Work on Citizenship Theory", ed. Ronald Beiner, *Theorizing Citizenship*, Albany, NY: State University of New York, 1995, p. 283.

Laing and Buisson, *Health Market Review*, London: Laing and Buisson, 1999-2000, p. 176.

_____, *Review of Private Healthcare*, London: Laing and Buisson, 1996.

_____, *Review of Private Healthcare*, London: Laing and Buisson, 1997, p. A186.

Langan, Mary, "Introduction: Women and Social Work in the 1990s", eds. Mary Langan and Lesley Day, *Women, Oppression, and Social Work: Issues in Anti-discriminatory Practice*, London: Routledge, 1992, p. 5.

Lather, Patti, *Getting Smart: Feminist Research and Pedagogy with/in the Postmodern,* New York: Routledge, 1991.

Laybourn, Keith, "The Guild of Help and the Community Response to Poverty 1904-c. 1914", ed. Keith Laybourn, *Social Conditions, State and Community 1860-c. 1920*, Stroud: Sutton Publishing, 1997, pp. 9~28.

Lee, Phil and Colin Raban, *Welfare Theory and Social Policy: Reform or Revolution*, London: Sage, 1998.

Lemert, Edwin McCarthy, *Human Deviance, Social Problems and Social Control*, Englewood Cliffs, NJ: Prentice-Hall, 1972.

Lennard J. Davis, *Enforcing Normalcy: Disability, Deafness and the Body*, London: Verso, 1995.

Lenzer, Gertrud ed., *August Comte and Positivism: The Essential Writings*, New

York: Harper Torchbooks, 1975.

Levitas, Ruth, *The Inclusive Society? Social Exclusion and New Labour*, London: Macmillan, 1998, p. 7.

Lewis, Jane E., *The Voluntary Sector, the State and Social Work in Britain: The Charity Organization Society/Family Welfare Association since 1869*, Aldershot: Edward Elgar, 1995.

Liachowitz, Claire H., *Disability as a Social Construct: Legislative Roots*, Philadelphia: University of Pennsylvania Press, 1988, p. 22.

Lincoln, Yvonna S. and Egon G. Guba, "Paradigmatic Controversies, Contradictions, and Emerging Confluences", eds. Norman K. Denzin and Yvonna S. Lincoln, *The Handbook of Qualitative Research* 2nd edn., Thousand Oaks, CA: Sage, 2000, pp. 163~188.

Linton, Simi, *Claiming Disability: Knowledge and Identity*, New York: New York University Press, 1998.

Lister, Ruth, *Citizenship: Feminist Perspectives*, New York: New York University Press, 1997.

Liz Crow, "Including All of Our Lives: Renewing the Social Model of Disability", ed. Jenny Morris, *Encounters with Strangers: Feminism and Disability*, London: Routledge, 1996.

Llewellyn, A., and K. Hogan "The Use and Abuse of Models of Disability", *Disability and Society* 15, 2000, pp. 157~165.

Lloyd, Margaret, "Does She Boil Eggs? Towards a Feminist Model of Disability", *Disability, Handicap and Society* 7(3), 1992, pp. 207~221.

Lloyd, Margaret, Michael Preston-Shoot, Bogusia Temple and Robert Wuu, "Whose Project is It Anyway? Sharing and Shaping the Research and Development Agenda", *Disability and Society* 11(3), 1996, pp. 301~315.

Longmore, Paul K. and Lauri Umansky eds., *The New Disability History: American Perspectives*, New York: New York University Press, 2001.

Lonsdale, Susan, *Women and Disability: The Experience of Women with Disability*, London: Macmillan, 1990.

Lorde, Audrey, *Sister Outsider*, California: Crossing Press Feminist Series, 1984, p. 37.

Lunt, Neil and Patricia Thornton, "Disability and Employment: Towards an Understanding of Discourse and Policy", *Disability and Society* 9(2), 1994, pp. 223~238.

Lupton, Deborah, *Medicine as Culture: Illness, Disease and the Body in Western Societies*, London: Sage, 1994, p. 139.

_____, *The Imperative of Health*, London: Sage, 1995, ch. 4.

Lyon, David, *Postmodernity*, Buckingham: Open University Press, 1994.

Mann, Kirk, "Lamppost Modernism: Traditional and Critical Social Policy?", *Critical Social Policy* 21(3), 1998, p. 82.

March, Justine, Betty Steingold, Susan Justice and Paula Mitchell, "Follow the Yellow Brick Road! People with Learning Difficulties as Co-researchers", *British Journal of Learning Difficulties* 25, 1997, pp. 77~80.

Marks, Deborah, "Secure Base? Disabling Design", eds. Linda McKie and Nick Watson, *Organizing Bodies: Policy, Institution and Work*, Basingstoke: Macmillan, 2000, p. 52.

_____, *Disability: Controversial Debates and Psychosocial Perspectives*, London: Routledge, 1999.

Marsh, Ian, *Sociology: Making Sense of Society* 2nd edn., Harlow: Prentice-Hall, 2000, p. 31.

Marshall, Thomas H., "Citizenship and Social Class", ed. Thomas H. Marshall, *Sociology at th Crossroads and Other Essays*, London: Heinemann, 1963.

Martin, Greg, "Social Movements, Welfare and Social Policy: A Critical Analysis", *Critical Social Policy* 21(3), 2001, pp. 361~383.

Marwick, Arthur, *The Nature of History*, London: Macmillan, 1970.

Marx, Karl, "Preface to A Contribution to the Critique of Political Economy", eds. T. B. Bottomore and Maximilien Rubel, *Karl Mark: Selected Writings in Sociology and Social Philosophy*, Harmondsworth: Penguin, 1961, pp. 67~69.

Marx, Karl and Friedrich Engels, *Manifesto of the Communist Party*, London: Lawrence and Wishart, 1934, p. 10.

May, Margaret and Edward Brusdon, "Commercial and Occupational Welfare", eds. Robert M. Page and Richard Silburn, *British Social Welfare in the Twentieth Century*, Basingstoke: Macmillan, 1999, p. 285.

Maynard, Alan, and Alan Williams, "Privatisation and the National Health Service", eds. Julian Le Grand and Ray V. F. Robinson, *Privatisation and the Welfare State*, London: George Allen & Unwin, 1984, p. 107.

Maynard, Mary, "Methods, Practice and Epistemology: The Debate about Feminism and Research", eds. Mary Maynard and June Purvis, *Researching Women's Lives from a Feminist Perspective*, London: Taylor and Francis, 1994, pp. 10~26.

McDonald, Peter, "Double Discrimination must be Faced Now", *Disability Now*, March 8, 1991, p. 3.

Mead, George Herbert, *Mind, Self and Society from the Standpoint of a Social Behaviourist*, Chicago: University of Chicago Press, 1934, p. 205.

_____, *Selected Writing: George Herbert Mead*, ed. Andrew J. Reck, New York: Bobbs-Merrill, 1964(1934).

Meekosha, Helen and Leanne Dowse, "Enabling Citizenship: Gender, Disability and Citizenship in Australia", *Feminist Review* no. 57, Autumn 1997, pp. 45~72.

Melucci, Alberto, *Nomads of the Present: Social Movements and Individual Needs in Contemporary Society*, London: Hutchinson Radius, 1989.

Mendelson, Michael, "Social Policy in Real Time", ed. Leslie Bella, *Rethinking Social Welfare: People, Policy and Practice*, Newfoundland: Dicks and Company Ltd., 1993.

Michaud, Catherine M., Christopher J. L. Murray and Barry R. Bloom, "Burden of Disease-Implication for Future Research", *Journal of the American Medical Association* 285, 2001, pp. 535~539.

Mies, Maria, "Towards a Methodology for Feminist Research", eds. Gloria Bowles and Renate Duelli Klein, *Theories of Women's Studies*, London: Routledge & Kegan Paul, 1983.

Miller, Eric J., and Geraldine V. Gwynne, *A Life Apart*, London: Tavistock, 1972.

Mills, Charles Wright, *The Sociological Imagination*, New York: Oxford University Press, 1959. [C. 라이트 밀즈, 『사회학적 상상력』, 강희경·이해찬 옮김, 돌베개, 2004]

Mind/BBC, *Mental Health Factfile*, London: Mind, January 2000.

Minow, Martha, *Making All the Difference: Inclusion, Exclusion and American Law*, Ithaca, NY: Cornell University Press, 1990.

Mishra, Ramesh, *Globalization and the Welfare State*, Cheltenham: Edward Elgar, 1999, p. 6. [라메쉬 미쉬라, 『지구적 사회 정책을 향하여: 세계화와 복지국가의 위기』, 이혁구 옮김, 성균관대학교출판부, 2002]

_____, "Globalizing Social Rights", Robarts Centre for Canadian Studies website(http://www.yorku.ca/robarts), 2001.

Mitchell, David T. and Sharon L. Snyder, *Narrative Prosthesis: Disability and the Dependencies of Discourse*, Ann Arbor: University of Michigan Press, 2001.

Modood, Tariq, "Culture and Identity", eds. Tariq Modood, Richard Berthoud, Jane Lakey, James Y. Nazroo, Patten Smith, Satnam Virdee and Sharon Beishon, *Ethnic Minorities in Britain: Diversity and Disadvantage*, London: Policy Studies Institute, 1997, pp. 290~339.

Mohan, John, "The Internationalization and Commercialization of Health Care in Britain", *Environment and Planning* A 23, 1991, pp. 853~867.

Monks, Judith, "'It Works Both Ways': Belonging and Social Participation among Women with Disabilities", eds. Nira Yuval-Davis and Pnina Werbner Women, *Citizenship and Difference*, London: Zed Books, 1999, p. 71.

Moore, Jr., Barrington, *Injustice: The Social Bases of Obedience and Revolt*, New York: M. E. Sharpe, 1978.

Moore, Michele, Sarah Beazley and June Maelzer, *Researching Disability Issues*, Buckingham: Open University Press, 1998.

Moran, Michael and Bruce Wood, "The Globalization of Health Care Policy", ed. Philip Gummett, *Globalization and Public Policy*, Cheltenham: Edward Elgar, 1996, p. 140.

Morgan, Hannah, Colin Barnes and Geof Mercer, *Creating Independent Future: An Evaluation of Services led by Disabled People*, Stage Three Report, Leeds: Disability Press, 2001.

＿＿＿＿, *Creating Independent Future: An Evaluation of Services led by Disabled People*, Stage Two Report, Leeds: Disability Press, 2001.

Morris, Jenny, *Able Lives: Woman's Experience of Paralysis*, London: Women's Press, 1989.

＿＿＿＿, *Independent Lives? Community Care and Disabled People*, Basingstoke: Macmillan, 1993.

＿＿＿＿, *Pride Against Prejudice: Transforming Attitudes to Disability*, London: Women's Press, 1991.

＿＿＿＿ ed., *Encounters with Strangers: Feminist and Disability*, London: Women's Press, 1996.

＿＿＿＿, "Gender and Disability", eds. John Swain, Victor Finkelstein, Sally French and Michael Oliver, *Disabling Barriers: Enabling Environments*, London: Sage, 1993, pp. 85~92.

＿＿＿＿, "Introduction", ed. Jenny Morris, *Encounters with Strangers: Feminist and Disability*, London: Women's Press, 1996.

＿＿＿＿, "Personal and Political: A Feminist Perspective on Researching Physical Disability", *Disability, Handicap and Society* 7(2), 1992, pp. 157~166.

Mouffe, Chantal, "The Radical Centre: Politics without Adversaries", *Soundings* 9, 1998, pp. 11~23.

Mudrick, Nancy R., "Employment Discrimination Laws for Disability: Utilization and Outcomes", *Annals of the Academy of Political and Social Science* 549, 1997, pp. 53~70.

Mulgan, Geoff, "Whinge and a Prayer", *Marxism Today*, November/December

1998.

Mullard, Maurice and Paul Spicker, *Social Policy in a Changing Society*, London: Routledge, 1998, p. 130.

Müller-Hill, Benno, "Lessons from the Dark and Distant Past", ed. Angus Clarke, *Genetic Counselling: Principles and Practices*, London: Routledge, 1994, pp. 131~141.

NDCG, *Annual Report*, 1914.

NDCG, *Annual Report*, 1915.

NDCG, *Annual Report*, 1939, p. 7.

NDCG, *Annual Report*, 1964, p. 6.

Nicholson, Linda J. and Steven Seidman, *Social Postmodernism: Beyond Identity Politics*, Cambridge: Cambridge University Press, 1995.

Oakley, Ann, *Experiments in Knowing: Gender and Method in the Social Science*, Cambridge: Polity, 2000.

Obermann, Carl Esco, *A History of Vocational Rehabilitation*, Minneapolis: T. S. Denison Co., 1965.

Oberschall, Anthony, "The Sociological Study of the History of Social Research", ed. Anthony Oberschall, *The Establishment of Empirical Sociology: Studies in Continuity, Discontinuity and Institutionalization*, New York: Harper & Row, 1972, pp. 2~14.

O'Brien, Martin and Sue Penna, *Theorising Welfare: Enlightenment and Modern Society*, London: Sage, 1998, p. 116.

O'Neill, John, "The Disciplinary Society: From Weber to Foucault", *British Journal of Sociology* 37(1), 1986, pp. 42~62.

Offe, Claus, "Pathways from Here", *Boston Review*, October/November 2000.

Ohmae, Kenichi, *The Borderless World: Power and Strategy in the Interlinked Economy*, New York: Harper Collins, 1990.

Oliver, Michael, *Social work with Disabled People*, London: Macmillan, 1983.

_____, *The Politics of Disablement*, Basingstoke: Macmillan, 1990.

_____, *Understanding Disability*, London: Macmillan, 1996.

_____, "A Sociology of Disability or a Disablist Sociology?", ed. Len Barton, *Disability and Society: Emerging Issues and Insights*, London: Longman, 1996, p. 33.

_____, "Changing the Social Relations of Research Production?", *Disability, Handicap and Society* 7(2), 1992, p. 105.

_____, "Defining Impairment and Disability: Issues at Stake", eds. Colin Barnes and Geof Mercer, *Exploring the Divide: Illness and Disability*, Leeds:

Disability Press, 1996.

_____, "Disability and Participation in the Labour Market", eds. Phillip Brown and Richard Scase, *Poor Work: Disadvantage and the Division of Labour*, Buckingham: Open University Press, 1991, pp. 132~147.

_____, "Emancipatory Research: Realistic Goal or Impossible Dream?", eds. Colin Barnes and Geof Mercer, *Doing Disability Research*, Leeds: Disability Press, 1997, pp. 15~31.

_____, "Final Accounts with the Parasite People", eds. Mairian Corker and Sally French, *Disability Discourse*, Buckingham: Open University Press, 1999, pp. 191~193.

Oliver, Michael and Bob Sapey, *Social Work With Disabled People* 2nd edn., Basingstoke: Macmillan, 1999.

Oliver, Michael and Colin Barnes, "All We are Saying is Give Disabled Researchers a Chance", *Disability and Society* 12(5), 1997, pp. 811~813; Zarb, "Researching Disabling Barriers".

_____, *Disabled People and Social Policy: From Exclusion to Inclusion*, London: Longman, 1998, p. 71.

Oliver, Michael, G. Zarb, J. Silver, M. Moore and V. Salisbury, *Walking into Darkness: The Experience of Spinal Cord Injury*, London: Macmillan, 1998.

Olson, Susan Marie, *Clients and Lawyers: Securing the Rights of Disabled Persons*, Westport, CT: Greenwood Press, 1984.

Oorschot, Wim van and Bjørn Hvinden eds., *Disability Policies in European Countries*, Hague: Kluwer Law International, 2001.

Papadakis, Elim, and Peter Taylor-Gooby, *The Private Provision of Public Welfare: State, Market and Community*, Brighton: Wheatsheaf, 1987, p. 68.

Parker, Julia R., *Citizenship, Work and Welfare: Searching for the Good Society*, Basingstoke: Macmillan, 1998.

_____, *Local Health and Welfare Services*, London: George Allen and Unwin, 1965.

Parsons, Talcott, *The Social System*, New York: Free Press, 1951.

Pateman, Carole, *The Sexual Contract*, Cambridge: Polity, 1988.

Paterson, Kevin and Bill Hughes, "Disability Studies and Phenomenology: The Carnal Politics of Everyday Life", *Disability and Society* 14(5), 1999, pp. 597~610.

_____, "Disabled bodies", eds. Philip Hancock, Bill Hughes, Elizabeth Jagger, Kevin Paterson, Rachel Russell, Emmanuelle Tulle-Winton and Melissa Tyler, *The Body, Culture and Society: An Introduction*, Buckingham: Open

University Press, 2000, pp. 29~44.

Payne, Geoff ed., *Social Divisions*, Houndmills: Macmillan, 2000.

_____, "An Introduction to Social Division", ed. Geoff Payne, *Social Divisions*, Houndmills: Macmillan, 2000, p. 1.

Peirce, Charles Sanders, *Collected Papers of Charles Sanders Peirce*, eds. Charles Hartshorne, Paul Weiss and Arthur W. Burks, Cambridge, MA: Harvard University Press, 1931~58, pp. i, 14, 55.

Pfeiffer, David, "The Devils are in the Details: The ICIDH-2 and the Disability Movement", *Disability and Society* 15(7), 2000, pp. 1079~1082.

_____, "The ICIDH and the Need for its Revision", *Disability and Society* 13(4), 1998, pp. 503~523.

Pfeiffer, David, and Karen Yoshida, "Teaching Disability Studies in Canada and the USA", *Disability and Society* 10(4), 1995, p. 476.

Popper, Karl, *Objective Knowledge: An Evolutionary Approach*, Oxford: Clarendon Press, 1972, p.16. [칼 포퍼, 『객관적 지식: 진화론적 접근』, 이한구·정연교·이창환 옮김, 철학과현실사, 2013]

Porter, Michael, *The Competitive Advantage of Nations*, London: Macmillan, 1990, p. 247.

Price, Janet and Margrit Shildrick, "Uncertain Thoughts on the Dis/abled body", eds. Janet Price and Margrit Shildrick, *Vital Signs: Feminist Reconfigurations of the Biological Body*, Edinburgh: Edinburgh University Press, 1998, pp. 224~249.

Priestley, Mark, *Disability Politics and Community Care*, London: Jessica Kingsley, 1999, p. 66.

_____, "Constructions and Creations: Idealism, Materialism and Disability Theory", *Disability and Society* 13(1), 1998, pp. 75~95.

_____, "Who's Research? A Personal Audit", eds. Colin Barnes and Geof Mercer, *Doing Disability Research*, Leeds: Disability Press, 1997, p. 91.

Prochaska, Frank K., *The Voluntary Impulse: Philanthropy in Modern Britain*, London: Farber & Farber, 1988.

Putnam, Hilary, *Meaning and the Moral Science*, London: Routledge and Kegan Paul, 1978.

Quine, Wilard van orman, *Ontological Relativity and Other Essays*, New York: Columbia University, 1969.

Radley, Alan ed., *Making Sense of Illness: The Social Psychology of Health and Disease*, London: Sage, 1994.

_____ ed., *Worlds of Illness: Biographical and Cultureal Perspectives on Health and Disease*, London: Routledge, 1993.

Ramazanoglu, Caroline, *Feminism and the Contradictions of Oppression*, London: Routledge, 1989. [캐럴라인 라마자노글루, 『페미니즘, 무엇이 문제인가』, 김정선 옮김, 1997]

Reason, Peter ed., *Human Inquiry in Action: Developments in New Paradigm Research*, London: Sage, 1988.

Reich, Robert B., *The Work of Nations: Preparing Ourselves for 21st Century Capitalism*, London: Simon and Schuster, 1991.

Richardson, Stephen A., "Age and Sex Differences in Values toward Physical Handicaps", *Journal of Health and Social Behavior* 11(3), 1970, pp. 207~214.

Richardson, Stephen A. and Jacqueline Royce, "Race and Physical Handicap in Children's Preferences for Other Children", *Child Development* 39, 1968, pp. 467~480.

Riddell, S., "Disabled People's Rights", *SPA News, Newsletter of the Social Policy Association*, May/June, 29, 2001.

Rieser, Richard, "Internalised Oppression: How it Seems to Me", eds. Richard Rieser and Micheline Mason, *Disability Equality in the Classroom: A Human Rights Issue*, London: Inner London Education Authority, 1990, pp. 29~32.

Rifkin, Jeremy, *The End of Work*, New York: Putnam, 1995. [제러미 리프킨, 『노동의 종말』, 이영호 옮김, 민음사, 2005]

Rioux, Marcia H., "Disability: The Place of Judgement in a World of Fact", *Journal of Intellectual Disability Research* 41, 1997, pp. 102~111.

＿＿＿, "Exchanging Charity for Rights: The Challenge for the Next Decade", *British Institute of Learning Disabilities* 89, 1993, pp. 1~8.

＿＿＿, "Sterilization and Mental Handicap: A Right Issue", *Journal of Leisurability* 17, 1990, pp. 3~11.

＿＿＿, "Towards a Concept of Equality of Well-being: Overcoming the Social and Legal Construction of Inequality", *Canadian Journal of Law and Jurisprudence*, 1994, pp. 127~147.

Rioux, Marcia H. and Michael Bach eds., *Disability is not Measles: New Research Paradigms in Disability*, Ontario: York University, Roeher Institute, 1994.

Rioux, Marcia H., and Ezra Zubrow, "Social Disability and the Public Good", ed. Daniel Drache, *The Market and the Public Domain?: Global Governance and the Asymmetry of Power*, London: Routledge, 2001, pp. 148~171.

Robert J. Blendon and John M. Benson, "Americans' View on Health Policy: A

Fifty-year Historical Perspective", *Health Affairs* 20, 2001, pp. 33~46.

Robert Miles, *Racism*, London: Routledge, 1989.

Roberts, Keri, "Lost in the System: Disabled Refugees and Asylum Seekers in Britain", *Disability and Society* 15(6), 2000, p. 945.

Robertson, Ian, *Sociology*, New York: Worth Publishers Inc, 1977, p. 135.

Rodgers, Jackie, "Trying to Get it Right: Undertaking Research Involving People with Learning Difficulties", *Disability and Society* 14(4), 1999, pp. 317~322.

Rorty, Richard, *Objectivity, Relativism and Truth*, Cambridge: Cambridge University Press, 1991.

_____, *Philosophy and the Mirror of Nature*, Princeton, NJ: Princeton University Press, 1979.

Rosenhan, David L., "On Being Sane in Insane Places", eds. Simon Dinitz, Russell Rowe Dynes and Alfred Carpenter Clarke, *Deviance: Studies in Definition, Management and Treatment*, New York: Oxford University Press, 1975, pp. 279~281.

Rothman, David J., *Strangers at the Bedside: A History of How Law and Bioethics Transformed Medical Making*, New York: Basic Books, 1991.

Roulstone, Alan, *Enabling Technology: Disabled People, Work and New Technology*, Buckingham: Open University Press, 1998

Royal National Institute for the Blind, *The Price of Justice*, London: RNIB, 2000.

Ruigrok, Winfried and Rob van Tulder, *The Logic of International Restructuring*, London: Routledge, 1995.

Russell, Rachel, *Ethical bodies*, eds. Philip Hancock, Bill Hughes, Elizabeth Jagger, Kevin Paterson, Rachel Russell, Emmanuelle Tulle-Winton and Melissa Tyler, The Body, *Culture and Society: An Introduction*, Buckingham: Open University Press, 2000.

Rustin, Michael, "A Third Way with Teeth", *Soundings* 11, 1999, pp. 7~21.

Sachs, A., "Human Rights in the Twenty First Century: Real Dichotomies, False Antagonism", eds. T. A Cromwell et al., *Human Rights in the 21st Century*, Ottawa: Canadian Institute for the Administration of Justice, 1996.

Sample, Pat L., "Beginnings: Participatory Action Research and Adults with Developmental Disabilities", *Disability and Society* 11(3), 1996, pp. 317~322

Sapey, Bob, "Disablement in the Informational Age", *Disability and Society* 15(4), 2000, pp. 619~636.

Sarup, Madan, *An Introduction Guide to Post-Structuralism and Postmodernism*, Hemel Hempstead: Harvester Wheatsheaf, 1993, pp. 186~187.

Sarup, Madan, *Identity, Culture and the Postmodern World*, Edinburgh: Edinburgh

University Press, 1996.

Scheff, Thomas J., *Being Mentally Ill: A Sociological Theory*, London: Weidenfeld & Nicolson, 1966.

Schiller, Ferdinand C. S., *Studies in Humanism*, London and New York: Macmillan, 1907.

Scholte, Jan Aart, *Globalization: A Critical Introduction*, Basingstoke: Palgrave, 2000.

Schwandt, Thomas A., "Constructivist, Interpretivist Approach to Human Inquiry", eds. Norman K. Denzin and Yvonna S. Lincoln, *The Handbook of Qualitative Research*, Thousand Oaks, CA: Sage, 1994, pp. 118~137.

Scotch, Richard K., *From Good Will to Civil Rights: Transforming Federal Disability Policy*, Philadelphia: Temple University Press, 1984.

Scott, Robert, *The Making of Blind Men*, London: Sage, 1969.

Scull, Andrew, *The Most Solitary of Afflictions: Madness and Society in Britain 1700~1900*, New Haven: Yale University Press, 1993.

Sellars, Wilfrid, "Givenness and Explanatory Coherence", *Journal of Philosophy* 61, 1973, pp. 123~129.

Seymour, Wendy, *Remaking the Body: Rehabilitation and Change*, London: Routledge, 1998.

Shakespeare, Tom, "A Response to Liz Crow", *Coalition*, September 1992, p. 40.

_____, "Back to the Future? New Genetics and Disabled People", *Critical Social Policy* 44/45, 1995, pp. 22~35.

_____, "Cultural Representation of Disabled People: Dustbins of Disavowal?", eds. Len Barton and Michael Oliver, *Disability Studies: Past, Present and Future*, Leeds: Disability Press, 1997, pp. 217~236.

_____, "Disability, Identity and Difference", eds. Colin Barnes and Geof Mercer, *Exploring the Divide: Illness and Disability*, Leeds: Disability Press, 1996, p. 110.

_____, "Disabled People's Self-organisation: A New Social Movement?", *Disability, Handicap and Society* 8(3), 1993, pp. 258~259.

_____, "Researching Disabled Sexuality", eds. Colin Barnes and Geof Mercer, *Doing Disability Research*, Leeds: Disability Press, 1997, p. 185.

_____, "Rules of Engagement: Doing Disability research", *Disability and Society* 11(1), 1996, pp. 115~120.

Shakespeare, Tom and Nicholas Watson, "Defending the Social Model", *Disability and Society* 12(2), 1997, pp. 293~300.

Shakespeare, Tom, Kath Gillespie-Sells and Dominic Davies, *The Sexual Politics of Disability: Untold Desires*, London: Cassell, 1996.

Shaw, Anthony, "Defining the Quality of Life", *Hastings Center Report* 7(5), 1977.

Shaw, Randy, *The Activist's Handbook*, Berkeley: University of California Press, 1996.

Sheldon, Alison, "Personal and Perplexing: Feminist Disability Politics Evaluated", *Disability and Society* 14(5), Special Issue: Theory and Experience, 1999, pp. 643~658.

Shildrick, Margrit, *Leaky Bodies and Boundaries: Feminism, Postmodernism and (Bio)Ethics*, London: Sage, 1997.

Shildrick, Margrit and Janet Price, "Breaking the Boundaries of the Broken Body", *Body and Society* 2(4), 1996, pp. 93~113.

Shilling, Chris, *The Body and Social Theory*, London: Sage, 1993[1999].

Shore, Cris and Susan Wright, "Policy: A New Field of Anthropology", eds. Cris Shore and Susan Wright, *Anthropology of Policy: Critical Perspectives on Governance and Power*, London: Routledge, 1997, p. 5.

Silver, Hilary, "Social Exclusion and Social Solidarity: Three Paradigms", *International Labour Review* 133(5-6), 1994, pp. 133~163.

Simmel, Georg, *Conflict and the Web of Group Affiliations*, New York: Free Press, 1955.

Simon, Roger, "The University: A Place to Think", eds. Henry A. Giroux and Kostas Myrsiades, *Beyond the Corporate University: Culture and Pedagogy in the New Millennium*, Oxford: Roman and Littlefield, 2001, pp. 45~56.

Skeggs, Beverley, "Introduction", ed. Beverley Skeggs, *Feminist Cultural Theory: Process and Production*, Manchester: Manchester University Press, 1995, p. 15.

Skocpol, Theda, *Protecting Soldiers and Mothers: The Political Origin of Social Policy in the United States*, Cambridge, MA: Harvard University Press, 1992.

Smith, Mark J., *Social Science in Question*, London: Sage/Open University, 1998.

Spaargaren, Gert, A. P. J. Mol and Frederick H. Buttel eds., *Environment and Global Modernity*, London: Sage, 2000.

Spallone, Pat, "The New Biology of Violence: New Geneticism for Old", *Body and Society* 4(4), 1998, pp. 47~65.

Stalker, Kirsten, "Some Ethical and Methodological Issues in Research with People with Learning Difficulties", *Disability and Society* 13(1), 1998, pp. 5~19.

Stanley, Liz, "Methodology Matters!", eds. Victoria Robinson and Diane Richardson, *Introducing Women's Studies: Feminist Theory and Practice*,

London: Macmillan, 1997, pp. 198~219.

Stanley, Liz and Sue Wise, *Breaking Out Again: Feminist Ontology and Epistemology*, London: Routledge, 1993.

Steinberg, Deborah Lynn, *Bodies in Glass: Genetics, Eugenics and Embryo Ethics*, Manchester: Manchester University Press, 1997.

Stiker, Henri-Jacques, *A History of Disability*, trans. William Sayers, Ann Arbor, MI: University of Michigan Press, 1999.

Stone, Emma, "From the Research Notes of a Foreign Devil: Disability Research in China", eds. Colin Barnes and Geof Mercer, *Doing Disability Research*, Leeds: Disability Press, 1997.

Stone, Emma ed., *Disability and Development: Learning from Action and Research on Disability in the Majority World*, Leeds: Disability Press, 1999, pp. 7~9.

Stone, Emma ed., *Disability and Development: Learning from Action and Research on Disability in the Majority*, Leeds: Disability Press, 1999.

Stone, Emma and Mark Priestly, "Parasites, Pawns and Partners: Disability Research and the Role of Non-disabled Researchers", *British Journal of Sociology* 47(4), 1996, pp. 699~716.

Stone, Sharon Dale, "The Myth of Bodily Perfection", *Disability and Society* 10(4), 1995, pp. 413~424.

Stopford, John M. and Susan Strange, *Rival States, Rival Firms: Competition for World Market Shares*, Cambridge: Cambridge University Press, 1991, p. 87.

Strauss, Anselm L., *Continual Permutations of Action*, New York: Aldine De Gruyter, 1993.

Strauss, Anselm L. and B. Glaser, *Chronic Illness and the Quality of Life*, St Louis, MO: Mosby, 1975.

Strauss, Anselm L. and Juliet M. Corbin, *Basics of Qualitative Method*, Newbury Park, CA: Sage, 1990.

Stuart, Ossie, "Double Oppression: An Appropriate Starting-point?", eds. John Swain, Victor Finkelstein, Sally French and Michael Oliver, *Disabling Barriers: Enabling Environments*, London: Sage, 1993, p. 95.

Sullivan, Martin and Robyn Munford, "The Articulation of Theory and Practice: Critique and Resistance in Aotearoa New Zealand", *Disability and Society* 13(2), 1998, pp. 183~189.

Sun Healthcare Group, Press release, 26 October, 1999.

_____, *Sun Healthcare Group Inc. Annual Report*, Albuquerque, NM: Sun Healthcare, 1996, p. 11.

_____, *Sun Healthcare Group Inc. Annual Report*, Albuquerque, NM: Sun Healthcare, 1998, p. 12.

Sutherland, Alan T., *Disabled We Stand*, London: Souvenir Press, 1981.

Swain, John, "Constructing Participatory Research: In Principle and in Practice", eds. Peter Clough and Len Barton, *Making Difficulties: Research and the Construction of Special Educational Needs*, London: Paul Chapman Publishing Ltd, 1995, pp. 75~93.

Swain, John and Sally French, "Towards an Affirmative Model of Disability", *Disability and Society* 15(4), 2000, pp. 569~582.

Swain, John, Victor Finkelstein, Sally French and Michael Oliver eds, *Disabling Barriers Environments*, London: Sage, 1993.

Synnott, Anthony, *The Body Social: Symbolism, Self and Society*, London: Routledge, 1993.

Szasz, Thomas S., *The Myth of Mental Illness: Foundations of a Theory of Personal Conduct*, New York: Dell, 1961.

Taylor-Gooby, Peter, *Public Opinion, Ideology and State Welfare*, London: Routledge & Kegan Paul, 1985.

_____ ed. "Postmodernism and Social Policy: A Great Leap Backwards?", *Journal of Social Policy* 23(3), 1994, pp. 385~404.

_____ ed., *Risk, Trust and Welfare*, Basingstoke: Macmillan, 2000.

tenBroek, Jacobus, "The Right to Live in the World: The Disabled in the Law of Torts", *California Law Review* 54, 1966, pp. 841~864.

Therborn, Göran, *Why Some Peoples are More Unemployed than Others*, London: Verso, 1986.

Thomas, Carol, *Female Forms: Experiencing and Understanding Disability*, Buckingham: Open University Press, 1999.

_____, "Feminism and Disability: The Theoretical and Political Significance of the Personal and the Experiential", ed. Len Barton, *Disability, Politics and the Struggle for Change*, London: David Fulton, 2001, pp. 45~58.

_____, "The 'Disabled' Body", eds. Mary Evans and Ellie Lee, *Real Bodies: A Sociological Introduction*, Basingstoke: Macmillan, 2002.

Thomas, Keith, "The Tools and the Job", *The Times Literary Supplement*, 1966, pp. 275~276.

Thompson, Edward P., *The Making of the English Working Class*, Harmondsworth: Penguin, 1963. [에드워드 파머 톰슨, 『영국 노동계급의 형성』, 김경옥·김인중·나종일·노서경·유재건·한정숙 옮김, 창비, 2000]

Thompson, Neil, *Anti-Discriminatory Practice* 2nd edn., Houndmills: Macmillan,

1997.

Thompson, Simon and Paul Hogget, "Universalism, Selectivism and Particularism: Towards a Postmodern Social Policy", *Critical Social Policy* 16(1), 1996, pp. 21~43.

Thomson, Mathew, *The Problem of Mental Deficiency: Eugenics, Democracy, and Social Policy in Britain c. 1870~1959*, Oxford: Clarendon Press, 1998.

Tideman, Magnus ed., *Handikapp: Synsätt Principer Perspectiv*, Stockholm: Johanson & Skyttmo Förlag, 1999.

Topliss, Eda, *Provision for the Disabled*, Oxford and London: Basil Blackwell and Martin Robertson, 1975.

_____, *Social Responses to Handicap*, London: Longman, 1982, pp. 111~112.

Tosh, John, *The Pursuit of History: Aims, Methods and New Directions in the Study of Modern History*, London: Longman, 1991.

Touraine, Alain, *Critique of Modernity*, Oxford: Blackwell, 1995, p. 201.

_____, *The Voice and the Eye: An Analysis of Social Movements*, Cambridge: Cambridge University Press, 1981, p. 145.

Townsend, Peter, *Poverty in the United Kingdom*, Harmondsworth: Penguin, 1979.

Traill, Henry Duff, and James Saumarez Mann, *Social England*, London: Cassell, 1895.

Trevelyan, George Macauley, *English Social History*, London: Longman, 1973, p.vii.

Tronto, Joan C., *Moral Boundaries*, New York: Routledge, 1993.

Truman, Carole, Donna M. Mertens and Beth Humphries eds., *Research and Inequality*, London: UCL Press, 2000.

Turner, Bryan S., *Regulating Bodies: Essays in Medical Sociology*, London: Routledge, 1992.

_____, *The Body and Society* 2nd edn., London: Sage, 1996, p. 1. [브라이언 터너, 『몸과 사회』, 임인숙 옮김, 몸과 마음, 2002]

UPIAS, *Fundamental Principles of Disability*, London: Union of Physically Impaired Against Segregation, 1976.

US Department of Health and Human Services, Press release, 3 August, 1992.

Vernon, Ayesha, "Multiple Oppression and the Disabled People's Movement", ed. Tom Shakespeare, *The Disability Reader: Social Science Perspectives*, London: Continuum, 1998, p. 209.

_____, "Reflexivity: The Dilemmas of Researching from the Inside", eds. Colin Barnes and Geof Mercer, *Doing Disability Research*, Leeds: Disability Press,

1997, pp. 158~176.

_____, "Understanding 'Simultaneous Oppression': The Experience of Disabled Black Women in Education and Employment"(unpublished Ph.D., University of Leeds), 1998.

Vincent, David, *Poor Citizens: The State and the Poor in Twentieth Century Britain*, London: Longman, 1991.

Walker, Alan, and Carol Walker eds., *Britain Divided: The Growth of Exclusion in the 1980s and 1990s*, London: Child Poverty Action Group, 1997, p. 8.

Walmsley, Jan, "Normalisation, Emancipatory Disability and Inclusive Research in Learning Disability", *Disability and Society* 16(2), 2001, pp. 187~205.

Walmsley, Jan and Jackie Downer, "Shouting the Loudest: Self-advocacy, Power and Diversity", eds. Paul Ramcharan, G. Roberts, G. Grant and J. Borland, *Empowerment in Everyday Life: Learning Disability*, London: Jessica Kingsley, 1997, p. 45.

Ward, L., "Funding for Change: Translating Emancipatory Disability Research from Theory to Practice", eds. Colin Barnes and Geof Mercer, *Doing Disability Research*, Leeds: Disability Press, 1997, pp. 32~48.

Walmsley, Jan, "Including People with Learning Difficulties: Theory and Practice", eds. Len Barton and Michael Oliver, *Disability Studies: Past, Present and Future*, Leeds: Disability Press, 1997, pp. 62~77.

Warren, John, *The Past and Its Presenters: An Introduction to Issues in Historiography*, London: Hodder & Soughton, 1998.

Watson, Frederick, *Civilization and the Cripple*, London: John Bale, 1930, pp. 80~84.

_____, "The Gist of the Matter", *Cripples' Journal* 1(1), editorial, 1924.

Weber, Max, *From Max Weber: Essays in Sociology*, trans. and ed. Hans Heinrich Gerth and Charles Wright Mills, New York: Oxford University Press, 1946.

Welsch, Wolfgang, "Aestheticization Processes: Phenomena, Distinction and Prospects", *Theory, Culture and Society* 13(1), 1996, pp. 1~24.

Wendell, Susan, *The Rejected Body: Feminist Philosophical Reflections on Disability*, London: Routledge, 1996. [수전 웬델, 『거부당한 몸』, 강진영·김은정·황지성 옮김, 그린비, 2013]

West, Cornel, *The Cornel West Reader*, New York: Basic Civitas Books, 1999.

Westergaard, John, "Where does the Third Way Lead?", *New Political Economy* 4, 1999.

White, Maurice W., *Years of Caring: The Royal Orthopaedic Hospital*, Studley: Brewin Books, 1997.

WHO, *International Classification of Impairments, Disabilities and Handicaps*, Geneva: World Health Organization, 1980.

WHO, *Rethinking Care from the Perspective of Disabled People: Conference Report and Recommendation*, Geneva: World Health Organization' Disability and Rehabilitation Team, 2001.

Williams, Fiona, "Postmodernism, Feminism and the Question of Difference", ed. Nigel Parton, *Social Theory, Social Change and Social Work*, London: Routledge, 1996, p. 69.

_____, "Somewhere over the Rainbow: Universality and Diversity in Social Policy", eds. Nick Manning and Robert Page, *Social Policy Review* 4, London: Social Policy Association, 1992, p. 215.

Williams, Gareth H., "Theorizing Disability", eds. Gary L. Albrecht, Katherine D. Seelman and Michael Bury, *Handbook of Disability Studies*, Thousand Oaks, CA: Sage, 2001, pp. 123~144.

_____, "Representing Disability: Some Questions of Phenomenology and Politics", eds. Colin Barnes and Geof Mercer, *Exploring the Divide: Illness and Disability*, Leeds: Disability Press, 1996, pp. 194~212.

_____, "The Sociology of Disability: Towards a Materialist Phenomenology", ed. Tom Shakespeare, *The Disability Reader: Social Science Perspectives*, London: Continuum, 1998, pp. 234~244.

Williams, Simon J., *Emotion and Social Theory: Corporeal Reflections on the (Ir) rational*, London: Sage, 2000.

Williams, Simon J., "Sociological Imperialism and the Profession of Medicine Revisited: Where are We Now?", *Sociology of Health & Illness* 23, 2001, pp. 135~158.

Williams, Simon J. and Gillian A. Bendelow, *The Lived Body: Sociological Themes, Embodied Issues*, London: Routledge, 1998.

Wilson, Adrian, "A Critical Portrait of Social History", ed. Adrian Wilson, *Rethinking Social History: English Society 1570~1920 and its Interpretation*, Manchester: Manchester University Press, 1993, p. 36.

Woodill, Gary, *Independent Living and Participation in Research: A Critical Analysis*, Toronto: Centre for Independent Living in Toronto, 1992.

Yelin, Edward H., "The Employment of People with and without Disabilities in an Age of Insecurity", *Annals of the Academy of Political and Social Science* 549, 1997, pp. 117~128.

Young Damon A., and Ruth Quibell, "Why Rights are Never Enough: Rights, Intellectual Disability and Understanding", *Disability and Society* 15(5),

2000, p. 759.

Young, Iris Marion, "The Ideal of Community and the Politics of Difference", ed. Linda J. Nicholson, *Feminism/Postmodernism*, London: Routledge, 1990, pp. 300~323.

Zarb, Gerry, "On the Road to Damascus: First Steps towards Changing the Relations of Research Production", *Disability, Handicap and Society* 7(2), 1992, pp. 125~138.

______, "Researching Disabling Barriers", eds. Colin Barnes and Geof Mercer, *Doing Disability Research*, Leeds: Disability Press, 1997, pp. 49~66.

______, "The Dual Experience of Ageing with a Disability", eds. John Swain, Victor Finkelstein, Sally French and Michael Oliver, *Disabling Barriers Enabling Environments*, London: Sage, 1993, pp. 186~195.

Zarb, Gerry and Pamela Nadash, *Cashing in on Independence: Comparing the Costs and Benefits of Cash and Services*, Derby: British Council of Disabled People, 1994.

Zola, Irving K., *Missing Pieces: A Chronicle of Living with a Disability*, Philadelphia: Temple University Press, 1982.

______, "Bringing Our Bodies and Ourselves Back in: Reflections on the Past, Present and Future of Medical Sociology", *Journal of Health and Social Behavior* 32, 1991, pp. 1~16.

______, "Culture and Symptoms: An Analysis of Patients Presenting Complaints", *American Sociological Review* 31, 1966, pp. 615~630.

______, "Disability Statistics: What We Count and What it Tells Us", *Journal of Disability Policy Studies* 4, 1993, pp. 9~39.

______, "Toward the Necessary Universalizing of Disability Policy", *Milbank Memorial Fund Quarterly* 67 suppl. 2, 1989, pp. 401~428.

법령·선언·규약 찾아보기

개념어 및 단체·기구 찾아보기

인명 및 항목 찾아보기